Danton, Documents Authentiques Pour Servir À
L'histoire De La Révolution Française, Par A.
Bougeart
by Alfred Bougeart

DANTON

Bruxelles. — Typ. de A. LACROIX, VAN MEENEN et Cᵢᵉ, rue de la Putterie, 33.

DANTON

DOCUMENTS AUTHENTIQUES

POUR SERVIR

A L'HISTOIRE DE LA RÉVOLUTION FRANÇAISE

PAR

ALFRED BOUGEART

BRUXELLES

A. LACROIX, VAN MEENEN ET Cⁱᵉ, IMPRIMEURS-ÉDITEURS

RUE DE LA PUTTERIE, 33

1861

AVANT-PROPOS

Il ne s'agit point dans ce livre d'incriminer ou de défendre les principes politiques de Danton ; nous avons voulu seulement, comme l'indique notre titre, épargner aux historiens de longues recherches. Les plus renommés ont commis de graves erreurs ; peut-être était-ce faute de documents suffisants. En conséquence, nous avons cru bien faire de collectionner en un volume non seulement les discours du Tribun à la Convention ou ailleurs (le Moniteur qu'on réimprime de nos jours par milliers d'exemplaires, eût peut-être suffi à cet égard pour satisfaire la curiosité), mais encore il nous a paru très important de recueillir ce que ses contemporains ont dit de lui. Quand nous disons ses contemporains, il faut que l'on sache que nous ne nous sommes pas contenté de citer les opinions des dantonnistes, mais aussi celles des partis les plus

1

opposés. C'est l'impartialité de ce travail qui le recommande au public.

Si quelquefois il nous est arrivé de prendre la parole, de plaider en cassation, c'est quand nous avons eu à combattre des accusateurs que confondait le simple sens commun, c'est quand nous avions en mains les pièces probantes.

C'est ainsi que nous avons démontré que le président des Cordeliers n'avait pu être à la solde du duc d'Orléans ou de la cour comme l'en a accusé, longtemps après la Révolution, Lafayette dans ses mémoires.

C'est ainsi que nous avons relevé une grave substitution de nom, faite par M. Léonard Gallois dans sa réimpression du Moniteur, substitution qui a trompé les historiens même les plus démocrates.

Nous avons prouvé encore que Danton n'avait trempé en rien dans les massacres de septembre, que, bien au contraire, il avait fait tout ce qui était dans la puissance d'un homme pour les prévenir, et qu'immédiatement après les exécutions, il osa le premier s'opposer aux envahissements de la commune sur l'autorité de l'Assemblée nationale.

Nous avons fait voir que les mesures révolutionnaires qu'il proposa dans la suite, n'avaient pour but que d'empêcher le retour de cette terrible catastrophe, et qu'elles l'empêchèrent en effet.

Enfin, il n'y aura plus désormais de doute possible sur la conduite du conventionnel dans ses missions en

Belgique. Nous prouvons qu'il n'y fut pas plus coupable de dilapidations qu'il ne l'avait été auparavant de vénalité. Mais c'est ici surtout que notre livre a quelque valeur, car ces dernières preuves nous ont été fournies par la famille même de Danton. Nous avons eu en main [un *mémoire justificatif* rédigé par les deux fils du montagnard, mémoire donnant l'état exact et notarié de la fortune de leur père en janvier 1789, et celui des biens qu'il laissa en mourant. On nous avait permis de prendre des notes sur ce précieux document, nous avons largement usé du droit que la famille nous accordait.

Si nous avons réussi dans l'humble tâche que nous venons d'entreprendre, que d'autres la continuent; si nous avons fait pénétrer la lumière sur un point, que d'autres la répandent en cent autres points encore ; alors, soyons en sûrs, viendra le Tacite de la Révolution française, et la postérité verra s'élever l'édifice tant attendu.

·

Ouvrages dans lesquels sont pris les extraits contenus dans les Documents authentiques sur Danton.

Les six premières années du *Moniteur universel.*

Bulletins du Tribunal révolutionnaire.

Les Révolutions de France et de Brabant, journal rédigé par Camille Desmoulins.

La correspondance du même.

Le vieux Cordelier, du même.

Papiers trouvés chez Robespierre.

Appel à l'impartiale postérité, par la citoyenne Roland.

Histoire de la révolution du 10 août et des massacres de septembre, par Peltier.

Révolutions de Paris publiées par Prudhomme.

Causes secrètes de la Révolution du 9 thermidor par Vilate.

Journal de la Montagne (des Jacobins).

Journal des amis de la Constitution (des Jacobins).

Journal des débats de la société des Jacobins.

Journal des Clubs.

Le Patriote français, journal par Brissot.

L'Orateur du peuple, journal par Fréron.

L'Ami du peuple et le Publiciste par Marat.

Le Nouveau Paris par Mercier.

Histoire de la Révolution française par deux amis de la liberté.

Les Actes des apôtres, par Rivarol, Peltier, etc.

Mémoires de Louvet.

Mémoires de Barbaroux.

Mémoires de Thibeaudeau.

Mémoires de Levasseur de la Sarthe.

Mémoires de Charlotte Robespierre.

Mémoires de Dumouriez.

Mémoires de Lafayette.

Mémoires de Bertrand de Molleville.

Mémoires de Sénart.

Histoire de la Révolution française par Necker.

Considérations sur la Révolution française par Stael.

Projet du rapport de Saint-Just rédigé par Robespierre.

Notes communiquées par la famille de Danton.

Justification de Danton rédigée par ses deux fils.

CHAPITRE PREMIER

Tous les biographes sont d'accord sur le lieu de la naissance de Danton. Il naquit, disent-ils, à Arcis-sur-Aube. Cependant on lit dans le *Journal de la Montagne*, au numéro 142 du deuxième volume : « Georges-Jacques ¡Danton, né à Orchie-sur-Aube. » Nous devions dès lors nous assurer du fait ; nous nous sommes adressé à M. Ludot, maire d'Arcis, qui a eu l'obligeance de nous envoyer l'acte officiel qui suit.

MAIRIE D'ARCIS-SUR-AUBE.

Du registre des actes de l'état-civil de la ville d'Arcis pour l'année 1759, *a été extrait ce qui suit :*

Le vingt-six octobre mil sept cent cinquante-neuf, George-Jacques, fils de Jacques Danton, procureur en cette justice, et de Marie-Madeleine Camut, son épouse de cette paroisse, né et baptisé cejourd'huy, par moy vicaire sous-signé a eu pour parain George Camut, charpentier, et pour mareine Marie, fille de Charles Papillion, chirurgien juré, lesquelles ont signé avec nous :

Signé : Camut, Mari Papillion et Leflon, vic.

Pour extrait conforme, à Arcis, le 6 août 1860.

Le maire,

LUDOT.

Dans les journaux de 1789 et 1790 on trouve quelquefois le
nom de famille écrit ainsi : d'Anton, notamment dans le *Moniteur* et dans les *Révolutions de Camille Desmoulins*. Aucun auto-
graphe n'a pu nous prouver que Danton adhérât à petite prétention nobiliaire ; nous devons ajouter aussi que nous n'avons
trouvé aucune réclamation de sa part. Aussi le girondin Brissot,
devenu l'ennemi du montagnard, écrivait-il plus tard : « Il sera
plaisant de nous voir mis en jugement par le républicain Danton
qui, il n'y a pas deux ans, se faisait appeler M. d'Anton. » Le
républicain ne daigna pas répondre. (T. 1, chap. III, des
Mémoires de Brissot.)

L'acte que nous avons cité ne laisse plus de doute à ce sujet.
Des détails précis sur la famille nous manquaient. M. Ludot
a bien voulu nous mettre en rapport avec M. Menuel-Seurat,
propriétaire à Arcis-sur-Aube, neveu du conventionnel. Celui-ci
ne possédait aucune note spéciale, mais il nous assura que
M. Michelet avait eu en main, lorsqu'il faisait son *Histoire de la
Révolution*, des papiers de famille. Enfin M. Michelet nous
adressa à M. Danton inspecteur-général de l'université, et
celui-ci voulut bien nous confier le précieux dépôt. Les détails
qui vont suivre en sont extraits :

Jacques Danton, procureur au bailliage d'Arcis-sur-Aube,
avait épousé Marie-Madeleine Camut en 1754, et mourut le
24 février 1762, âgé d'environ 40 ans, laissant sa femme
enceinte et quatre enfants en bas âge. Cette circonstance de la
grossesse et le nombre de quatre enfants sont attestés par
M. Béon, camarade d'école du conventionnel, dans une notice
inédite ; mais ils ne sont pas confirmés par les deux fils du montagnard dans le *Mémoire inédit* qu'ils ont laissé sur leur père,
mémoire dont nous parlerons plus tard. Selon toutes les probabilités, Georges Danton avait deux sœurs et un frère. La sœur
aînée fut mariée à M. Menuel, l'autre mourut religieuse à Troyes,
il y a quelques années ; et le frère est sans doute le père de
M. Danton aujourd'hui inspecteur de l'université. Nous ne
savons quelles furent les suites de la grossesse de Marie-Madeleine Camut femme de Jacques Danton.

Marie-Madeleine Camut (les petits-fils l'appelle Jeanne-Made-

leine) épousa en secondes noces, en 1770, Jean Récordain; elle
mourut à Arcis au mois d'octobre 1813.

Georges-Jacques Danton, le conventionnel, se maria deux
fois. En juin 1787, il épousa Antoinette-Gabrielle Charpentier,
qui mourut le 10 février 1793. Vers le mois de juin de cette
même année, il épousa en secondes noces mademoiselle Sophie
Gély. Celle-ci, après la mort de Danton, se remaria avec
M. Dupin, conseiller à la cour des comptes; elle vivait encore
en 1844; elle n'osait avouer, dit-on, son premier mariage. Tant
pis pour elle.

Danton ne laissa que deux fils issus de sa première femme;
l'aîné naquit le 18 juin 1790; l'autre, le 2 février 1792. Nous
lisons dans la correspondance de Camille Desmoulins (tome II):
« J'ai nommé mon fils Horace-Camille Desmoulins. Il est allé
aussitôt en nourrice à l'Ile-Adam (Seine et Oise) avec le petit
Danton. » Sa seconde femme était enceinte au moment de sa
mort.

Après la catastrophe du 5 avril 1794, les pauvres orphelins
déshérités de la fortune de leur père, furent recueillis par
M. François-Jérôme Charpentier leur grand-père maternel et
leur tuteur. Celui-ci mourut en 1804, son fils François-Victor
Charpentier n'abandonna pas les deux enfants. Mais il mourut
aussi en 1810, ce fut alors la bonne grand'mère, madame Récordain, qui prit avec elle ses petits-fils et les aima, comme autrefois elle avait aimé son Georges.

Les deux fils de Danton avaient été ramenés à Arcis en 1805
par leur tuteur Victor Charpentier. Ils ne devaient plus quitter
cette ville. Ils s'y sont fait estimer comme industriels; en 1832,
ils étaient à la tête d'une filature de coton qu'ils avaient fondée.
L'un d'eux est mort il a douze ans, l'autre en 1858.

Si nous avions à nous occuper d'une de ces nullités hors
ligne qui n'ont jamais eu d'esprit que celui que leur ont prêté
ou vendu les Proyarts de l'histoire, nous pourrions, comme tant
d'autres, deviser fort agréablement sur l'enfance du fameux
Danton. La notice de M. Béon aidant, nous montrerions le
poupard en jaquette, barbotant dans l'Aube; nous raconterions
la fluxion de poitrine qu'il y gagna à 12 ans. Puis on verrait
le mutin dans sa pension de Troyes, suivant à regret les cours

des Oratoriens, et déjà surnommé l'*antisupérieur*. Nous nous garderions bien de manquer le récit de son escapade de 1775, lors du sacre de Louis XVI. Il veut savoir comment on fait les rois. En conséquence, il emprunte à ses camarades l'argent du voyage, saute par dessus les murs de la pension, fait ses 28 lieues à pied, et le voilà dans la cathédrale. Il paraît qu'à seize ans il réfléchissait déjà, car, dit la chronique, la grandeur du spectacle ne l'éblouit point du tout ; à son retour à l'école il en a même beaucoup ri. L'espiègle avait regardé dans les coulisses.

Peut-être, en cherchant bien, trouverions-nous des anas délicieusement affilés ; on devinerait le montagnard dans le collégien; et, brodant sur le texte, Plutarque arriverait fort à propos avec ses apophthegmes, et la nourrice de Danton s'écrierait, en fondant en larmes, comme autrefois Philippe : mon fils, Troyes ne peut te contenir! Mais nous n'avons pas l'art des amplifications argentifères, et nous croyons pouvoir assurer que les cinq dernières années de la vie du républicain fourniront assez de faits intéressants pour compenser largement cette lacune.

Un moraliste a dit : l'éducation civilise les vices de nature, mais ne les corrige pas. D'où il suit que, si nous voulons connaître les goûts et l'affectionnivité de Danton (pour nous servir de l'expression des phrénologistes), peu importe que nous anticipions sur le temps : ce qu'il était à trente ans, il l'avait été à quinze : le cœur ne change pas.

Or, voici ce que M. Menuel-Seurat neveu de Danton, nous écrivait à ce propos :

Ce serait, monsieur, un grand bonheur pour moi de pouvoir vous donner les renseignements que vous désirez sur mon oncle Danton ; mais je ne sais rien de bien positif sur ce grand homme que ce que j'ai conservé de mes souvenirs d'enfance. J'avais huit ans lorsqu'il me fit venir chez lui ; il me plaça dans un collége d'où il m'envoyait souvent chercher et particulièrement lorsqu'il recevait ses amis à dîner. Ce qui ne s'effacera jamais de ma mémoire, ce sont les bontés qu'il avait pour moi, sa tendresse pour sa mère et la mienne ; j'ai vu des larmes de félicité tomber de ses yeux lorsqu'il les pressait sur son cœur ! Telle était pourtant la sensibilté de cette âme que l'on dit avoir été celle d'un tigre ! Les impressions du jeune âge sont tellement fortes, que je vois encore dans ma pensée toutes les grandes figures de l'illustre époque de 89 ; j'assiste à leurs discussions animées, à cet abandon de franche amitié qu'avaient entre eux ces héros ! Assez longtemps ces banquets furent composés de Camille Desmoulins, Lacroix, Panis, Laignelot, Robespierre et quelques autres. Camille était le plus enjoué de la société, aussi l'ai-je bien plus remarqué que ses collègues, parce qu'il avait beaucoup de bienveillance pour moi, et que nous folâtrions ensemble des heures entières.

Voilà donc en quoi consistaient ces prétendues orgies tant de fois reprochées à Danton ; voilà ce qu'atteste aujourd'hui, à soixante-dix ans de date, le dernier témoin oculaire. Fait-on venir un enfant, quand on se dispose à faire débauche? Et remarquez qu'il ne s'agit pas ici de simples repas de famille ou d'amis, mais de *banquets*.

Ainsi Danton était affectueux, c'est sa qualité dominante. Nous aurons lieu de le constater plus positivement encore. Les esprits vulgaires ont peine à comprendre qu'on puisse concilier tant de haine avec tant d'amour. Nous ne nous chargeons pas de les convaincre : à l'impossible nul n'est tenu. Mais qu'ils méditent ces paroles de lord Chatham : ce que j'aime le mieux dans l'amour, c'est la haine ; qu'ils s'appliquent celles du roi de Sparte Charillus, qui disait de je ne sais quel homme réputé bon : « Il ne saurait être bon, puisqu'il n'est pas mauvais aux méchants. »

Nous devons avouer à notre honte que nous n'avons pas un crayon assez habile, une palette assez riche pour esquisser à la manière moderne le portrait de Danton, pour deviner dans ses traits bouleversés toute son épopée. Nous croyons qu'à cet égard, le plus mauvais portrait à deux sous en apprendra plus que toutes les amplifications que nous pourrions ajuster. Mais pour ne point priver les amateurs des fidèles peintures qu'en ont faites de plus exercés que nous à ce genre d'escrime, nous leur recommandons l'ouvrage du plus grand des historiens modernes ; ils verront dans son livre que Danton ressemblait tour à tour à un dogue, à un lion, à un taureau, voir même à un sanglier. On n'a que l'embarras du choix.

Bien que Danton échappe à tous les biographes de 1775 à 1789, il est incontesté qu'à cette dernière époque, l'histoire le trouve exerçant la profession d'avocat. Voici les détails.

Un de ses parents, curé de Barberey, près de Troyes, désirait qu'il embrassât l'état ecclésiastique, pour lui succéder. Mais le neveu préféra la carrière judiciaire, et il partit pour Paris où l'attendait un procureur au Parlement, chez lequel il commença une cléricature laborieuse. (*Notice de M. Béon.*)

En admettant qu'on ne put guère alors être reçu avocat avant vingt ans comme aujourd'hui, ce n'est pas trop s'avancer que de dire qu'il commença l'exercice de sa profession au Parlement vers 1779 ou 1780.

La famille, sans être pauvre puisqu'elle avait pourvu aux frais d'études de l'enfant, puis aux frais de stages de l'étudiant, la famille ne jouissait que d'une aisance assez médiocre, nous le prouverons plus tard. Mais le jeune orateur avait du talent, de la verve, de la passion ; il était d'un caractère hardi, entreprenant ; et puis il était si bon enfant avec tout cela qu'il ne tarda pas à se faire aimer, disons mieux à aimer mademoiselle Antoinette-Gabrielle Charpentier. M. Charpentier possédait une petite fortune ; sa fille fut dotée, mariée en juin 1787, et, à quelques temps de là, le jeune avocat au Parlement achetait une charge aux conseils du roi. (D'après le *mémoire* des deux fils.)

Il résulte de ces faits reconnus par tous les historiens, que le fils du procureur en la justice d'Arcis était bien réellement avocat au moment où allait se plaider la cause d'un peuple qu'il s'agissait de faire rentrer en possession de droits réputés imprescriptibles. C'était une heureuse coïncidence. Le futur défenseur avait-il du talent au moment où nous en sommes de sa vie ? Personne n'en doutera, quand on aura lu ses discours à la Convention.

C'est pourtant en parlant de cette époque que madame Roland a écrit : « Si j'avais pu m'astreindre à une marche suivie, au lieu d'abandonner ma plume à l'allure vagabonde d'un esprit qui se promène sur les événements, j'aurais pris Danton au commencement de 1789, misérable avocat, chargé de dettes plus que de causes, et dont la femme disait que, sans le secours d'un louis par semaine qu'elle recevait de son père, elle ne pourrait soutenir son ménage. » (*Appel à l'impartiale postérité* par la citoyenne Roland, 1re partie, page 59.) Il faut avouer que

le moment est mal choisi pour cette maladroite calomnie ;
encore si la dame eut parlé des années qui s'écoulèrent de 1780
au jour du mariage, je veux dire de la dotation, nous n'aurions
pas eu de preuves du contraire, et l'on n'aurait pas manqué
d'ajouter foi à la citoyenne Roland de préférence. En fait de
calomnie, nous en verrons bien d'autres, mais, en conscience,
celle-ci ne vaut pas la peine que nous nous y arrêtions, nous
qui sommes en mesure de prouver combien valaient ces charges.

Mais laissons-là tous ces détails insignifiants d'enfance et de
jeunesse ; nous sommes en 1789, les assises révolutionnaires
vont s'ouvrir ; c'est ici que commence réellement la vie de
Danton.

La première fois qu'il nous apparaît, c'est comme président
d'un des soixante districts de Paris. A qui, à quoi, devait-il cet
honneur, cette préférence sur tant de concurrents, à ce moment
où tant d'ambition fermentait dans toutes les têtes ? Il n'avait
pas lancé devant lui, pour se faire annoncer, quelque brochure politique de circonstance, comme *La France libre*,
Qu'est-ce que le Tiers-État, ou bien l'*Offrande à la patrie:*
Danton n'écrivait pas, n'a jamais écrit. Il ne devait pas non
plus cette nomination à l'influence de Mirabeau, comme on le
dira plus tard pour une autre fonction, car, puisqu'il ne s'était
pas encore fait entendre à une tribune politique, comment le
comte aurait-il préjugé du parti qu'il en pouvait tirer? Cela ne
prouverait-il pas que l'avocat aux conseils du roi s'était déjà
fait connaître dans quelque cause célèbre? Nous n'osons l'affirmer, n'ayant pas de preuve matérielle; mais assurément il avait
pour cela le principal, je veux dire l'éloquence. C'est donc
qu'à quelque séance électorale préparatoire du mois d'avril 89,
on lui aura accordé la parole, et que son coup d'essai fut un
coup de maître. Tout cela est probable, mais, encore une fois,
rien de certain.

L'histoire ne nous dit rien non plus de la part que Danton a
dû prendre directement à la rédaction des cahiers des députés
aux États-Généraux, comme président du district des Cordeliers ; nous ne savons pas davantage quel rôle il a rempli dans
la grande semaine; mais quand on se rappelle l'influence des
réunions électorales sur l'Assemblée des électeurs réunis à

l'hôtel-de-ville, pêle-mêle sans initiative; quand on sait que toutes les grandes décisions décrétées par ceux-ci, étaient impérieusement commandées par les élus du premier degré; quand on rapproche par la pensée ces mesures révolutionnaires de celles prises trois ans plus tard à l'instigation du terrible conventionnel, force est de reconnaître qu'elles sont soulevées par les mêmes passions, je dirais par le même homme, si je ne savais que la voix de tout tribun n'est que l'écho du peuple qui l'inspire.

Quoi qu'il en soit faisons sur Danton une première remarque que de nombreuses citations vont bientôt confirmer; pendant que des révolutionnaires d'un génie incontestable, d'une bonne foi évidente, vont lutter à la Constituante, à la municipalité, à la tête de la garde civique pour les droits du Tiers, lui semble déjà pressentir que ces affranchis de fraîche date, ne tarderont pas à se constituer en privilégiés d'un troisième ordre, à vouloir parler en maîtres à leur tour; c'est pourquoi dès 89 nous allons le voir combattre au nom du plus grand nombre, au nom du peuple, de la populace si l'on veut, contre les envahissements de ce nouveau corps qui plus tard s'appellera bourgeoisie. On l'accusera d'ambition, on lui reprochera de vouloir devancer les plus avancés pour se faire un nom populaire, on l'appellera avec colère démagogue, avec dédain le Mirabeau des halles, on le calomniera même au besoin; eh bien, dirai-je, je veux admettre pour un moment toutes ces suppositions gratuites, toujours est-il que vous ne pourrez pas faire que, dès 89, Danton n'ait défendu, plus hautement que tout autre, le vrai principe des sociétés modernes, celui qui devait caractériser plus spécialement la Révolution française, celui qui gouverne la France aujourd'hui, je veux dire l'égalité des droits.

La vérité de cette observation ressort de toutes les proclamations émanées du district des Cordeliers qui a mis Danton à sa tête; les arrêtés de cette réunion électorale, qui bientôt s'appellera club et gouvernera à côté du gouvernement, les arrêtés, dis-je, des Cordeliers différeront autant de ceux des autres districts, y compris même celui des Jacobins à ce moment, que la monarchie constitutionnelle diffère de la république. Encore une fois constatons bien ce point de divergence, car il prouvera aux accusateurs que cet ambitieux n'eut pas du moins à modifier ses principes avec les circonstances, qu'en 93 comme en 89 il fut toujours le même, qu'en tout état de cause, sa politique fut d'avoir foi au peuple pris dans son acception la plus large, et de ne l'avoir pas craint; deux qualités plus rares qu'on ne le pense communément. On verra bientôt que tout ce qui émane du district porte ce caractère.

Puisque tous les journaux du temps, royalistes ou révolutionnaires, s'accordent à reconnaître que Danton fut l'âme du district des Cordeliers, il n'est pas hors de propos de prouver, par les aveux des contemporains du Tribun, qu'elle fut l'influence de ces patriotes sur la Révolution française.

L'ancien district des Cordeliers était la terreur de l'aristocratie et le refuge de tous les opprimés de la capitale. Ses arrêtés vigoureux ont plus d'une fois déconcerté le despotisme municipal qui s'élevait sur les ruines de toutes les tyrannies. Si les autres districts de Paris eussent manifesté le même degré de patriotisme et d'énergie que celui des Cordeliers, la révolution ne se serait point arrêtée dans sa course, les comités de l'Assemblée nationale n'eussent point trafiqué avec le monarque des droits du peuple; les plus funestes décrets n'eussent point contrasté d'une manière aussi révoltante avec notre immortelle déclaration; une terreur salutaire eut combattu dans l'âme des traîtres qui pullulent dans le Sénat, la corruption ministérielle; la commune de Paris, loin d'être asservie et dégradée par ses mandataires, lèverait un front libre, ne verrait pas d'insolents commis charger de chaînes inextricables les mains de leurs commettants! Une surveillance active et sévère se fut portée sur toutes les dépenses de l'administration municipale! La partie du peuple la plus laborieuse et la plus respectable, celle qui a fait la révolution, qui a enfanté la liberté, non pour elle, mais pour nous, semblable à une mère qui verrait d'autres bras que les siens, s'approprier l'enfant qu'elle viendrait de mettre au jour, cette portion nombreuse des Français n'aurait pas été bannie de nos assemblées; un mur d'airain élevé par l'aristocratie des richesses n'eut point séparé les citoyens des citoyens! Que d'abus, que de malversations, que de brigandages n'auraient pas été réprimés! Un heureux concert entre tous les districts, électrisés par celui des Cordeliers, et marchant avec fermeté vers un but commun, aurait donné à nos réclamations une prépondérance irrésistible! L'infâme espionnage, traînant à sa suite les délations, n'aurait pas osé sortir de sa tanière, où ce monstre à trente mille têtes, nourri des mains de Bailly et de la Fayette, eut été exterminé en vingt-quatre heures! Il n'eut pas été si facile de nous ronger, de nous ruiner, de divertir les deniers de la commune, de nous museler, comme on n'a depuis que trop réussi à le faire! Pourquoi faut-il qu'un trop petit nombre de districts aient suivi les traces glorieuses des Cordeliers! Bailly et Desmeunier conspirèrent ensemble l'asservissement de la capitale, et un de leurs principaux motifs pour convertir les 60 districts en 48 sections, fut l'espoir de terrasser la mâle vigueur des hommes libres, présidés par Danton! Ils espéraient que le mélange des districts voisins éteindrait un patriotisme si gênant pour leurs vues. Mais la section du Théâtre-Français, en changeant de nom n'avait point changé de principes. Le feu de la liberté était religieusement entretenu dans le lieu des séances où s'étaient si longtemps rassemblés les Cordeliers. Les délibérations, les arrêtés des patriotes se succèdent, et accusent publiquement la municipalité; comment s'y prendre? Elle s'imagine qu'en transférant la section loin des voûtes formidables sous lesquelles fut placé son berceau, elle affaiblira son énergie, et rendra les communications plus difficiles. Elle fait mettre les scellés sur la salle des Cordeliers, comme bien national, sans qu'il y ait ni acquéreur, ni même de soumission pour acheter. Les membres de la section du Théâtre-Français sont tenus de s'assembler dans l'église de Saint-Côme. Bientôt une vapeur pestilentielle, produite par l'exhumation des cadavres, menace la vie de 700 citoyens. Indignés contre le corps municipal, ils prennent l'arrêté de rentrer dans l'antique et vénérable lieu de leurs séances, et d'en faire enfoncer les portes, prenant cet acte sur leur responsabilité. Des commissaires sont envoyés à l'hôtel-de-ville pour y notifier cette résolution; les municipaux se récrient fortement, veulent temporiser. *Plus de délai*, lui répondent les intrépides commissaires; *si vous ne levez les scellés des Cordeliers sous un quart d'heure, la hache est prête et les sapeurs sont aux portes.* On leur prend les mains, on les flatte.—Mais, messieurs, un quart d'heure, y pensez-vous? — *Décidez-vous, car les sapeurs vont ouvrir la brèche.* — Enfin les municipaux obtiennent comme une grâce de ne venir que le lendemain qui était hier à 8 heures du matin, réinstaller dans le temple désert du patriotisme, dans la salle des Cordeliers, les citoyens qu'ils avaient expatriés! Section du Théâtre-Français, poursuis et ta vigueur sauvera la capitale. (Fréron, l'*Orateur du Peuple*, n° 41, vol. 6me).

Cette citation suffit sans doute pour montrer que nous n'avons pas exagéré l'importance de Danton: la puissance d'un parti, fut-il même en minorité, se prouve par la rigueur des mesures employées pour le combattre, autant que par ses excès quand il s'est fait pouvoir dans l'État.

Le 17 juillet, ses beaux-frères allaient en Angleterre pour affaire commerciale, Danton les y accompagna.

Plus tard, quand on le jugera au Tribunal révolutionnaire, le président lui dira: Ne vous êtes-vous pas émigré au 17 juillet 89? Il répondra: « Je profitai de l'occasion d'un voyage de mes beaux-frères, peut-on m'en faire un crime? »

Étrange accusation! Pourquoi aurait-il émigré? Par peur? mais il n'était ni noble, ni employé de la cour. Il avait tout à gagner au contraire en 89 à ne pas quitter la France, car sa réputation commençait à grandir, la tribune politique était le premier degré des places les plus élevées; or, il l'occupait déjà avec assez d'éclat pour qu'il lui fut permis de tout espérer. Quelle maladresse! accuser un homme d'ambition et pour l'en convaincre rappeler un fait qui prouverait contre cette passion même! Nous ne l'avons relevé ici que pour ne pas interrompre plus tard une scène des plus émouvantes.

Ce qu'on vient de lire de l'influence du district, montre péremptoirement que les Cordeliers étaient avant tout hommes d'action.

Quelques mots échappés à Camille Desmoulins nous apprennent quel parti ils avaient embrassé lors des journées des 5 et 6 octobre, à propos du fameux repas des gardes du corps, cette manifestation authentique des espérances qu'avait conçues la contre-révolution protégée par une municipalité hésitante, par une assemblée nationale essoufflée des efforts du 4 août.

Danton de son côté, dit Camille, sonne le tocsin aux Cordeliers. Le dimanche ce district immortel affiche son manifeste et dès ce jour faisait avant-garde de l'armée parisienne, et marchait à Versailles, si M. de Crèvecœur, son commandant, n'eut ralenti cette ardeur martiale. On prend les armes, on se répand dans les rues..... (N° 47 *Des révolutions de France et de Brabant.*)

L'émigration n'avait pas été de longue durée. Nous croyons que Danton avait présumé davantage des conséquences, de la prise de la Bastille, et que, voyant tout rentrer dans l'ordre primitif, ou à peu près, le découragement l'aura pris, il n'aura pas voulu assister à cette restauration constitutionnelle. N'est-ce pas, en effet, pendant son absence que l'assemblée vota le véto suspensif? Mais le peuple voulait plus qu'une restauration; un nouveau mouvement révolutionnaire se prépare, l'émigré rentre, il est à son poste.

Les journées des 5 et 6 octobre avaient rendu quelqu'espoir aux plus radicaux, la révolution reprenait sa marche.

La première fois que le nom de Danton apparaît au *Moniteur*, c'est le 30 novembre 1789, à propos de l'organisation des

municipalités. « Les membres du district des Cordeliers, à
l'instigation de leur président, y est-il dit, crurent devoir exiger
de leurs députés à la commune qu'ils jurassent et promissent
de s'opposer à tout ce que les représentants de la commune
pourraient faire de préjudiciable aux droits généraux des
citoyens constituants; qu'ils jurassent de se conformer *scrupu-
leusement à tous les mandats* particuliers de leurs constituants,
qu'ils *reconnussent qu'ils sont révocables à la volonté de leurs districts* après trois assemblées tenues consécutivement pour cet
objet. »

Le district Sainte-Opportune crut devoir s'opposer à cette formule de serment sur des considérations que nous n'avons pas à
juger ici, mais qu'on peut lire page 26, 2ᵉ colonne de ladite
feuille.

On sent qu'il ne s'agit ici de rien moins que de la responsabilité des députés, de leur révocabilité, de la nécessité des
mandats impératifs. Quels principes subversifs de tous ceux
qu'avait proclamés l'assemblée nationale au grand applaudisse-
ment de la France! Ce sont justement ces principes qui plus
tard diviseront la Convention, rappelons-nous que dès 89
Danton en avait pris l'initiative. Mais aujourd'hui il pénètre où
veut en venir le rédacteur de l'article; et pour donner plus de
force à l'arrêté de son district, en le présentant comme une
mesure qui ne partait pas d'une influence individuelle, il fait
insérer au *Moniteur* la réclamation suivante : « Je dois vous
dire que ce n'est pas M. le président du district qui a exigé
le serment, mais bien l'assemblée. »

(*Moniteur* du 18 décembre 89.)

L'habileté et la force ne sont pas inconciliables; M. Joubert
a fait remarquer que le lion lui-même s'avance à pas obliques.

Danton qui venait de décliner par habileté la responsabilité
de mesures purement politiques, refusa, dans le même temps,
par délicatesse d'assumer l'initiative d'une bonne action qui
n'aurait pu que le rendre plus populaire. On lisait encore dans le
Moniteur : « Parmi les districts qui ont pris des mesures pour
secourir les malheureux cet hiver, je citerai en exemple celui
des Cordeliers à qui M. Danton a proposé un arrêté consigné
dans la déclaration suivante qui a été affichée dans toute l'éten-

due de l'arrondissement. En quoi je remarquerai que si les principes politiques de ce président, se ressentent trop d'un régime *purement démocratique*, absolument inadmissible dans une grande ville comme Paris, ils ne sont sûrement point incompatibles avec l'ordre et le bonheur des citoyens pauvres, comme on peut le voir ici. »

Extrait des délibérations du district des Cordeliers du 7 décembre 89.

L'assemblée du district des Cordeliers vivement affectée de l'état de crise où se trouve la capitale, par la cessation presque absolue de son commerce, ce qui réduira un grand nombre d'ouvriers dans la dernière misère :..... arrête que jusqu'au mois d'avril prochain, tous les citoyens du district seront tenus de payer vingt sols par chaque mois ; il sera libre à tous les citoyens fortunés de se taxer à raison de leurs facultés...

Signé, DANTON, président.

(*Moniteur* du 13 décembre 89.)

Les observations du rédacteur prouvent qu'à cette époque le *Moniteur* n'était jamais en avance de patriotisme, il aspirait à devenir la feuille officielle.

Quelques jours après Danton répondait en ces termes : « Ce n'est point M. Danton qui a proposé l'arrêté en faveur des malheureux, c'est M. Bouché Saint-Sauveur. » Puis revenant sur le rédacteur de la protestation du district Sainte-Opportune, et sur ses réflexions, il ajoutait :

Les aristocrates municipaux anti-d'Anton ne tiendraient pas un autre langage, et l'opinion de M. Peuchet (auteur de l'insertion au *Moniteur*) est semblable à celle de plusieurs membres du district à qui la révolution a causé quelques dommages à leur fortune. Leurs opinions sont assises sur les principes de l'ancien régime; ils ne peuvent entendre parler de liberté, ni des lois émanées de la déclaration des droits de l'homme ; et sans doute que c'est pour cette raison qu'ils ont abandonné leur district, ou, du moins, qu'ils ne s'y montrent pas évidemment.

Comme membre du district, M. Peuchet aurait dû faire et communiquer ses observations à l'assemblée ou au bureau, et non pas les publier. On l'aurait entendu avec plaisir. Il ne me paraît pas raisonnable qu'un membre du district dénonce par les feuilles périodiques, la faute qu'à commise l'assemblée de laquelle il est membre.

Pour s'excuser de cette dénonciation ou publication, il ne faut pas s'appuyer du refus de la parole, MM. le président d'Anton et le vice-président ne la refusent jamais.

(*Moniteur* du 18 décembre 89.)

La réponse était violente et annonçait qu'il faudrait désormais y regarder à deux fois, avant de s'en prendre personnellement au président du district des Cordeliers. Remarquons bien que ce M. Peuchet était un grand politique du *Moniteur*, qui prétendait que Paris comptait alors trop de toises de circonférence pour pouvoir jamais être en république; M. Peuchet avait apprit cela dans le *contrat social* de Rousseau.

M. Peuchet ne tarda pas à prendre sa revanche de la réclamation de Danton, en racontant, avec une douce aigreur, l'anecdote qui suit.

Dans l'assemblée des représentants de la commune tenue le 26 décembre, on vit arriver une députation du district des Cordeliers présidée par Danton, elle venait observer que les brevets donnés aux officiers de la garde nationale par le maire et visés du commandant général, portaient quelques vices dans la forme et dans les expressions, elle demandait qu'on les changeât.

Le rédacteur du compte rendu ajoute :

La vivacité avec laquelle le député proposa ses réflexions, malgré les réclamations de presque toute la salle, qui pensait avec raison qu'on peut se faire entendre, et même se rendre intéressant quand on a quelque chose d'utile à dire, sans recourir à toute la chaleur des mouvements oratoires, la rapidité de son discours, dis-je, donna lieu à une méprise désagréable. Dans la lecture que fit du brevet M. Danton, il lut, *par Monseigneur*, etc. Ce mot de *Monseigneur* parut étrange à toute l'assemblée, appliqué à M. le maire ; et l'on était très disposé à en faire la remarque, lorsque M. Bailly, après avoir entendu avec tranquillité tout ce qui venait d'être lu avec précipitation, prit le brevet et fit lire à M. Danton, par *Messieurs* (le maire, le commandant général), véritables expressions du brevet.

Cette méprise excita la rumeur de la salle ; quelques membres proposaient des motions rejettées par l'honnêteté et l'esprit de fraternité qui caractérise l'assemblée ; et, M. Danton justifié par son zèle, il a été arrêté qu'il n'en serait plus question, et qu'on reverrait la forme des brevets.

(*Moniteur* du 29 décembre 89.)

Puisque nous sommes en 89, au moment où d'Orléans fit tant de bruit, pesons bien une des plus graves accusations qui aient été portées contre Danton à propos du duc. C'est Lafayette qui va prendre la parole :

Quant à Danton, bien supérieur à Robespierre, il fut complétement et sciemment dans le parti orléaniste, jusqu'au 5 octobre. Il eut bien plus la confiance du parti que Robespierre, et il la méritait par des talents distingués comme par sa monstrueuse immoralité. On trouve dans nos matériaux une scène assez curieuse au district des Cordeliers, où l'arrivée de Lafayette déjoua, dans les premiers temps de la révolution, le projet qu'il avait déjà déjoué plusieurs fois, de donner à M. d'Orléans la garde de Louis XVI. Lorsque M. d'Orléans passa en Angleterre, Danton se lia avec MM. de Lameth, directeurs du club jacobin, et toutes leurs mesures furent concertées entre eux. Cela ne l'empêcha pas de recevoir dans la suite des sommes d'argent considérables que le roi lui fit donner pour endormir sa rage et ne l'empêcha pas non plus de conserver des liaisons avec le parti d'Orléans. Aussi se déclara-t-il au 21 juin 1791 contre le roi, quoique MM. de Lameth se fussent déclarés pour lui. Mais après l'acceptation de la Constitution, il continua de recevoir de l'argent du roi, devint aux Jacobins l'espion et l'agent du gouvernement en continuant de faire le démagogue..... Probablement son arrière-pensée depuis le 10 août, fut de servir la faction d'Orléans avec laquelle il avait conservé d'intimes rapports ; cependant il eut aussi quelque velléité de rétablir le roi. Il était évidemment dans la conspiration de Dumouriez ; mais il est bien sûr que sa première et principale affection a toujours été orléaniste; ce qu'il voulait le moins c'était la république. (*Mémoires* de Lafayette, t. IV, p. 139.)

Voici comme au deuxième volume de ses Mémoires p. 272, Lafayette raconte la scène dont il vient de parler : « Une autre fois, en passant à cheval près du district des Cordeliers, Lafayette fut invité à s'y rendre. L'assemblée était nombreuse, une partie de la salle pleine de gardes françaises. Après les applaudissements ordinaires, le fameux Danton, président et orateur du jour, informa Lafayette que, pour récompenser le patriotisme des braves gardes françaises, le district avait arrêté de demander qu'on rétablît les régiments dans leur ancien état, et qu'on en donna le commandement au premier prince du sang, le duc d'Orléans. On ne doutait pas, disait-il, de l'assentiment du commandant général à un projet si patriotique. Le tout accompagné des compliments du président et des acclamations de l'assemblée. »

Les imputations des Girondins Louvet et Barbaroux n'ajoutent rien à celles de Lafayette, nous ne les citons que pour en convaincre le lecteur.

A l'égard de la guerre, quatre factions divisaient alors l'État. Celle des Feuillants à la tête desquels était Lafayette..... Celle des Cordeliers, travaillant à renverser Louis XVI, pour placer sur son trône Philippe d'Orléans. Les chefs évidents de celle-là étaient Danton et Robespierre ; le chef secret Marat. Observez que Robespierre et Danton avaient le mutuel désir, également dissimulé, de se supplanter quelque jour; celui-ci comptant bien dominer tout à la fois le conseil de régence, dont Philippe n'eut jamais été que le maître apparent ; celui-là se flattant de parvenir à la dictature, après avoir triomphé de tous ses rivaux. (*Mémoires* de J.-B. Louvet. Paris, 1821, in-18, page 20).

Nous ne pouvions, sans souffrir ; assister aux séances du corps législatif et des Jacobins..... Ici on ne discutait plus, on s'agitait tumultueusement, on n'agissait que pour mal faire. Ce n'était plus cette société, célèbre d'abord par de grands talents, et, après la fameuse scission, par sa constance. Livrée alors aux Cordeliers que Danton y avait jetés, énergumènes sans moyens, vendus à d'Orléans, prêts à se vendre encore. (*Mémoires* de Barbaroux. — *Collection* Berville et Barrière, page 30.)

Madame Roland elle-même n'est pas mieux informée ; la citation qui suit fait suite à celle que nous avons déjà produite : « J'aurais montré Danton naissant à la *section* qu'on appelait alors *district*, et s'y faisant remarquer par la force de ses poumons; grand sectateur des d'Orléans, acquérant une sorte d'aisance dans le cours de cette année, sans qu'on vit de travail qui dut la procurer, et une petite célébrité par des excès que Lafayette voulait punir, mais dont il sut se prévaloir avec art en se faisant protéger par la section qu'il avait rendue turbulente. » (*Appel à l'impartiale postérité*, page 60, 1re partie).

Nous pourrions ajouter vingt autres citations tirées d'autant de mémoires, elles se résument toutes dans la même allégation, sans plus de faits à l'appui. Lafayette étant le plus explicite, c'est à lui que nous répondrons.

Ce qui ressort tout d'abord de cet acte d'accusation du général, c'est le vague des assertions. Le démagogue, assure Lafayette, se vendit successivement à d'Orléans et à Louis XVI; puis à plusieurs reprises, et selon les circonstances, il abandonna l'un pour servir l'autre. Ici se présente naturellement une objection : ce double rôle ne tarda pas sans doute à être connu des acheteurs, car ils ont coutume d'exiger des preuves ostensibles de service et ils ne manquent pas d'espions; or, comment le connaissant, comment sûrs de la perfidie de l'acteur, persistent-ils à lui accorder leur confiance, à le payer de nouveau? Comment, par exemple, le roi après l'affaire du 21 juin, essaya-t-il de gagner une seconde fois à sa cause, un homme qui venait de le trahir si ouvertement? Cela ne tombe pas sous le sens.

Et pour nous en tenir dans ce chapitre à d'Orléans (plus tard nous reviendrons sur la cour), son avarice est assez connue, il ne devait se dessaisir de son or qu'à bon escient, si tant est qu'il en ait donné.

Est-ce trop exiger de l'accusateur que de lui demander des preuves, plus positives que de simples allégations? S'il n'est pas besoin de preuves ne peut-on pas accuser tout le monde? Et Lafayette veut-il que nous acceptions comme vrai tout ce qu'on a dit de lui-même? — Mais, répondra-t-il, a-t-on jamais la preuve notariée d'une trahison? — C'est vrai, mais au moins faut-il produire des faits d'après lesquels on puisse juger par induction. Et puisque le général n'a pas cru nécessaire de donner des témoignages à charge, qu'on nous permette de développer quelques-unes des raisons tirées des circonstances mêmes, qui tendent à démontrer que Danton n'a pu être vendu à d'Orléans.

Chacun sait que Laclos était le secrétaire du duc, son chargé d'affaires, son affidé si l'on veut; on n'a pas oublié qu'il rédigeait le journal des *Amis de la Constitution* (des Jacobins). Il était impossible dès lors qu'il ignorât la complicité de Danton, puisqu'il était le recruteur du prince; dès lors la feuille orléaniste ne devait pas tarir sur les éloges donnés au président des Cordeliers; l'exalter outre mesure c'était servir le parti, encourager la trahison. Eh bien, le croirait-on? Il n'est pas une seule fois question de Danton dans les trois volumes pendant près d'un an; nous ne nous rappelons pas qu'un seul des arrêtés du fameux district soit consigné dans le journal des *Amis de la Constitution;* il y a plus, pendant que Robespierre et tant d'autres patriotes ardents font partie de la société, Danton n'est pas admis parmi les membres, lui si renommé déjà pour son éloquence révolutionnaire? Singulier complice dont on étouffe l'influence irrésistible dans la conspiration du silence !

Madame de Genlis dans ses dix volumes de *mémoires* écrits pendant son émigration et parus en 1825, madame de Genlis si amoureuse des anecdotes piquantes quand il s'agit du parti jacobin, ne parle pas une seule fois de Danton. Craint-elle de compromettre son prince? Mais les moyens adroits de tuer un ennemi ne manquent jamais, quand on a tant d'esprit.

Ce n'est pas tout : « il eut bien plus, dit le général, la confiance du parti que Robespierre. » Donc Maximilien était aussi orléaniste. Mais ce fait est inadmissible, et la preuve c'est qu'en 94, lors du procès de Danton, Robespierre, par l'organe de Saint-Just, accusera Danton d'avoir été vendu à d'Orléans, ce qu'il n'aurait osé faire évidemment si naguère lui-même avait été complice. Donc si M. Lafayette a été trompé sur la participation de Robespierre au complot du prince; mais s'il a été trompé par rapport à Maximilien, qui m'assure qu'il ne l'ait pas été aussi par rapport à Danton?

Et puis qu'est-ce qu'une accusation formulée ainsi : « *Probablement* son arrière-pensée depuis le 10 août, fut de servir la faction d'Orléans. » Qui ne condamnerait-on pas au moyen de *probablement?* Mais à partir du 10 août le traître ne sert plus qu'en *pensée* celui qui l'a si bien payé. En effet, je ne sache pas qu'aux moments de l'incarcération, du jugement et enfin du supplice du duc, Danton ait fait aucun effort direct ou indirect pour le sauver. Et le duc ne se venge pas par une dénonciation, quand c'était si facile? Et les amis du prince ne le vengent pas plus tard, dans les mémoires qu'ils ont laissés, de cette perfidie? En vérité c'est supposer à d'Orléans une grandeur d'âme que l'histoire ne reconnaît guère, c'est supposer à ses amis trop d'ingratitude. J'aime mieux croire que les pièces probantes manquaient absolument aux uns et aux autres ; or, comme je ne puis juger que sur des pièces, celles-ci manquant, je dois abandonner l'accusation.

Le 12 avril 93 Danton dira à la tribune en parlant du duc : « le vrai coupable, c'est d'Orléans. Pourquoi n'est-il pas déjà traduit au tribunal révolutionnaire, au lieu d'être confondu avec les femmes de sa famille?..... Je demande que le tribunal soit tenu d'envoyer à la Convention copie exacte de la procédure qui sera faite dans l'affaire d'Orléans afin que la Convention *puisse connaître ceux de ses membres qui ont pu y tremper.* » Donc Danton provoque le duc, le force à la dénonciation, si preuves il y a. Et le duc ne dit rien contre Danton. Est-il une preuve plus évidente de la non culpabilité de l'inculpé?

Si Lafayette n'est pas le seul qui ait porté cette accusation; si bien d'autres l'ont fait sans plus de preuves; nous avons dû choisir la dénonciation la plus circonstanciée; à moins qu'on ne préfère celle qui suit.

En 1790, un agent du général, le sieur Estienne écrivait. « Je devons en conscience avertir les MM. de la nation que les égrefins dont le duc d'Orléans se servit pour faire ameuter le faubourg Saint-Antoine et brûler la maison de Réveillon, que les maquereaux et les chevaliers de la manchette de ce prince, que ses gouines, Lameth, Barnave, Duport, Marat, Danton font leur impossible pour afin de nous donner le change sur le compte de ce prince manqué, qu'ils mettent tout le monde en ribotte pour nous empaumer, que ce sont encore eux qu'avons mis le feu aux étouppes entre les vainqueurs de la Bastille et les gardes françaises. » (Citation tirée du *Journal des Halles*, par Fréron dans l'*Orateur du peuple*, n° 12, 4me. vol)

Tous les partis ont leur père Duchène, tant le rôle est facile. Remarquons, pour en finir, qu'un homme qui surexcite une aussi virulente animosité est sans nul doute une puissance, voilà ce qui ressort surtout de tout ce qui précède. La calomnie, comme le scorpion, s'empoisonne quelquefois elle-même et meurt de son propre venin.

Si l'on nous taxait d'exagération parce que nous avons appelé puissance le Danton de mars 1790, le fait suivant, attesté par tous les écrivains du temps, ne laisserait plus de doute à ce sujet.

On sait quelle fermentation avait causée l'arrêt de prise de corps lancé par le Châtelet contre Marat, rédacteur du journal l'*Ami du peuple;* on se rappelle que l'opposition du district des Cordeliers sauva l'écrivain d'une condamnation certaine. Il n'est pas hors de propos de reproduire l'extrait des délibérations de cette assemblée.

Le district des Cordeliers, persévérant dans les principes de son arrêté du 11 janvier, et ayant délibéré de nouveau sur la matière qui a donné lieu à cet arrêté, considérant que dans ces temps d'orage que produisent nécessairement les efforts du patriotisme luttant contre les ennemis de la Constitution naissante, et il est du devoir des bons citoyens, et par conséquent de tous les districts de Paris, qui se sont déjà signalés glorieusement dans la révolution, de veiller à ce qu'aucun individu de la capitale ne soit privé de sa liberté, sans que le décret ou l'ordre en vertu duquel on voudrait se saisir de sa personne n'ait acquis un caractère extraordinaire de vérité capable d'écarter tout soupçon de vexation ou d'autorité absolue.

Considérant encore que, sous quelque rapport qu'on envisage, soit les décrets émanés du Châtelet (qui n'a été que provisoirement institué juge des crimes de lèse-nation), soit tous les ordres émanés du pouvoir municipal établi provisoirement dans la ville de Paris, on ne doit qu'applaudir aux districts qui soutiennent que ces décrets ou ordres ne doivent pas être exécutés qu'après avoir été visés par des commissaires honorés à cet effet du choix de la véritable commune, jusqu'à ce que le grand œuvre de la régénération française soit tellement accompli qu'on n'ait plus à craindre de voir les hommes attachés aux principes de l'ancien régime, et imbus des préjugés et des fausses maximes de la vieille magistrature à finance, tenter d'étouffer la voix des écrivains patriotes dont le zèle, en le supposant même exagéré, ne peut que contribuer au triomphe de la vérité et à l'affermissement d'une Constitution qui deviendra supérieure à celle de quelques peuples que nous ne regardions comme véritablement libres que parce que nous étions plongés dans le plus honteux esclavage.

A arrêté qu'il serait nommé cinq commissaires conservateurs de la liberté, au nombre desquels le président se trouverait de droit, et que nul décret ou ordre, quelqu'en soit la nature, tendant à priver un citoyen de sa liberté, ne serait mis à exécution dans le territoire du district, sans qu'il n'eut été revêtu du visa des cinq commissaires qui seront convoqués par le président, et dont les noms seront affichés dans le corps de garde.

Et l'assemblée ayant procédé à l'élection des dits commissaires, son choix est tombé sur MM. Danton, Saintin, Cheftel et Lablée.

L'assemblée a arrêté en outre que le commandant du bataillon du district et tous les officiers du poste tiendraient la main à l'exécution du présent arrêté, qui serait imprimé, affiché, envoyé à tous les districts, pour les inviter à y accéder ; et en outre communiqué aux mandataires provisoires, à la ville, aux juges du Châtelet, au commandant général de la milice parisienne, et enfin porté par deux commissaires à monsieur le président de l'Assemblée nationale.

Signé, PARÉ, président,

FABRE d'ÉGLANTINE, vice-président,

DANTON, LABLÉE, secrétaires.

Certes, nous voilà loin de ce qu'avaient rêvé les plus libéraux même de la Constituante : ne pouvoir arrêter un citoyen sans que ses concitoyens en fussent avertis, quel renversement de toutes les idées d'ordre reçues ; au radicalisme de ces considérants on reconnaît l'énergie inspiratrice de Danton. Pour couper le mal démocratique dans sa racine il n'y avait plus qu'à s'emparer de la personne de celui qui en paraissait être la cause. C'est aussi ce qu'on essaya.

Un autre événement excita une nouvelle fermentation. Le président de ce district, M. Danton dont le caractère fougueux faisait redouter l'influence, fut accusé d'avoir dit à l'Assemblée, le jour où l'on fit des recherches chez

M. Marat : « Eh bien, s'il le faut, nous ferons venir le faubourg Saint-Antoine. » — Le Châtelet oublia, comme l'avait fait le district lui-même, quelles étaient les limites de sa juridiction, et comme si les membres d'une assemblée légale pouvaient être justiciables d'un tribunal, à moins de lui être dénoncés par cette assemblée elle-même, il osa lancer contre ce citoyen un décret de prise de corps. L'indignation fut universelle, et le district le ramena aux principes par un arrêté très bien motivé, et par une adresse à l'Assemblée nationale. (*Histoire de la révolution de France*, par deux amis de la liberté, vol. iv, chap. 14.)

Voici les réflexions que ce décret attentatoire suggère à Camille Desmoulins.

Foulant aux pieds le décret de l'Assemblée nationale du 23 août 89 qui porte : qu'aucun citoyen ne peut être inquiété pour avoir dit librement son opinion, le Châtelet n'a pas craint de décréter M. d'Anton, cet illustre président du district des Cordeliers ; il vient de le décréter de prise de corps pour opinion avancée dans l'assemblée de son district. Le Châtelet croit-il donc que lorsqu'il méprise ainsi les saints décrets de l'Assemblée, nous respecterons ses décrets de prise de corps..... Le district des Cordeliers dans son arrêté du 18 mars, s'inscrit en faux contre les imputations faites à son président ; mais que fait cette question. Je suppose que M. D'Anton a tenu au district le discours qu'on lui prête, *qu'il fallait repousser la force par la force.....* (Numéro 18 des *Révolutions de France et de Brabant*.)

Le décret du Châtelet contre le sieur d'Anton avocat et ancien président du district des Cordeliers ne peut que désiller les yeux du public. Les gens instruits et impartiaux ne voient dans le décret lancé par ce tribunal que l'effet des menées sourdes des avocats et procureurs de ce district, qui n'ont pu pardonner à ce courageux citoyen d'avoir abandonné la cause de la robe, en déployant toute l'énergie du zèle et du civisme pour le maintien et l'avancement de la nouvelle Constitution. (*Ibidem.*)

Brissot examine l'affaire au point de vue du droit.

L'affaire de M. Danton, ancien président du fameux district des Cordeliers, a excité beaucoup de bruit. On se rappelle que ce district voulut s'opposer à l'enlèvement de M. Marat, décrété de prise de corps. Les huissiers chargés de l'arrêter, consignèrent dans leur procès verbal que M. Danton avait dit qu'il fallait sonner le tocsin et appeler le faubourg Saint-Antoine. Ce propos et d'autres semblables sont l'objet de l'accusation et du décret de prise de corps lancé contre M. Danton. Son district, toujours animé de la même ferveur pour la défense des principes, réclame contre ce décret du Châtelet, qu'il regarde comme attentatoire à la liberté qui doit régner dans les assemblées légales. — Trois questions se présentent ici à juger. — Des propos peuvent-ils jamais être un délit capital ou digne d'un décret de prise de corps? Des propos tenus dans une assemblée légale peuvent-ils être la matière d'une accusation hors de cette assemblée? Et enfin, M. Danton a-t-il tenu les propos qu'on lui prête? Les deux premières questions tiennent essentiellement à la liberté de penser et de parler, et à la Constitution. Il n'en existerait bientôt plus, s'il était permis de travestir en délits capitaux des discours quels qu'ils soient, lorsqu'ils échappent dans une discussion légale.

BRISSOT.

(Journal le *Patriote français*, n° 230.)

Le royaliste Mercier récapitulant tous les crimes qu'il croit pouvoir reprocher à Danton, n'a garde d'oublier cette circonstance qu'il considère comme le point de départ de l'anarchie.

Ce fut au district des Cordeliers que Danton, chargé d'un décret de prise de corps et de *dettes*, sema, fit germer et lever tous les crimes révolutionnaires. Le premier acte de démagogie qui ouvrit la porte à tant d'autres, fut celui que Danton dirigea, en faisant armer tout le district pour défendre la personne de Marat... A compter de ce jour les anarchistes eurent le dessus et ce fut ce même homme qui fut ministre de la justice. Il eut des partisans et l'on s'attacha à lui parce qu'il était, disait-on, moins sanguinaire que Robespierre : voilà tout son éloge. La nature l'avait fait pour haranguer la populace, tonner dans un carrefour sur une borne; car il avait l'éloquence des portefaix, et la logique des brigands. Ce solliciteur de procès, ce tripoteur d'affaires fut député de Paris. Le 31 mai, il se promenait rayonnant de joie autour de la Convention; je le rencontrai et je lui dis : vous perdez la république et la France; il m'appela ironiquement l'enragé. (Mercier, *le Nouveau Paris*, tome I", page 168.)

Tous se croient attaqués dans cette affaire qui n'est personnelle à Danton que parce que la cour a cru devoir frapper préférablement celui qui représente le mieux la révolution menaçante.

Les soi-disant représentants de la commune ont mis en délibération l'affaire de M. Danton... Les districts qui ont senti que la cause de la liberté était intéressée dans l'affaire du S. Danton, et que ce n'était qu'un essai que les aristocrates faisaient de leurs forces, ont arrêté de présenter une pétition à l'assemblée nationale; et déjà le comité des rapports est saisi de cette affaire. Les auteurs de cet affreux brigandage ont fait courir le bruit que M. Danton avait d'abord été décrété de soit-ouï, puis d'ajournement, et enfin, faute d'avoir comparu de prise de corps. C'est une insigne fausseté, qui n'a d'autre but que de calmer les esprits justement irrités. Cette affaire sera bientôt mise dans tout son jour. (*Révolution de Paris*, n° 37.)

... Le décret de prise de corps lancé contre M. Danton ouvre les yeux sur le projet qu'on a formé d'effrayer et de réduire au silence les patriotes chauds et courageux... L'affaire de M. Danton est la suite de celle du sieur Marat. (*Révolution de Paris.*)

N'oublions pas que Loustalot était à cette époque le véritable rédacteur des révolutions et que Prudhomme n'est jamais qu'un nom d'éditeur.

Nous avons lu dans Mercier que le motif réel de ce décret était les dettes du fougueux tribun du peuple. Cette autre calomnie est souvent répétée par les écrivains de la cour. La déclaration officielle de la commune va nous confirmer la vérité du fait; et l'on sait assez que la commune à cette époque était peu dantoniste.

Assemblée des représentants de la commune.

Sur la plainte portée à l'assemblée de la commune, relative au décret de prise de corps lancé par le Châtelet contre M. Danton, un membre de l'assemblée ayant proposé de mettre en délibération si l'on devait mander ce tribunal pour rendre compte des motifs qui l'ont porté à cette démarche, l'assemblée a décidé qu'il n'y avait lieu à délibérer. M. l'abbé Mulot qui présidait ce jour-là, a répondu en ces termes à la députation des Cordeliers: « Votre zèle, messieurs, pour la liberté individuelle des citoyens et la conservation des droits de l'homme ne peut qu'être applaudi. L'assemblée des représentants de la commune est d'autant plus sensible à la sévérité du décret dont vous semblez vous plaindre, que ce décret frappe un de ses membres. Au moment où il a été reçu dans son sein, les causes qui paraissent avoir attiré sur lui le décret, existaient, et l'assemblée a pensé que ce membre, dont elle a toujours cru la conduite pure, se justifierait facilement, elle s'est reposée sur l'intérêt qu'il avait lui-même à se disculper ; jusqu'à ce moment il paraît s'être reposé sur le témoignage de sa conscience.

Aujourd'hui l'état des choses est changé, un décret est prononcé..... Vous ne nous demandez pas que nous nous élevions contre ce décret, vous avez porté vos vœux à l'assemblée nationale, et nous nous reposons avec notre confiance ordinaire sur sa haute sagesse; vous n'attendez plus de nous qu'une affiche qui publie un décret de l'assemblée nationale *concernant la liberté des opinions dans les assemblées délibérantes...*

Le district, messieurs, ne vous demande pas que vous arrachiez M. Danton au tribunal qui l'a décrété; au tribunal que l'accusé ne redoute pas, au tribunal que sa conscience lui assure devoir lui être favorable... M. Danton, en effet, est innocent ou il est coupable. S'il est innocent, il triomphera et vous applaudirez à son triomphe; s'il est coupable il ne doit point avoir votre protection, et, zélé défenseur de la liberté, il doit être le premier à obéir à la loi...

Si la loi doit être respectée, lorsqu'elle frappe un individu soupçonné d'avoir compromis l'ordre public, et attenté à sa sûreté, il est, et il doit y avoir des immunités pour les hommes publics, surtout pour les membres des administrations populaires, sans quoi leurs fonctions seraient annulées, leur marche suspendue, leur pourvoir détruit à l'instant peut-être où le bien de tous, l'utilité générale en réclamerait la présence et l'activité...

Au reste, pour revenir à M. Danton, je demande la liberté d'observer que peut-être il eut été convenable d'*oublier des discours que l'exaltation des idées, la chaleur des circonstances*, l'égarement des principes, ont pu amener, sans un motif déterminé de rébellion, sans voies de fait positives, discours qui ne produisent nul effet, et n'altèrent point l'ordre public.

Il est des temps dans l'ordre politique, où ce qui serait un délit intolérable dans un autre moment, peut trouver quelque excuse devant un peuple libre... »

Ces réflexions reçoivent peut-être encore un nouvel appui des circonstances individuelles. L'homme ardent, impétueux, violent qui se trouve dans des circonstances qui les contrarient, se livre à des discours, à des menaces qui sont bien plus l'effet de la confusion des idées, du choc des sentiments, que d'une improbité séditieuse et alarmante. De tels hommes me semblent plus dignes d'indulgence que de rigueur, parce qu'ils ne sont point susceptibles de ce recueillement dangereux qui assure le succès des desseins criminels, ou des entreprises hardies.

(*Moniteur* du 28 mars 90.)

Quelques passages de cette déclaration paraîtront inintelligibles à ceux qui ont oublié que les districts faisaient partie de l'administration municipale ; c'est à eux que l'on en référait d'abord, lors de l'arrestation d'un citoyen ; c'est sur cette loi que les Cordeliers s'appuyaient en cette circonstance.

Après cette affaire qui avait soulevé tout Paris, Danton tint à rassurer les esprits en leur prouvant qu'il n'avait pas violé le droit, mais qu'il en avait usé. C'était habile, car s'il faut toujours être radical, il n'est pas toujours politique de le paraître. En conséquence, on lisait sur les murs, à quelques jours de là, la proclamation suivante :

L'assemblée générale du district des Cordeliers, calomnié dans ses principes par les ennemis de la chose publique, croit se devoir à elle-même de repousser ces attaques de la manière la plus authentique. En conséquence, fidèle au serment civique, qu'elle a prêté solennellement, et qu'elle scellerait même de son sang, elle déclare que son opinion est qu'on doit regarder comme infâme et traître à la patrie, tout citoyen ou toute assemblée de citoyens qui refuse d'obéir aux décrets de l'Assemblée nationale, ou qui se permet des protestations contre un seul de ses décrets?

Arrêté en outre, que la présente proclamation sera imprimée, affichée, et envoyée aux 59 autres districts.

DANTON, président.

(n° 24, des *Révolutions de France et de Brabant*, par Desmoulins.)

Après tant de bruit, de soulèvement à propos de l'arrestation d'un homme, est-il possible de nier que Danton fût déjà une puissance? Nous ne sommes encore qu'en avril 90, c'est avoir fait beaucoup de chemin pour un *misérable avocat* qui n'a pour se soutenir que des *poumons*.

Mais avançons toujours, et surtout ne perdons pas Danton de vue.

La fête de la Fédération avait amené à Paris un grand nombre de représentants de toute la France; après les cérémonies publiques du 14 juillet, chaque parti politique chercha à accaparer les provinciaux, pour leur persuader qu'il représentait l'opinion de la majorité... Le club des Cordeliers ne manqua pas une si belle occasion de faire connaître aux départements quels étaient ses principes politiques; et dans un banquet qu'il offrit, et que présidait Danton, on va voir que celui-ci ne fit que renouveler la protestation précédente.

La section des Cordeliers a donné hier une fête à ceux de nos frères d'armes des 83 départements qu'elle loge dans son étendue. C'est à ce banquet où étaient assis Danton, Camille Desmoulins et tant d'autres braves citoyens, qu'ont été réparées les fautes commises dans quelques orgies de la capitale. La table était de 200 couverts; on n'entendait que vive la nation, *vive l'Assemblée nationale*. C'était un spectacle vraiment digne d'hommes libres. J'ai appris par hasard que le maire (Bailly) y était allé se faire voir, mais qu'il s'est sauvé sans qu'on s'en aperçut. On n'était pas d'humeur à brûler de l'encens pour les idoles. Cette fête seule honore les Parisiens : plût à Dieu que tous les fédérés en eussent été témoins..... Extrait de l'*Observateur*. (*Le patriote français*, par Brissot, n° 350.)

Nous tenons à bien faire remarquer avec quel art Danton joint toujours la prudence à l'audace : il ne veut pas effrayer la province par une sortie trop brusque, il sait comme toute opinion s'exagère en se propageant, et c'est pourquoi dans une circonstance que Camille aurait crue si propre à quelque mou-

vement oratoire révolutionnaire, lui, Danton se renferme dans
une protestation de respect pour l'Assemblée nationale. C'est
cette puissance qu'avait Danton sur lui-même que les historiens
n'ont pas assez constatée : c'est la preuve de la vraie force.

Dans la vie d'un homme politique aucun fait n'est sans
signification ; c'est à l'historien à savoir l'interpréter.

A propos de la réélection de Bailly comme maire de Paris,
Desmoulins écrit :

Il faut que Paris soit devenu bien aristocrate puisque sur 14,000 votes
12,000 ont nommé M. Bailly bien plus fait pour un fauteuil d'académie que
pour la chaise curule ; tandis que le plus robuste athlète des patriotes, le
seul tribun du peuple qui eut pu se faire entendre dans le Champ-de-Mars,
et à sa voix rallier les patriotes autour de la tribune ; le seul homme dont
l'aristocratie eut à redouter le véto et en qui elle eut pu trouver à la fois les
Gracques et un Marius, M Danton en un mot a été proscrit par toutes les
sections, et n'a pu être un des 144 municipaux. Trois sections seulement
l'ont nommé et avec des acclamations, la section Mauconseil, celle du
Théâtre–Français et du Luxembourg. Je regarde depuis ces trois sections,
comme trois noyaux de patriotes dans Paris.

(N° 44 des *Révolutions de France et de Brabant*.)

Au numéro 47, il ajoute :

Il semble que l'on soit en ce moment embarrassé de choisir 30 juges d'une
vertu antique et d'une incorruptibilité à l'épreuve. Il n'est pas à présumer
que les électeurs oublient Danton.

Danton ne fut point nommé.

Ne nous étonnons pas de ce double échec qu'il n'eût point
subi, à coup sûr, s'il eut été vendu à la cour ou à d'Orléans.
Danton maire de Paris en 90, eut suffi, à cette époque d'hésitation, pour entraîner toute la populace ; Mirabeau n'était-il pas
compromis par le vote du *véto* et bien d'autres? Croit-on que
le roi ou le duc ne l'ait pas compris? Il se peut qu'on ait tenté
de l'acheter, mais les faits ne paraissent pas prouver qu'on
ait réussi ; et puisque les preuves manquent, disons que la vive
opposition qu'il essuya de la part du pouvoir témoigne incon-
testablement et une fois de plus de son incorruptibilité aussi
bien que de l'importance qu'il avait acquise.

Au reste l'autorité sentait bien ce qu'elle aurait eu à craindre
des suites d'une pareille élection, du moment qu'elle ne pouvait

corrompre l'agitateur; pour en finir d'un coup, elle eut recours à son moyen traditionnel.

Mardi 13, le nommé Damien, huissier exécuteur d'un décret de prise de corps contre M. Danton, électeur du département de Paris, a eu l'audace de pénétrer jusque dans le sein de l'assemblée électorale pour s'emparer de M Danton. Dès qu'il a eu rendu compte de sa mission, un sentiment profond d'indignation a frappé l'assemblée; l'huissier a été arrêté. On a rédigé une adresse à l'Assemblée nationale pour obtenir justice de cet attentat, et l'Assemblée l'a renvoyée à son comité de constitution.

Le décret de prise de corps est daté du 4 août. Deux questions se présentent naturellement; Pourquoi n'a-t-il pas été mis à exécution plus tôt? Pourquoi a-t-on choisi de préférence l'assemblée électorale pour le signifier à un de ses membres ?..... (*Révolutions de Paris*, n° 114.)

Le pouvoir exécutif ne réussit pas mieux que la première fois; il dut reculer devant l'opinion publique. Remarquez-vous combien l'influence de Danton grandit au fur et à mesure que baisse celle de Mirabeau? C'est que Mirabeau était salarié et qu'il lui fallait donner ses preuves de services; aussi la cour le flatte-t-elle tandis qu'elle décrète Danton de prise de corps; tout cela est logique et démonstratif.

Ce nom de Mirabeau que nous citions tout à l'heure, nous rappelle une autre affirmation des historiens modernes que nous n'avons pu vérifier. Tous s'accordent à dire que l'avocat était l'affidé du comte, que les mêmes penchants vicieux les rapprochaient, que le président des Cordeliers semblait né pour être l'agent du roi de l'Assemblée nationale; et partant toutes les amplifications pittoresques que permet un si heureux rapprochement. En vérité, nous voudrions pouvoir y concourir aussi de notre période, mais notre conscience d'historien s'y oppose.

Croira-t-on que M. Lucas de Montigny, le fils adoptif de Mirabeau, lui qui possédait tous les papiers de la famille, qui pouvait remonter à toutes sources, n'ait pas une seule fois parlé de cette liaison?

Mais, dites-vous, cela n'est pas étonnant, elle était honteuse pour Mirabeau; le fils n'a eu garde de la rappeler. Alors pourquoi Dumont, l'ami du grand homme, qui fait le détail de ses somptueux banquets, ne dit-il rien de leur intimité; il n'épargne

pourtant pas la mémoire de son amphytrion, quand l'occasion
s'en présente?

Ajoutez que Montigny et Dumont n'ont pas craint de men-
tionner l'intimité qui liait Mirabeau à Camille Desmoulins. Du
reste, on s'étonne peu de cette allégation unanime des modernes,
quand on sait avec quel empressement ils se répètent tous les
uns les autres, pourvu que le sujet prête. Quand ces deux écrivains se sont tus sur un pareil fait, il est permis de ne pas
pousser plus loin l'investigation; il est permis de demander à
Saint-Just s'il aurait osé s'adresser directement à Danton quand
il s'écriait : « Tous les amis de Mirabeau se vantaient hautement qu'ils t'avaient fermé la bouche. » N'est-il pas étonnant
qu'aucun depuis n'ait confirmé cette assertion? Il est vrai que
le rapporteur ajoute : « Tant qu'à vécu ce personnage affreux,
tu es resté muet. » Dire que jusqu'en avril 91 Danton est resté
muet, c'est oublier le président des Cordeliers, oublier surtout
qu'on vient de dire qu'il était vendu à d'Orléans; or, pour que
Danton fût acheté, il fallait qu'il eût parlé, qu'il eût prouvé la
puissance de sa parole; c'est oublier les décrets de prise de
corps; c'est tout oublier, c'est s'oublier soi-même.

La petite anecdote qui suit, sans avoir grande importance en
elle-même, montre au moins que le chef du parti révolutionnaire profitait des moindres circonstances pour battre en brèche
la réaction, et ne se laissait point intimider par les décrets du
Châtelet :

Les députés de Marseille, au pacte fédératif, désiraient voir *Charles IX*
(tragédie de J. Chénier). Une députation du district des Cordeliers, dans l'arrondissement duquel se trouve le Théâtre-Français (aujourd'hui Odéon)
demanda la pièce, plusieurs auteurs firent des difficultés, et finirent par
déclarer qu'ils avaient ordre de ne pas la jouer. Cet ordre était émané du
maire et du commandant de la milice parisienne, tous les deux bas valets
de la cour. Une nouvelle députation des Cordeliers triompha de cette résistance. Cependant une faction de jeunes gens formée, dit-on, par les soins
du sieur Mottié (Lafayette) auxquels il fit distribuer des billets d'entrée remplit le parterre. Au lever de la toile commença le tumulte... Les factieux
soudoyés pour faire vacarme contre les patriotes des Cordeliers, n'attendaient qu'un prétexte. Danton, l'énergique Danton, le leur fournit au premier
acte, en se couvrant la tête. Comme aucune loi n'interdit l'usage des chapeaux lorsque les acteurs ne sont point en scène, Danton ne crut pas devoir

obéir aux ordres impérieux des automates, qui voulaient perpétuer cet usage servile, reste de l'ancien régime.

J'ai vu pendant quelques jours une multitude de citoyens abusés prendre parti contre Danton; ils le blâmaient hautement d'avoir voulu jouir des droits de l'homme libre; et les raisons qu'ils en donnaient c'est qu'il faut respecter les usages, et ne pas donner l'exemple de l'insubordination. Juste ciel! si cette funeste maxime eût toujours été suivie, quel peuple eut jamais rompu ses fers, et comment aurions-nous secoué nous-mêmes le joug? Avec ce penchant funeste qu'ont presque tous les hommes à la servitude, que deviendraient les nations, s'il ne se trouvait au milieu d'elles quelques hommes de tête, assez intrépides pour fouler aux pieds les ordres des despotes, lever l'étendard de l'insurrection, attaquer les remparts de la tyrannie, et monter les premiers à l'assaut?

(Marat, l'*Ami du peuple*, n° 192.)

Quand un fait aussi insignifiant soulève deux partis dans une population, on peut assurer que l'auteur n'est pas un homme insignifiant, qu'il a déjà fait ses preuves; et, en conscience, pouvons-nous avancer que ce soient des preuves de royalisme ou d'orléanisme? Singulière manière de les servir que de les battre en brèche à tout propos. Ne commencez-vous pas à ne plus vous étonner que Danton ne réponde pas à de pareilles insinuations si hautement démenties par les faits?

A propos du massacre de Nancy, voici l'arrêté que prit le bataillon du district des Cordeliers, arrêté sublime, comparable aux plus beaux monuments que l'antiquité nous ait transmis en ce genre, et qui faisait infiniment d'honneur à M. Danton :

Quelqu'opinion que nous ayons de la valeur de toutes les gardes nationales qui ont eu part à la malheureuse affaire de Nancy, nous ne pouvons manifester d'autre sentiment que celui de la douleur.

C'est la réponse du chancelier de l'Hospital, à l'éloge qu'on lui demandait de la Saint-Barthélemy : *excidat illa dies ævo*. (*Révolutions de France et de Brabant*, numéro 4.)

On se rappelle que dans cette malheureuse affaire la garde nationale avait eu à se battre contre le peuple; les vainqueurs proclamaient leur triomphe, en exageraient les détails en fanfarons; des députations se promenaient dans Paris, les gardes nationales fayettistes les applaudissaient à outrance, comme pour faire comprendre au peuple de la capitale ce qui l'attendait, s'il bougeait; il était compromettant pour le parti démocrate de se prononcer trop ouvertement ; la proclamation dont Camille Desmoulins vient de nous donner un extrait, est une preuve nouvelle de l'habileté que Danton savait déployer au besoin ; il n'incriminait pas, mais forçait les triomphateurs à se taire.

Malgré quelques succès de détails obtenus en cette année 1790 par la réaction, tels que le massacre des patriotes à Montauban, l'organisation du club des Feuillans, les vingt-cinq millions de liste civile, les soixante-dix-sept millions de revenus affectés à la dotation du clergé, la réélection de Bailly. L'affaire de Nancy conduite par Bouillé, etc., etc. ; somme toute, la cour avait dû souscrire à la condamnation de Favras, à la publication du livre rouge, à l'abolition des lettres de cachet, à la cession faite à l'assemblée du droit de paix ou de guerre, à l'indemnité donnée aux protestants victimes de l'édit de Nantes, et finalement au départ définitif de Necker et à la retraite du ministère ; elle avait donc plus perdu de terrain qu'elle n'en avait gagné. Croyez-bien que Danton ne fut pas étranger à ces mesures révolutionnaires. C'est Lafayette qui l'affirme, son témoignage est peu suspect : « Le renvoi de MM. De la Tour du Pin, Saint-Priest, et de leurs collègues, avait été préparé par un comité central des sections dont Danton était le principal membre, sous l'influence des chefs Jacobins. (*Mémoires* de Lafayette, t. IV, page 182.)

Fréron confirme l'affirmation de Lafayette en ces termes :

Le patriote Danton a exprimé en vrai républicain, le vœu des sections sur le renvoi des ministres, de ces mêmes sections qui ont payé son brûlant patriotisme d'une si honteuse ingratitude, lors de la nomination des membres du conseil municipal. Dans le procès-verbal de cette séance, lu hier, le secrétaire a inséré que cette pétition de la commune de Paris n'avait pas été entendue, sans une vive émotion de l'assemblée. (Fréron, l'*Orateur du peuple*, n° 28, 3ᵐᵉ vol.)

Ainsi c'est bien reconnu, Danton est assez puissant pour renverser un ministère. Ce qui n'empêchera pas Saint-Just de s'écrier plus tard dans son acte d'accusation : « Mirabeau te saisit ; tu t'écartas d'abord des principes sévères, et l'on n'entendit plus parler de toi jusqu'au massacre du Champ-de-Mars. » Or, nous sommes à la fin de 90 et l'affaire du Champ-de-Mars eut lieu en juillet 91. Que faisait donc Saint-Just à cette époque? Il a bien mauvaise mémoire, s'il n'a pas mauvaise foi.

On pressentait qu'au besoin le tribun se montrerait homme d'action; aussi pour réparer en quelque sorte l'échec qu'il avait éprouvé comme municipal, les Cordeliers lui confièrent-ils un grade important dans la garde nationale; voici en quels termes l'*Ami du peuple* raconte ce fait :

Le bataillon des Cordeliers est depuis plusieurs jours en grande fermentation au sujet du renouvellement de tous les officiers.

Lors de leur nomination, ils ont fait le serment solennel de se démettre de leurs grades au bout de l'année pour redevenir simples soldats; c'est un hommage public qu'ils rendaient aux pouvoirs qu'ils tenaient de leurs concitoyens, et à l'égalité qui doit faire la base de tout gouvernement libre. Serment qui aurait dû être sacré pour de bons citoyens, des hommes d'honneur, et qui ne l'a point été pour le sieur Vilette, commandant de ce bataillon, le sieur Lerouge, capitaine des chasseurs, et plusieurs autres officiers du corps, qui prétendent rester en place, au mépris de leur engagement solennel, au mépris de l'exemple que leur ont donné les officiers de plusieurs bataillons. Dans une assemblée du bataillon, tenue le 14 de ce mois, il a été arrêté à la majorité que l'on procéderait à une nouvelle nomination. Elle a eu lieu, et Danton a été nommé à la place du sieur Vilette.

(Marat, l'*Ami du peuple*, n° 290 du mercredi 24 novembre 1790.)

Fréron ajoute :

L'ancien et digne président du vigoureux et patriotique district des Cordeliers, M. Danton vient d'être nommé commandant de ce bataillon, à la majorité des voix : M. de Lafayette doit le recevoir. Cela sera curieux.

(Fréron, l'*Orateur du Peuple*, n° 24, 3° vol.)

En juin 91, un autre article du même journal confirme cette nomination par le fait suivant, c'est une dénonciation à l'*Orateur du peuple* d'un sieur Coutra, caporal dans le bataillon des Cordeliers.

C'est ce Coutra qui, à la nomination du patriote Danton à la place de commandant de bataillon, fut quêter des signatures pour orner la protestation faite contre la nomination du patriote Danton.

(*Ibidem*, n° 27 du 6° vol.)

Nommer Danton déjà maître de l'opinion populaire, commandant d'un bataillon de la garde nationale, c'était introduire l'ennemi dans la place. Nous ne nous étonnons guère de la résistance de Lafayette. Ses amis ne l'abandonnaient pas encore.

Parmi ces amis, Camille Desmoulins lui était le plus dévoué; nous lui devons cette justice de dire qu'il contribua puissamment, comme écrivain, à grandir l'influence de Danton. Ils étaient tous deux intimément liés. Quand M. Manuel-Seurat ne nous l'aurait pas assuré, nous retrouverions la preuve de cette intimité dans ce passage d'un discours que prononça plus tard Camille à la tribune des Jacobins :

> Une fatalité bien marquée a voulu que de soixante personnes qui ont signé mon contrat de mariage (29 décembre 1790) il ne me reste plus que deux amis Robespierre et Danton. Tous les autres sont émigrés ou guillotinés.
>
> (*Moniteur* du 18 décembre 1793.)

C'est le 14 décembre 93 que Desmoulins parlait ainsi. Mais n'anticipons point sur les événements.

CHAPITRE II

A force d'énergie, Danton avait fini par vaincre toutes les résistances ; après un siége de deux ans, il allait en personne prendre possession de la citadelle par une trouée faite dans la municipalité ; à partir de ce moment, il va pouvoir combattre corps à corps, porter des coups plus assurés ; l'ennemi ne se relèvera pas.

En février 1791, Brissot insérait cette notice dans son journal le *Patriote français* :

Parmi les nouveaux administrateurs nommés au département de Paris, sont MM. Danton, Ansou et Syeiès. (N° 546.)

Dans son numéro 65 des *Révolutions de France et de Brabant*, Camille annonçait aux patriotes la même nouvelle.

Fréron y ajoutait des détails qu'il est bon de connaître, et donnait la lettre de Danton à l'assemblée qui venait de l'élire.

Quarante-quatre sections, grâce aux manœuvres de Bailly et de Mottié (Lafayette), avaient éloigné M. Danton des fonctions municipales et même du conseil général de la commune ; qu'ont-ils gagné à cela? Voilà M. Danton nommé aujourd'hui administrateur du département de Paris, et devenu leur juge ! Ce choix honore infiniment le corps électoral, et est un triomphe pour le patriotisme. Aussi, tandis que cette nouvelle excitait, comme de raison, les murmures et les doléances de la municipalité, les nombreux applaudissements de la société des Jacobins scellaient, pour ainsi dire, une nomination dont les citoyens se promettent les plus heureux effets, pour réprimer l'essor despotique des municipaux; il n'y a plus qu'un vœu à former, c'est de voir M. Danton procureur général du département; ses lumières et son énergie l'appellent à cette place; on ne sera pas fâché de suivre les principes qui l'animent dans la nouvelle carrière qu'il doit parcourir. Voici la lettre qu'il a écrite au corps électoral le lendemain de sa nomination; elle est adressée à M. Cérutti, président.

« Monsieur le président,

« Je vous prie d'annoncer à l'assemblée électorale que j'accepte les fonctions auxquelles elle a cru devoir m'appeler.

« Les suffrages dont m'honorent les véritables amis de la liberté ne peuvent rien ajouter au sentiment de mes devoirs envers la patrie; la servir est une dette qui se renouvelle chaque jour, et qui s'augmente à mesure qu'on trouve l'occasion de la mieux acquitter.

« J'ignore si je me fais illusion, mais j'ai l'assurance d'avance que je ne tromperai point l'espérance de ceux qui ne m'ont pas regardé incapable d'allier aux élans d'un patriotisme bouillant, sans lequel on ne peut pas concourir ni à la conquête ni à l'affermissement de la liberté, l'esprit de modération nécessaire pour goûter les fruits de notre heureuse révolution.

« Jaloux d'avoir toujours pour ennemis les dernières partisans du despotisme abattu, je n'aspire point à réduire au silence la calomnie; je n'ai d'autre ambition que de pouvoir ajouter à l'estime des citoyens qui m'ont rendu justice, celle des hommes bien intentionnés que de fausses préventions ne peuvent pas induire pour toujours en erreur.

« Mais quels que doivent être le flux et le reflux de l'opinion sur ma vie publique, comme je suis convaincu qu'il importe à l'intérêt général que la surveillance des fonctionnaires du peuple soit sans bornes, et son exercice sans danger, même pour ceux qui se permettraient des inculpations aussi fausses que graves, ferme dans mes principes et dans ma conduite, je prends l'engagement de n'opposer à mes détracteurs que mes actions elles-mêmes, et de ne me venger qu'en signalant de plus en plus mon attachement à la nation, à la loi et au roi, et mon dévouement éternel au maintien de la constitution.

« Signé : DANTON. »

(Extrait de Fréron, l'*Orateur du peuple*, n° 45, 4° vol.)

Nous prions le lecteur de ne pas oublier cet engagement; c'est pour n'avoir jamais voulu entretenir le public de détails qui lui fussent personnels, c'est pour n'avoir jamais voulu répondre par des incriminations aux calomnies, que Danton a laissé tout dire sur son compte sans daigner rien relever, et ses ennemis ont profité d'autant plus ardemment de cet avantage qu'ils savaient le pouvoir faire impunément.

On comprendra dès lors aussi que nous n'ayons cherché à

réfuter ces calomnies, qu'en y opposant les actes de patriotisme de Danton; il semblait lui-même nous en avoir intimé l'ordre.

Veut-on, par exemple, savoir ce qu'on a dit à propos de cette fonction nouvelle? qu'il la devait à l'influence de Mirabeau qui l'y poussait.

L'influence de Mirabeau en 1791! alors qu'il avait fait donner au roi le droit de paralyser tous les décrets de l'assemblée nationale, c'est à dire le droit d'entraver dans sa marche la révolution dès les premiers pas; alors qu'il avait essayé d'investir le chef du pouvoir exécutif du droit de déclarer la guerre et de faire la paix, c'est à dire de livrer pieds et poings liés la France à l'étranger! L'influence de Mirabeau! Il est mort deux mois après cette élection de Danton, à temps encore pour sa gloire d'orateur, trop tard pour l'honneur qu'on lui attribue d'avoir concouru plus puissamment que personne à l'affranchissemement du peuple.

Nous connaissons déjà quelques-uns des principes politiques de Danton, rapprochez-les de ceux de Mirabeau, et dites si ces deux hommes pouvaient s'entendre. Ces antipathies de principes parlent plus haut que toutes les insinuations. Et l'audacieuse proclamation de ses idées subversives, voilà ce qu'avec raison, le président du club des Cordeliers appelait des actes, des actes qui devaient répondre à tout, et qui y répondent en effet.

A propos de je ne sais plus quelle promotion de Mirabeau, Desmoulins écrivait :

Le voilà enfin parvenu au comble de ses vœux! Le voilà successeur constitutionnel de Breteuil et de Saint-Priest ; il a déjà oublié que c'est à l'éponge des Jacobins, que c'est à Danton qu'il doit, d'avoir été élu du département, puis du directoire.

(*Révolutions de France et de Brabant*, n° 67.)

Mirabeau promu à une fonction quelconque par l'influence de Danton! Pauvre Camille, son enthousiasme devait toujours le faire extravaguer. En février 91, Mirabeau et Danton étaient deux puissances opposées, mais l'une s'affaissait dans la tombe du passé qu'elle entraînait à sa suite; l'autre surgissant vigoureuse et fière de porter dans ses flancs l'avenir de l'humanité.

C'est à peu près à cette époque que nous apercevons, pour la

première fois, Danton aux Jacobins. On comprend que quand
il devait prendre la parole, les Cordeliers l'y suivissent ; quelques-uns finirent par y rester. Ainsi s'opéra insensiblement la
fusion dans laquelle les Amis de la constitution parvinrent à
absorber le club des Droits de l'homme. Nous croyons que ce fut
un malheur pour la liberté.

> M. Bonne-Carrère, en lisant le procès-verbal de la séance des Jacobins du
> 31 mars a passé sous silence le rapport de sa nomination comme plénipoten-
> tiaire à Liége. A l'instant M. Colot d'Herbois s'est trouvé prêt pour suppléer
> à cette fausse modestie, et a lu l'addition qu'il se proposait de faire au procès-
> verbal. C'était un pompeux éloge de Bonne-Carrère, rêvé je ne sais où. Le fier
> Danton est monté à la tribune, et a relancé avec sa voix stentorale, le louan-
> geur. D'après sa verte semonce, M. Bonne-Carrère ne doit plus être regardé
> comme un ami de la liberté, parce qu'il est entré dans le camp ennemi, le
> pouvoir exécutif, et son éloge ne convient plus qu'à des esclaves. Grands
> murmures, grande colère de M. d'Herbois ; le tout s'est terminé par une men-
> tion pure et simple dans le procès-verbal de la communication faite aux Amis
> de la constitution.
>
> (UN ABONNÉ.)
>
> (*Le Patriote français*, par Brissot, n° 601.)

Ainsi Danton a désormais à sa disposition deux tribunes pour
appeler les citoyens à la révolte, un corps de la milice parisienne pour soutenir au besoin le mouvement, et voix délibéra-
tive à l'assemblée départementale, pour entraver les projets de
la municipalité ; c'était avoir fait beaucoup de progrès en peu de
temps ; il devenait de plus en plus difficile au pouvoir exécutif
de résister.

L'occasion de faire l'épreuve de ses forces ne tarda pas à se
présenter. On se rappelle les circonstances du départ du roi
pour Saint-Cloud, on va voir quel rôle y joua Danton comme
commandant de la garde nationale ; c'est Lafayette lui-même
qui va nous l'apprendre, afin que nul n'en puisse douter.

> Le motif du voyage était, dit-on, la répugnance très légitime du roi à faire
> ses pâques dans sa paroisse constitutionnelle. La faculté laissée aux volon-
> taires de changer tour à tour de service avec leurs camarades, avait facilité
> ce jour-là une composition de cette garde favorable au but qu'on se propo-
> sait. Lafayette fut mal secondé par les troupes de service ; c'est la seule fois
> qu'il eut à s'en plaindre. Le bataillon des Carmélites ou de Saint-Nicolas, qui
> était en fort bon ordre dans la grande allée des Tuileries, lui offrit, il est
> vrai, d'assurer le départ du roi. Cette proposition aurait peut-être piqué

d'honneur les autres bataillons ; mais ce que voulait la cour, c'était de constater qu'elle était violemment retenue à Paris. La plupart des gardes nationaux étaient de bonne foi. Quelques-uns pouvaient être dans le secret, nommèrent Danton, soldé depuis longtemps par les provocateurs de cette émeute, et qui arriva avec son bataillon sans que personne l'eut fait demander, sous prétexte de voler au secours de l'ordre public. Lafayette avait demandé au roi et à la reine un peu de temps pour ouvrir leur passage ; ils se hâtèrent de monter en voiture. Il leur demanda d'y rester jusqu'à ce que le passage fut ouvert, et pendant qu'il était engagé au milieu de l'émeute, ils se firent prier par un officier municipal de remonter chez eux.

(*Mémoires* de Lafayette, t. III, page 64.)

Admettons, pour l'instant, que Danton ait été soldé par la cour, est-ce une raison pour que, seul à la tête de son bataillon, il puisse résister au bataillon des Carmélites ou de Saint-Nicolas, et aux *autres bataillons*, commandés en sens contraire par le général en chef; ou ne serait-il pas plus vrai de dire que par son influence sur la multitude, par l'énergie qu'on lui connaissait, par la netteté logique de ses principes, il peut à lui seul balancer la popularité d'un Lafayette? Nous le craignons pour l'amour-propre de ce dernier. Ne serait-ce pas la vraie cause de l'insinuation du général?

Mais ce que Lafayette ne dit pas, il faut que l'histoire le proclame afin que nous sachions mieux quelle foi nous devons ajouter à cette accusation d'être vendu à la cour.

On sait que le roi se disposait à se retirer pour quelques jours à Saint-Cloud ; mais la foule s'effraie de ces préparatifs de départ et le retient aux Tuileries. — « Lafayette court au Directoire, le département s'assemble. Il demande à mains jointes la loi martiale. Garnier et ses pareils la lui accordent. Mais Danton y était. Et Lafayette et Bailly qui la sollicitaient, et Garnier qui l'accordaient, sont terrassés par son éloquence victorieuse, par l'empire de la raison et plus encore par l'empire des circonstances, et il fait rejeter le réquisitoire de la loi martiale; Lafayette offre sa démission; « il n'y a qu'un lâche, dit Danton, qui puisse déserter son poste dans le péril ; au surplus, ce n'est pas le département qui vous a nommé, allez porter votre démission aux 48 sections qui vous ont fait général... »

Le même jour le département de Paris présenta au roi une adresse, la première peut-être qui ait été écrite dans le style d'un peuple libre. Aussi avait-elle été rédigée par Danton et Kersaint, il lui dit : Sire, cachant sous un saint voile leur orgueil humilié, les prêtres versent sur la religion des larmes hypocrites... On voit avec peine que vous favorisez les réfractaires, que vous n'êtes servi presque que par des ennemis de la constitution. Sire, les circonstances sont fortes. Une fausse politique doit répugner à votre caractère, et ne serait bonne à rien. Éloignez de vous les ennemis de la constitution. Annoncez aux nations étrangères qu'il s'est fait une glorieuse constitution en France, que vous êtes maintenant le roi d'un peuple libre, et chargez de cette instruction d'un nouveau genre, des ministres qui ne soient pas indignes d'une si auguste fonction. Le conseil que vous offre le département de Paris, vous serait donné par les 83 départements du royaume, si tous étaient à portée de se faire entendre aussi promptement que nous.

C'est parler en romain, en héros, en grand homme. Courage, cher Danton, combien doivent se féliciter aujourd'hui les écrivains patriotes qui ont lutté d'obstination à te louer, avec la calomnie acharnée à te décrier, et t'ont désigné constamment aux suffrages du peuple. Par le parallèle de ton éloquence tribunitienne, de ton incorruptibilité, de ton mâle courage, avec les phrases académiques et lacrymatoires du courtisan Bailly, et son télescope qui nous eut fait tomber dans le puits avec l'astronome en écharpe ; continue à couvrir de honte tous les citoyens, qui lui ont porté des suffrages dus à ton patriotisme.

(*Révolutions de France et de Brabant*, par C. Desmoulins, nᵒ 74.)

Plus loin et au même numéro 74, Desmoulins revint sur ces circonstances d'une manière plus explicite et en ces termes :

Défendez Lafayette si vous voulez, voici ce que vient de m'attester Danton, ce qu'il m'offre de signer : « Par un heureux hasard, dit-il, j'étais lundi à l'assemblée nationale dans la tribune du département, quand l'évêque d'Autun fit signe aux membres d'aller au département, dont on venait de convoquer l'assemblée générale. Voilà toute l'invitation que je reçus. Aussi les visages de Lafayette et de Bailly qui ne m'attendaient pas, s'allongèrent en me voyant. Il était temps d'arriver. Depuis une heure Bailly et Mottié, suppliaient pour obtenir la loi martiale. Ils l'avaient obtenue et on rédigeait la proclamation, quand je m'écriai : « Mon patriotisme m'a déjà fait décréter de prise de corps ; mais dut-il m'envoyer à Orléans, je vous déclare que je vais vous dénoncer au peuple, qui a évidemment raison, et qu'on vous demande de faire égorger, lorsqu'il ne fait qu'obéir à la loi suprême, le salut de la nation. Vous m'égorgerez avec lui ; car, si je ne puis m'opposer ici à votre proclamation extravagante de la loi martiale, je cours m'opposer avec le peuple à son exécution. M. Kersaint me seconda avec non moins de chaleur, et Mottié sortit plein de rage. »

(*Ibidem*, 74, Révol. de France et de Brabant.)

D'autres s'en tiendraient là pour suspecter à jamais tout ce que Lafayette pourra dire de Danton ; nous y reviendrons bientôt; on ne saurait trop prouver, quand il s'agit d'éclairer le jugement de l'histoire.

Fréron rappelle les faits à peu près dans les mêmes termes, et ne dément en rien Camille :

Mottié (Lafayette) a demandé que le département s'assemblât! Il a eu le front d'y paraître, et a voulu qu'on l'autorisât à faire feu sur le peuple, quoiqu'il puisse arriver. Le directoire, et notamment le sieur Garnier, penchaient pour ce parti ; mais Danton était là ! Il a pulvérisé des foudres de son éloquence populaire la demande des sieurs Bailly et Mottié ; ce dernier a dit que les troupes lui désobéissaient, et qu'il offrait sa démission ! Ce n'est pas quand la patrie est en danger qu'un bon citoyen quitte le poste qui lui est confié, lui a répliqué Danton. Mottié a donc consenti à rester général, et il a retiré sa demande, consistant à faire exécuter la loi martiale. Comme on délibérait sur ces moyens de rigueur, Danton s'est écrié encore, que si l'on continuait la délibération, il allait dénoncer le directoire au peuple. Enfin grâces à lui et à Kersaint, la Rochefoucault, l'abbé Syeiès, Garnier, etc., ont été réduits au silence. Mais on n'avait point renoncé hier au soir au projet d'enlever le roi; Mottié comptait sur un corps d'élite de 800 hommes. Peuple, connais enfin tes amis et tes ennemis déclarés ! Bailly et Mottié sont indignes de ta confiance ! c'est le patriote Danton que tu dois nommer maire de Paris, et ça ira.
(Fréron, l'*Orateur du peuple*, n° 48, 5° vol.)

Le lendemain, fidèle à son principe que le fonctionnaire public doit compte à ses concitoyens de toutes ses démarches, Danton faisait répandre partout l'arrêté suivant :

La section du Théâtre-Français (n'oublions pas qu'elle se compose des Cordeliers) fait afficher dans tout Paris, en gros caractères : « L'assemblée générale donne acte à M. Danton de sa déclaration qu'elle prend sur le pied de dénonciation, disant : que le sieur Lafayette et le maire de Paris ont fait tous leurs efforts, les ont réunis pour inviter et exciter le département de Paris à leur donner ordre de faire tirer sur le peuple qui s'opposait au départ du roi. »
(Fréron, l'*Orateur du peuple*, n° 1, vol. 6°.)

On lit encore le passage suivant dans Fréron, à propos de cet arrêté, il achève de donner l'idée du rôle que joua Danton à l'assemblée du département.

Le département de Paris s'est assemblé samedi dernier pour délibérer sur l'arrêté de la section du Théâtre-Français, portant l'intrépide déclaration de Danton relative à la loi martiale sollicitée par Lafayette et Bailly, le lundi 18 avril. Tous les membres du département se sont récriés contre le patriote Danton, qui n'a pas eu de peine à les confondre. Ils ont osé nier que Lafayette eut demandé à faire feu sur le peuple ; ils sont seulement convenus qu'ils

s'étaient bornés à vouloir qu'on employât la force publique ! Je demanderai
en toute humilité à MM. du département, si employer la force publique n'est
pas employer la garde nationale et les moyens de force qu'elle a entre les
mains, et s'il peut y avoir ici la moindre équivoque ! tout cela se réduit à une
dispute de mots. Au surplus, M. Danton a persisté dans sa déclaration, s'en
référant au témoignage de M. Kersaint.

     (*L'Orateur du peuple*, n° 3, 6ᵐᵉ vol.)

     Pour qu'on n'en ignore pas, Danton a répété la même assertion aux
Jacobins.

        (*Ibid.*, n° 14.)

Les hommes à principes arrêtés ont cela de bon qu'ils sont
des drapeaux déployés sous lesquels il faut absolument se ranger,
force est de prendre parti sous peine de paraître ennemi de tous.
Les deux citations suivantes nous montrent qu'en mai 91, les
deux camps, la monarchie et la république, commençaient à
creuser les retranchements comme à la veille d'une bataille.

C'est d'abord la partie de la garde nationale amie de Lafayette
et par conséquent dévouée à la cour, qui se prononce ; elle ne
veut pas qu'on la confonde avec les patriotes, et la municipalité
applaudit à cette délicatesse de sentiments, à cette noble indignation.

La minorité du bataillon des Cordeliers, influencée par les mouchards du
général, après avoir prêté le fameux serment, rougissant d'avoir une identité de nom avec le redoutable club des Cordeliers, avait cru devoir prendre
le titre de bataillon de l'observatoire. Le conseil municipal s'était empressé
de donner par un arrêté, sa sanction à cette mascarade, mais la majorité
patriote s'est ralliée à la voix du brave Danton. Le résultat unanime de la
délibération a été que le bataillon reprendrait son glorieux nom de
Cordelier.

     (Fréron, l'*Orateur du peuple*, n° 60, 8ᵉ vol.)

C'est ensuite Fréron qui faisait une sorte d'appel aux armes,
donnant à comprendre que le vrai souverain pouvait bien appeler le pouvoir exécutif à sa barre, comme Danton venait d'appeler la municipalité à la barre du département :

Et vous, membres du directoire du département (dont Danton, comme on
sait, faisait partie), qu'avez-vous à me dire, pour vous justifier de votre lâche
silence ! Est-ce ainsi que vous châtiez une municipalité traîtresse ? Je vous
regarde comme les ennemis du bien public. Puisque toutes nos créatures
s'entendent pour nous tromper, il ne nous reste plus d'autre moyen que celui
de nous en débarrasser. Un sculpteur est maître de son ouvrage. Quand sa

statue est mal faite, il peut la briser. A moi les sections ! je vous invoque au nom de la loi ! reprenez vos droits. Vous avez nommé Lafayette et ses adhérents ; vous avez installé votre directoire pour épier les sourdes menées de la municipalité, et vous avez choisi les membres de cette dernière pour veiller aux droits des citoyens, qu'attendez-vous pour lui demander compte de leur conduite? Ils vous trompent depuis le commencement de la révolution, ils vous chargent de fers, et vous le supportez! Allez, vils esclaves! tous vos arrêtés particuliers, ensevelis dans la poussière de vos bureaux, n'ont aucune valeur, puisque la convocation générale des citoyens n'a jamais eu lieu, et que vous êtes encore à manifester votre indignation secrète sur toutes les vexations arbitraires que vous avez éprouvées de Lafayette, du directoire du département et de Bailly qui conduit la municipalité, comme le roi, la reine et les ministres le mènent, par le nez.

Après cette sortie vigoureuse, Fréron fait l'annonce suivante :

La municipalité, sur la dénonciation du patriote Danton, a été hier, mandée à la barre du département, pour lui rendre compte de sa conduite illégale, et de sa forfaiture.

(Fréron, l'*Orateur du peuple*, n° 57, 5° vol.)

Trois numéros après celui qu'on vient de lire, le même journal ajoutait :

La municipalité, mandée avant-hier au soir au département, pour y rendre compte de sa conduite, a reçu l'injonction positive de ne point faire poursuivre, par l'accusateur public, le club des Cordeliers, ni l'*Orateur du peuple*, attendu qu'il n'y avait pas lieu à accusation.

Il y a quelques mois la municipalité faisait lancer des décrets de prise de corps contre Danton, et ces décrets restaient sans effet. Aujourd'hui l'administrateur du département somme la municipalité d'avoir à se rendre à ses injonctions, et Bailly est forcé d'obéir. De quel côté passe le pouvoir révolutionnaire? du côté de Danton. Qui en est le véritable représentant? Danton lui-même.

Jusqu'ici nous n'avons eu encore des discours de Danton, tant exalté déjà comme orateur, que des résumés de districts ou de gazettes. Désormais nous allons pouvoir l'apprécier par nous-mêmes, car un nouveau journal vient de paraître, le *Journal des Débats des amis de la Constitution*, qui va nous donner les discours à peu près tels qu'ils ont été prononcés ; nous allons juger le politique.

Il était question de la nouvelle législature, mille propositions insidieuses étaient propagées dans le public à l'effet de la tromper. Cette fois il était question de former deux chambres comme en Angleterre, et cette idée était patronée par l'homme réputé le plus fort en politique.

Dans la séance du 19 juin 1791, la société des amis de la constitution avait entendu M. Salle dénoncer à la tribune un écrit fait par Syeiès dans lequel on proposait l'acceptation de deux chambres dans la législature; le prêtre qui depuis long-temps avait abandonné la société, y était venu dans l'espoir de faire signer sa pétition par les sociétaires. Une longue discussion s'entama à ce sujet; la suite fut remise au lendemain.

Le 20 Danton prit la parole :

Je ne parle pas sur le fond de la discussion ; mais je vous observe que chez un peuple qui devient vraiment grand, il ne doit plus être question d'égards pour de prétendus grands hommes.

On a dénoncé un écrit que Syeiès mettait en avant, et qu'il mettait en avant d'une manière si insidieuse qu'il semblait même avoir la conscience du peu d'assentiment qu'aurait cette démarche.

M. l'abbé Syeiès ne devait pas douter que cet objet venant à notre connais-sance serait discuté dans cette société; il eut peut-être été de son devoir de consulter l'opinion de l'assemblée sur sa démarche avant de la risquer; mais nous sommes accoutumés à ne pas voir M. Sieyès. Je demande donc qu'on suive la discussion qui est à l'ordre du jour, et je vous prierai, M. le prési-dent, de vouloir bien m'inscrire pour la parole à mon rang.

Plusieurs autres membres, entr'autres Buzat et Barrère sont entendus, enfin Danton reprend la parole :

Depuis longtemps ma vie appartient aux poignards des ennemis de la liberté sous quelque masque qu'ils se présentent; je ne les redoute pas davantage que je n'ai craint les armes du Châtelet.

Le prêtre Sieyes qui a défendu la dîme, le prêtre Sieyes qui ne voulait pas que les biens du clergé fussent déclarés nationaux, le prêtre Sieyes qui a fait un projet de loi pour modérer la liberté de la presse, n'est pas le seul auteur de la déclaration qu'on vous a fait connaître. Il y a un an qu'un homme sur lequel je m'expliquerai aussi hardiment, M. de Lafayette établit des confé-rences avec ceux qu'il regardait comme les plus exaltés du parti populaire. Je fus admis à ces conseils, et là M. de Lafayette déploya la même opinion qui est répandue dans cet écrit. Il me faisait observer alors que moi qui avais déployé toute mon ardeur pour la cause de la liberté, j'étais banni des places par une espèce d'ostracisme des sections; tandis que M. Bailly avait été réélu,

Il pensait encore qu'il laisserait bientôt les Amis de la Constitution. Je lui répondis que le peuple, d'un seul mouvement balayerait ses ennemis quand il le voudrait.

Dans une de ces conférences où l'on croyait attiédir les patriotes, on me disait : ne serait-il point possible que vers la fin de la constitution, sans rappeler le système de M. Mounier, on représentât quelque chose d'équivalent, on a bien cherché cet équivalent, on l'a bien fait mûrir, on a décrié les sociétés amies de la constitution, et on a reproduit enfin cet équivalent sous les auspices d'une réputation factice et à l'aide de quelques hommes qui ont eu l'infamie expresse de se servir de fausses signatures.

Et c'est ce même homme tant prôné qui, déserteur de cette société, est l'auteur de ce projet dans un temps de régénération où tout homme qui cherche à morceler un établissement utile à la liberté est un traître. Ils espèrent rester nobles en dépit de l'horreur que la noblesse inspire à toute la France. Ils veulent les deux chambres

Mais non. Il y aura toujours unité de lieu, de temps et d'action et la pièce restera. Mais quoique votre ennemi soit plus qu'à demi battu puisque sa trame est découverte, ne vous endormez pas dans une fausse sécurité. Songez que vous avez à faire au prêtre Syeïès.

(*Journal des débats des amis de la Constitution*, séante aux Jacobins de Paris, n° 13.)

Cette première citation suffirait pour nous donner une idée exacte de l'éloquence qu'on pourrait appeler dantonnienne. Pas de phraséologie, pas d'ergotisme, pas de subtilités; le bon sens pour fonds et la simplicité pour forme. Une proposition est faite au peuple. Par qui? Par un prêtre qui a essayé déjà de le tromper dans telles et telles circonstances. Par qui encore? Par un général d'armée qui a voulu me gagner moi-même à sa cause. Donc vous devez, donc je dois me tenir sur mes gardes. Et maintenant si je considère la question en elle-même; que produiront nécessairement deux chambres? la division dans l'État. Or, comme il est d'axiome politique que pour être fort l'État doit être *un*, tout ce qui rompt cette unité tend à l'affaiblir; donc vos deux chambres sont un piége tendu à la révolution; mais la trahison est découverte, le grand drame révolutionnaire le continuera : « Il y aura toujours unité de lieu, de temps et d'action et la pièce restera. »

Qu'a-t-on dit de plus en de très gros volumes? qu'est-ce que l'expérience a démontré depuis? Voilà Danton à la tribune des Jacobins le 20 juin 91, voilà ce qu'il sera plus tard à la Convention. Cette éloquence lui appartient, lui seul en a eu le secret.

Peut-être est-ce la véritable éloquence révolutionnaire. On ne
peut nier du moins qu'elle ait sa valeur. Nous aurons lieu d'y
revenir.

Le 18 avril, à propos du départ du roi pour Saint-Cloud,
Lafayette avait prétendu que la cour ne demandait pas mieux
qu'on l'empêchât de sortir de Paris afin de faire croire qu'elle
y était retenue prisonnière. Danton, assurait le général, était
de connivence avec elle, mais deux mois après le monarque se
chargea lui-même de démentir l'assertion du général. En effet,
le 21 juin il s'était réellement enfui, à une heure de la nuit, avec
la reine, ses deux enfants et sa sœur. Lafayette chargé de surveiller la famille, était accusé, à tort ou à raison, d'avoir favorisé l'évasion. Camille nous apprend ce qui se passa en cette
circonstance aux Jacobins.

Après Robespierre Danton monte à la tribune. A la nouvelle annoncée
par le président que le maire, le commandant général et les ministres allaient
arriver, il avait dit : « M. le président, si les traîtres se présentent, je demande
à parler. Je consens qu'on dresse deux échafauds ; je consens de périr sur
l'un, si je ne lui prouve en face que leur tête doit rouler aux pieds de la
nation, contre laquelle elle n'a cessé de conspirer. » L'arrivée de Lafayette
lui donnait la parole, il se tourne vers lui : « Je vais parler, dit-il, comme si
j'étais devant le tribunal de Dieu même, et je me félicite de mourir ici,
M. Lafayette, pour lui dire devant vous ce que je lui dirais en présence de
celui qui lit dans les cœurs. J'ai eu des conférences secrètes avec M. Lafayette,
et l'écrit signé Syeiès et Lafayette qui vient de paraître ces jours derniers,
cette torche de discorde qui semble ne pas avoir été jetée par hasard, dans
ces circonstances, au milieu des 83 départements, m'oblige de rappeler
ces conférences. Que M. Lafayette nie que dans une de ces conférences, après
avoir cherché à attiédir mon patriotisme, en m'observant que moi, qui avais
montré tant d'ardeur pour la liberté, je n'avais eu que 45 voix, et que j'avais
été ensuite banni de la commune par 43 sections, tandis que M. Bailly
réunissait 12,000 suffrages. Que M. Lafayette nie qu'après m'avoir préparé
par cette réflexion à entrer dans ses vues, il ne me les ait laissé entrevoir
clairement en ajoutant : Sans reproduire le système de Mounier, dont le nom
est trop décrié pour employer le même terme de deux chambres, ne serait-il
pas possible d'amener quelque chose d'équivalent ? Vous voyez, messieurs,
que cela s'accorde merveilleusement avec le système que vient de produire
le prêtre Syeiès, avec la transaction en projet et les *mezzo-termine* que vient
de vous dénoncer M. Robespierre.

« Que M. Lafayette m'explique pourquoi le 28 février il faisait traîner
enchaînés soixante citoyens, uniquement coupables d'avoir regardé Vin-
cennes comme une seconde Bastille, d'avoir détaché quelques moellons de

cette prison royale et anti-nationale; et lorsqu'il chargeait de fers ces soixante citoyens patriotes, pourquoi le même jour, dans le même moment, il court aux Tuileries protéger des conjurés armés de poignards et venus pour enlever le roi? D'où vient cette conduite si différente? Il jette en prison les patriotes, et il délivre au même moment ces criminels de lèse-nation ; vous êtes ici présent, M. Lafayette, répondez un seul mot à cette accusation.

« Je vous demanderai encore, comment se fait-il que la compagnie ci-devant des grenadiers de l'Oratoire, qui était de garde cette nuit, le 21 juin où le roi s'est enfui, soit la même qui était de garde le 18 avril, où le roi devait aller à Saint-Cloud, mais d'où depuis vous avez chassé si arbitrairement, si indignement, si tyranniquement quatorze grenadiers qui s'étaient opposés au départ du roi?

« Je ne parlerai point de ces 6,000 hommes dont vous voulez composer la maison militaire du roi. Les moments sont précieux. Si vous répondez à ces trois chefs d'accusation, toute cette assemblée, tous les citoyens vous accorderont un délai pour vous recueillir et répondre à la longue série de griefs accumulés contre vous. Je ne vous ferai plus qu'une interpellation. Vous aviez répondu de la personne du roi sur votre tête. Croyez-vous que vous présenter ici, ce soit avoir payé cette dette? Quel moment attendez-vous pour vous réconcilier? Celui où le peuple a acquis le droit de vous exterminer. Et vous venez vous réfugier ici, dans cet asile que tous vos amis, tous vos journalistes, tous vos confidents, vos flagorneurs n'ont cessé de représenter comme le repaire de factieux, de calomniateurs, de brigands, de régicides. Ces factieux, ces assassins seront plus généreux. Ils vous donnent un asile, mais répondez! Vous avez juré que le roi ne partirait pas, vous vous êtes fait sa caution. De deux choses l'une : ou vous êtes un traître qui avez livré votre patrie, ou vous êtes stupide d'avoir répondu d'une personne dont vous ne pouviez pas répondre. Dans le cas le plus favorable, vous êtes déclaré incapable de nous commander. Je descends de la tribune, j'en ai dit assez pour montrer que, si je méprise les traîtres, je ne crains pas les assassins. »

Alexandre Lameth, qui parle ensuite, n'osant pas entreprendre directement la justification de M. Lafayette et tenter avec l'évidence une lutte impossible, ne fit guère moins de tort à sa réputation, en phrasant ces lieux communs de mouchards sur la nécessité de se réunir autour d'un seul chef. Il interpella Danton de déclarer si lui, Alexandre Lameth, lorsqu'il lui avait dit le plus de mal de Lafayette, n'avait pas toujours cautionné son patriotisme, et s'il ne lui avait pas dit que M. Lafayette se ferait tuer à la tête des patriotes, dans le cas d'une contre-révolution?

Danton était revenu s'asseoir auprès de moi. Est-il possible? lui dis-je. — Oui ; et, s'étant levé, il confirma que M. Alexandre Lameth lui avait toujours tenu ce langage sur M. Lafayette.

Pour moi, mon sang bouillonnait. Je fus tenté de crier à Alexandre Lameth : Vous avez tenu avec moi un langage bien différent ; et je déclare que presque tout ce que j'ai écrit contre Lafayette je l'ai écrit, sinon sous votre dictée, au moins sous votre garantie. Mais Danton me retint, et puis j'attendais ce que Lafayette allait répondre.

Toutes les voix l'attendaient à la tribune, du moins sur la sellette.....

(*Révolutions de France et de Brabant*, par Desmoulins, n° 82.)

Voilà à coup sûr une accusation dans les formes ; voyons comment Lafayette y répond dans ses Mémoires, c'est justice.

Ne perdons pas un mot du récit qui va suivre, car le général va répondre par une récrimination ; il accusera Danton d'être vendu à la cour ; il déclarera la quotité des sommes versées, il citera le nom de l'intermédiaire.

Après avoir raconté les circonstances principales de la fuite de Louis XVI, Lafayette ajoute :

Le soir il y eut une réunion du club des Jacobins ; il serait injuste de comparer les Jacobins d'alors avec ce qu'ils furent depuis ; néanmoins on doit dire qu'il y avait déjà d'immenses inconvénients à lui reprocher depuis l'admission de beaucoup d'anarchistes. Une partie du côté gauche de l'Assemblée nationale s'abstenait depuis longtemps d'y assister ; mais comme on fut informé que Danton et Robespierre avaient le projet de soulever, à cette séance, des motions incendiaires et de préparer une émeute, *toute la gauche*, y compris les membres étrangers aux délibérations des Jacobins, *se rendit à la salle* de cette société pour réunir les différentes fractions du parti populaire dans les dispositions de fermeté et de sagesse que les circonstances rendaient plus que jamais nécessaires. Danton, dont la quittance de 100,000 *livres était dans les mains du ministre Montmorin*, y demanda la tête de Lafayette par ce dilemme : « M. le commandant-général a promis sur sa tête que le roi ne partirait pas ; il nous faut la personne du roi ou la tête de M. le commandant-général. *C'était compter beaucoup sur la discrétion de Lafayette à garder un secret que Danton savait ne lui être pas inconnu.* Il est vrai que c'eut été livrer à la mort le ministre Montmorin, qui n'avait payé Danton que pour modérer sa fureur anarchique et ses intrigues coupables. Alexandre Lameth réfuta Danton et parla comme Barnave l'avait fait à l'assemblée.

(*Mémoires de Lafayette*, tom. 3, p. 83.)

Reprenons les assertions une à une. Et d'abord disons un mot en passant du fameux dilemme. Qui pensez-vous qui l'ait plus fidèlement reproduit du général ou de Desmoulins? Nous croyons que c'est ce dernier et voici sur quoi nous nous fondons. Le *Procureur de la Lanterne* n'était, certes, point intéressé à amoindrir l'expression du dilemme ; on n'a qu'à consulter son journal et l'on se convaincra que ce n'était ni dans ses allures d'écrivain, ni dans ses goûts ; bien au contraire, l'incisif, le mordant, le stylé l'impressionnait au suprême degré, il n'aurait pas manqué d'y applaudir comme à tout ce qui revêtait le caractère de l'audace démocratique. Mais Danton était plus habile, plus profondément politique, tenait plus adroitement compte des circonstances, et la forme qu'il n'aurait pas manqué de prendre en 93, il ne crut pas devoir l'employer en 91 et bien il fit. Lafayette, au contraire, avait intérêt à préparer un monstre brutal pour mieux faire accepter l'incrimination ; aussi a-t-il refait le dilemme du coupe-tête, et, cette fois, l'allocution a paru si saisissante, si bien en rapport avec l'idée que les écrivains modernes nous ont faite du septembriseur qu'en conscience nul n'a songé à en rabattre. Nos historiens dramaturges ne se sont pas demandé s'il n'y avait pas anachronisme dans l'expression, infidélité dans la reproduction du texte, si le caractère de l'orateur n'était pas faussé par les paroles qu'on lui prêtait ; il s'agit bien de cela, on n'en finirait pas s'il fallait creuser aussi avant ; ce qu'il faut, c'est un portrait à traits accentués, hardis, hors nature même, voilà ce que demande le lecteur, voilà ce qu'il faut lui servir. Aussi se sont-ils empressés, et sont-ils vivement applaudis ; nous croyons qu'aucun n'a manqué de copier de préférence la citation de Lafayette. Voilà comme on écrit l'histoire.

Mais passons au plus sérieux.

Avant tout encore transcrivons la note plus explicite que le général insérait au bas du texte de ses *Mémoires* : le lecteur s'aperçoit sans doute qu'au fond, nous en rappelons d'un jugement porté, de longue date, sur Danton ; on verra que nous n'avons détourné aucune pièce du procès.

Danton s'était vendu à la condition qu'on lui achèterait 100,000 livres sa charge d'avocat au conseil, dont le remboursement, d'après la suppression, n'était que de 10,000 livres. Le présent du roi fut donc de 90,000 francs. Lafayette avait rencontré Danton chez M. de Montmorin, le soir même où ce marché se concluait. Faut-il blâmer sévèrement le malheureux Louis XVI d'avoir voulu acheter le silence et l'inaction des gens qui menaçaient sa tête, et qui se seraient vendus aux orléanistes et aux étrangers? Quant à Danton, il était prêt à se vendre à tous les partis. Lorsqu'il faisait des motions incendiaires aux Jacobins, il était leur espion auprès de la cour à laquelle il rendait compte régulièrement de ce qui s'y passait. Plus tard il reçut beaucoup d'argent ; le vendredi avant le 10 août, on lui donna 50,000 écus ; la cour se

croyant sûre de lui, voyait approcher avec satisfaction le mouvement prévu
de cette journée et madame Élisabeth disait : « Nous sommes tranquilles, nous
pouvons compter sur Danton. » Lafayette eut connaissance du premier paie-
ment et non des autres. Danton lui-même lui en parla à l'hôtel-de-ville, et
cherchant à se justifier lui dit : « Général, je suis plus monarchiste que vous. »
Il fut pourtant un des coryphées du 10 août. Comme M. Lafayette n'aurait pas
souffert que les agents de M. de Montmorin cherchassent à servir une contre-
révolution royaliste plutôt que l'ordre légal on cessa bientôt de lui faire,
ainsi qu'à Bailly, des confidences de ce genre.

    (*Mémoires* de Lafayette, tome III, page 84.)

    C'est surtout dans les réticences que se décèlent les impos-
teurs ; ils sentent, mieux que tout autre, le défaut de la cuirasse ;
et l'endroit qu'ils s'activent à couvrir est justement la partie
faible ; il leur semble que c'est là que plonge l'œil de l'adversaire ; c'est par là qu'on peut les attaquer à coup sûr ; ainsi
ferons-nous pour Lafayette.

    Après avoir avancé qu'il avait eu connaissance des 100,000
livres données à Danton par Montmorin, le général ajoute :

    C'était compter beaucoup sur la discrétion de Lafayette à garder un secret que
d'oser l'attaquer ainsi sachant qu'il était au courant de l'affaire.

    C'est, en effet, la première objection qui se présente. Eh
quoi, Danton s'est vendu 100,000 livres, Montmorin tient en
main la quittance, Lafayette est au courant de l'affaire, et
Danton, le vendu, ose en plein club accuser le général de
trahison, demander sa tête, et il ne craint pas que Lafayette
réponde en présentant l'acte honteux qui suffirait seul pour
confondre son accusateur, en appelant en témoignage Montmorin qui a fait le marché ? Est-ce croyable ?

    C'est que, dit en termes formels Lafayette, c'est que Danton
comptait sur ma discrétion. On n'a jamais compté sur la discrétion
d'un homme qu'on croit assez coupable pour être en droit de
demander sa tête, qu'on croit assez méprisable pour l'accuser
d'être un traître à sa patrie ; et surtout on ne le met pas sur la
voie de vous accuser à son tour, en lui rappelant qu'un jour
il a essayé de vous gagner à sa cause, et qu'il n'a pas pu.

    Et quel motif aurait pu réclamer la *discrétion* de Lafayette ?
On n'a de la discrétion que pour cacher un bienfait qu'on a fait
soi-même ; mais est-ce le général qui a tiré l'argent de sa

bourse? Non, c'est la cour, qui, soi-disant, a acheté Danton. Il n'y avait donc aucune pudeur qui pût retenir Lafayette. Il y a plus, nous disons que, quand un homme s'est vendu, quand on a mille raisons de ne pas hésiter à le perdre, parce qu'il est dangereux pour le parti qu'on considère comme celui de l'ordre, quand cet homme est assez audacieux pour accuser ceux qui pourraient être ses accusateurs, c'est un devoir de conscience de le dévoiler, de le traîner au pilori, d'en faire justice; dans ce cas la discrétion serait une faute.

Mais suivons bien dans tous ses détours la fourberie de l'accusateur. Il prend son air le plus candide et d'une voix émue il ajoute : « Dénoncer Danton, c'eut été livrer à la mort le ministre Montmorin. » Imposture! car nous n'avons pas oublié que nous ne sommes encore qu'en 91, et qu'à cette époque on n'égorgeait pas un ministre sur une simple accusation ; mais général, vous commandiez vous-même en ce moment toute la garde nationale parisienne, vous auriez donc pu, au besoin, défendre le ministre contre un coup de main; et votre influence était encore si grande en réalité que vous n'avez pas été puni du crime ou de la faute d'avoir préparé la fuite du roi, ou de n'avoir pas assez veillé sur la cour. Votre adversaire, au contraire, était encore loin d'avoir en 91 l'ascendant sur la foule qu'il avait en 93. Enfin la dernière preuve de votre complicité, je la prends dans vos paroles mêmes ; vous venez d'écrire : « Toute la gauche de l'Assemblée nationale, y compris les membres étrangers aux délibérations des Jacobins, se rendit à la salle de cette société. » Donc la majorité se compose de vos créatures, donc vous n'aviez pas à craindre pour les suites de votre dénonciation, donc Montmorin, en admettant qu'il fut présent n'avait rien à redouter. Tout le danger était pour Danton. Et si vous n'avez pas cité le fait, dans des circonstances aussi favorables, c'est que vous n'en aviez pas la preuve, c'est que vous en imposâtes vingt-cinq ans plus tard dans vos Mémoires.

Mais venons au fait même, aux 100,000 livres par Montmorin. La quittance dites-vous, est *dans les mains du ministre.* Comment dans une séance aussi solennelle ne l'apporte-t-il pas? Comment ne vous la confie-t-il pas? Qu'est-elle devenue cette

pièce si importante? Comment Montmorin, incarcéré plus
tard sous le ministère de Danton ne s'en sert-il pas pour se
faire élargir en secret par Danton menacé? Comment après la
mort du ministre ou pendant sa détention, ses amis n'en
usent-ils pas? Sont-ce les ennemis secrets de l'éloquent tribun
qui manquent pour les soutenir? Ils n'avaient pas la quittance
à montrer, et Robespierre, et Saint-Just et Couthon et Marat
n'auraient pas plus hésité à demander sa tête en 1792 qu'en
1793. Est trop de dire que, devant de telles probabilités,
l'accusation, encore une fois, descend aux proportions d'une
imposture.

Ce n'est pas tout encore. « *Plus tard*, dit Lafayette, *Danton
reçut beaucoup d'argent*; *le vendredi avant le* 10 *août*, *on lui
donna* 50,000 *écus... Il fut pourtant un des coryphées du*
10 *août.* » En résumé Danton reçoit de la cour une somme
énorme, puis il la trahit. Ajoutons de suite : puis la cour
vaincue par Danton, un des chefs de la révolte, n'évente pas le
secret de vente, quand elle pouvait si facilement affaiblir
l'influence de son ennemi par cette divulgation. La cour, il
faut l'avouer, est aussi discrète que Lafayette ; et Danton va
toujours en avant, il n'a pas peur, il ne dit pas le moindre mot,
ne fait pas la moindre démarche pour remettre la cour en
puissance, la cour qui le paie si grassement. Elle aura eu la
grandeur d'âme de déchirer la quittance pour ne pas compromettre un traître qu'elle avait tant de raisons de haïr. Mais
pourquoi n'a-t-elle pas eu cette grandeur d'âme pour Mirabeau
et tant d'autres, dont elle a soigneusement conservé les
reçus? Ceci nous ramène aux papiers trouvés dans l'armoire
de fer.

Lafayette essaye de prévenir encore l'objection, tant elle
tombe naturellement sous le sens commun, il écrit :

Il est essentiel d'observer que ses papiers passèrent assez longtemps chez
le ministre Roland, pour que lui et ses amis pussent en soustraire tout ce
qui les compromettait et nommément les correspondances dont le peintre
Bose avait été un entremetteur. Cela explique le silence absolu sur toutes
ces intrigues. Il paraît même qu'on a eu pour Danton l'égard de soustraire
aussi tout ce qui avait rapport à sa corruption actuellement bien avérée, et
comme on sait que d'autres Jacobins avaient été ou étaient encore dans le

même cas, il est clair que la revue secrète qui fut faite chez Roland avant de livrer les pièces à l'inspection des commissaires, fut utile à plusieurs hommes du moment.

(*Mémoires* de Lafayette, t. II, p. 434.)

Il n'y a ici qu'un mot à répondre, lisez les Mémoires de madame Roland, et vous vous convaincrez qu'elle et son parti étaient ennemis de Danton, et que, s'ils eussent trouvé de telles pièces, les Girondins détenteurs de l'armoire, ne les auraient pas anihilées ou laissé égarer, et qu'au 31 mai, de telles quittances eussent commandé le silence à Danton, et que, Danton se taisant, je me trompe, Danton prenant parti pour le fédéralisme, car il ne lui était pas permis de se taire, la Gironde était sauvée.

Que conclure de tout cela? Qu'aucune des accusations de Lafayette ne peut se soutenir, que le bon sens le plus simple suffit pour les réfuter, et que le secret de tant d'animosité ne doit pas être cherché ailleurs que dans la dénonciation faite par Danton aux Jacobins en juin 1791. Plus loin, aidé du mémoire des fils, nous achèverons de couler à fond cette insoutenable imputation.

Le lendemain, quelques amis de Lafayette espéraient peut-être que Danton reculerait ou modifierait ce qu'il avait dit la veille, la dénonciation, fut rappelée au club des Jacobins.

Un député de Brest demande que Lafayette donne une explication fraternelle, franche et loyale des interpellations qu'on lui a faites à la tribune des Jacobins.

M... — Je demande que M. Danton soit tenu de mettre par écrit ses questions.

M. DANTON. — Je répondrai à la personne qui semble interpréter les sentiments de Lafayette, que je suis tout prêt à répéter verbalement dans cette société toutes les interpellations, et même à les mettre par écrit, afin qu'elles restent et servent de monument à la postérité.

M. DUBOIS DE CRANCÉ. — Il serait, je crois, à propos que M Danton se retirât avec six commissaires pour rédiger la lettre à écrire à M. Lafayette.

M. DANTON. — Je suis loin de retirer la proposition que j'ai faite à l'instant, mais je ne puis pas souscrire à ce que propose M. le président. J'ai fait toutes les avances vis-à-vis de M. de Lafayette, je l'ai sommé avec franchise et loyauté de s'expliquer ici, il n'a semblé ne répondre à tout ce que je lui ai dit que par ces mots : J'ai sauvé la patrie, montons au capitole. Je répète donc que si M. Lafayette veut s'expliquer ici, je suis prêt à recom-

mencer ici mon interpellation verbale, et que, s'il le demande lui-même, je
suis prêt à la mettre par écrit.

(*Journal des débats des amis de la Constitution*, n° 14.)

Nous lisons au n° 122 du même journal, séance du 2 janvier 1792 « que M. Lafayette n'ayant pas fait de réponse précise,
Desmoulins offre à la société mille exemplaires de son numéro
de ce temps-là, qui lui restent encore, pour les distribuer dans
le département de la Moselle. Cette offre est accueillie avec
applaudissements et on en arrête la mention au procès-verbal. »

Nous n'avons pas à nous occuper ici du plus ou moins de
complicité de Lafayette avec la cour, nous ne faisons pas un
livre d'histoire générale, et nous nous sommes engagé à ne
pas répondre par des récriminations.

Lafayette dans son même ouvrage, paru longtemps après la
révolution, revient encore, mais dans les mêmes termes à peu
près, sur cette fameuse interpellation du Cordelier :

Dans l'intervalle de 89 au 20 juin 91, il y eut, à des distances éloignées,
quelques propositions de rapprochement entre Lafayette et les Jacobins...
Lafayette profite une autre fois de l'influence que Montmorin venait d'acquérir sur Danton pour engager celui-ci à ramener les chefs jacobins, avec qui
il était intimement lié, à des idées d'union et d'ordre public.

(*Mémoires* de Lafayette, t. IV, page 16.)

Jusqu'ici les faits ont assez démontré que l'influence du
ministre sur le président des Cordeliers, ne fut guère puissante, et que l'intermédiaire du général ne lui a pas été d'une
grande utilité. Mais on peut remarquer, en parcourant les
Mémoires, que Lafayette se fait singulièrement illusion sur son
importance : Si ses vues politiques n'ont jamais dépassé la tête
de son cheval de parade, sa vanité reculait singulièrement cet
étroit horizon.

Au reste le commandant de la milice parisienne n'est pas le
seul qui ait avancé cette accusation de vénalité, mais c'est lui
qui en a parlé avec le plus de détails et de preuves. Nous lisons,
par exemple dans les Mémoires d'un ministre du temps :

Danton avait reçu plus de cent mille écus pour proposer ou appuyer différentes motions au club des Jacobins.

(*Mémoires particuliers* de Bertrand de Molleville, t. I, page 347.)

Probablement des motions en faveur de la cour; nous défions qu'on en cite une dans n'importe quel journal.

D'autres encore l'ont répété; nous ne nions pas que le bruit en ait couru. Mais l'histoire vraie s'arrête-t-elle à des bruits? Pour notre compte nous faisons si peu de cas des individus quels qu'ils soient, loin de les exalter nous aurions tant à cœur de prouver au contraire qu'ils sont menés, entraînés par les partis dont on les croit les chefs, que nous croirions notre foi politique peu atteinte par le plus ou moins de loyauté de tel ou tel porte-drapeau.

Bertrand de Molleville affirme, raconte Levasseur, avoir fait remettre de l'argent à Danton; cependant la seule preuve qu'il ait de la séduction de cet orateur, est l'affirmation d'un agent d'intrigue, qu'il avoue lui-même ne mériter aucune confiance..... Pour en finir je dois rappeler que le bruit de corruption dont se vante Bertrand de Molleville est parvenu jusqu'à la Convention; La Montagne, Danton à sa tête, a demandé l'examen des pièces; cet examen a eu lieu, et les accusés ont été reconnus innocents. Certes, il fallait que cette démonstration fut bien évidente pour que les Girondins consentissent à cesser d'attaquer Danton.

(Levasseur, *Mémoires*, t. III, chap VII.)

Aussitôt après l'interpellation du 21 juin, les créatures du général mirent en réquisition tous les moyens propres à se défaire d'un homme aussi dangereux que Danton.

Quelques membres du département (dont Danton, comme on sait, faisait partie) ont eu la stupidité d'aller le dénoncer au comité des recherches de l'Assemblée nationale, comme étant à la tête d'une faction formidable, et comme ayant tenté de s'emparer des hauteurs de Montmartre; c'est de M. Dufournez de Villiers, excellent patriote, que je tiens ce fait, que lui-même il tenait d'un membre du département; je le défie, à cet égard, de me démentir. La grande preuve, disait Danton, que je n'ai point enrôlé pour Montmartre, c'est que je n'ai point fait recrue parmi les ânes du département. Citoyens on cherche à vous faire prendre le change, sur vos meilleurs, sur vos plus zélés défenseurs!

(Fréron, l'*Orateur du peuple*, n° 55 du vol. 6°.)

Il est permis de croire que Lafayette garda rancune à Danton; c'est ce qui rend encore l'anecdote suivante sinon vraie du moins vraisemblable.

Un ami de Marat adresse à l'*Ami du peuple* une lettre pour le

mettre en garde contre ceux qui cherchaient à découvrir sa
retraite, afin de le livrer à la police.

> Voici le piége qu'ils vont vous tendre... Vous savez que le général voulant
> se venger des apostrophes attérantes que Danton lui adressa en pleine assem-
> blée des Jacobins le jour de la fuite de la famille royale, a engagé son libel-
> liste Gorsas à publier que Marat avait bien existé au commencement de la
> révolution, mais qu'il avait disparu lors de la grande expédition faite contre
> lui le 22 janvier 1790, que ce nom-là ne désignait plus qu'un être imaginaire,
> et qu'il n'était pas douteux que Danton était l'auteur des feuilles de l'*Ami du
> peuple*.
>
> (Marat, l'*Ami du peuple*, n° 514.)

> Quos vult perdere Jupiter dementat.
> Le pauvre Lafayette en perdait la tête.

Cependant Danton ne s'en tint pas à une question d'individu;
que lui importait Lafayette? Il résolut de profiter de la circonstance pour porter à la royauté le coup qui devait l'achever un
an plus tard. Pendant que les patriotes, qu'on appellera bientôt
les Girondins, tenaient encore secret leur vœu le plus cher, le
district des Cordeliers résumait en ces termes ce qu'il y avait à
faire :

> Nous voilà donc au même état où nous étions lors de la prise de la Bastille :
> *libres et sans roi*. Reste à voir s'il est avantageux d'en nommer un autre.
>
> La société des amis des droits de l'homme pense qu'une nation doit tout
> faire, ou par elle, ou par les officiers amovibles et de son choix; elle pense
> qu'aucun individu dans l'État ne doit raisonnablement posséder assez de
> richesses, assez de prérogatives pour pouvoir corrompre les agents de l'ad-
> ministration politique : elle pense qu'il ne doit exister aucun emploi dans
> l'État qui ne soit accessible à tous les membres de l'État ; elle pense enfin
> que plus un emploi est important, plus sa durée doit être courte et passa-
> gère. Pénétrée de la vérité, de la grandeur de ces principes, elle ne peut donc
> plus se dissimuler que la royauté, que la royauté héréditaire surtout est
> incompatible avec la liberté. Telle est son opinion, elle en est comptable à
> tous les Français.
>
> (Fréron, l'*Orateur du peuple*, n° 47, vol. 6°.)

Ce serait un travail intéressant que de montrer en quoi les
Cordeliers différaient des Jacobins quant aux principes politiques, en quoi Danton différait de Robespierre. Le peu d'arrétés
que nous transcrivons ici en donnent une idée. La société des
droits de l'homme nous semble bien plus avancée que celle des
amis de la Constitution; tandis que celle-ci ne se préoccupe

guère que des individus, la première ne met jamais en avant
que les principes, et quels principes! « Aucun individu dans
l'État ne doit raisonnablement posséder assez de richesses pour
pouvoir corrompre. » Il n'y a pas seulement dans ces paroles
une révolution politique, une substitution de gouvernants,
mais une révolution sociale. C'est une étude que nous serons
bien obligé de faire un jour, si de plus habiles ne nous pré-
viennent.

Ce n'était pas seulement au milieu des siens que Danton
faisait adopter ces considérants, mais encore aux Jacobins.

On vient d'apprendre que le roi a été arrêté dans sa fuite.
Plusieurs questions s'agitent à ce propos; quelques-uns prétendent que par le fait Louis XVI a abdiqué la royauté. Un membre
de la société prétend le contraire.

M. DANTON. — L'individu déclaré roi des Français après avoir juré de maintenir la constitution s'est enfui, et j'entends dire qu'il n'est pas déchu de sa
couronne. Mais cet individu, déclaré roi des Français, a signé un écrit par
lequel il déclare qu'il va chercher les moyens de détruire la constitution.
L'Assemblée nationale doit déployer toute la force publique pour pourvoir à
sa sûreté. Il faut ensuite qu'elle présente son écrit; s'il l'avoue, certes, il est
criminel à moins qu'on ne le répute imbécile. Ce serait un spectacle horrible
à présenter à l'univers, si ayant la faculté de trouver ou un roi criminel, ou
un roi imbécile, nous ne choisissions pas ce dernier parti.

L'individu royal ne peut plus être roi, dès qu'il est imbécile, et ce n'est
pas un régent qu'il faut, c'est un conseil à l'interdiction, ce conseil ne peut
être pris dans le corps législatif. Il faut que les départements s'assemblent,
que chacun d'eux nomme un électeur qui nomme ensuite les dix ou douze
membres qui devront composer ce conseil et qui seront changés comme les
membres de la législature, tous les deux ans.

(*Journal des débats de la société des amis de la Constitution*, n° 15.)

Rappelons-nous bien cette citation; un jour viendra que
Danton sera traduit au tribunal révolutionnaire, et le rapporteur dira en s'adressant à Danton (par forme oratoire, sen-
tend) : « Mirabeau te saisit, tu t'écartas dès lors des principes
sévères, et l'*on n'entendit plus parler de toi jusqu'au massacre du
Champ-de-Mars*. » Or, le lecteur sait que nous ne sommes
encore qu'à la veille de cette affreuse affaire. Entendait-on
parler de Danton?

La question de royauté ou de république une fois soulevée, ne devait plus tomber. Un autre jour à la même tribune, Danton la traitait en ces termes :

Je réfuterai d'une manière succincte le discours de M. Antoine. Il a dit que le préopinant s'était trompé en avançant que la Constitution n'avait pas pourvu à la garde de la royauté et qu'elle avait décrété la régence. Mais M. Antoine n'a pas songé que le roi n'était pas jugé, or, dans la circonstance ce n'est pas un régent, c'est un sequestre à la royauté vacante qu'il nous faut. Il a dit encore que l'on semblait trop se méfier de l'Assemblée nationale ; mais ne doit-on pas avoir quelque crainte ? Il est scandaleux, selon moi, que le roi n'ait pas été interrogé en public ; il l'est encore que l'on nomme des commissaires qui vont attendre dans l'antichambre de la royauté, qui ne sont pas reçus parce qu'on est au bain. Le discours du préopinant est d'un homme véritablement libre ; il est à désirer qu'il communique son énergie aux quatre-vingt-trois départements. Il peut y avoir quelques erreurs de détail, mais la masse en est tellement bonne que vous ne pouvez que vous honorer en en ordonnant l'impression.

(*Journal des débats de la société des amis de la Constitution,* n° 20.)

Dans une autre séance, Danton s'étend encore sur le même sujet, mais le journal ne donne malheureusement que l'analyse de son discours ; l'orateur faisait sentir l'extravagance du système de l'inviolabilité absolue. (*Journal des débats de la société des amis de la Constitution,* n° 26.)

En conscience, ne sommes-nous pas en droit d'avancer que Danton sème toujours, un an à l'avance, les germes qui ne tarderont pas d'éclore dans ce terrain si profondément labouré de la politique révolutionnaire? Mais il s'exprime en termes si simples, avec si peu d'apprêts oratoires, qu'à peine le lecteur superficiel s'en aperçoit-il. Il n'est élevé, il n'est saisissant que par la hauteur des principes qu'il expose ; son énergie ne vient que de l'ardeur de sa foi, il entraîne tout son auditoire parce qu'il est lui-même emporté par la force de sa conviction, et disons-le, parce qu'il parle la langue de tout le monde. C'est le caractère de son éloquence.

La citation qui suit n'acquiert de l'importance que par le reproche qu'on fit plus tard à Danton, de s'absenter de l'Assemblée nationale pour passer le temps dans les débauches et la paresse. Jusqu'ici on ne peut dire qu'il ne s'occupe pas de la chose publique, nous reviendrons plus tard sur ce reproche.

Voyons du moins comme il entendait, en principe, les devoirs du représentant. Voici ce qu'en juin 91 on lisait dans un journal.

M. Danton a dénoncé dans la tribune des Jacobins M. Gouy–d'Arci, comme déserteur de l'Assemblée nationale, et qui cependant venait dans la société ; je demande, a–t–il dit, qu'il se justifie de cette forfaiture, et qu'il dise par quel contraste il ose venir ici, après avoir quitté son poste de représentant de la nation. M. Gouy est monté à la tribune avec un air persiffleur ; il a balbutié longuement pour justifier l'improbation que lui et ses collègues, les députés des colonies, avaient pensé devoir donner au décret sur les gens de couleurs. Ces mots, nos esclaves, ma conscience, nos propriétés étaient son refrain répété à satiété.

La société, après les plus vifs débats, a arrêté unanimement que l'entrée à ses séances demeurerait interdite à M. Gouy et aux autres députés des colonies qui en étaient membres, jusqu'à ce que, par un retour sur eux–mêmes, ils eussent repris leurs fonctions de représentants du peuple à l'Assemblée nationale.

(Fréron, l'*Orateur du peuple*, n° 37, 6° vol.)

A partir de l'arrêté des Cordeliers, la question gouvernementale, avons–nous dit, était nettement posée : Royauté ou république. A dater de ce moment aussi Paris se partage en deux camps : la réaction et la révolution, l'absolutisme et la liberté. De juillet 91 au 10 août 92 on assiste aux luttes des deux partis; c'est à qui exterminera l'autre. La cour la première donna l'exemple de la violence, la première elle enseigna aux peuples que sa dernière raison, c'était la force brutale; que le droit sans la force, c'est un fourreau sans épée.

Nommer juillet 91, c'est rappeler le massacre du Champ-de-Mars. On sait les faits : un attroupement se forme, il demande qu'on en finisse avec la monarchie. La loi martiale est proclamée : Bailly arrive avec la force armée, Lafayette est là pour commander le feu; le rassemblement résiste aux sommations, il est dispersé à coups de fusil.

Voyons la part que Danton a prise au mouvement. Le 15 juillet, M. La Clos venait de demander aux Jacobins qu'on fît une pétition signée par tous les citoyens sans distinction, pour décider sur le sort de la royauté.

M. Biauzat fit remarquer que la motion du préopinant tombait d'elle–même puisqu'à l'Assemblée nationale, Robespierre avait fait remarquer que puisqu'il existait un décret national qui déclarait le roi inviolable, Louis XVI ne pouvait pas être mis en cause.

DANTON. — Et moi aussi j'aime la paix ; mais non la paix de l'esclavage. Je suis bien éloigné d'inculper les intentions du préopinant, mais il doit penser, ce me semble, qu'il est impossible d'allier l'amour de la paix avec la faculté d'émettre son opinion. Qu'est-ce que le droit de pétition, sinon le droit d'exprimer sa pensée. Que devons-nous aux décrets, l'obéissance et le respect, mais rien ne peut ôter le droit de montrer dans des pétitions les sentiments qu'on a pour tel ou tel décret.

Je passe au fait que nous assure M. Biauzat, que l'Assemblée nationale a déclaré le roi inviolable. Mais elle l'a fait en des termes obscurs et entortillés qui décèlent toujours la turpitude de ceux qui s'en servent. Or, si l'intention est manifeste et la lettre obscure, n'est-ce pas le cas de refaire une pétition. Car je déclare que si l'intention est manifeste pour nous qui avons vu les manœuvres, elle ne l'est pas également pour les citoyens des départements qui n'ont pas vu les jeux des ressorts. Si nous avons de l'énergie, montrons-là. Les aristocrates de l'Assemblée nationale ont déclaré positivement, qu'ils ne voulaient pas de la Constitution, puisqu'ils ont protesté contre elle. L'Assemblée nationale, il est vrai, a conspué cet acte ridicule, mais elle n'a pas sévi contre ses auteurs, elle ne les a pas trouvés coupables pour avoir exprimé leur pensée, elle ne les a pas expulsés de son sein. Pourquoi serait-on tenté de nous trouver coupables pour oser exprimer notre sentiment d'une manière franche et énergique.

Que ceux qui ne se sentent pas le courage de lever le front de l'homme libre, se dispensent de signer notre pétition. N'avons-nous pas besoin d'un scrutin épuratoire ? Et bien, le voilà tout trouvé.

(On applaudit.)

(*Journal des débats de la société des amis de la Constitution*, n° 27.)

Danton mettait habilement le droit du côté des pétitionnaires, la démonstration était péremptoire : des députés ont demandé qu'on brisât les tables de la Constitution, et pour ce méfait leurs collègues ne les ont pas chassés de leur sein, ils respectaient le droit qu'a chacun d'exprimer son opinion ; le peuple aujourd'hui veut user du droit d'improuver les actes du gouvernement, pourquoi l'en empêcherait-on ?

On sait le résultat de la protestation :

Legendre, Danton, Sergent, Camille Desmoulins et une foule d'autres, attendent dans la retraite leur tour d'être traduits au tribunal.

(*Révolutions de Paris*, n° 107.)

Dans ce premier engagement c'est la cour qui l'emporte ; c'est à coups de fusil que Lafayette répond aux interpellations qui lui avaient été adressées aux Jacobins. Des écrivains ont affirmé qu'on avait beaucoup exagéré le nombre des morts ; nous n'avons pas à discuter ici sur la quantité, un seul suffirait pour prouver qu'il y a eu assassinat. Mais veut-on se faire une idée juste de l'expédition du Champ-de-Mars, qu'on en juge par la terreur qu'elle imprima aux patriotes réputés les plus énergiques. Camille écrit dans le dernier numéro de son journal : « Danton, Fréron et moi, n'avons trouvé d'asile contre les assassins que la fuite. »

Le dernier numéro de Prudhomme est excellent, mais n'est-il pas plaisant de le voir taxer de lâcheté pour avoir pris la fuite, l'intrépide Danton, Camille Desmoulins et Fréron qui n'ont jamais craint de dire la vérité en face ; il était de l'honnêteté et de la justice d'un confrère de raconter du moins les faits qui les avaient obligés à fuir : comment Rutundo avait été assassiné au milieu de la rue, en plein jour ; comment Danton avait été poursuivi jusqu'à deux lieues de Paris à la maison de son beau-père, à Fontenay-sous-Bois, par des coupe-jarrets qui, au milieu de la nuit étaient venus faire charivari à la grille du jardin, et le provoquer par des menaces, en criant : il est ici ce j... f... d'aristocrate, qu'il vienne, et faisant accroire, suivant leur méthode, aux habitants du village, que Danton était un aristocrate, un ennemi du peuple, et un espion de la Prusse et de l'Angleterre... Quelque part que soient les vrais patriotes, ils seront plus utiles à la révolution, qu'ils ne l'auraient été à Paris, où ils ont fait preuve pendant deux ans d'un courage si infructueux. C'est la grande raison de leur éloignement, et non point le décret de prise de corps dont tous les journalistes, esclaves des circonstances, ont dit que Danton venait d'être frappé. Pourquoi décréteraient-ils de prise de corps cet excellent citoyen, et de quoi l'accuseraient-ils, à moins qu'ils ne disent comme ce Timbria : de ce que je n'ai pu le poignarder.
(*Révolutions de France et de Brabant*, n° 86.)

Danton jugea prudent de ne pas rester à Fontenay-sous-Bois, il se sauva à Arcis-sur-Aube, son pays. On lui a reproché comme une lâcheté de s'être enfui. Malheur aux partis dont les chefs tomberaient dans le piége si grossièrement tendu à l'amour-propre individuel par la supériorité de la force brutale.

Une autre accusation a été portée contre lui à propos de la pétition du Champ-de-Mars ; on l'a accusé d'avoir stipulé pour la lieutenance de d'Orléans. Il s'était pourtant exprimé en cette circonstance en termes formels :

Ce n'est pas un régent qu'il faut... il faut que les départements s'assemblent, que chacun d'eux nomme un électeur, qui nomment ensuite les dix ou douze membres qui devront composer un conseil, et qui seront changés, comme les membres de la législative, tous les deux ans.

Et c'était devant la société tout entière des Jacobins que Danton parlait ainsi. Ce qui a pu faire tomber dans cette erreur les hommes de bonne foi, c'est que la pétition du Champ-de-Mars était rédigée par Laclos. Mais nous avons déjà prouvé qu'il n'y eut aucun rapport entre l'homme d'affaires du duc et le président des Cordeliers. Danton ne pouvait empêcher que d'Orléans ne criât au besoin : vive la Ligue? Quel parti peut se vanter de n'avoir pas des traîtres dans ses rangs.

Une autre accusation beaucoup plus grave lui sera faite plus tard au tribunal révolutionnaire ; on dira : Danton fût-il resté en sûreté à Arcis, s'il n'avait pas été de connivence avec le pouvoir exécutif?

Cet argument est spécieux, en effet, mais résiste-t-il à l'examen?

Qui a combiné l'affaire du Champ-de-Mars? c'est évidemment la municipalité de Paris aidée de Lafayette. Qu'elle se soit dite, en cette occasion, protectrice de la cour, gardienne des lois, ce n'était là qu'une rubrique traditionnelle propre à justifier ostensiblement ses actes. On sait aujourd'hui qu'au fond, ce n'était qu'une lutte de suprématie entre la municipalité de Paris et les sociétés populaires ; la cour et l'assemblée n'y furent pour rien. Mais Bailly, mais Lafayette n'étaient puissants qu'à Paris ; en dehors du département, ils n'avaient aucun droit de poursuite, d'où il suit que Danton se réfugiant dans l'Aube, n'avait plus à les craindre et se trouvait en sûreté. Rien de plus simple que ce fait. Le rapporteur du décret de germinal ne se rendait pas bien compte de la différence des temps. En 1794, la commune soutenue par la Convention, était puissante dans toute l'étendue de la France ; un homme poursuivi à Paris, l'était également dans tous les départements ; en 1791, au contraire, il y avait défiance entre la municipalité et la cour, entre la cour et l'Assemblée nationale ; et ce sont justement ces défiances mutuelles qui protégeaient les révolutionnaires. Danton a donc pu se sauver à Arcis et là se trouver à l'abri des guets-apens de Lafayette sans être de connivence avec le pouvoir exécutif.

Du reste on va voir par ce qui suit, que les compatriotes du président honoraire des Cordeliers, n'étaient pas disposés à laisser violer l'asile qu'il avait choisi parmi eux. C'est Brissot, grand admirateur de Danton en 1791, qui va nous l'apprendre.

Observations sur les lettres qu'on va lire.

Nous imprimons ces lettres pour montrer de quel œil on voit au dehors la persécution suscitée à Paris contre les patriotes. Nous aimons à croire que lorsque les amis de la Constitution d'Arcis-sur-Aube promettent de périr plutôt que de laisser violer l'asile de M. Danton, ils entendent parler d'une persécution qui serait injuste, et surtout *illégale*. Car ce n'est pas là le langage que doivent tenir de vrais amis de l'ordre, lorsqu'il s'agit de mettre à exécution des décrets rendus par les tribunaux. Il n'est pas de Jacobins, je le crois, qui ne se soumet à la loi, et qui n'obéit à ses officiers.

BRISSOT.

A l'auteur du *Patriote français.*

Monsieur, les amis de la Constitution d'Arcis-sur-Aube vous envoyent deux lettres, l'une des amis de la Constitution de Bar-sur-Aube, à M. Danton, administrateur du département de Paris, l'autre des amis de la Constitution de Bar-sur-Aube, lesquelles vous voudrez bien insérer dans votre prochain numéro.

A M. Danton, administrateur du département de Paris.

Monsieur,

Dans un temps où l'on persécute nos patriotes, nous pensions bien que vous seriez une des victimes; on nous avait même alarmés par des bruits funestes. Mais des nouvelles plus certaines ont rassuré les bons citoyens sur votre sort. Nous apprenons avec une joie sincère que l'illustre patriote Danton a échappé aux ressentiments des véritables factieux ; qu'il est à Arcis au milieu de ses amis, et sous leur sauvegarde. Si nous pouvions avoir des doutes sur le patriotisme des Arcisiens, nous l'inviterions à venir chercher un asile au milieu des Bar-sur-Aubois ; mais nous sommes persuadés qu'à l'exemple de Marseille, toutes les villes patriotes se disputeront l'honneur de le posséder et de le défendre.

Signé : LA PERRIÈRE, président de la société.

A MM. les amis de la Constitution de Bar-sur-Aube.

Frères et amis, vous croyez le patriote Danton en sûreté au milieu de nous ; nous nous félicitons de ce que vous pensez ainsi : nous vous comptons au nombre des véritables amis de la patrie et des nôtres.

Nous vous prions aussi d'apprendre, à qui voudra l'entendre, que nous

sommes intimement convaincus qu'il faudrait écraser le ban et l'arrière ban
d'Arcis pour violer son asile.

Les amis de la Constitution d'Arcis-sur-Aube, constamment unis aux
Jacobins.

Signé : SENTEX, président.

Royer, fils, secrétaire.

(Le *Patriote français*, par Brissot, n° 733.)

Il n'y avait pas que les Arcisiens qui pensassent ainsi ; les
députés de la fédération du 14 juillet avaient étendu jusqu'à
Marseille la renommée de l'énergique tribun des Cordeliers.

On lit aux Jacobins une adresse au peuple français envoyée par le club
patriotique de Marseille, en voici un extrait : « Voûte sacrée des Jacobins,
pourrez-vous retentir de plus de vérités que Robespierre et Danton ne vous
en ont fait entendre. Prolongez-en les sons dans tous les clubs de l'empire.
Nos voûtes retentiront comme les vôtres et répéteront leurs noms..... Répon-
dez-nous de la vie, des jours de Robespierre et de Danton, que vos corps leur
servent de remparts... Les Marseillais, à la moindre lueur du danger, voleront
auprès de vous, pour vous servir de leurs bras ; et, suivis des excellents
patriotes des départements, ils iront dans la capitale arracher le masque aux
hypocrites, et placer la vérité sur le fauteuil national entre Robespierre et
Danton. »

(*Journal des débats de la société des amis de la Constitution*, n° 32.)

C'est ici peut-être le lieu de parler d'une brochure qui parut
à Arcis au moment où Danton s'y était réfugié; elle était écrite
par un compatriote, un homme fort connu depuis. Elle répond
à presque toutes les accusations précédentes.

Au numéro 46 de son 7ᵉ volume du journal l'*Orateur du
peuple*, on lisait l'article qui suit :

Il faudrait un Danton pour démasquer et faire trembler les traîtres. Ce
véritable ami du peuple qui, sans afficher la prétention de faire le bien, l'a
constamment exercé au milieu des piqûres continuelles de ces insectes veni-
meux, dont la diffamation est dans toutes les bouches, comme elle est dans
tous les cœurs. Où l'équité pèse, doute, examine, ces gens affirment et con-
damnent. Vils dénigreurs à gages ! C'est son silence qui vous irrite, autant
que l'impossibilité où vous êtes, de fonder votre méchanceté. Mettez à l'en-
chère votre fiel et vos fureurs, continuez à lancer vos diatribes virulentes,
trempez tant qu'il vous plaira dans l'eau du Phlégéton, le stylet dont vous le
frappez; votre moral une fois connu, votre haine vaut mieux pour lui que
votre amitié. Peut-on se croire outragé de ceux que l'on a flétris de l'énormité
du mépris? Peut-on se croire outragé quand l'abus effréné de la calomnie est
devenu, pour ainsi dire, le suicide de la calomnie? Il peut dire avec Rous-

seau : « Ce n'est pas moi qui fais du noir, c'est vous qui m'en avez barbouillé. »

Je me croirais coupable de la plus insigne lâcheté, si, malgré la force presque irrésistible des premières impressions reçues, et dans un temps où vos âmes de boue forment autour de Danton une espèce de concert d'improbation, je ne déchirais d'une main hardie le voile qu'ils ont interposé entre le public et ce citoyen estimable, que Sparte et Rome nous aurait envié. Je le fais librement; peu m'importe l'opinion de quelques individus. La haine leur fait trouver dans leur âme corrompue toutes les taches déshonorantes, dont ils s'efforcent de salir la vertu même. Quel que soit le succès de mon entreprise, cette défense courageuse sera toujours à mes yeux une bonne action que je placerai entre le ciel et moi.

Je vais tracer ici les inappréciables services qu'il a rendus à la patrie depuis la révolution, l'inflexibilité de ses principes, son constant dévouement au culte de la vérité, etc.

Et certes !... avec de tels moyens, il eut été presque impossible de n'être rien sur un théâtre où tant de gens d'une nullité absolue veulent être quelque chose. Je me bornerai simplement à répondre à quelques objections qui n'en imposent pas même à ceux qui les font ; mais qui, distillées par ces êtres artificieux, deviennent un poison pour tant d'hommes faibles !

Une modeste aisance est ordinairement le scandale des sots. L'acquisition de quelques biens nationaux et autres, montant à la somme 70 à 80,000 livres, faite avec le secours de M. Charpentier, son beau-père, et payée par moitié entre eux, donna occasion à une fourmilière de propos auxquels les circonstances ont donné des ailes. A entendre les frondeurs, les routes de la fortune étaient aplanies sous ses pas. C'était, soi-disant, un homme soudoyé par un parti, un fabricateur de faux assignats, etc., etc., etc. Que n'ont-ils pas inventé dans la crainte de ne passer que pour des échos, à l'effet de tourner et de retourner dans la fange le citoyen, dont les principes étaient plus aisés à diffamer qu'à suivre.

Eh ! messieurs, un peu plus d'équité; je vous arrête ici, répondez-moi. Les vrais patriotes, ont-ils une liste civile, dont les canaux intarissables coulent sans cesse pour eux ! Au lieu de cette opulence qu'on leur reproche si gratuitement, ils manquent souvent du simple nécessaire. Fiers de porter la livrée du peuple qu'ils défendent, ils pensent avec le vertueux Fénelon, que tous les honnêtes gens sont peuple, et cela leur suffit pour qu'ils n'ambitionnent jamais un état trop voisin de la corruption dont on les accuse

Si je voulais rendre ici compte des ressources de Danton, et confondre d'un mot ses adversaires, je pourrais citer une foule de procès oubliés dans la poussière des bureaux de l'ancien régime, dont son zèle et son activité ont hâté la solution, et qui n'ont pas peu contribué à le tirer de la médiocrité dans laquelle on voudrait le voir rentrer. Je prouverais qu'il existe dans son cabinet, au moment même où je parle, pour douze millions et plus d'affaires depuis longtemps en souffrance que sa réputation intacte, et son talent connu lui ont procurées; mais tous ces témoignages ne feraient que glisser sur ces esprits prévenus et les aigrir peut-être davantage. Admettons enfin qu'il coule dans sa maison un fleuve d'or; au moins ne nierez-vous pas que la philosophie serait bientôt réconciliée avec la fortune, si ses adorateurs eussent fait un si noble usage de ses dons. Eh bien, apprenez donc que c'est, en en versant une partie sur sa respectable mère, qu'il a prouvé qu'il en était digne. Bon fils, bon père, bon époux, bon ami, que de titres pour être un excellent citoyen.

Poursuivons. Si, comme quelques-uns affectent de le répandre, séduit par l'attrait puissant de la cupidité, Danton eut trahi la cause des patriotes, point de doute que tous les rayons de la faveur ministérielle ne fussent venus fondre sur lui. A voir le luxe insolent qu'affichent au sein de la capitale des conspirateurs effrénés, qui ne sont pas vils à bon marché, je ne crains pas de dire qu'un homme de sa trempe eut été payé par l'aristocratie bien au delà de son pesant d'or.

Mais que m'opposerez-vous, quand je vous dirai que j'ai la certitude acquise, qu'il n'a pas même mis ses intérêts sur la ligne de ses devoirs; que j'ai la preuve portée jusqu'à l'évidence que ce qui lui vaut la persécution dont ses amis sont aujourd'hui les victimes, c'est sa louable résistance aux insinuations perfides de quelques coalitionnaires qui, frappés de la plaie incurable d'une ambition sans bornes, cherchent depuis le décret de la non réélection, à se consoler de la perte du crédit et des dignités, de la honte de leur rôle. Que me répondrez-vous, quand je m'offre à prouver qu'ils ont poussé la scélératesse jusqu'à le menacer de le perdre, s'il ne travaillait avec eux à faire rentrer le peuple dans sa nullité politique? C'est comme témoin oculaire que je cite le trait suivant : il est bien fait pour désiller les yeux de ceux qui ont ce sens un peu obtus. Le 31 du mois dernier (juillet 91) un homme d'une figure très équivoque, âgé d'environ 36 ans, se présente à la maison de Danton, demande à lui parler en particulier. On l'introduit. Son début fut qu'il était du nombre des pétitionnaires qu'on avait fusillés sur l'autel de la patrie, et qu'un décret lancé contre lui l'obligeait à fuir. Il ajoute que son départ précipité ne lui ayant pas permis de prendre de l'argent chez lui, ni de se munir d'autres hardes que celles qu'il avait sur le corps à cette époque, il se trouvait dans la dure nécessité de solliciter les services les plus pressants. Danton le fixant alors lui dit : « Ce que vous me racontez peut être vrai, mais comme vous n'ignorez pas que je suis dans une position à me méfier de tout le monde, vous ne devez pas trouver mauvais que je prenne avec vous les précautions que la prudence exige. Je vous préviens donc qu'en même temps que j'ai de l'argent pour aider les malheureux, je suis aussi porteur d'une bonne paire de pistolets au service de ceux qui seraient tentés de former des desseins contre ma vie. » Cette petite leçon fut suivie d'une somme de 9 livres que reçut notre pétitionnaire un peu confus du compliment. Après une courte pause il demanda avec instance un logement pour se refaire, disait-il, des fatigues de la route ; ce qui lui fut refusé net. Il se retira en promettant de partir le lendemain, ce qu'il fit, en effet, dès la pointe du jour dans la compagnie de quelques voituriers lorrains, avec lesquels il reprit le chemin de Châlons. Quelle fut sa principale occupation depuis Arcis jusqu'à Vitry? Ce fut de dire au nommé Gégonne, marchand de bois, à Lerrins en Lorraine, que Danton lui avait donné vingt écus, qu'il lui en avait déjà compté bien d'autres, sans ce qu'il lui donnerait encore à Paris; que c'était un homme terrible qu'on ne pouvait aborder, parce qu'il était armé jusqu'aux dents, qu'il fabriquait de faux assignats, qu'il avait acheté, tant en Comté qu'en Auvergne et en Angleterre pour des millions, etc. Au milieu de tous ces beaux récits le voiturier s'endormit, son honnête compagnon le voyant lui tira adroitement de sa poche de veste un portefeuille qui contenait pour 600 livres d'assignats et prit la fuite. A son réveil, s'apercevant qu'il était volé, le sieur Gégonne se mit sur-le-champ à la poursuite du coquin qu'il rattrapa conjointement avec la maréchaussée de Châlons à une demi-lieue d'Etoyes. On le conduisit aux prisons de Châlons où il est toujours détenu depuis cette époque, sans qu'on ait encore assigné les témoins prêts à déposer des faits que je viens de raconter. Je laisse à faire aux vrais patriotes toutes les réflexions qui se présentent d'elles-mêmes à la suite d'un pareil récit. Cet homme est peut-être le millième espion qu'on a vu rôder dans toute l'étendue du département de l'Aube depuis un mois, et ne cesser de vomir des horreurs et contre la société des Jacobins et contre Danton. J'observerai encore que ce scélérat porte aux deux poings la marque des fers qu'il a probablement traînés longtemps.

Ce sont-là de ces gentillesses qui se perdent dans la foule des crimes que les petits Machiavels ne se refusent jamais, surtout quand ils sont entourés de chevaliers du poignard, agents passifs qu'on avoue ou qu'on désavoue à son gré. Eh bien! ce citoyen tant décrié, tant calomnié, l'objet de tant de placards commentés par des gens appostés pour faire plus d'impression sur la multitude. Eh bien, cet homme, avant cette légère disgrâce était traité par ces chiffonniers ministériels, comme un médecin qu'on néglige en santé, mais après qui on court souvent dans un état désespéré. Point de composition avec ces ambitieux affamés; une fois qu'on diffère de principes avec eux, on les a pour ennemis implacables. Ils pousseraient même le raffinement jusqu'à vous faire un crime de l'inquiétude que leur causerait la crainte de la révélation de leur secret..... Je m'arrête ici, j'en ai dit assez pour prémunir ceux qui m'entendent, contre des apostats populaires qui, non contents d'avoir gagné la peste s'empressent encore de la communiquer aux autres.

Brave et généreux Danton! Que la joie des méchants portée jusqu'à l'ivresse, honore ta retraite encore plus que les regrets des gens de bien! Il vaut mieux passer ta vie dans un désert que de vivre avec des êtres dans la bouche desquels le mot de peuple-roi est devenu une mortelle injure. Laisse-les débiter les paradoxes les plus étranges en politique, opposer sans pudeur au bien général les sophismes de leur intérêt personnel, avec le ton de confiance qu'on désire dans un ami de la vérité; il reste assez de bons citoyens, sans toi, pour les désavouer à l'opprobre et à la haine de leur siècle.

Et vous, respectable Brissot, dont les principes si purs sont devenus une espèce de bannière, autour de laquelle les vrais amis de la chose publique

aiment à se rallier; poursuivez sans relâche ces protées dans tous les écrits
où ils se retranchent, où ils se reproduisent sans cesse ; et ne vous lassez pas
de répéter au peuple que la servitude et la corruption sont à leur comble,
quand il ne se rencontre pas assez de courage dans une nation pour élever la
voix et embrasser ouvertement la cause des plus zélés défenseurs de ses
droits.

Signé : COURTOIS.

La brochure était adressée à Brissot après le massacre du
Champ-de-Mars, c'est à dire au moment où la réaction était
toute puissante. Nous n'avons pu nous la procurer, elle avait
seize pages.

Comme pour attester la vérité de ce que l'auteur y rapporte,
on lit dans le même journal la note suivante :

La société des Amis de la Constitution d'Arcis-sur-Aube, après avoir
entendu la lecture de la lettre de M. Courtois, l'un de ses membres, à
M. Brissot, rédacteur du Patriote français, a arrêté qu'elle partage pour
M. Danton les sentiments que contient cette lettre, qui honore l'amitié de son
auteur, pour un citoyen irréprochable, injustement persécuté, et que son
arrêté serait imprimé à la suite de cette lettre, comme un témoignage authentique qu'elle rend aux vertus et au civisme de M. Danton.

Signé : BONNEMAIN, vice-président.

Personne alors ne s'éleva pour réfuter ces assertions dont la
forme seule pouvait être critiquée.

Le succès que la réaction venait de remporter ne pouvait être
de longue durée puisque les héros n'étaient point soutenus par
la cour ; puisque celle-ci, bien aise de voir ses ennemis s'entre-
détruire, aurait, au besoin, relevé les vaincus. D'ailleurs, la
déclaration de guerre faite par Léopold et Frédéric-Guillaume,
les bravades de Bouillé et des émigrés avaient soulevé l'indignation de tout le monde ; or, l'esprit public ne s'émeut pas sans
qu'il y ait profit pour la liberté. Les patriotes qui s'étaient
cachés après le massacre, se montraient en septembre en toute
sécurité. Danton avait fait sa rentrée aux Jacobins le 12.

M. Danton est entré dans la salle, et a été fort applaudi.
(Journal des débats des Jacobins, n° 59.)

La nouvelle législature devait ouvrir ses séances le 1ᵉʳ octobre, on s'occupait des élections, chacun présentait ses candidats. Danton ne fut pas oublié.

Fréron écrivait :

Que n'ont pas imaginé Bailly et Lafayette contre le brave et généreux Danton! que de trames horribles pour l'éloigner de la seconde législature! mais il a toujours triomphé de l'acharnement de ses ennemis; il a déjoué tous les complots, il a sauvé la France, et les services qu'il a rendus à la patrie, quand elle était en péril, vont aujourd'hui mettre en fuite, le reste impur de l'aristocratie... J'espère que, si les électeurs qui ont témoigné au vigoureux Danton l'intérêt le plus tendre, ont devant les yeux le salut du peuple, ils ne manqueront pas d'en faire l'objet de leur choix. On sait bien que les membres gangrénés de l'Assemblée nationale, donneraient la plus grande partie de ce qu'ils ont reçu de la liste civile, pour qu'il ne soit pas député. A en juger par le rapport qu'a fait le sieur Lavigne, relativement à la pétition que le corps électoral a présentée à l'Assemblée nationale en faveur de M. Danton, qu'un impertinent huissier a voulu enlever au milieu de cette assemblée.

(*Orateur du peuple*, n° 54 du 7° vol.)

Revenant, quelques jours plus tard, sur les assemblées électorales, le journaliste fait tenir ce discours aux contre-révolutionnaires :

Ils osent nous présenter un Danton, lui qui empêcha le départ du roi, lui qui voulait conduire notre brave général à l'échafaud; lui qui sacrifia sa fortune pour soulager des infortunés et qui présida pendant neuf mois le district des Cordeliers, qui ne s'occupa qu'à faire trembler le parti de notre bon roi..... On veut lui faire un mérite de son courage et de son humanité, et ce scélérat voulait nous empêcher d'égorger nos concitoyens. C'était cependant un mal nécessaire. L'affaire du 17 juillet le prouve, et le roi avait besoin du sang qui fut versé.
A d'autres temps, d'autres mesures ; les sociétés ont député à l'évêché en faveur de M. Danton; le public présent a applaudi. Les électeurs baissaient la tête, Legendre prend la tribune. Son discours véhément allait électriser les vrais patriotes. Il cita la conduite du département du Calvados... Les électeurs ont pâli... Vous tremblez, dit Legendre, vous avez raison; le corps électoral de Paris est déshonoré, si Danton n'est pas législateur... On a applaudi; le commandant des respectables vétérans prend la parole et dit : « Messieurs, la vérité vient de se faire entendre, je suis à la tête des vétérans, et je finirais ma carrière avec satisfaction si Danton est placé au nombre des hommes en qui nous avons mis notre espérance. »

(*L'Orateur du Peuple*, n° 10 du 8° vol.)

Ses amis particuliers aussi faisaient tout leur possible pour

qu'il fut nommé. Camille Desmoulins n'était pas un des moins
ardents. Il écrivait :

..... Puisque la réputation ne se fait que de loin, que Marseille nomme
Danton à la prochaine législature, et je tâcherai, si je ne puis le faire nommer
à Paris, de faire nommer au moins l'abbé Rives. Alors nous aurions, dans la
seconde législature, en ces deux hommes seuls, l'éloquence de Marius ou du
paysan du Danube et la science de Varon.
                                        CAMILLE DESMOULINS.

    (Extrait de la correspondance de Desmoulins, tome II° des *œuvres*. —
    Paris, Ebrard, 1838.)

    Quoi qu'il en soit, Danton ne fut point élu à la législative, il
devançait l'opinion publique d'une année; ses idées trop avan-
cées faisaient peur; il fallait qu'on s'y habituât, qu'on se con-
vainquît que la cour ne cédait qu'à la force des choses, que le
roi reprendrait les rênes du gouvernement absolu dès qu'il
croirait pouvoir le faire sans danger.
    Si les républicains s'activaient à faire nommer Danton député,
la municipalité de son côté ne montrait pas moins d'ardeur à
les faire échouer. C'était toujours par la violence qu'elle pro-
cédait.

    Un membre de la société des Jacobins rend compte de la manière dont
l'arrestation de M. Danton avait été tentée dans le corps électoral.
    M. Danton monte à la tribune au milieu des applaudissements : sans parler
des persécutions dont il est l'objet, il traite la question de savoir si un homme,
sous un décret de prise de corps, peut être exclus d'une assemblée électorale :
« Un électeur, a-t-il dit, décrété pour assassinat doit être arrêté sans doute;
mais c'est à l'assemblée électorale à déterminer la manière dont il peut être
arrêté. Le corps législatif est inviolable, les corps électoraux qui sont les
arcs-boutants de la Constitution doivent l'être aussi. Ainsi l'Assemblée nationale doit décréter que nul individu ne pourra être saisi dans un corps électoral qu'après délibération de ce corps qui autorise les agents du pouvoir
judiciaire à mettre à exécution l'ordonnance de prise de corps. »
    (*Journal des débats de la société des amis de la Constitution*, n° 60.)

    C'est la troisième tentative du pouvoir exécutif contre un
homme accusé encore aujourd'hui de lui être vendu.
    Toutes ces poursuites ne faisaient que populariser davantage
la tribune : l'oppression est toujours un titre à l'intérêt public.

Dans une chanson sur la chute des barrières, on lisait le couplet suivant :

> Voulez-vous de sûrs moyens
> Pour que cela dure?
> Formez de bons citoyens
> La législature.
> Ne prenez que des Dantons,
> Et toujours nous chanterons :
> La bonne aventure au gué,
> La bonne aventure.

(Fréron, l'*Orateur du peuple*, n° 59, 5° vol.)

Cependant d'autres élections se présentaient, on allait renouveler la municipalité de Paris. Pétion venait d'être nommé maire en remplacement de Bailly ; on espérait du moins que Danton n'échouerait pas comme procureur de la commune. Dans cette intention, Fréron s'adressait en ces termes aux sections :

Sections, écoutez-moi. Tout ce que je vous ai prédit n'est-il pas arrivé? Eh bien, je vous prédis encore que Danton sauvera la France, si vous le mettez à portée de la sauver. Il vous faut des hommes à grand caractère, qui sachent se déployer devant vos ennemis, qui aient l'art de les faire trembler; il vous faut des hommes attentifs à observer leurs démarches, prompts à pénétrer leurs projets, avides de les faire avorter. Qui mieux que Danton a rempli cette tâche pénible et laborieuse? Qui mieux que Danton a déjoué tous les complots? Quel est, en un mot, celui qui a le plus d'ennemis dans Paris? C'est Danton. Pourquoi cela? Je vais vous le dire : parce qu'il a pour ainsi dire, créé le district des Cordeliers, qu'il lui a donné une âme de feu, et qu'il l'a rendu propre à soutenir les intérêts du bien public.

Danton a ses ennemis parce qu'il s'est montré ouvertement le défenseur des droits de l'homme et du citoyen; parce qu'étant du parti populaire, il a dû nécessairement faire sauter après lui les tigres royaux qui ont cherché à le dévorer. Mais, comme Hercule, il fourre sa main dans la gueule du lion, et saisissant la langue de l'animal furieux, il l'étouffe et le jette à ses pieds. Oseriez-vous, sections, le mettre en parallèle avec un Manuel qui..... avec Cahier de Gerville qui.....

Cependant il n'est que trop vrai que Danton est ballotté entre ces deux mauvais citoyens. Sections, il vous reste une seconde épreuve à faire; le mal que vous vous êtes fait n'est point sans remède, puisque la nomination du procureur de la commune est encore sur le métier.

(Fréron, l'*Orateur du peuple*, n° 9 du vol. 9°.)

Manuel avait remporté les suffrages. Cependant les patriotes ne se décourageaient pas.

C'est surtout le club des Cordeliers, si glorieux de son premier président, qui prenait à cœur cette nomination.

A la séance des Jacobins du 16 novembre 91, on a admis une députation envoyée par la société des amis des droits de l'homme pour proposer de porter M. Danton à la place de procureur-syndic.

M. Dubois de Crancé faisant les fonctions de président a répondu :

« Je rends justice, messieurs, au patriotisme de M. d'Anton, il s'est bien montré dans la révolution ; mais la liberté des suffrages est le droit le plus précieux des citoyens ; demain notre conscience seule décidera notre choix. »

(*Journal des débats de la société des amis de la Constitution*, n° 95)

Dans la séance du 22, Dufourny rend compte de l'état des scrutins relatifs à cette promotion :

Le plus grand nombre de voix est pour M. Manuel, puis pour M. Cahier de Gerville, les autres sont à M. Danton. Il n'y a pas majorité, il s'ensuit que M. Manuel sera ballotté avec M. Cahier de Gerville.

(*Ibid.*, n° 98.)

Tant d'efforts ne furent pas tout à fait sans résultats.

Aujourd'hui les 48 sections se sont réunies pour procéder à l'élection du second substitut adjoint du procureur de la commune ; les suffrages des patriotes ont dû se porter sur MM. Danton et Collot d'Herbois.

(*Le Patriote français*, par Brissot, n° 848.)

M. Danton est nommé substitut-adjoint du procureur de la commune. Ce choix fait le plus grand honneur au bon esprit des citoyens de Paris. Il prouve qu'ils ne se laissent pas égarer par les calomnies, quelque nombreuses, quelque soutenues qu'elles soient. Il prouvera au parti ministériel que s'il est possible de corrompre ou de tromper la majorité d'une assemblée électorale, il est impossible de corrompre les assemblées primaires, et de les tromper longtemps.

Voici le résultat du scrutin :

M. Danton 1,162 voix ; M. Collot-d'Herbois 654.

(*Ibidem*, n° 851.)

Danton, nommé substitut, prononça le jour de son installation un discours dont il est important de peser chaque parole, car l'orateur y répond sommairement à son tour à toutes les calomnies dont on l'a couvert, dont nous avons essayé de le défendre ; et puisque ses accusateurs existent encore, il semble les défier d'apporter leurs preuves. Pourquoi ceux-ci ne l'ont-ils pas fait? Ce qui commande surtout l'attention, c'est que, non seulement ce discours rappelle toute la vie passée du tribun, mais surtout il contient sa profession de foi politique. Nous pourrons donc désormais rapprocher ses actes de ses promesses, et constater l'inviolabilité de ses principes.

Fréron, que nous avons tant de fois cité, fait une déclaration préliminaire qu'il est bon de reproduire, pour prouver que ses éloges ne sont pas suspects.

M. Danton, je vais rapporter votre discours, non parce qu'il renferme des vérités frappantes, mais parce que la profession de foi que vous adressez au peuple, lui servira de pièce de comparaison, et qu'il pourra, si vous êtes fidèles à vos principes, lorsque la cour voudra l'enchaîner, se rallier autour de vous. Vous avez de grands moyens, faites-les valoir, ou sinon, je vous poursuivrai avec le même acharnement que je poursuis tous ceux qui nuisent à la chose publique.

Suit le discours.

Monsieur le maire et messieurs,

Dans une circonstance qui ne fut pas un des moments de sa gloire, un homme dont le nom doit être à jamais célèbre dans l'histoire de la révolution, disait : qu'il savait bien qu'il n'y avait pas loin du Capitole à la roche Tarpéienne ; et moi, vers la même époque à peu près, lorsqu'une sorte de plébiscite m'écarta de l'enceinte de cette assemblée où m'appelait une section de la capitale, je répondais à ceux qui attribuaient à l'affaiblissement de l'énergie des citoyens, ce qui n'était que l'effet d'une erreur éphémère, qu'il n'y avait pas loin pour un homme *pur*, de l'ostracisme suggéré aux premières fonctions de la chose publique. L'événement justifie aujourd'hui ma pensée ; l'opinion, non ce vain bruit qu'une faction de quelques mois ne fait régner qu'autant qu'elle-même, l'opinion indestructible, celle qui se fonde sur des faits qu'on ne peut longtemps obscurcir, cette opinion qui n'accorde point d'amnistie aux traîtres, et dont le tribunal suprême casse les jugements des sots et les décrets des juges vendus à la tyrannie, cette opinion me rappelle du fond de ma retraite où j'allais cultiver cette métairie qui, quoique obscure et acquise avec le remboursement *notoire* d'une charge qui. n'existe plus, n'en a pas moins été érigée par mes détracteurs en domaines immenses, payés par je ne sais quels agents de l'Angleterre et de la Prusse.

Je dois prendre place au milieu de vous, messieurs, puisque tel est le vœu des amis de la liberté et de la constitution ; je le dois d'autant plus que ce n'est pas dans le moment où la patrie est menacée de toutes parts, qu'il est permis de refuser un poste qui peut avoir ses dangers, comme celui d'une sentinelle avancée. Je serais entré silencieusement ici dans la carrière qui m'est ouverte, après avoir dédaigné pendant tout le cours de la révolution de repousser aucune des calomnies sans nombre dont j'ai été assiégé, je ne me permettrais pas de parler un seul instant de moi, j'attendrais ma juste réputation de mes actions et du temps, si les fonctions déléguées auxquelles je vais me livrer, ne changeaient pas entièrement ma position. Comme individu, je méprise les traits qu'on me lance, ils ne me paraissent qu'un vain sifflement ; devenu homme du peuple, je dois, sinon répondre à tout, parce qu'il est des choses dont il serait absurde de s'occuper, mais au moins lutter corps à corps avec quiconque semblera m'attaquer avec une sorte de bonne foi. Paris, ainsi que la France entière, se compose de trois classes ; l'une ennemie de toute liberté, de toute égalité, de toute constitution, et digne de tous les maux dont elle a accablé, dont elle voudrait encore accabler la nation ; celle-là je ne veux point lui parler, je ne veux que la combattre à outrance jusqu'à la mort ; la seconde est l'élite des amis ardents, des coopérateurs, des plus fermes soutiens de notre révolution, c'est celle qui a constamment voulu que je sois ici ; je ne dois non plus lui rien dire, elle m'a jugé, je ne la tromperai jamais dans son attente : la troisième, aussi nombreuse que bien intentionnée, veut également la liberté, mais elle en craint les orages ; elle ne hait pas ses défenseurs qu'elle secondera toujours dans les moments de périls, mais elle condamne souvent leur énergie, qu'elle croit habituellement ou déplacée ou dangereuse ; c'est à cette classe de citoyens que je respecte, lors même qu'elle prête une oreille trop facile aux insinuations perfides de ceux qui cachent sous le masque de la modération l'atrocité de leurs desseins ; c'est dis-je à ces citoyens que je dois, comme magistrat du peuple, me faire bien connaître par une profession de foi solennelle de mes principes politiques.

La nature m'a donné en partage les formes athlétiques, et la physionomie âpre de la liberté. Exempt du malheur d'être né d'une de ces races privilégiées, suivant nos vieilles institutions, et par cela même presque toujours abâtardies, j'ai conservé en créant seul mon existence civile, toute ma vigueur native, sans cependant cesser un seul instant, soit dans ma vie privée, soit dans la profession que j'avais embrassée, de prouver que je savais allier le sangfroid de la raison à la chaleur de l'âme et à la fermeté du caractère. Si dès les premiers jours de notre régénération, j'ai éprouvé tous les bouillonnements du patriotisme, si j'ai consenti à paraître exagéré pour n'être jamais faible, si je me suis attiré une première proscription pour avoir dit hautement, ce qu'étaient ces hommes qui voulaient faire le procès à la révolution, pour avoir défendu ceux qu'on appelait les énergumes de la liberté, c'est que je vis ce qu'on devait attendre des traîtres qui protégeaient ouvertement les serpents de l'aristocratie.

Si j'ai été toujours irrévocablement attaché à la cause du peuple, si je n'ai pas partagé l'opinion d'une foule de citoyens, bien intentionnés sans doute, sur des hommes dont la vie politique me semblait d'une versalité bien dangereuse, si j'ai interpellé face à face, et aussi publiquement que loyalement, quelques-uns de ces hommes qui se croyaient les pivots de notre révolution ; si j'ai voulu qu'ils s'expliquassent sur ce que mes relations avec eux m'avaient fait découvrir de fallacieux dans leurs projets, c'est que j'ai toujours été convaincu qu'il importait au peuple de lui faire connaître ce qu'il devait craindre de personnages assez habiles, pour se tenir perpétuellement en situation de passer, suivant le cours des événements, dans le parti qui offrirait à leur ambition les plus hautes destinées ; c'est que j'ai cru encore qu'il était digne de moi de m'expliquer en présence de ces mêmes hommes, de leur dire ma pensée tout entière, lors même que je prévoyais bien qu'ils se dédommageraient de leur silence en me faisant peindre par leurs créatures avec les plus noires couleurs, et en me préparant de nouvelles persécutions.

Si fort de ma cause, qui était celle de la nation, j'ai préféré les dangers d'une seconde proscription judiciaire, fondée non pas même sur ma participation chimérique à une pétition trop tragiquement célèbre, mais sur je ne sais quel conte misérable de pistolets emportés, en ma présence, de la chambre d'un militaire, dans une journée à jamais mémorable, c'est que j'agis constamment d'après les lois éternelles de la justice, c'est que je suis incapable de conserver des relations qui deviennent impures, et d'associer mon nom à ceux qui ne craignent pas d'apostasier la religion du peuple qu'ils avaient d'abord défendu.

Voilà quelle fut ma vie.

Voici, messieurs, ce qu'elle sera désormais.

J'ai été nommé pour concourir au maintien de la Constitution, pour faire exécuter les lois jurées par la nation ; eh bien ; je tiendrai mes serments, je remplirai mes devoirs, je maintiendrai de tout mon pouvoir la Constitution, *rien que la Constitution*, puisque ce sera défendre tout à la fois l'égalité, la liberté et le peuple. Celui qui m'a précédé dans les fonctions que je vais remplir, a dit qu'en l'appelant au ministère le roi donnait une nouvelle preuve de son attachement à la Constitution ; le peuple, en me choisissant, veut aussi fortement, au moins, la Constitution : il a donc bien secondé les intentions du roi ? Puissions-nous avoir dit, mon prédécesseur et moi deux éternelles vérités ! les archives du monde attestent que jamais peuple lié à ses propres lois à une royauté constitutionnelle, n'a rompu le premier ses serments ; les nations ne changent ou ne modifient jamais leurs gouvernements que quand l'excès de l'oppression les y contraint : la royauté constitutionnelle peut durer plus de siècles en France que n'en a duré la royauté despotique.

Ce ne sont pas les philosophes, eux qui ne font que des systèmes qui ébranlent les empires ; les vils flatteurs des rois, ceux qui tyrannisent en leurs noms le peuple, et qui l'affament, travaillent plus sûrement à faire désirer un autre gouvernement que tous les philanthropes qui publient leurs idées sur la liberté absolue. La nation française est devenue plus fière sans cesser d'être plus généreuse. Après avoir brisé ses fers, elle a conservé la royauté sans la craindre, et l'a épurée sans la haïr. Que la royauté respecte un peuple dans lequel de longues oppressions n'ont point détruit le penchant à être confiant, et souvent trop confiant, qu'elle livre elle-même à la vengeance des lois tous les conspirateurs sans exception et tous ces valets de

conspiration qui se font donner par les rois des à-comptes sur des contre-
révolutions chimériques, auxquelles ils veulent ensuite recruter, si je puis
parler ainsi, des partisans à crédit. Que la royauté se montre sincérement
enfin l'amie de la liberté, sa *souveraine*, alors elle s'assurera une durée
pareille à celle de la nation elle-même, alors on verra que les citoyens qui
ne sont accusés d'être *au delà de la Constitution* que par ceux mêmes qui
sont évidemment *en deçà;* que ces citoyens quelle que soit leur théorie arbitraire sur la liberté, ne cherchent point à rompre le pacte social; qu'ils ne
veulent pas, pour un mieux idéal, renverser un ordre de choses fondé sur
l'égalité, la justice et la liberté. Oui, messieurs, je dois le répéter, quelles
qu'aient été mes opinions individuelles lors de la révision de la Constitution, *sur les choses et sur les hommes,* maintenant qu'elle est jurée, j'appellerai
à grands cris la mort sur le premier qui lèverait un bras sacrilège pour
l'attaquer, fût-ce mon frère, mon ami, fût-ce mon propre fils ; tels sont mes
sentiments.

La volonté générale du peuple français manifestée aussi solennellement
que son adhésion à la Constitution. sera toujours ma loi suprême. J'ai
consacré ma vie tout entière à ce peuple qu'on n'attaquera plus, qu'on ne
trahira plus impunément, et qui purgera bientôt la terre de tous les tyrans,
s'ils ne renoncent pas à la ligue qu'ils ont formée contre lui. Je périrai, s'il
le faut, pour défendre sa cause; lui seul aura mes derniers vœux, lui seul
les mérite ; ses lumières et son courage l'ont tiré de l'abjection du néant; ses
lumières et son courage le rendront éternel.

(*Révolutions de Paris,* n° 128.)

CHAPITRE III

———

De janvier 92 au 10 août nous n'avons à relever que peu de faits notoires; Danton ne nous apparaît guère qu'à la commune où il remplit sa modeste charge de substitut, et aux Jacobins où il assiste assidûment. Quelques arrêtés municipaux signés de son nom au *Moniteur*, mais trop insignifiants pour être rapportés ici, suffisent toutefois pour constater que c'est à tort qu'on l'a accusé d'une indolence coupable surtout en temps de révolution chez un fonctionnaire public. On confond trop avec le véritable zèle patriotique cette espèce d'activité fébrile qui pousse certains individus à se mêler de tout, à faire acte d'apparition partout, à tout contre-signer, à placer leur mot dans toute discussion; ce n'est au fond que l'envie de faire parler de soi, c'est pure ambition; c'est la *gens ardelionum* des républiques; il y a peu de profit à en tirer; mais la foule qui voit leurs noms affichés partout, finit par les croire importants quand ils ne sont qu'importuns.

Danton n'était pas de ces empressés; on ne le rencontre jamais dans les circonstances insignifiantes, jamais il ne montait à la tribune pour soutenir une discussion générale; il s'ingéniait peu à ce qu'on parlât de lui dans tous les carrefours, dans les feuilles publiques; il serait peut-être impossible de trouver dans les journaux du temps un article de lui; mais en revanche qu'on cite un événement principal dans lequel il n'ait figuré, une lutte dans laquelle il n'ait combattu, une grande question politique qu'il n'ait éclairée, une mesure réactionnaire sur laquelle il n'ait apposé son véto. Nous aurons l'occasion encore de revenir sur cette observation que la calomnie a rendue nécessaire. Mais les faux zélés de 93 se sentaient indirectement condamnés par ce dédain de leurs petites menées, et pour donner le change au public, ils accusèrent Danton d'indolence, et le public s'habitua à le considérer en effet comme un de ces lutteurs terribles qui portent, à la vérité, des coups mortels au plus fort de l'action, mais qui retombent bientôt affaissés sur eux-mêmes, comme accablés de leurs propres efforts.

Les historiens modernes qui raffolent des oppositions, se sont bien donné de garde de vérifier les pièces du procès.

Ceux qui connaissent l'histoire de la Révolution française, se rappellent qu'une des questions qui souleva le plus de débats et marqua les premiers dissentiments des patriotes, fut celle de la guerre. Ceux qu'on désignera plus tard sous le nom de Girondins poussaient aux hostilités, ceux qu'on appellera Montagnards soutenaient l'opinion contraire. On va voir ce qu'en pensait Danton.

M. Biauzat venait de s'écrier à la tribune des Jacobins : « N'ayons point de méfiance des intentions du roi... »

M. DANTON. — Je dirai comme M. Robespierre que l'on ne doit accorder aucune considération à ce que vient de dire l'insignifiant M. Biauzat. Oui, messieurs, nous avons cette grande question à discuter et nous devons la discuter, et c'est pour demander que la discussion soit continuée à la première séance que j'ai demandé la parole. Je vous prouverai les dangers de cette guerre ; je vous donnerai les développements de la coalition, je vous ferai voir ce Lafayette que j'ai démasqué en votre présence ; je prévois qu'il a calculé les moyens d'arriver au rôle de ce Chauvel qui perdit la liberté brabançonne. Je vous démontrerai que cette envie de se faire nommer maire de Paris était une feinte, que son véritable rôle il le joue maintenant, et qu'il célait le point de réunion de toute cette faction ; qu'il veut nous donner la Constitution anglaise avec l'espérance ultérieure de nous donner bientôt celle de Constantinople ; que ceux qui se complaisent dans une confiance stupide, se préparent à entrer en lice avec moi à la prochaine séance. Je prie M. le président (Isnard) de consulter l'assemblée pour savoir si son intention est de donner à cette question la solennité qu'elle mérite.

(*Journal des débats de la société des amis de la Constitution*, n° 111.)

La société consultée adopte à l'unanimité la motion de M. Danton.

Le jour venu, personne ne manqua à l'appel du tribun; on savait que Danton devait parler, la salle était comble.

M. DANTON. — Vous avez ordonné l'impression de l'excellent discours de M. Brissot, de cet athlète vigoureux de la liberté, de cet homme de qui nous attendons de si grands services et qui ne trompera pas nos espérances. Si la question était de savoir si, en définitif, nous aurons la guerre, je dirais, oui, les clairons de la guerre sonneront; oui, l'ange exterminateur de la liberté fera tomber ces satellites du despotisme. Ce n'est point contre l'énergie que je viens parler. Mais, messieurs, quand devons-nous avoir la guerre? N'est-ce pas après avoir bien jugé notre situation, après avoir tout pesé; n'est-ce pas surtout après avoir bien scruté les intentions du pouvoir exécutif qui vient nous proposer la guerre. Mais qu'il me soit permis avant d'entrer en discussion de dire que je soutiendrai mes principes. Le peuple m'a sommé de défendre la Constitution, et quelles qu'aient pu être mes opinions contre ceux qui en ont empêché l'étendue, je déclare maintenant que je ne défendrai le peuple, que je ne terrasserai ses ennemis qu'avec la massue de la raison et le glaive de la loi.

Qu'il me soit permis d'examiner la situation dans laquelle se trouve l'empire. M. Brissot paraît penser que toutes les puissances de l'Europe veulent se conduire d'après la combinaison sage qu'il leur prête, il croit que les rois et leurs agents peuvent être philosophes. Si on eut dit avant la Révolution que le ministère français, en allant toujours d'absurdités en absurdités, forcerait la liberté, vous auriez pu croire d'autres combinaisons à des hommes qui paraissaient exercés dans l'art du gouvernement. Par cela seul que la combinaison défend la guerre aux rois, leur orgueil l'ordonne. Oui, nous l'aurons cette guerre, mais nous avons le droit de scruter la conduite des agents qui seront employés. Il existe deux factions : l'une qui tient aux préjugés de l'ancienne barbarie, ce sont ces mêmes hommes qui, en voulant figurer au commencement de la Révolution, ont fait confédération entre les Saint-Priest, les Breteuil, les aristocrates de l'Europe. Ceux-là veulent la contre-révolution absolue.

Examinons maintenant quel est l'autre parti à redouter. Cette faction est la plus dangereuse. C'est celle de ces hommes qui n'ont pas déguisé leur opinion, que j'ai accusés dans cette assemblée face à face, qui ont dit que l'on pouvait faire rétrograder la révolution, que l'on pouvait reproduire un système équivalent à celui de M. Mounier.

Nous avons à nous prémunir contre cette faction d'hommes qui veulent mettre à profit une guerre générale, qui voudraient, comme je l'ai dit, nous donner la Constitution anglaise dans l'espérance de nous donner bientôt celle de Constantinople. Je veux que nous ayons la guerre, elle est indispensable; nous devons avoir la guerre; mais il fallait avant tout épuiser les moyens qui peuvent nous l'épargner. Comment se fait-il que ces mêmes ministres n'aient pas senti qu'ils sont plus que suspects quand ils viennent nous dire que le moyen de rendre à la France sa prépondérance en Europe, c'est une déclaration de guerre. Et que pourrait dire ce pouvoir exécutif qui reproche à l'Assemblée nationale de ne pas seconder ses intentions, quand il aurait dû faire disperser lui-même les forces des émigrants ? Quand j'ai dit que je m'opposais à la guerre, j'ai voulu dire que l'Assemblée nationale, avant de s'engager dans cette démarche, doit faire connaître au roi qu'il doit déployer tout le pouvoir que la nation lui a confié contre ces mêmes individus, dont il a disculpé les projets, et qu'il dit n'avoir été entraînés hors du royaume que par les divisions d'opinion.....

    (Journal des débats de la société des amis de la Constitution, n° 112.)

En résumé Danton voulait qu'on sauvegardât l'honneur du pays en acceptant la guerre, mais qu'on surveillât bien les agents du pouvoir exécutif pour n'être pas leur dupe, car il y avait tout à craindre de leur part.

Malheureusement tous ses discours aux Jacobins ne sont pas reproduits en entier dans le *Journal des débats de la société ;* le rédacteur n'en donnait que la partie la plus saillante, souvent même le résumé. Témoin cette circonstance :

Danton demande que tous ceux qui font ou ont fait partie de la société des Feuillants ne puissent être reçus dans celle des Jacobins.

Une nouvelle discussion s'élève pour savoir si le roi doit influencer la formation de la haute cour nationale. Danton prouve l'inconvenance de la mesure qui accorderait au roi quelqu'influence sur la formation de ce tribunal.

    (Journal des débats de la société, n° 124.)

Cela tient à ce que Danton ne préparait pas ses allocutions ; elles ne devenaient discours que par la facilité avec laquelle son génie oratoire saisissait tout d'un coup tous les côtés d'une question ; et comme, à cette époque, la sténographie était encore très peu perfectionnée, si l'orateur ne pouvait pas livrer son discours écrit à l'impression, il s'exposait à n'en retrouver au journal que ce que la mémoire des auditeurs avait pu retenir. C'est ce qui arriva à Danton qui se souciait peu de se survivre. Tout cela décèle bien plus un tempérament révolutionnaire qu'un tribun ambitieux.

Il s'agissait un autre jour de donner une garde à l'Assemblée législative, quelques membres proposaient les gardes françaises.

Cette fois nous sommes un peu plus heureux ; nous avons presque tout le discours.

DANTON. — Messieurs, le régiment des gardes françaises s'est couvert d'une gloire immortelle ; si nous n'eussions pas mis à la tête des gardes nationales un courtisan des premiers jours de la révolution. J'ai combattu de toutes mes forces le projet perfide de la dissolution des gardes françaises, et je crois à cet égard pouvoir invoquer le suffrage de beaucoup de citoyens qui m'entendent ; malgré le désir que nous avons de les voir récompenser, nous ne devons cependant pas dans l'enthousiasme oublier les principes. Quel est le résultat de ce qu'on vous propose? c'est de donner une garde particulière à l'Assemblée nationale. Quels furent les gardes françaises? Ils gardèrent la nation entière et la gardèrent bien, et parce que le pouvoir exécutif a su gagner un décret qui lui assure des gardes, tandis qu'il ne devait avoir que des valets, parce que le pouvoir exécutif a su acheter ce décret dans la décrépitude du corps constituant, devons-nous, nous Français, hommes libres, qui devons plutôt penser au salut public qu'à aucun avantage particulier, devons-nous adopter de pareilles mesures? Je suis surpris que cette société s'égare au point de désirer une garde particulière pour l'Assemblée nationale, il viendra un temps où les baïonnettes n'éblouiront point les yeux des citoyens ; car, messieurs, en parcourant l'Angleterre, on ne voit des baïonnettes que dans les lieux qu'habite le pouvoir exécutif de ce pays. Voilà ce que peut la liberté, c'est que tout citoyen puisse commander sans armes au nom de la loi, voilà le terme de la liberté. L'Assemblée nationale ne peut pas avoir une garde particulière, il ne doit entrer dans l'Assemblée nationale aucun corps armé, excepté dans les circonstances de nécessité. Mais, messieurs, il faut nous renfermer dans la proposition de M. Hyon, il faut que les citoyens fassent une insurrection en faveur des gardes françaises, il faut qu'ils soient rappelés au centre des bataillons, leur vœu et le nôtre sera rempli, ils appartiendront à la nation entière, ce qui vaut mieux que d'appartenir à ses représentants.

(*Journal des débats de la société des amis de la Constitution*, nᵒ 141.)

On a pu remarquer déjà sa présence d'esprit dans les débats personnels où les amours-propres étaient en jeu ; comme il sait ménager les susceptibilités, et tourner au profit des principes les discussions qui menaçaient de dégénérer en querelles.

Plusieurs personnes entrent avec des piques. Le président les prie de déposer ces armes dans le secrétariat conformément au règlement. Il s'agissait de soutenir cette sage mesure sans mécontenter les affiliés. L'orateur champenois va tourner la difficulté.

DANTON.—Messieurs, sans doute nous savons qu'il y a beaucoup de Cahiers

de Gervilles qui calomnient la société : sans doute nous voulons observer la
loi qui veut que les citoyens, en discutant soit les opinions, soit l'intérêt
public, ne soient point armés, mais regardez ces drapeaux, ils sont sur-
montés de lances, personne n'a contesté qu'ils puissent être ici, je demande
qu'en signe d'une alliance indissoluble entre la force armée constituée et la
force populaire, c'est à dire entre les citoyens qui portent les baïonnettes et
les citoyens qui portent les piques, il y ait une pique ajoutée à chacun de ces
drapeaux.

La société adopte cette proposition au milieu des plus vifs applaudissements, et des piques sont placées de chaque côté de M. le président.

(*Journal des débats de la société*, n° 146.)

Ce genre d'habileté est bien précieux dans ces moments d'effervescence qu'on appelle révolution.

On connaît la malheureuse affaire des soldats du régiment
suisse de Château-Vieux révoltés à Nancy. Plusieurs souscrip-
tions avaient été faites en leur faveur; à propos de l'une d'elle,
Danton paraît avoir eu raison contre Robespierre.

Une députation du bataillon des Feuillants est admise à la
tribune, elle vient déposer sur le bureau 1445 livres, produit
de la quête faite dans la section des Tuileries, dans laquelle
somme la famille royale a contribué pour celle de 110 livres,
pour les malheureux soldats du Château-Vieux.

Le président remercie le bataillon.

DANTON. — J'ai volontiers confondu mes applaudissements avec ceux que
vous avez donnés à l'action patriotique de nos concitoyens, mais il importe à
la justice et à l'honneur de l'Assemblée de faire quelques observations sur
l'opinion de M. le président.

A la somme apportée il est joint une somme quelconque que l'on dit être
la mise d'honneur de la famille royale. Certes, j'aime à voir la famille
royale devenir sensible aux maux qu'ont causé les agents du pouvoir exécutif; mais est-ce par une mince aumône que le pouvoir exécutif doit expier
ses fautes?

Les dons des citoyens sont les dons de la fraternité. Je dis, est-ce par une
aumône que le pouvoir exécutif croit pouvoir récompenser des hommes
exposés par lui aux baïonnettes du traître Bouillé.

De quel front la famille royale ose-t-elle faire une telle aumône? Comment
oseriez-vous ratifier cette insolence? (*Murmures généraux, quelques applaudissements.*)

Quoi, messieurs, la nation entière avait proclamé l'innocence des soldats
de Château-Vieux, la nation entière réclame justice; il a fallu conquérir ce
décret dans l'Assemblée et sur le pouvoir exécutif, et il a fallu le réclamer
longtemps, et nous applaudirions à une aumône de 110 livres !

Pour juger raisonnablement cette circonstance, que chacun de nous se dise à lui-même, que penserais-je si j'eusse été à la place des soldats de Château-Vieux; accepterais-je les dons d'une main qui devait voler à leurs secours quand ils étaient accablés par le traître Bouillé? En acceptant cette somme, nous prenons l'engagement de la faire accepter par les soldats de Château-Vieux *(Brouhaha)*. Il se peut que mon opinion particulière paraisse exagérée à plusieurs membres de cette société, mais je suis accoutumé à dire ma façon de penser sans aucun ménagement *(Applaudissements)*. Et personne ne me démentira. Un soldat de Château-Vieux qui sentirait sa dignité, puisque ces braves gens ont mérité les honneurs du triomphe que l'Assemblée nationale leur a en quelque sorte décerné, un tel soldat, dis-je, peut-il accepter cette gratification du pouvoir exécutif? Je demande donc, messieurs, comme il est peu facile de répondre à mes arguments, et comme chacun de vous sent que les soldats de Château-Vieux se ravaleraient en recevant cette aumône, je demande, dis-je, la distraction de cette somme.

Il n'entre point de fiel dans ma pensée ni dans mes expressions. C'est rendre service à ceux qui ont cru donner un bon conseil au roi; j'aime à croire que ses vues étaient bonnes, mais elles ont été avilies par les courtisans, il paraît qu'il a voulu donner aux soldats de Château-Vieux un témoignage de bienfaisance. Par la rejection vous devez manifester que c'était autrement qu'il devait les satisfaire. Ainsi c'est sans animosité et par des principes de justice que je demande la rejection de la somme, et nous ferons que ceux qui conseillent le roi, lui suggèrent des mesures plus dignes d'une grande nation.

Sur les observations de Robespierre, la société passe à l'ordre du jour.

(Journal des débats de la société des amis de la Constitution, n° 154.)

Personne n'eut à un plus haut point que Danton le sentiment de la dignité nationale, ou du respect dû à l'Assemblée nationale, ou de l'honneur des corps de l'État. C'est qu'il avait le caractère élevé, on aura lieu vingt fois de le constater.

A propos de cette même affaire Danton donnait au peuple de Paris un sage conseil.

M. Danton annonce que le département après avoir tenu une séance de huit heures et avoir pris plusieurs arrêtés contradictoires relativement à la fête des soldats de Château-Vieux, avait décidé de se concerter avec la municipalité; il engage les citoyens, dans le cas où le département s'oublierait au point de porter une telle atteinte à la liberté de n'apposer à cette résolution que l'immuabilité du mépris et la tranquillité qui caractérise les hommes libres.

(Journal des débats de la société des amis de la Constitution, n° 176.)

Le moment de l'attaque, en effet, n'était pas encore venu.

Danton attendait que tout le parti patriote fut groupée, que tous eussent le mot d'ordre. Jamais il ne se presse, l'impassibilité au milieu des plus grands dangers est encore un de ses caractères, parce que c'est encore un de ceux qui distinguent la vraie force. Personne ne souleva plus énergiquement les masses, personne ne le fit avec un plus grand calme apparent. Aussi communiquait-il sa confiance ; on se levait à sa voix et l'on marchait avec la certitude du triomphe.

La politique radicale de Danton s'opposait à toute espèce de transaction avec le parti semi-patriote ou libéral ; la division néanmoins n'était pas encore tranchée ; devant le danger commun, dans les grandes circonstances, tous savaient faire abstraction de leurs opinions particulières. En avril 92, Lafayette écrivait à sa femme une lettre ainsi conçue : ·

Les partis sont divisés à présent de cette manière : Robespierre, Danton, Desmoulins forment la tourbe jacobine. Ces marionnettes sont conduites des coulisses et servent la cour. L'autre qu'on appelle les hauts Jacobins, est composée de Bordelais de Sieyès, Condorcet, etc., etc., ceux-ci craignent et haïssent Robespierre, mais n'osent pas se dépopulariser.

Une note ajoute :

On voit par ce passage que Lafayette regardait le parti désorganisateur dont Robespierre n'était que le chef apparent, tandis que Danton en était l'âme, comme un instrument dont les intrigants se servaient dans l'intérêt de la cour. Ce soupçon n'est pas accompagné de preuves... En s'entendant avec les conseillers de la cour, il y aurait eu quelques moyens de faire taire les Danton et autres dénonciateurs.

(*Mémoires* de Lafayette, t. III, p. 428.)

Nous n'avons pas à revenir sur ces inculpations personnelles à Danton ; au fur et à mesure que nous avançons, elles deviennent plus insoutenables.

Ce n'est pas trop dire que d'avancer qu'en 1792 Danton avait, en effet, la prépondérance sur Robespierre ; il la devait à sa supériorité comme homme d'action et comme tribun. Son nom était dans toutes les bouches ; celui de Robespierre n'y arrivait que par réflexion.

VERGNIAUD. — Je suis chargé d'avertir les députés à l'Assemblée nationale, membres de cette société, que sur le champ ils aient à se rendre à leur poste ; ainsi je prie quelqu'un de me remplacer au fauteuil.

BEAUCOUP DE VOIX. — « Danton, Danton. » — Ce dernier monte au fauteuil.

(Journal des débats de la société des amis de la Constitution, n° 185.)

Mais à mesure aussi que sa réputation grandissait aux Jacobins, le club des Cordeliers qui de plus en plus s'absorbait dans celui des Amis de la Constitution, perdait de son influence. Ce fut, je le répète, un malheur pour la révolution ; les oppositions ont besoin de se faire contrepoids pour ne point devenir oppressives. L'esprit public ne se fortifie que dans la lutte ; sitôt qu'elle devient inutile, le parti dominant se fait roi ; c'en est fait de la République.

Au reste, cette prépondérance de Danton sur Robespierre à cette époque, n'était due à aucune intrigue de sa part ; on peut affirmer, toujours preuves en mains, qu'il n'essaya jamais de dominer qui que ce soit, et cela moins peut-être par modestie ou par esprit d'égalité que par le sentiment intime de sa force, et surtout parce qu'il se souciait peu de sa glorification personnelle. C'est cette insouciance du soi que plus tard on a confondu ou feint de confondre avec l'insouciance de la chose publique. Nous aurons lieu de remarquer bientôt que jamais il ne prit la parole que pour des questions de principes ; les personnalités lui répugnaient ; aussi parut-il indolent dans un temps où l'on n'entendait guère que cela à la Convention. Mais revenons à Robespierre.

On avait donné à ce dernier dans une séance des Jacobins, des marques d'improbation.

DANTON. — M. Robespierre n'a jamais exercé ici que le despotisme de la raison, ce n'est donc pas l'amour de la patrie, mais une basse jalousie, mais toutes les passions les plus nuisibles qui excitent contre lui ses adversaires avec tant de violence. Eh bien, messieurs, il nous importe à tous de confondre complétement ceux qui vous proposent des arrêts aussi attentatoires à la majesté du peuple. (*Applaudissements.*)

Je ne suis pas un agitateur, et j'observe depuis longtemps un bien pénible silence. Je démasquerai ceux qui se vantent tant d'avoir servi la chose publique ; je contribuerai autant que je pourrai au triomphe de la liberté. Mais il sera peut-être un temps, qui n'est pas éloigné, où il faudra tonner contre ceux qui attaquent depuis trois mois une vertu consacrée par toute la Révolution, une vertu que ses ennemis d'autrefois avaient bien traitée d'entêtement et d'âpreté, mais que jamais ils n'avaient calomniée comme ceux d'aujourd'hui.

(*Journal des débats de la société*, n° 193.)

La note qui suit extraite du *Moniteur*, n'est bonne à relever que parce qu'elle constate ce que nous avons avancé en tête de ce chapitre, que Danton n'a jamais abandonné ou négligé sa charge de substitut.

Le conseil général de la commune a accordé le 30 de ce mois, à M. Desmousseaux un congé de trois semaines... Les fonctions du ministère public restent pendant ce temps, concentrées entre MM. Manuel et Danton.

(*Moniteur* du 13 mai 92.)

Et quelques jours plus tard, Manuel termine ainsi une adresse au peuple :

Il est encore faux que M. Danton, mon collègue, ait donné sa démission. Nous sommes tous les deux à notre poste.

(*Moniteur* du 17 mai 92.)

Quoi qu'il en soit, la note, tout en témoignant de l'activité du sous-substitut, n'en fait pas moins foi des bruits que l'on répandait à voix basse, et qui devaient prendre plus tard toutes les proportions d'un motif légitime d'accusation capitale. Il n'y a pas en politique d'insinuation méprisable, c'est ce que Danton n'a jamais voulu croire ; c'est l'erreur qui devait lui coûter la vie.

Cependant le moment de la lutte suprême entre la Monarchie et la Révolution approchait. Il semble que l'espace qui sépare le massacre du Champ-de-Mars de l'invasion des Tuileries, juillet 91 de juin 92, n'ait été qu'un temps de préparatifs, pendant lequel les ennemis rassemblaient leurs forces respectives pour un dernier combat, un combat à mort. Quelques escarmouches, et c'est tout ; plutôt des menaces d'attaque que des attaques proprement dites.

Mais c'est dans l'intérieur des camps qu'il faut pénétrer, si l'on veut connaître au juste l'état des deux armées. Les royalistes étaient divisés en deux partis bien distincts : les Constitutionnels et les Absolutistes ; les uns tout dévoués à Lafayette, les autres pleins de défiance et de dédain. Les Révolutionnaires, au contraire étaient encore unis dans une même pensée, un

même espoir, celui d'anéantir à jamais la royauté ; la destruction fatale entre Girondins et Montagnards n'existait pas encore ?
Pétion, maire de Paris, et Danton qui donnait le mot d'ordre
aux Cordeliers et aux Jacobins, partant à toute la France républicaine, agissaient de concert. Il était aisé de prévoir déjà de
quel côté serait le triomphe : les révolutionnaires étaient les
moins nombreux, à la vérité, mais ils étaient un.

Quoi qu'il en soit l'affaire devait être sanglante. C'est à partir
de ce moment surtout qu'il ne faut pas perdre Danton de vue.

On se rappelle la déclaration de l'entrevue de Pilnitz (27 août 91):
« L'empereur d'Allemagne et le roi de Prusse, sur les représentations des frères de Louis XVI, s'engageant à employer les
moyens nécessaires pour mettre le roi de France en état d'af-
fermir les bases d'un gouvernement monarchique. » Le 7
février 92, Léopold et Frédéric-Guillaume concluent à Berlin
un traité d'alliance défensive pour comprimer les troubles de
France ; les émigrés offrent leurs épées pour les soutenir ; les
nobles de l'intérieur, les intéressés et les royalistes de bonne
foi, applaudissent déjà aux triomphes à venir des bons alliés ;
Marie-Antoinette n'espère plus que dans la bravoure et dans
l'ancienne renommée des grenadiers de Marie-Thérèse et du
grand Frédéric ; Lafayette s'engage à soutenir, à la tête de
l'armée française, la cour qu'il n'aime pas et qui le méprise
contre les Républicains qu'il hait profondément, pour le
triomphe de la liberté qu'il viole. Le moment de l'attaque était
donc bien réellement arrivé ; le prologue est joué, le drame
commence : « la pièce s'achèvera, » a dit naguères Danton aux
Jacobins ; c'était sa formule d'engagement.

Pour première action, le 3 juin, Louis XVI renvoie ses trois
ministres Servan, Roland et Clavières suspects de républicanisme.

Une violente discussion s'élève à ce sujet aux Jacobins ;
Danton, quoiqu'elle durât déjà depuis deux jours, monte à la
tribune :

Je propose que la discussion soit continuée demain à 9 heures. Je prends
l'engagement de porter la terreur dans une cour perverse. Le pouvoir exécutif n'a déployé son audace que parce qu'on a été trop faible.

(*Journal des débats de la société*, n° 213.)

Nous avons pu remarquer déjà ces remises à séance prochaine ; c'était tactique pour frapper plus fort, pour que le coup
ait plus de retentissement. En effet, quel concours de patriotes
devait se presser dans la salle quand on savait que l'énergique
tribun allait prendre la parole. Cette fois il ne dut pas tromper
l'attente générale.

Après avoir rapporté la loi rendue à Rome après l'expulsion des Tarquins,
par Valerius Publicola, loi qui permettait à tout citoyen de tuer, sans aucune
forme judiciaire tout homme convaincu d'avoir manifesté une opinion contraire à la loi de l'État, avec l'obligation de prouver ensuite le délit de la personne qu'il avait tuée ainsi, M. Danton propose deux mesures pour remédier
aux dangers auxquels la chose publique est exposée.

La première est d'asseoir l'impôt d'une manière plus équitable qu'il ne
l'est, c'est à dire en rejetant sur la classe riche, la plus grande partie des contributions supportées par la classe des citoyens moins aisés, de sorte que
celle-ci ne payât qu'une excessivement petite portion.

La seconde est que l'Assemblée nationale porte une loi fondée sur le bien
de l'État, continuellement opposé à l'intérêt de la maison d'Autriche qui
toujours a fait le malheur de la France, loi qui forçât le roi à répudier sa
femme et à la renvoyer à Vienne avec tous les égards, les ménagements et la
sûreté qui lui sont dus.

    (*Journal des débats de la société*, n° 214.)

On ne s'attendait guère, sans doute, à la manière dont Danton
allait répondre à la levée de boucliers de la cour. Comme il
frappe juste! il ne se répand pas en lieux-communs oratoires,
sur la nécessité de s'armer pour sauver la patrie des mains de
l'étranger; il propose une mesure qui seule va mettre tous les
pauvres, tout le peuple de son côté : « Plus d'impôt que sur les
riches, que sur le superflu, s'écrie-t-il. » Il me semble voir toute
la salle se lever, je l'entends crier : c'est juste, c'est le principe
de la République, armons-nous pour le défendre. Les Quintil-
liens avaïent extrait de leurs distillations rhétoriciennes l'*argu-
mentum ad hominem*, dès le premier jour Danton crée l'*argu-
mentum ad populum*, et toute la France se lève.

Il est juste d'ajouter qu'à en juger par l'extrait ci-dessus, on
aurait pu croire que Danton en appelait brutalement à la guerre
civile, à la guerre aux poignards. Fort heureusement, on lui
demanda le lendemain de s'expliquer sur cette proposition et
tout fut éclairci. Cela prouve avec quelles précautions il faut

lire ces extraits, et surtout qu'il faut juger les hommes par l'ensemble de leurs actes plutôt que par tel mot d'un journal fait à la hâte.

M. LACROIX. — M. Danton vous a proposé hier trois grands moyens dont un seul seulement est exécutable et conforme aux principes. Il vous a proposé que l'Assemblée nationale portât une loi qui autoriserait tout citoyen qui aurait quelque preuve de conspiration contre un autre citoyen, put, sans autre forme de procès, lui ôter la vie.

M. Daubigny dit que M. Danton n'a fait que citer une loi romaine, sans vouloir la faire adopter.

M. Lacroix est rappelé à l'ordre pour avoir imputé à M. Danton une opinion qui n'était pas la sienne, et pour avoir proposé des mesures inconstitutionnelles. La société refuse d'entendre la suite de ce discours.

(*Journal des débats de la société des amis de la Constitution*, n° 214-215.)

Mais il ne suffisait pas d'insurger le peuple, il fallait mettre de l'ensemble dans la mesure, afin que la cour ne put pas s'y opposer. Fabre souleva la proposition, Danton en fit un ordre du jour. N'oublions pas que c'est toujours aux Jacobins que ces mesures sont prises.

Fabre d'Églantine propose, pour déjouer les manœuvres du pouvoir exécutif et des réactionnaires de l'Assemblée législative, qu'une masse imposante d'opinions renforce les patriotes de l'Assemblée, non pour dicter les décisions, mais pour les diriger. En conséquence il demande que M. le président (Hérault), mette aux voix, si les sections seront invitées à s'assembler.

Quelques membres s'élèvent contre cette proposition. M. Danton observe qu'elle n'est point inconstitutionnelle. Si nous n'allons pas, dit-il, dans nos sections, nous n'aurons rien fait. Car on ne manquera pas de dire que nous ne sommes ici qu'une poignée de factieux. C'est donc en grande masse, comme l'a dit un préopinant qu'il faut se présenter à l'Assemblée. Nous sommes bien société politique par le fait, mais non par le droit. Je demande qu'on invite les sections à s'assembler par un arrêté affiché.

M. CHABOT. — Pour ne pas violer une loi mauvaise sans doute, mais rendue par la Constituante dans sa décrépitude, il ne faut pas faire afficher un arrêté, mais seulement une invitation. Je demande que M. Danton se réduise à ce point.

M. DANTON. — C'est ce que j'ai voulu dire.

L'invitation aux citoyens pour demander l'assemblée des sections est arrêtée.

(*Journal des débats de la société des amis de la Constitution*, n° 217.)

Nous venons de voir quelles mesures proposait Danton contre

l'invasion et contre Marie-Antoinette, voyons quelles sont celles qu'il va prescrire contre Lafayette.

Ce général qui savait où était le véritable danger, ne s'en était point caché à l'Assemblée à laquelle il avait adressé sa fameuse lettre datée de Maubeuge 16 juin; il y disait :

> Que le règne des clubs anéantis par vous fasse place au règne de la loi ; leurs usurpations à l'exercice ferme et indépendant des autorités constituées; leurs maximes désorganisatrices, aux vrais principes de la liberté ; leur fureur délirante, au courage calme et constant...
> *(Moniteur* du 20 juin 92.)

On juge de l'effet que dut produire une telle lettre de la part d'un général qui venait de soutenir les premières attaques des ennemis; était-ce un ordre? une menace de laisser les coalisés s'avancer jusque dans la capitale, dans le cas où l'on ne suivrait pas ses instructions?

Le soulèvement qu'elle causa et dans l'Assemblée et dans le public, peut se juger par l'allocution d'Isnard à la législature et le discours de Danton aux Jacobins.

SÉANCE DES JACOBINS.

Un membre dénonce la lettre adressée à l'Assemblée nationale par Lafayette, dans laquelle il donne des conseils qui ressemblent à des lois, et injurie l'Assemblée en parlant de la manière la plus indécente des trois ministres qu'elle a cru devoir honorer en déclarant qu'ils emportent les regrets de la nation.

DANTON. — C'est un beau jour que celui où Lafayette est venu se dévoiler à la France entière. Lafayette réduit à un visage ne peut plus être aussi dangereux. *(Applaudissements.)* Nous avons à examiner quelle doit être la conduite de l'Assemblée à l'égard de Lafayette : c'est la seule question. Lafayette veut donner des lois. Remarquez qu'il faut attaquer cet homme avec ménagement. Il a compté sur un décret et par ce moyen gagner une partie de l'armée. J'ai un grand moyen pour rendre vaines ses opérations : c'est de décréter que M. Lafayette sera tenu de se rendre à la barre de l'Assemblée nationale. Remarquez bien ici quel sera l'avantage qu'on pourra tirer du rôle que sera forcé de prendre M Lafayette. Ou il obéira, ou il n'obéira pas. S'il n'obéit pas, ses partisans n'oseront pas prendre sa défense. Pas de doute alors qu'il ne passe chez nos ennemis. Dans le cas contraire, et si Lafayette, ayant l'insolence de compter sur ses partisans, se rend à Paris, alors il tombe à la discrétion du corps législatif et de tous les patriotes. Ne nous faisons pas illusion. C'est dans les grandes choses que la liberté prend le plus d'énergie. Si, M. Lafayette paraissant à l'Assemblée nationale, celle-ci oubliait le grand caractère qu'elle doit déployer en cette circonstance, et si, la faiblesse présidant à ses délibérations, il lui fallait avoir recours à des moyens secondaires, alors il lui resterait pour ressource de décréter que Lafayette ayant été membre du corps constituant, il ne peut pas avoir le commandement de nos armées. Ainsi vous voyez que ce moyen répond à toutes les chances. Voyez que le corps législatif se mette en mesure de pouvoir procéder avec sangfroid. Par là tous les complots demeureront avortés. Car il n'est pas douteux que Lafayette ne soit le chef de cette noblesse coalisée avec tous les tyrans de l'Europe ; et s'il est vrai que la liberté soit descendue du ciel, elle viendra nous aider à exterminer tous nos ennemis. *(Applaudissements.)*

(*Journal des débats de la société*, n° 217.)

Aucun journal, même patriote ne parle de la participation directe de Danton à la journée du 20 juin. Mais qu'importe que la part ne soit pas directe, l'invasion des Tuileries fut le résultat du soulèvement des sections, et nous avons vu que l'armement du peuple avait été proposé aux Jacobins. Croyons bien qu'il n'en aurait pas rejeté la responsabilité : à son point de vue la mesure première était bonne provoquée par des hostilités d'une cour qui venait d'appeler l'étranger ; tant pis pour ceux qui auraient à souffrir des conséquences. Mais croyez-bien aussi qu'il n'entrait point dans son humeur de combiner les pitoyables humiliations auxquelles descendit un monarque sans caractère ; ses vues étaient plus hautes, c'est bien plus à la royauté qu'il en voulait qu'au roi : tandis que les esprits vulgaires ne s'en prennent qu'aux individus, les hommes supérieurs ne s'attaquent qu'aux principes. On ne peut guère citer que Lafayette que Danton ait pris à partie. C'est qu'aussi Lafayette était chef de la force armée, c'est que le grand danger pour les patriotes était là. Il y avait, sans nul doute, quelque bravoure à s'attaquer personnellement à celui qui tenait sous ses ordres toutes les forces brutales du pays.

Mais dès le lendemain de cette journée où l'insultant me semble aussi pitoyable que l'insulté, le roi prenait sa revanche, il déclarait, dans une proclamation hardie, qu'il ne sanctionnerait rien de ce qu'il croyait contraire aux intérêts de la monarchie ; le 28, Lafayette en personne, au nom de l'armée, exigeait

à la barre même de l'Assemblée, qu'on punit les chefs de sections; des adresses de quelques départements appuyaient cette
demande. Presqu'au même moment l'administration départementale suspendait le maire de Paris, et le roi confirmait
l'arrêt; le 25 enfin, Brunswick généralissime des cours alliées,
mettait le comble à l'indignation publique par un manifeste
ridicule à force de bravades. De son côté l'Assemblée, républicaine en partie, déclarait le 11 juillet la patrie en danger, et
des bataillons improvisés se levaient dans toutes les parties de
la France; le 13, elle annulait l'arrêt lancé contre Pétion, et le
maire était réintégré dans ses fonctions; le 15, elle décrétait
que les troupes de ligne sortiraient de Paris sous trois jours et
seraient éloignées à quinze lieues; le 23, des fédérés récla-
maient à la barre la suspension du monarque et de Lafayette;
six jours après, Brissot demandait la déchéance de Louis XVI;
le 1er août, Pétion accusait le roi d'avoir conspiré contre le
peuple et demandait l'abolition de la royauté. Enfin les Marseillais arrivaient pour soutenir les patriotes. Nous sommes
au 10 août.

Nous n'avons pas à raconter les événements de cette journée,
mais nous devions rappeler les faits qui les ont préparés, pour
justifier la participation de Danton, qui le 30 juillet faisait
prendre par les Cordeliers l'arrêté suivant.

La section du Théâtre-Français déclare, que la patrie étant en danger, tous
les hommes français sont de fait appelés à la défendre; qu'il n'existe plus ce
que les aristocrates appelaient des citoyens passifs, que ceux qui portaient
cette injuste dénomination sont appelés tant dans le service de la garde
nationale que dans les sections et dans les assemblées primaires pour y
délibérer.

                    Signé : DANTON, président.

Extrait du régistre des délibérations du 20 juillet 1792. — Séance perma-
nente.
    (Orateur du peuple, n° 42, vol. 13.)

La preuve que les Cordeliers étaient les vrais hommes
d'action, c'est que Danton s'adressait surtout à eux quand il
fallait agir; il les avait dantonisés.

Il ne paraît pas qu'il ait pris directement part à l'attaque du château. Était-ce bien son devoir? Nous ne le croyons pas. Mais a-t-il, au moment de l'action, déserté la cause des patriotes; a-t-il quitté son poste de président des Cordeliers; après avoir soulevé l'insurrection, a-t-il fui? Non. A-t-il, au contraire, enflammé l'ardeur des combattants par son énergie, par sa présence, par son éloquence? Les a-t-il poussés au combat? Oui. C'est tout ce qu'on avait droit d'exiger de lui...

Une notice écrite par une des personnes les plus compétentes à dire ce qui se passa à ce moment suprême, par un témoin oculaire, va prouver la vérité de notre affirmation. Ce témoin, c'est Lucile, l'épouse de Camille. On sait que Danton et Desmoulins vivaient pour ainsi dire en famille; donc nous serons parfaitement renseignés par les notes extraites du portefeuille de cette femme qui sut plus tard si bien mourir. La naïveté de la rédaction en prouvera la sincérité.

Comment me rappeler tant de choses? N'importe, je vais en retracer quelque chose. Le 8 août, je suis revenue de la campagne. Déjà tous les esprits fermentaient bien fort. On avait voulu assassiner Robespierre. Le 9, j'eus des Marseillais à dîner; nous nous amusâmes assez. Après le dîner nous fûmes tous chez Danton. La mère pleurait, elle était on ne peut plus triste; son petit avait l'air hébété; Danton était résolu. Moi, je riais comme une folle. Ils craignaient que l'affaire n'eut pas lieu. Quoique je n'en fusse pas du tout sûre, je leur disais, comme si je le savais bien, qu'elle aurait lieu. Mais peut-on rire ainsi, me disait madame Danton? Hélas! lui dis-je, cela me présage que peut-être verserai-je bien des larmes ce soir. Sur le soir nous fûmes reconduire madame Charpentier, parente de Danton. Il faisait beau, nous fîmes quelques tours dans la rue, il y avait assez de monde. Nous revînmes sur nos pas et nous nous assîmes tout à côté du café de la place de l'Odéon. Plusieurs Sans-culottes passèrent en criant : vive la nation! Puis des troupes à cheval, enfin des foules immenses. La peur me prit. Je dis à madame Danton : «Allons-nous en.» Elle rit de ma peur; mais à force de lui en dire, elle eut peur à son tour et nous partîmes. Je dis à sa mère : « Adieu, vous ne tarderez pas à entendre sonner le tocsin. » En arrivant chez Danton, j'y vois madame Robert et bien d'autres. Danton était agité. Je courus à madame Robert et lui dis : «Sonnera-t-on le tocsin? — Oui, me dit-elle, ce sera ce soir. » J'écoutai tout et ne dis pas une parole. Bientôt je vis chacun s'armer. Camille, mon cher Camille arriva avec un fusil. O Dieu! je m'enfonçai dans l'alcôve, je me cachai dans mes deux mains et me mis à pleurer; cependant ne voulant point montrer tant de faiblesse et dire tout haut à Camille que je ne voulais pas qu'il se mêlât de tout cela, je guettai le moment où je pouvais lui parler sans être entendue, et lui dis toutes mes craintes. Il me rassura en me disant qu'il ne quitterait pas Danton. J'ai su depuis qu'il s'était exposé. Fréron avait l'air d'être déterminé à périr. « Je suis las de la vie, disait-il, je suis déterminé à mourir. » Chaque patrouille qui venait, je croyais les voir pour la dernière fois. J'allai me fourrer dans le salon qui était sans lumière, pour ne point voir tous ces apprêts. Personne dans la rue. Tout le monde était rentré. Nos patriotes partirent. Je fus m'asseoir près d'un lit, accablée, anéantie, m'assoupissant parfois, et lorsque je voulais parler je déraisonnais. Danton vint se coucher. Il n'avait pas l'air fort empressé, il ne sortit presque point : minuit approchait. On vint le chercher plusieurs fois ; enfin il partit pour la commune. Le tocsin des Cordeliers sonna : il sonna longtemps. Seule, baignée de larmes, à genoux sur la fenêtre, cachée dans mon mouchoir, j'écoutais le son de cette fatale cloche. En vain venait-on me consoler. Le jour qui avait précédé cette fatale nuit me semblait être le dernier. Danton revint. Madame Robert qui était très inquiète pour son mari qui était allé au Luxembourg, où il avait été député par sa section, courut à Danton, qui ne lui donna qu'une réponse très vague. Il fut se jeter sur son lit. On vint plusieurs fois nous donner de bonnes et de mauvaises nouvelles. Je crus m'apercevoir que leur projet était d'aller aux Tuileries. Je le leur dis en sanglotant ; je crus que j'allais m'évanouir. En vain madame Robert demandait des nouvelles de son mari, personne ne lui en donnait. Elle crut qu'il marchait avec le faubourg. « S'il périt, me dit-elle, je ne lui survivrai pas. Mais ce Danton, lui, le point de ralliement ! Si mon mari périt, je suis femme à le poignarder. » Ses yeux roulaient. De ce moment, je ne la quittai plus. Que savais-je, moi, ce qui pouvait arriver ! Savais-je de quoi elle était capable ? Nous passâmes ainsi la nuit dans de cruelles agitations. Camille revint à une heure ; il s'endormit sur mon épaule. Madame Danton était à côté de moi, qui semblait se préparer à apprendre la mort de son mari. « Non, me disait-elle, je ne puis plus rester ici. » Le grand jour était venu, je lui proposai de venir se reposer chez moi. Camille se coucha. Je fis mettre un lit de sangle dans le salon avec un matelas et une couverture, elle se jeta là dessus et prit quelque repos. Moi, je fus me coucher et m'assoupir au son du tocsin, qui se faisait entendre de tous côtés. Nous nous levâmes. Camille partit en me faisant espérer qu'il ne s'exposerait pas. Nous fîmes à déjeuner. Dix heures, onze heures passent sans que nous sachions quelque chose. Nous prîmes quelques journaux de la veille, assises sur le canapé du salon, nous nous mîmes à lire. Elle me lisait un article ; il me sembla, pendant ce temps, que l'on tirait le canon. Elle écoute, l'entend, pâlit, se laisse aller et s'évanouit. Je la déshabillai. Moi-même, j'étais prête à tomber-là, mais la nécessité où je me trouvais de la secourir me donna des forces. Elle revint à elle. Jeannette, la cuisinière de Camille, criait comme une bique. Elle voulait rosser la M. V. Q., qui disait que c'était Camille qui était cause de tout cela. Nous entendîmes crier et pleurer dans la rue, nous crûmes que Paris allait être tout en sang. Nous nous encourageâmes et nous partîmes pour aller chez Danton.

On criait aux armes et chacun y courait. Nous trouvâmes la porte de la cour du commerce fermée (1). Nous frappâmes, criâmes, personne ne venait nous ouvrir. Nous voulûmes entrer par chez le boulanger, il nous ferma la porte au nez. J'étais furieuse; enfin on nous ouvrit. Nous fûmes assez longtemps sans rien savoir. Cependant on vint nous dire que nous étions vainqueurs. A une heure, chacun vint nous raconter ce qui s'était passé. Quelques Marseillais avaient été tués. Mais les récits étaient cruels. Camille arriva et me dit que la première tête qu'il avait vue tomber, était celle de Suleau. Robert était à la ville et avait sous les yeux le spectacle affreux des Suisses qu'on massacrait. Il vint après le dîner, nous fit un affreux récit de ce qu'il avait vu, et toute la journée nous n'entendîmes parler que de ce qui s'était passé. Le lendemain 11, nous vîmes le convoi des Marseillais. O Dieu, quel spectacle! Que nous avions le cœur serré! Nous fûmes, Camille et moi, coucher chez Robert. Je ne sais quelle crainte m'agitait; il me semblait que nous ne serions pas en sûreté chez nous. Le lendemain 12, en rentrant, j'appris que Danton était ministre.

(Extrait de la *Correspondance* de Camille Desmoulins, tome II, des *Œuvres*. — Paris, Ébrard 1838.)

Je ne sache pas qu'il existe ailleurs de plus amples détails. Certains mémoires en ont dit quelques mots, mais qui n'apprendraient rien de neuf.

Voici ce qu'on lit, par exemple, dans l'*Histoire de la Révolution*, par deux amis de la liberté :

Dans l'intérieur de Paris, Danton dirigeait tous les mouvements ; c'était à lui que se rattachaient les principaux chefs des insurgés : c'étaient ses ordres qu'ils exécutaient.

(T. VIII, 3ᵉ époque.)

Louvet dit le contraire :

Un autre fait non moins piquant dans un autre genre, c'est que Danton, qui *s'était caché* pendant le combat, parut après la victoire, armé d'un grand sabre, et marchant à la tête du bataillon des Marseillais, comme s'il eût été le héros de ce jour.

(*Mémoires* page 33.)

Madame Roland a écrit :

... Je ferais voir Danton paraissant au 10 août avec ceux qui revenaient du château, et arrivant au ministère comme un tribun agréable au peuple, à qui il fallait donner la satisfaction de le mettre dans le gouvernement.

(*Appel à l'impartiale postérité.*)

(1) Danton habitait un appartement dans le passage du Commerce au dessus de la porte d'entrée du côté de la rue de l'École de médecine.

Il ressort évidemment des extraits que nous venons de donner, que Danton ne prit personnellement aucune part à l'attaque du château ; les deux amis de la liberté et Lucile font entendre que sa maison était le centre d'où partaient tous les ordres, c'est ce qui paraît plus probable ; et ce rôle était déjà assez compromettant, en cas d'insuccès, assez glorieux, en cas de triomphe, pour qu'il n'eût pas besoin de se promener dans les rues, le sabre en main, après la bataille, comme l'avance Peltier. Si jamais général n'a été accusé de lâcheté pour s'être mis en lieu sûr afin de mieux diriger les mouvements et de mieux saisir l'ensemble de l'attaque, à plus forte raison cette mesure est-elle commandée au chef d'insurrection. Il prouve son courage par son sangfroid dans les préparatifs de l'action, dans la direction de l'attaque, et dans le parti qu'il sait tirer de la victoire. A tous ces titres, Danton peut assurément passer pour n'avoir pas reculé devant l'application de ses principes, devant le danger.

Croira-t-on néanmoins que cette accusation de lâcheté lui ait été jetée par les plus républicains? Qu'on nous permette ici d'anticiper sur les faits et de citer le passage du rapport de Saint-Just en germinal :

Quand tu vis, Danton, l'orage du 10 août se préparer, tu te retiras encore à Arcis-sur-Aube ; déserteur des périls qui entouraient la liberté, les patriotes n'espéraient plus te revoir ; cependant pressé par la honte, par les reproches, et quand tu sus que la chute de la tyrannie était bien préparée et inévitable, tu revins à Paris le 9 août ; tu voulus te coucher dans cette nuit sinistre ; tu fus traîné par les amis ardents de la liberté dans la section où les Marseillais étaient assemblés ; tu y parlas, mais tout était fait, l'insurrection était déjà en mouvement.

Hélas, c'est assurément le plus douloureux des spectacles que de voir les partisans d'une même cause se déchirer entre eux, après la victoire, avec plus de fureur encore que leurs ennemis mêmes n'en avaient mis à les attaquer. Mais il fallait qu'il en fût ainsi afin que les peuples apprissent à distinguer le triomphe des principes de celui des individus ; afin surtout qu'ils ne confondissent plus à l'avenir la cause avec le défenseur, et que par admiration pour l'homme ils ne compromissent plus le salut de l'humanité.

Nous ne suivrons pas dans notre plaidoyer ces funestes précédents, et pour disculper Danton nous n'avons pas recours aux récriminations ; mais reprenant une à une les paroles de l'accusateur public et de son instigateur, nous verrons si les faits ne rétorquent pas victorieusement les inculpations. Qu'on n'oublie pas que nous nous sommes proposé pour tâche de préparer les jugements de l'histoire, qu'à cette fin nous devons mettre en relief les faits, témoins irrécusables de la vérité.

Le premier chef est celui-ci : « Danton se retira à Arcis-sur-Aube quand il vit l'orage se préparer. »

On peut assurer que l'orage du 10 août ne fut pas de ceux qui se préparent en quelques heures ; or, nous voyons qu'au 30 juillet, Danton qui préside la section du Théâtre-Français, demande l'armement des citoyens passifs ; ce qui s'effectue, en effet. L'orage à coup sûr était amoncelé à ce moment ; Danton ne fuit donc pas lorsqu'il le voit se préparer. Mais quand éclatera-t-il. Nul n'en sait au juste l'instant et la preuve c'est que le 9 Danton et Camille dînant ensemble en famille « craignaient encore, affirme Lucile, *que l'affaire n'eut pas lieu.* » C'est justement cette incertitude qui a permis à Danton d'aller à Arcis. Tout est prêt en cas d'attaque de la cour ; mais la cour osera-t-elle engager cette attaque, et à quel moment ? Il est fort aisé, quand les faits sont accomplis, de parler de la mémorable affaire du 10 août comme d'une date arrêtée d'avance ; mais il n'en était rien et Bertrand de Molleville nous avoue qu'il était encore question quelques jours auparavant à la cour, de faire un second essai de fuite. Donc rien de moins probable, au fond, que la résistance des contre-révolutionnaires au moment où l'on venait d'éloigner les troupes de ligne, et d'armer tout le peuple en masse. Il était permis de ne pas compter sur une telle folie. La contre-révolution se fondait surtout sur le secours des Autrichiens, ne pouvait croire que la cour attendrait les résultats de leur triomphe. Danton pouvait donc le 8 encore être à Arcis, puisque quelques heures suffisaient pour le ramener à Paris, puisque ses amis ne manqueraient pas de l'avertir ; je ne vois là que de l'assurance qui naît de dispositions bien prises contre toute éventualité, une sorte de confiance dans la victoire qu'on a beaucoup trop admirée à Arbelles ou bien à Austerlitz, pour en faire ici un motif d'accusation.

Mais continuons notre examen. « Quand Danton sut que la chute de la tyrannie était bien préparée et inévitable, il revint à Paris. » Que les mesures de la part des révolutionnaires aient été bien préparées, personne n'y avait plus contribué que Danton, il n'avait donc pas besoin qu'on le lui apprît. Mais que la *chute du tyran fut inévitable*, voilà ce qui s'appelle juger après coup ; chose la plus aisée du monde. Camille que nous voyons au milieu de sa famille si inquiet pendant la nuit du 9, n'en jugeait pas ainsi ; c'est, sans doute, qu'on n'est jamais sûr avant le combat, même le fusil en main, comme il l'avait ; même avec du courage, comme il en avait montré tant de fois. Si Saint-Just eût dit aux Marseillais que le plus grand danger n'était pas dans le combat mais dans les préparatifs de la bataille, ils eussent répondu avec vérité : le danger était pour tous, pour ceux qui avaient préparé la lutte du 10 août comme pour ceux qui l'ont soutenue, pour le général comme pour le soldat, pour Danton comme pour nous. Or, c'est justement aux préparatifs qui datent de longtemps, qu'il est irrécusable que concourut le président de la section du Théâtre-Français (les Cordeliers), l'énergique tribun des Jacobins. *Chute inévitable*, dit Saint-Just ; le rapporteur en juge bien à son aise ; il oublie qu'elle coûta de part et d'autre dix-huit cents hommes, et que le lendemain de la victoire on pouvait se dire : la royauté survit encore très dangereuse, puisque de tous ses défenseurs elle n'a perdu que les Suisses, puisqu'elle peut encore compter sur ses gentilshommes qui se sont prudemment enfuis des Tuileries par la galerie du Louvre, sur ses serviteurs, sur une partie de la garde nationale, enfin sur les royalistes constitutionnels.

Un seul mot pour en finir. Le courage était si réellement la qualité incontestable de Danton, que personne de ses ennemis politiques, dans les centaines de livres et de brochures qui ont trait à la journée du 10 août, n'a songé à le lui contester ; si le 31 mars 94 le rapporteur croit devoir le faire devant la Convention, c'est qu'il la voit terrifiée au seul penser qu'un geste, qu'un mot du détenu peut soulever toute la population, et que c'en est fait d'eux s'il se met en défense ; or, le seul moyen de les rassurer, c'était de contester ce courage même ; le seul moyen de n'en pas faire l'épreuve c'était de commander un vote qui enchaînât l'athlète, et bâillonnât le tribun. Au reste, Danton répondra à Saint-Just devant le tribunal révolutionnaire, et nul n'osera contredire.

En résumé nous dirons : dans l'affaire du 10 août, Danton parut d'abord aux Cordeliers comme l'atteste le rapport de Saint-Just, puis il alla à la Commune où l'appelait sa fonction de substitut ; que dans chacune de ces assemblées il ait donné d'utiles conseils, qui peut en douter ? Toutefois nous croyons ne rien exagérer en restant dans cette donnée, si simple, si vraisemblable, prise dans la nature de l'homme, et confirmée par le *Moniteur* (séance du 12 août 92), et contresignée par les trois extraits suivants :

Des officiers municipaux annoncent à l'Assemblée législative qu'il venait de se former à la maison commune une nouvelle administration provisoire ; le peuple assemblé dans ses sections, avait nommé des commissaires qui s'étaient constitués, en vertu de leur pouvoir, conseil-général de la Commune. La municipalité avait été suspendue pendant la durée de cette autorité révolutionnaire ; MM. Pétion, Manuel et Danton avaient été seuls exceptés.
(*Le Patriote français*, nº 109.)
La nouvelle Commune s'avance dans l'Assemblée nationale accompagnée de trois bannières portant ces mots : Patrie, Liberté, Égalité. Sa courte harangue est celle d'un despote aux volontés de qui il n'est pas permis de résister : « Prononcez la déchéance du roi ; demain nous vous apporterons les procès-verbaux de cette mémorable journée. Pétion, Manuel et Danton sont toujours nos collègues ; Santerre est à la tête de la force armée. »
(*Les deux amis de la liberté.*)

Lafayette aussi confirme la présence de Danton à la Commune. Le fait qu'il raconte, fort important pour sa vanité est puérile pour l'histoire ; mais il constate que le substitut est à son poste, nous devions insérer l'extrait.

Le buste du général, donné en 1784 par l'État de Virginie à la ville de Paris et placé dans la salle de l'hôtel-de-ville, fut réduit en poudre le 10 août, et la médaille, votée par la ville à l'effigie de Lafayette, fut brisée par le bourreau, sur le réquisitoire et en présence de Danton.
(*Mémoires de Lafayette*, tom. I, p. 260.)

Le *réduit en poudre* est superbe d'importence ; Dieu n'était plus irrité contre Gomorrhe. *Ridiculus mus!*

CHAPITRE IV

La nouvelle Commune, avons-nous dit, avait confirmé Danton, dans sa fonction de substitut, c'était dire qu'il n'avait pas démérité de la révolution, et l'aurait-elle fait si Danton s'était caché ?

Voici comme le *Moniteur* s'exprime à ce sujet :

> Une députation des nouveaux représentants de la Commune, se présente à la barre, demande la déchéance du roi et annonce MM. Pétion, Manuel et Danton seront toujours leurs collègues.
>
> (*Moniteur* du 12 août 92 ; séance de nuit du 9 au 10 août.)

Lorsque l'Assemblée s'opposa à ces dispositions, elle semble y avoir applaudi en appelant le substitut à une fonction beaucoup plus importante encore. Écoutons le *Moniteur*.

> La commission extraordinaire, présidée par Vergniaud, présente les mesures qu'elle croit devoir conseiller dans des circonstances aussi critiques. Elle annonce qu'elle présentera dans le jour un mode d'organiser un nouveau ministère.....
>
> Brissot demande au préalable que les ministres actuels soient immédiatement mis hors de leurs fonctions, puisqu'ils n'ont pas la confiance de la nation. La proposition est adoptée. Roland, Clavière et Servan sont maintenus.....
>
> On procède au vote pour les autres ministres ; sur 284 votants, Danton a 222 voix ; il est nommé à la justice.
>
> (*Moniteur* du 12 août 92.)

Cette nomination dans une telle circonstance vaut la peine

qu'on y réfléchisse. C'était le poste le plus périlleux, le plus difficile. Celui qui allait l'occuper devait maintenir l'équilibre entre la commune insurrectionnelle qui criait vengeance contre la cour et ses défenseurs au nom des onze cents cadavres étendus sur le pavé de Paris, au nom d'une population exaspérée par la misère, par le sang qui fumait encore, par le triomphe ; le ministre de la justice, dis-je, devait tenir le niveau de la balance entre une telle assemblée municipale et le corps législatif qui, parlant au nom de la France, allait au contraire incliner au pardon, à la dignité, à l'humanité. Si le ministre penchait d'un côté ou de l'autre, ou bien il entraînait la révolution dans des excès compromettants, ou bien il s'exposait à rendre, par trop d'indulgence, la contre-révolution plus audacieuse encore. Citez un homme autre qui eût eu, dans une telle crise, le bras assez puissant, la tête assez forte, le cœur assez énergique, pour se poser vaillamment entre les deux partis, et tenir l'équilibre ! Citez un homme autre que la commune, que le peuple, eût bien voulu accepter comme intermédiaire. Robespierre n'avait pas assez de courage civil ; Marat, pas assez de calme ; les Girondins pas assez de sympathie ; et tout le reste, pas assez d'autorité individuelle. Ce fut une inspiration pour l'Assemblée que d'avoir nommé Danton, ce fut un bonheur pour la révolution que de l'avoir accueilli, ce fut le salut de la France, ce fut la gloire immortelle de l'élu.

Et maintenant laissons parler les ingrats et les injustes.

A propos de la nomination de Danton au ministère de la justice, Lafayette écrit :

N'est-il pas remarquable que Danton, nommé par la majorité ministre de la justice, fut précisément celui que la cour payait depuis deux ans et employait comme espion des Jacobins?

(*Mémoires de Lafayette*, tome III, page 388.)

C'est ce qui prouve que la dénonciation est un devoir, quand on a les preuves de trahison en mains. Comment M. Lafayette peut-il s'étonner que la majorité ne sût pas ce qu'il ne lui avait pas révélé, puisqu'il n'a écrit ses mémoires que bien longtemps après la mort de Danton ?

Peltier n'est pas plus juste que le général Lafayette.

Le ministre de la justice fut le terrible Danton, ce farouche avocat au conseil, de la section des Cordeliers, celui-là même qui avait dit à tous ceux qui parlaient de pétitions contre Pétion, contre les Marseillais, contre la déchéance : nous vous répondrons à bout portant. Danton s'adjoignit aussitôt pour secrétaires de la justice Fabre d'Eglantine et Camille Desmoulins, l'un rédacteur des *Révolutions de Paris* et l'autre des *Révolutions de France et de Brabant*.

(Peltier, *Histoire de la révolution du 10 août*, tome Iᵉʳ, pages 38 et 301.)

Il y a ici un mot à relever : *ce farouche avocat au conseil*, dit Peltier. N'avions-nous pas raison d'avancer que Danton devait être avant la révolution déjà célèbre comme avocat? C'est un ennemi qui en fait l'aveu.

Le girondin Barbaroux amplifie encore sur les deux autres :

Le département de la justice fut donné à Danton, serviteur de Lameth, puis de d'Orléans, mais qui ne voulait plus servir que sa propre ambition, et devait marcher à la dictature d'un pas égal avec Robespierre et Marat. Le choix de Danton a perdu la France.

(*Mémoires de Barbaroux*, édition Berville et Barrière; page 78.)

Madame Roland a l'intelligence troublée par la haine :

Danton se trouvait au département qui donne le moins à faire; d'ailleurs il s'embarrassait fort peu de remplir les devoirs de sa place et ne s'en occupait guère ; les commis tournaient la roue; il confiait sa griffe, et la manœuvre se suivait telle qu'elle, sans qu'il s'en inquiétât. Tout son temps, toute son attention était consacrée aux combinaisons, aux intrigues utiles à ses vues d'agrandissement de pouvoir et de fortune. Continuellement dans les bureaux de la guerre, il faisait placer aux armées les gens de son bord; il trouvait moyen de les intéresser dans les fournitures et les marchés; il ne négligeait aucune partie dans laquelle il put avancer ces hommes, lie d'une nation corrompue dont ils deviennent l'écume dans les bouleversements politiques, et sur laquelle ils dominent durant quelques instants ; il en augmentait son crédit et se formait une faction, bientôt devenue puissante, car elle règne aujourd'hui.....

(*Appel à l'impartiale postérité*, par la citoyenne Roland, in-8ᵉ en 2 parties. Extrait de la 1ʳᵉ, pages 57-65.)

Elle revient vingt fois sur Danton dans ses *Mémoires*; on sent qu'elle est blessée profondément par quelque trait sanglant dont l'aura transpercée le redoutable lutteur. On nous en a cité plusieurs, nous n'en avons cité aucun, ne voulant pas faire de ce livre un recueil d'anas.

Rappelé au ministère à cette époque, Roland y rentra avec de nouvelles espérances pour la liberté; il est grand dommage, disions-nous, que le conseil soit gâté par ce Danton qui a une réputation si mauvaise? Quelques amis à qui je le répétais à l'oreille me répondirent : que voulez-vous? *il a été utile à la révolution* et le peuple l'aime; on n'a pas besoin de faire des mécontents il faut tirer parti de ce qu'il est.—C'était fort bien dit, mais il est plus aisé de ne point accorder à un homme de moyens d'influence que de l'empêcher d'en abuser. Là commencèrent les fautes des patriotes; dès que la cour était abattue, il fallait former un excellent conseil dont tous les membres, irréprochables dans leur conduite, distingués par leurs lumières, imprimassent au gouvernement une marche respectable, et aux puissances étrangères de la considération. Placer Danton, c'était inonder le gouvernement de ces hommes qui le tourmentent quand ils ne sont pas employés par lui, qui le détériorent et l'avilissent dès qu'ils participent à son action. Mais qui donc aurait fait ces réflexions? Qui eût osé les communiquer et les appuyer hautement?

(*Mémoires* de Mme Roland, pages 57-58, 1re partie.)

Nous devons dire comment il composa son ministère.

Le conseil de justice auprès du ministre de ce département est composé aujourd'hui de MM. Paré, ancien président du district des Cordeliers, Collot d'Herbois, Barrère de Vieuzac et Robespierre.

(*Moniteur* du 22 août 92.)

Dans une note ajoutée au texte de ses *Mémoires*, madame Roland dit que Paré avait été maître-clerc de Danton (page 49).

Danton avait donc, au moment où éclata la révolution une étude avec des clercs à son service? Cela suppose une assez bonne position, comment alors l'a-t-elle appelé un pauvre avocat sans cause, dont la femme mourait de faim et de misère. Quand on veut bien mentir, dit le proverbe, il faut avoir bonne mémoire. On verra plus tard qu'en effet la charge d'avocat aux conseils supposait une nombreuse clientèle.

Enfin nous lisons dans la correspondance de Camille. (Paris, Ebrard, 1838) :

Mon cher père, vous avez appris par les journaux les nouvelles du 10 août. Il ne me reste qu'à vous faire part de ce qui me regarde. Mon ami Danton est devenu ministre de la justice par la grâce du canon : cette journée sanglante devait finir, pour nous deux surtout, par être élevés ou hissés ensemble. Il l'a dit à l'Assemblée nationale :

« Si j'eusse été vaincu, je serais criminel. La cause de la liberté a triomphé. »

CAMILLE DESMOULINS.

Camille était secrétaire du ministre.

Nous n'avons pas cru qu'il fût nécessaire et intéressant pour l'histoire de consigner ici tous les arrêtés ministériels que rendit le ministre de la justice pendant la durée de ses fonctions ; on les trouvera dans les livres spéciaux. Mais nous devons reproduire ses discours devant l'Assemblée, parce qu'ils sont les véritables actes sur lesquels la postérité le jugera.

Et d'abord s'efforcera-t-il, en effet, de faire contrepoids à l'Assemblée trop molle, trop hésitante dans ses délibérations, et à la Commune trop violente ? Écoutons les engagements qu'il prend. Dès le 11, il monte à la tribune pour prêter serment d'usage.

> Citoyens, la nation française, lasse du despotisme, avait fait une révolution ; mais trop généreuse elle a transigé avec les tyrans. L'expérience lui a prouvé qu'il n'est aucun retour à espérer des anciens oppresseurs du peuple. Elle va rentrer dans ses droits... Mais dans tous les temps, et surtout dans les débats particuliers, là où commence l'action de la justice, là doivent cesser les vengeances populaires. Je prends devant l'Assemblée nationale l'engagement de protéger les hommes qui sont dans son enceinte : je marcherai à leur tête, et je réponds d'eux *(On applaudit)*.
>
> *(Moniteur* du 13 août 1792.)

Certes, il y a du courage, à parler ainsi, quand les victimes étaient encore là gisantes. Comme en quelques lignes seulement il répond bien à toutes les atteintes : *il vengera le peuple* : la Commune dut applaudir. Mais il le *vengera armé du glaive de la justice*; l'Assemblée dut respirer. *Or, où commence la justice, doivent cesser les vengeances personnelles :* Quel doux espoir ces paroles durent verser dans le cœur de tous ces vaincus tremblants, qu'on traînait en ce moment devant l'Assemblée pour qu'elle décidât de leur sort ! Sera-ce trop s'avancer que de dire qu'on aurait dû graver ces paroles sur l'airain pour qu'elles s'inculquassent dans tous les cœurs. Mais non, l'Assemblée qui n'en sent pas toute la portée, ne tressaille pas d'enthousiasme; la Commune craint déjà qu'elles neutralisent son action; et la postérité les oublie ; et celui qui les a prononcées est encore aujourd'hui traduit au pilori de l'infamie, comme un tigre altéré de sang ! Oh ! comme je comprends bien dès ce jour, le calme et le profond dédain du supplicié de germinal; le calme, car il avait pour lui la conscience de tout ce qu'il avait voulu faire pour ses insulteurs; le dédain, car il les dominait de toute la hauteur qui sépare l'ingratitude du sacrifice.

La France put bientôt s'assurer que le ministre avait, en effet, tenu sa promesse; dans la nuit du 17 au 18 des juges et des jurés étaient nommés pour prendre connaissance des crimes du 10, et pour prononcer. (*Moniteur* du 20 août 92.)

On a pu lire dans *l'appel* de madame Roland que Danton, devenu ministre, laissait fonctionner la machine administrative sans s'en mêler; bien plus occupé à jouir des avantages d'une telle position qu'à s'en rendre digne. Voici en quels termes le *Moniteur* dément cette assertion dans la séance du 20 :

Le ministre de la justice annonce que depuis le 10 il a expédié cent quatre-vingt-trois décrets; que les retards d'un jour ou de deux que peuvent éprouver ceux qui sont les plus volumineux, ne proviennent que des lenteurs inévitables du tirage.
(*Moniteur* du 22 août 92.)

Ce qui importe surtout, c'est de savoir quelle part Danton a prise dans les massacres de septembre; disons-le sans plus de préambule : il s'efforça de les prévenir; si la déclaration publique qu'il vient de faire ne suffit pas pour en convaincre, qu'on lise ce qui suit.

Et d'abord rappelons-nous bien ce que démontre péremptoirement l'histoire. Au 10 août, la cour avait été défaite, mais non pas vaincue. Les dispersés de la veille s'étaient groupés dès le lendemain; ils auraient pu recommencer le combat. S'ils ne le firent pas, du moins prirent-ils leurs dispositions, il semble que le mot d'ordre en ait été donné par toute la France. A partir de ce moment, tous les écrits du temps en font foi, on vit un grand nombre de provinciaux venir se réfugier à Paris. Était-ce crainte de l'ennemi qui s'avançait, était-ce pour grossir le parti de la cour? on pouvait s'arrêter à l'une ou à l'autre conjecture. Mais comme l'ennemi le plus près est toujours celui qui préoccupe davantage, les Parisiens se disaient, ces provinciaux viennent se joindre aux partisans du roi, ils s'introduisent dans la place pour nous trahir plus sûrement au moment de l'invasion des troupes alliées.

Il faut bien avouer que les événements extérieurs venaient singulièrement corroborer cette appréhension de la capitale. Le 18, c'était Lafayette qui désertait lâchement le champ de bataille en désignant à la vengeance de ses soldats les vainqueurs du 10 août, « factieux payés par les ennemis, brigands avides de pillage. » Et notez bien que ce même Lafayette traduit à la barre de l'Assemblée nationale quelques jours auparavant comme contre-révolutionnaire, avait été absous à la majorité des suffrages; donc, se disaient les patriotes, il compte, au sein même de la législative, des partisans qui, comme lui, nous exècrent et veulent nous égorger.

Le 22, c'est la Vendée qui se lève; huit cents paysans s'emparent de Châtillon aux cris de : vive le roi, mort aux Parisiens.

C'est Gohier qui lit son rapport sur les papiers trouvés dans l'armoire de fer au 10 août. La réalité des complots royalistes est dévoilée au point de ne plus laisser aucun doute; on y lisait : « Nous avons voulu avancer la punition des Jacobins, nous en ferons justice ; l'exemple sera terrible. »

Le 23, c'est Clairfait, le général autrichien qui prend Longwy; ce sont, dit-on, les royalistes qui ont livré la place.

Un autre jour c'était le roi, le seul otage que possédassent les révolutionnaires contre les vengeances des alliés, c'était le roi qu'on voulait enlever de sa prison du Temple. Le bruit était faux peut-être, mais non pas sans fondement.

Le 24, c'est le général Lucker soupçonné d'être le complice de Lafayette, qu'il faut remplacer par Kellermann, commandant de l'armée du centre. Toute confiance était ébranlée.

Dans ce désarroi quelles mesures commande le pouvoir exécutif? il décrète une organisation plus complète de la garde nationale, la formation des bataillons de fédérés, la création d'un camp sous les murs de Paris.

Au bruit de la reddition de Longwy, la commission extraordinaire avait affiché la proclamation suivante :

Citoyens,

La place de Longwy vient d'être rendue ou livrée, les ennemis s'avancent. Peut-être se flattent-ils de trouver partout des lâches ou des traîtres : ils se trompent; nos armées s'indignent de cet échec, et leur courage s'en irrite. Citoyens, vous partagez leur indignation : la patrie vous appelle : partez.

L'Assemblée nationale de son côté requérait le département de Paris et les départements voisins de fournir à l'instant 30,000 hommes armés et équipés. (*Moniteur* du 29 août.)

Cambon fait remarquer que si les *Parisiens* veulent la liberté et l'égalité, il est temps de montrer qu'ils savent les défendre comme ils ont su les conquérir, qu'enfin Paris doit fournir à *lui seul le contingent* et cela avant la fin de la semaine. (*Moniteur* du 31 août.)

Ainsi au moment où tous, ennemis à l'extérieur, ennemis à l'intérieur, attendent le moment de tomber sur les patriotes; l'Assemblée dit à ceux-ci : « 30,000 d'entre vous dégarniront Paris pour marcher à l'ennemi; 20 autres mille sortiront des murailles et formeront le camp. »

Se rend-on bien compte de cette situation? n'entendez-vous pas les enrôlés dire les uns aux autres : partir! nous partirons puisque la patrie le veut, mais, législateurs, ne comprenez-vous pas que c'est nous mettre entre deux feux, qu'abandonner Paris, c'est le laisser à la merci de ceux qui conjurent notre ruine, celle de nos femmes, celle de nos enfants? Partir? nous le ferons, mais auparavant, il nous faut la certitude que ce n'est pas un piége tendu par vous, que nous pouvons marcher en toute sûreté.

C'est alors que Danton, le seul qui nous semble avoir bien compris tout le danger de la situation, monte à la tribune :

Citoyens, dit-il, le pouvoir exécutif provisoire m'a chargé d'entretenir l'Assemblée nationale des mesures qu'il a prises pour le salut de l'empire. Je motiverai ces mesures en ministre du peuple, en ministre révolutionnaire. L'ennemi menace le royaume mais l'ennemi n'a pris que Longwy. Si les commissaires de l'Assemblée n'avaient pas contrarié par erreur les opérations du pouvoir exécutif, déjà l'armée remise à Kellermann se serait concertée avec celle de Dumouriez. Vous voyez que nos dangers sont exagérés Il faut que l'armée se montre digne de la nation. C'est par une convulsion que nous avons renversé le despotisme; c'est par une grande convulsion nationale que nous ferons rétrograder les despotes. Jusqu'ici nous n'avons fait que la guerre simulée de Lafayette, il faut faire une guerre plus terrible. Il est temps de dire au peuple qu'il doit se précipiter en masse sur les ennemis. Telle est notre situation que tout ce qui peut matériellement

servir à notre salut doit y concourir. Le pouvoir exécutif va nommer des commissaires pour aller exercer dans les départements l'influence de l'opinion. Il a pensé que vous deviez en nommer aussi pour les accompagner, afin que la réunion des représentants des deux pouvoirs produise un effet plus salutaire et plus prompt. Nous vous proposons de déclarer que chaque municipalité sera autorisé à prendre l'élite des hommes bien équipés qu'elle possède. On a jusqu'à ce moment fermé les portes de la capitale et on a eu raison ; il était important de se saisir des traîtres ; mais, y en eût-il 30,000 à arrêter, il faut qu'ils soient arrêtés demain, et que demain Paris communique avec la France entière. Nous demandons que vous nous autorisiez à *faire faire des visites domiciliaires*. Il doit y avoir dans Paris 80,000 fusils en état. Eh bien ! il faut que ceux qui sont armés volent aux frontières. Comment les peuples qui ont conquis la liberté l'ont-ils conservée? Ils ont volé à l'ennemi, ils ne l'ont point attendu. Que dirait la France, si Paris dans la stupeur attendait l'arrivée des ennemis? Le peuple français a voulu être libre; il le sera. Bientôt des forces nombreuses seront rendues ici. On mettra à la disposition des municipalités tout ce qui sera nécessaire, en prenant l'engagement d'indemniser les possesseurs. Tout appartient à la patrie, quand la patrie est en danger. *(On applaudit.)*
    (Moniteur du 31 août 92.)

Nous le demandons en conscience, prendre une résolution qui devait mettre sous le coup de la loi tous les suspects de l'intérieur, n'était-ce pas, dans ce moment d'hésitation, de défiance générale, rendre la confiance aux enrôlés? n'était-ce pas, par conséquent, prendre la seule mesure qui pût rendre au pays ses défenseurs, qui pût sauver la France? Elle était arbitraire, soit, mais la circonstance n'était-elle pas exceptionnelle? Et dût-elle entraîner des injustices partielles, fallait-il sacrifier le salut du pays à la liberté de quelques individus?

Au même moment Roland, le ministre de l'intérieur, écrivait aux départements :

Il faut que le peuple sache qu'indépendamment de la perte de la liberté, il aurait *pour expectative les plus cruelles vengeances, s'il mollit* devant les hommes atroces qui les méditent depuis si longtemps.
    (Moniteur du 29 août 92.)

Donc jusqu'ici le conseil exécutif est bien d'accord : arrestation des coupables et pas de faiblesse.

Mais ce n'était pas tout encore, il ne suffisait pas, en effet, de décréter l'arrestation des suspects, il fallait rassurer la

population qui restait dans Paris, il fallait que le peuple sût
bien que s'il y avait des coupables, ils ne seraient pas jugés
par des hommes dévoués ou vendus à la cour, comme il était
arrivé tant de fois: n'était-ce pas le seul moyen encore de lui
ôter la pensée de se faire juge lui-même? Danton à cette fin,
envoie le 30 une lettre au président de l'Assemblée ainsi
conçue :

Monsieur le président, je ne sais quel est le motif des retards que l'on met
dans l'envoi de l'expédition des deux décrets importants sur la suppression
des *commissaires du roi* et le mode de leur remplacement. Car il est bien
essentiel pour l'affermissement du règne de la liberté et de l'égalité d'offrir
au peuple dans ses agents du pouvoir exécutif *près des tribunaux, des citoyens
investis de toute sa confiance.*

Pour la deuxième fois je m'adresse à l'Assemblée nationale et je la prie de
donner des ordres pour que les expéditions de ces décrets me soient remises
sans délai.

Je dois à l'amour du bien public qui m'anime; je dois à l'opinion du peuple
français que je m'étudierai toujours *à fixer* par mon zèle *à faire exécuter les
lois,* de faire connaître qu'il n'a pas dépendu de moi, jusqu'à ce jour, d'assurer l'exécution de celles relatives à la suppression et à la réélection des
ci-devant *commissaires du roi près des tribunaux.*   DANTON.

(*Moniteur* du 1er septembre 92.)

Ne semble-t-il pas qu'il pressente ce qui va arriver? qu'il
veuille prévenir le mouvement?

En même temps se répand la nouvelle que Montmorin, l'ex-
ministre du roi, vient d'être acquitté par ses juges. L'indignation publique est à son comble : « On élargit les contre-révolutionnaires, on va faire ouvrir les prisons, nous sommes
trahis. » Cette fois le danger était imminent. Eh bien, c'est
encore Danton qui s'offre pour l'affronter, dût sa mémoire être
à jamais sacrifiée, il ordonne, comme ministre de la justice, la
révision du procès. Et pour un moment encore la population
éperdue, calme sa fureur, suspend sa vengeance. Et l'on a fait
un crime à Danton de ce rappel de jugement! on n'a pas voulu
comprendre que cet ordre n'était donné que pour sauver tous
les autres détenus d'une exécution populaire immédiate! on ne
s'est pas dit que, pour éviter l'explosion, il fallait ouvrir des
soupiraux au volcan !

Mais les événements allaient se précipiter plus pressants

encore ; mille forces, que nous n'avons pas mission d'analyser ici, poussant en sens contraire, il n'allait plus être possible de résister.

Le 2 septembre on lisait sur tous les murs de la capitale la proclamation suivante, émanée de la Commune :

Citoyens,

L'ennemi est aux portes de Paris ; Verdun qui l'arrête ne peut tenir que huit jours. Les citoyens qui le défendent ont juré de mourir plutôt que de se rendre ; c'est vous dire qu'ils vous font un rempart de leurs corps. Il est de votre devoir de voler à leur secours. Citoyens, marchez à l'instant sous vos drapeaux ; allons nous réunir au Champ-de-Mars ; qu'une armée de 60,000 hommes se forme à l'instant. Allons expirer sous les coups de l'ennemi ou l'exterminer sous les nôtres.

Et c'est encore sur la proposition de Danton que l'Assemblée qu'il veut relever dans l'opinion publique pour faire contre-poids à la Commune, décrète peine de mort contre quiconque, possédant une arme, refusera de marcher.

Cependant un courrier extraordinaire annonce qu'on vient d'entendre le canon. Vergniaud s'écrie à la tribune :

Combien seraient dangereuses en ce moment les terreurs paniques que des émissaires de la contre-révolution voudraient inspirer au peuple.

Donc pour paralyser l'élan, certains gens semaient le désespoir. Crime de la contre-révolution qui voulait sauver la royauté aux dépens de l'honneur de la France !

Deux membres du corps municipal sont introduits à la barre, ils annoncent que le conseil général a arrêté que le tocsin serait sonné à l'instant dans Paris ; que le canon d'alarme serait tiré, et que tous les citoyens patriotes de Paris et des départements circonvoisins étaient invités à se rendre au Champ-de-Mars pour marcher à l'ennemi.

L'épée est tirée, Danton fait un dernier effort, donne un dernier élan, pour qu'elle ne soit dirigée que contre les poitrines autrichiennes :

Il est satisfaisant, messieurs, pour les ministres du peuple libre, d'avoir à lui annoncer que la patrie va être sauvée. Tout s'émeut, tout s'ébranle, tout brûle de combattre. Vous savez que Verdun n'est point encore au pouvoir de nos ennemis.

Vous savez que la garnison a promis d'immoler le premier qui proposerait de se rendre. Une partie du peuple va se porter aux frontières, une autre va creuser des retranchements, et la troisième avec des piques, défendra l'intérieur de nos villes. Paris va seconder ces grands efforts. Les commissaires de la Commune vont proclamer, d'une manière solennelle; l'invitation aux citoyens de s'armer et de marcher pour la défense de la patrie. C'est en ce moment, messieurs, que vous pouviez déclarer que la capitale a bien mérité de la France entière. C'est en ce moment que l'Assemblée nationale va devenir un véritable comité de guerre. Nous demandons que vous *concouriez avec nous* à diriger de mouvement sublime du peuple, en nommant des commissaires qui nous seconderont dans ces grandes mesures. Nous demandons que quiconque refusera de servir de sa personne, ou de remettre ses armes, sera puni de mort.

Nous demandons qu'il soit fait une instruction aux citoyens pour diriger leurs mouvements. Nous demandons qu'il soit envoyé des courriers dans tous les départements pour avertir des décrets que vous aurez rendus. — Le tocsin qu'on va sonner n'est point un signal d'alarme, c'est la charge sur les ennemis de la patrie. *(On applaudit.)* Pour les vaincre, messieurs, il nous faut de l'audace, encore de l'audace, toujours de l'audace, et la France est sauvée. *(Les applaudissements recommencent.)*

(*Moniteur* du 4 septembre 92.)

Et Lacroix convertit en motion des différentes propositions.

Hélas! au moment même où Danton lançait ces paroles de flamme qui rejaillissaient dans tout Paris comme autant d'étincelles électriques, à ce moment solennel s'exécutaient les massacres des prisons.

Suspendons ici notre récit dont le reste appartient à l'histoire générale; détournons les yeux d'un spectacle déplorable, portons nos regards en arrière. Nous défions qu'il nous soit prouvé, le *Moniteur* en main, que nous ayons caché quelqu'un des actes ministériels ou privés du ministre de la justice; que nous ayons amoindri, transposé, passé une syllabe de ses discours; et nous le demandons : est-il un seul de ses actes, une seule de ses paroles qui puisse être interprétée dans le sens favorable aux exécutions. Deux mesures principales s'y rapportent : l'arrestation des suspects et la révision du jugement de Montmorin acquitté, mais il faudrait être de la plus insigne mauvaise foi pour nier qu'elles aient été prises dans le but unique de donner à la foule confiance en ses magistrats : l'arrestation disait aux volontaires : vous pouvez partir, vos enfants sont en sécurité, nous tenons les coupables; la révision disait à la foule restée dans Paris : ces coupables seront jugés cette fois par des juges

patriotes, c'est Danton qui vous le jure au nom du pouvoir
exécutif.

Malheureusement un seul n'a pu être plus puissant que tous;
personne, ni l'assemblée, ni la municipalité, ni la garde nationale ne vint au secours du ministre de la justice, tous étaient
glacés de frayeur; la machine était lancée avec trop de force
pour qu'un homme pût l'arrêter; Danton la laissa passer. Il le
devait, car sa tâche n'était pas finie, car on n'était pas en temps
ordinaire, car il n'y avait pas seulement quelques centaines
d'individus à sauvegarder, mais il y avait la patrie, la France
tout entière, la cause de la liberté à sauver. Le ministre de la
justice, se devait aussi à la révolution. Or, que serait-il advenu
si, pour ne pas paraître complice d'atrocités, Danton eût donné
sa démission? L'équilibre apparent entre l'assemblée et la commune eût été rompu ; la première était infailliblement écrasée
dans l'effroyable cataclysme, la seconde entraînée par l'impulsion même qu'elle avait imprimée à la machine, et celle-ci,
déraillée et folle, ne se fût arrêtée qu'enrayée par les monceaux
de cadavres. Mais Danton restant impassible, l'œil fixé sur le
champ de carnage, les égorgeurs durent enfin s'arrêter, car la
justice était là, toujours veillant, toujours armée, et demain,
qui sait sur qui son glaive frappera? Danton restant à son poste,
la législative n'était plus qu'un pouvoir suspendu, demain la loi
reprendra ses droits.

Voilà ce qu'il fallait comprendre, ce que lui seul a compris,
puisque l'histoire atteste que seul on le vit debout et dans
l'attitude de l'énergie, quand tous ses collègues étaient attérés
et tremblants. Mais la calomnie, qui n'a pas osé, elle, se montrer au moment du péril, lève sournoisement la tête quand il
n'y a plus rien à craindre; je l'ai vu debout, dit-elle, donc il
commandait. Oui, sans doute, il était là, mais c'était pour sauver
ceux qui devaient être ses accusateurs. Onze cents victimes ont
péri dans la sanglante catastrophe, qui sait ce qu'il en eut
tombé, si les égorgeurs ne se fussent pas crus surveillés, s'ils
eussent pu soupçonner qu'ils étaient les maîtres?

Est-ce bien sérieusement qu'on a dit qu'il devait prendre un
drapeau, et déclarer infâme quiconque menaçait les prisons?
Prendre un drapeau, c'était descendre en pleine rue, se remettre

au niveau de la foule, disparaître dans un océan de trois cents mille hommes; et quand il en eût entraîné 100, 200, 300 mille, il n'aurait plus été là pour les 400 égorgeurs, c'était justement l'espoir de tous ceux qui voulaient être assurés de l'impunité. Mais son génie l'inspira mieux, car il lui suggéra de ne pas quitter les hauteurs du pouvoir pour être aperçu de tous les points de l'insurrection, de guider autant que possible ce qu'il n'était plus permis de retenir; voilà pourquoi le ministre de la justice resta dans son palais, pourquoi comprimant sa répugnance, il put, dans un dernier et sublime effort, tendre une main ferme aux septembriseurs et leur dire : « Ce n'est pas le ministre de la justice, c'est le ministre de la révolution qui vous remercie. » Ne comprend-on pas que ces paroles tant incriminées devaient faire sentir aux égorgeurs que leur tâche était achevée, qu'ils eussent à se retirer, à déposer le couteau pour prendre le fusil.

Une fois encore on nous arrête, et l'on nous dit : Nous voulons bien admettre que le ministre de la justice n'ait pas poussé aux exécutions, mais on ne peut nier qu'il y ait adhéré; il existe une pièce signée de lui, qui sera son éternelle condamnation ; tous les historiens en conviennent.

Bertrand de Molleville est explicite en effet:

S'il restait, dit-il, encore quelques doutes à cet égard, ils seraient complétement éclaircis par l'horrible lettre circulaire que le comité de surveillance de la commune de Paris adressa le 3 septembre à tous les départements du royaume, *sous le contre-seing du ministre Danton.*

(*Mémoires*, t. IX, page 310.)

Il n'y a qu'un mot à répondre, Bertrand de Molleville a menti. Nous avons en main la pièce officielle composée de 4 pages in-8°, dont les deux premières seules sont imprimées, nous allons en donner le texte précis.

Frères et amis,

Un affreux complot tramé par la cour pour égorger tous les patriotes de l'empire français, complot dans lequel un grand nombre de membres de l'Assemblé nationale se trouvent compromis, ayant réduit, le 9 du mois dernier, la commune de Paris à la cruelle nécessité de se ressaisir de la puissance du peuple pour sauver la nation, elle n'a rien négligé pour bien mériter de la patrie : témoignage honorable que vient de lui donner l'Assemblée nationale elle-même. L'eût-on pensé? Dès lors de nouveaux complots non moins atroces se sont tramés dans le silence, ils éclataient au moment même où l'Assemblée nationale oubliant qu'elle venait de déclarer que la commune de Paris avait sauvé la patrie, s'empressait de la destituer pour prix de son brûlant civisme. A cette nouvelle, les clameurs publiques élevées de toutes parts ont fait sentir à l'Assemblée nationale la nécessité urgente de s'unir au peuple, et de rendre à la commune, par le rapport du décret de destitution, les pouvoirs dont il l'avait investie.

Fière de jouir de toute la plénitude de la confiance nationale qu'elle s'efforcera toujours de mériter de plus en plus, placée au foyer de toutes les conspirations, et déterminée à s'immoler pour le salut public, elle ne se glorifiera d'avoir pleinement rempli ses devoirs que lorsqu'elle aura obtenu votre approbation, objet de tous ses vœux, et dont elle ne sera certaine qu'après que tous les départements auront sanctionné ses mesures, pour sauver la chose publique.

Professant les principes de la plus parfaite égalité, n'ambitionnant d'autres priviléges que celui de se présenter la première à la brèche, elle s'empressera de se remettre au niveau de la *commune* la moins nombreuse de l'État, dès l'instant que la patrie n'aura plus rien à redouter des *nues* de satellites féroces, qui s'avancent contre la capitale.

La commune de Paris se hâte d'informer ses frères de tous les départements, qu'une partie des conspirateurs féroces détenus dans les prisons, a été mise à mort par le peuple : actes de justice qui lui ont paru indispensables, pour retenir par la terreur les légions de traîtres cachés dans ses murs, au moment où il allait marcher à l'ennemi ; et sans doute la nation entière, après la longue suite de trahisons, qui l'ont conduite sur les bords de l'abîme, s'empressera d'adopter ce moyen si nécessaire de salut public, et tous les Français s'écrieront comme les Parisiens : nous marchons à l'ennemi ; mais nous ne laisserons pas derrière nous ces brigands, pour égorger nos enfants et nos femmes.

Frères et amis, nous nous attendons qu'une partie d'entre vous va voler à notre secours, et nous aider à repousser les légions innombrables de satellites des despotes conjurés à la perte des Français. Nous allons ensemble sauver la patrie, et nous vous devrons la gloire de l'avoir retirée de l'abîme.

Les administrateurs du comité de salut public; et les administrateurs-adjoints réunis.

> Pierre S. Duplain ; Panis ; Sergent ; Lenfant ; Jourdeuil ; Marat, l'ami du peuple ; Deforgues, Leclerc, Duffort, Cally, constitués par la commune, et séant à la mairie

A Paris, ce 3 septembre 1792.

N. B. Nos frères sont invités à remettre cette lettre sous presse, et à la faire passer à toutes les municipalités de leur arrondissement.

Est-il le moindrement question dans cette pièce de contre-seing du pouvoir exécutif en général, de celui de Danton en particulier? Non.

D'autres ont été moins osés que Bertrand de Molleville, ils se sont contentés de dire que la circulaire fut envoyée au ministère de la justice par Marat qui invitait Danton à la faire parvenir *sous le couvert du ministère.*

Qu'est-ce à dire? Qu'on voyait sur l'enveloppe des paquets le timbre du ministère de la justice? A quoi bon ce timbre? Ce n'était pas sans doute pour favoriser la libre circulation du paquet, dans un moment où la commune était plus puissante que le pouvoir exécutif. Ce n'était pas pour donner plus d'autorité au contenu de la brochure, puisque, le paquet ouvert, on pouvait y lire une circulaire où il n'était nullement question de Danton. Ce timbre même appliqué sur une des brochures prouverait-il l'adhésion du ministre? Non, car il pourrait avoir été appliqué par un employé gagné ou intimidé ou trompé dans un moment de telle perturbation.

Croyez bien que Danton n'était pas homme à demi-mesures. Le contre-seing n'existe pas au bas de la circulaire, on peut donc affirmer qu'il n'y a pas adhéré. Croyez bien que si Marat eût eu la puissance de faire adhérer Danton à la libre circulation d'une brochure aussi compromettante à l'aide du couvert ministériel, il eût eu celle aussi de la lui faire signer ; que si Danton lui avait refusé la moitié de sa demande, Marat n'aurait pas manqué de le lui reprocher dans la suite, comme une lâcheté, comme un acte contre-révolutionnaire ; que si Marat avait obtenu une demi adhésion, il s'en fut appuyé plus tard pour donner plus d'autorité à la mesure qu'on lui reprochait tant. Qui connaît le caractère de Marat sait qu'il n'a jamais caché aucun de ses actes, nié aucune de ses paroles tant il se croyait fort de sa conscience, de la droiture de ses intentions. Or, il n'aurait pas manqué l'occasion de parler de cette tentative auprès du ministre, il en aurait reparlé vingt fois, comme il lui arrive pour des circonstances moins graves. Or, je défie qu'on nous cite la dénonciation du fait dans un seul de ses numéros. Ajoutez qu'il n'avait pas intérêt plus tard à rien dissimuler de cette affaire, puisqu'il s'offre, si l'on veut, à en prendre seul la responsabilité ; il ne pouvait pas avoir de faiblesse pour Danton, puisque bientôt nous allons voir Danton rejeter dédaigneusement toute solidarité avec l'individu Marat. Mais après avoir fait, sans preuves de l'ami du peuple le seul provocateur des massacres, le seul rédacteur de la circulaire, il était piquant de le faire aller chez Danton, de faire trembler Danton devant Marat. Tour de force de dramaturge, et voilà tout !

Ces faits reconnus et prouvés que Danton s'appliqua à prévenir, autant que possible, les exécutions de septembre, qu'il ne signa ni ne contresigna la fameuse circulaire de la Commune, ni même ne la couvrit du sceau de son ministère, qu'il ne resta à son poste que pour refréner ce qu'il n'avait pu contenir, il nous reste à citer ce qu'en ont dit les mémoires et les historiens du temps.

Entrons d'abord aux Jacobins.

Fabre d'Églantine fait des observations sur la journée du 2 septembre ; il assure que ce sont les hommes du 10 août qui ont enfoncé les prisons de l'Abbaye, et celles d'Orléans et celles de Versailles ; il dit que, dans ces moments de crise, il a vu les mêmes hommes qui s'acharnent aujourd'hui contre le 2 septembre, venir chez Danton, et exprimer leur contentement en se frottant les mains ; que l'un d'entre eux même désirait bien que Morande fut immolé ; il ajoute qu'il a vu dans le jardin du ministre des affaires étrangères le ministre Roland, pâle, abattu, la tête appuyée contre un arbre, et demandant la translation de la Convention à Tours ou à Blois. L'opinant ajoute que Danton seul montra la plus grande énergie de caractère dans cette journée ; que Danton ne désespéra pas du salut de la patrie ; qu'en frappant la terre du pied il en fit sortir des milliers de défenseurs ; et qu'il eut assez de modération pour ne pas abuser de l'espèce de dictature dont l'Assemblée nationale l'avait revêtu en décrétant que ceux qui contrarieraient les opérations ministérielles seraient punis de mort. (*Débats de la société*, n° 297.)

Nous verrons plus tard, en effet, qu'il est bien vrai que Roland ne trouvait d'autre moyen de salut que dans la fuite. Voilà tout ce qu'il a su faire ; et, tout à l'heure, parlant au nom de son mari, madame Roland va calomnier le ministre de la justice !

Autre séance des Jacobins.

Dans son acte d'accusation contre Roland, Collot d'Herbois dit à propos de ces événements :

> Dans le mois de septembre dernier, Roland proposa de quitter Paris avec la sage précaution d'emmener avec eux l'Assemblée nationale, et d'emporter le trésor public. Il se proposait sans doute de régner dans le midi et de laisser rétablir la famille capétienne. Roland avait concerté avec ses partisans cette fuite criminelle, mais Danton, le robuste républicain, Danton les devina, leur opposa d'énergiques résolutions et sauva la chose publique. *(Applaudissements.)*
>
> (*Journal des débats de la société*, n° 365.)

Voici comment Peltier interprète les discours et les faits relatifs à Danton dans les deux volumes qu'il a laissés sur le 10 août et les journées de septembre ; c'est la source de dénigrements où l'on a communément puisé.

> Roland et Clavière formaient dans le conseil exécutif, une espèce de parti de l'opposition, appuyé dans l'Assemblée nationale sur Brissot et les Bordelais, et sur Pétion et Manuel à la municipalité. Servan, Monge et Lebrun n'osaient avoir une opinion à eux. L'homme terrible par excellence, celui qui en fronçant le sourcil faisait trembler tous ses collègues, était le ministre de la justice, Danton. Roland étonné des premiers succès du duc de Brunswick, ouvrit dans le conseil l'avis de quitter de bonne heure Paris, avec les otages du temple, les ramas d'assignats, les archives de l'Assemblée, et le corps législatif. La frayeur avait tout saisi. Danton seul résistait à l'impulsion, il employa l'arme de la terreur pour faire marcher à l'armée, et les ordres pour l'Abbaye et les prisons particulières de l'hôtel de la chancellerie...
>
> (Tome II, page 69.)
>
> Le ministre de la justice Danton, fit aussi, lui, paraître une adresse aux corps judiciaires. Cette pièce qui lui fut imposée par C. Desmoulins n'est qu'une longue diatribe contre la cour.
>
> (*Ibid.*, page 83.)
>
> Danton, Manuel et Pétion, premiers auteurs des massacres de septembre, s'aperçurent tellement de l'impression de répugnance qu'éprouvait le peuple de Paris pour les coupes réglées, qu'il fut arrêté de frapper le grand coup ; le 26 août, lendemain de l'exécution de Derosoi, Danton se fit donner les listes des prisonniers ; le 28, les visites domiciliaires eurent lieu, et cinq jours après...
>
> (*Ibid.*, p. 127.)
>
> Au 26 août les sections de Paris présidées par les chefs de la faction ; le

conseil de la commune dirigé par Manuel, Robespierre et Marat ; le conseil exécutif où Danton primait en menaçant ses collègues et l'Assemblée législative qui obéissait à toutes les impulsions qu'on lui donnait, voilà quelles étaient les autorités agissantes. Le département de Paris était nul ; le tribunal révolutionnaire avait perdu son crédit en acquittant quelques accusés.

(Tome II, p. 239.)

Nous sommes au 29. Voilà donc les prisons comblées. Plus d'espoir de trouver, ni d'entasser beaucoup de victimes. Un grand nombre de prêtres arrêtés, les églises, les couvents, les séminaires sont remplis ; il faut agir ; *Danton s'est fait donner les listes dès le 27.*

(Ibid., p. 251.)

Dès le 1" septembre, le conseil des assassins se tient chez Danton ; chacun reçoit ses ordres ; les fonctions sont assignées, les rôles distribués comme au 10 août.

(Ibid., p. 268.)

Il était une heure après midi (2 septembre). Le conseil se rassembla chez Danton. Toutes ses listes étaient prêtes. Celle des commissaires ambulants était déjà remplie ; elle était composée de tout ce que Paris renfermait de plus effroyable. La Commune en avait fourni la majeure partie. Le conseil exécutif confirme la nomination qu'en avait faite Danton ; et que les autres ministres ne disent point que la terreur qu'ils avaient de Danton les réduisait au silence, c'était, pour me servir des expressions de Danton lui-même, c'était le tempérament plutôt que la scélératesse qui leur manquait.

(Ibid., p. 275.)

L'adresse du comité de surveillance de la Commune aux départements pour les inviter à imiter la ville de Paris, adresse qui, comme on sait, fut expédiée des bureaux de la chancellerie sous le contre-seing de Danton.

(Ibid., p. 461.)

Il faut maintenant en venir à l'ordonnateur suprême de ces meurtres, au général des assassins, à l'homme devant qui s'éclipsent Marat et Robespierre eux-mêmes à Danton enfin, ministre de la justice.

Les visites domiciliaires, le désarmement des personnes suspectes décrétés sur sa motion et exécutés·par Robespierre, la nomination et l'envoi des commissaires ambulants qui firent faire les massacres de Lyon, Rheims et Meaux et prêchèrent partout la loi agraire, le meurtre et le pillage, les sommes dépensées secrètement, dont il ne voulut jamais rendre compte, la peine de mort qu'il fit décréter le 2 septembre au matin, contre ceux qui contrarieraient ses opérations, l'adresse aux départements qu'il fit partir le 3, sous son propre contre-seing, adresse imprimée dans la nuit, rédigée la veille, et qui n'a pu être composée que dans ses bureaux ; ses liaisons connues, son caractère féroce, sa vie précédente, son influence sur la révolution, ses paroles devenues proverbiales ; tout jusqu'à sa figure atroce, nous dit : Voilà le chef du 2 septembre ! *(Ibid., p. 488-489.)*

Danton fait massacrer 8,000 individus dans les prisons. (*Ibid.*, p. 514.)
(Extrait passim de l'*Histoire de la révolution* du 10 août 1792, par Peltier,
2 vol. Londres, 1795.)

Le danger est passé, madame Roland a la voix assurée, elle
racontera tout à son aise.

On avait imaginé comme l'une des premières mesures à prendre par le
conseil, l'envoi dans les départements de commissaires chargés d'éclairer
sur les événements du 10 août, et surtout d'exciter les esprits aux préparatifs de défense, à la levée rapide de recrues nécessaires à nos armées
contre les ennemis sur nos frontières, etc. Dès qu'il fut question de leur
choix, en même temps que de la proposition de leur envoi, Roland demanda
jusqu'au lendemain pour réfléchir aux sujets qu'il pouvait indiquer : je me
charge de tout, s'écria Danton ; la commune de Paris nous fournira d'excellents patriotes ; la majorité paresseuse du conseil lui confia le soin de les
indiquer, et le lendemain il arriva au conseil avec les commissions toutes
dressées ; il ne s'agissait plus que de les remplir des noms qu'il présente et
de les signer. On examine peu, on ne discute point et l'on signe. Voilà donc
un essaim d'hommes peu connus, intrigants de sections et braillards de
club, patriotes par exaltation et plus encore par intérêt, sans autre existence, pour la plupart, que celle qu'ils prenaient ou espéraient acquérir
dans les agitations publiques, mais très dévoués à Danton leur protecteur,
et facilement épris de ses mœurs et de sa doctrine licencieuse ; les voilà
représentants du conseil exécutif dans les départements de la France

Cette opération m'a toujours semblé l'un des plus grands coups de parti
pour Danton, et la plus humiliante école pour le conseil.....

Que faisait alors Danton? Je ne l'ai su que plusieurs jours après ; mais
c'est bon à dire ici pour rapprocher les faits. Il était à la mairie, dans le
comité dit de surveillance, d'où sortait l'ordre des arrestations si multipliées
depuis quelques jours ; il venait d'y embrasser Marat, après la parade d'une
feinte brouillerie de vingt-quatre heures. Il monte chez Pétion, le prend en
particulier, lui dit, dans son langage toujours relevé d'expressions énergiques ; « — Savez-vous de quoi ils se sont avisés? Est-ce qu'ils n'ont pas
lancé un mandat d'arrêt contre Roland? — Qui cela? demande Pétion. —
Eh! cet enragé de comité. J'ai pris le mandat; tenez, le voilà; nous ne pouvons laisser agir ainsi. Diable! contre un membre du conseil! — Pétion
prend le mandat, le lit le lui rend en souriant, et dit : — Laissez faire, ce sera
d'un bon effet. — D'un bon effet! répliqua Danton qui examinait curieuse-
ment le maire ; oh! je ne souffrirai pas cela ; je vais les mettre à la raison ; et
le mandat ne fut pas mis à exécution. » Mais qui est-ce qui ne se dit pas
que les deux cents hommes devaient avoir été envoyés chez le ministre de
l'intérieur, par les auteurs du mandat? — Qui est-ce qui ne soupçonne point
que l'inutilité de leur tentative apportant du retard à l'exécution du projet,
pour faire balancer ceux qui l'avaient conçu? Qui est-ce qui ne voit pas
dans la démarche de Danton auprès du maire, celle d'un conjuré qui veut

pressentir l'effet du coup, ou se faire honneur de l'avoir paré, lorsqu'il se trouve manqué d'ailleurs, ou rendu douteux par d'involontaires délais?.....

Grandpré qui, par sa place, est tenu de rendre compte au ministre de l'intérieur de l'état des prisons, avait trouvé leurs tristes habitants dans le plus grand effroi dans la matinée du 2 septembre; il avait fait beaucoup de démarches pour faciliter la sortie de plusieurs de ceux-ci, et il avait réussi pour un assez bon nombre; mais les bruits qui s'étaient répandus tenaient ceux qui restaient dans la plus grande perplexité. Ce citoyen estimable; de retour à l'hôtel, attend les ministres à l'issue du conseil : Danton paraît le premier, il l'approche, lui parle de ce qu'il a vu, retrace les démarches, les réquisitions faites à la force armée par le ministre de l'intérieur, le peu d'égard qu'on semble y avoir, les alarmes des détenus, et les soins que lui, ministre de la justice, devait prendre pour eux. Danton importuné de la représentation malencontreuse, s'écrie avec sa voix beuglante et un geste approprié à l'expression : je me f.... bien des prisonniers, qu'ils deviennent ce qu'ils pourront; et il passa son chemin avec humeur. C'était dans la seconde antichambre, en présence de vingt personnes, qui frémirent d'entendre un si rude ministre de la justice. Danton jouit de ses crimes, après avoir successivement atteint les divers degrés d'influence, et persécuté, fait proscrire la probité qui lui déclarait la guerre, le mérite dont il redoutait l'ascendant ; il règne....

Danton fut celui qui s'efforça le plus de présenter l'opposition de Roland à ces événements comme le fruit d'une imagination ardente, et de la terreur dont il était gratuitement frappé. Ce trait m'a toujours paru fort significatif.....

(*Appel à l'impartiale postérité*, par la citoyenne Roland ; in-8° en 2 parties. Chez Louvet. — Extrait de la 1re partie, p. 69-70.)

Si ce qui précède n'a pas convaincu, qu'on lise ce qui suit et tous les doutes seront levés.

Le sang fumait encore, la terreur glaçait quiconque s'était compromis de près ou de loin pour la cour; les constitutionnels eux-mêmes n'étaient pas assurés qu'on ne leur ferait pas un crime capital de la timidité de leurs opinions politiques; les enrôlés étaient partis pour Verdun ou travaillaient au camp; l'Assemblée nationale était muette de stupeur, ou si quelqu'orateur osait prendre la parole, c'était en des termes si réservés qu'en vérité mieux eût valu se taire, car le silence est éloquent; le but des exécuteurs était atteint, cette fois la contre-révolution était anéantie à l'intérieur, elle ne devait plus se relever. La commune régnait.

Mais répétons le mot de Danton, il avait dit au dernier jour aux massacreurs de Versailles : « Celui qui vous remercie, ce n'est pas le ministre de la justice ; c'est le ministre de la révolution. » C'était, pour qui sait comprendre, c'était répondre : bonne ou mauvaise, votre œuvre est achevée, c'est à la justice à reprendre son cours. Ainsi fit-il, lui, son ministre ; et tandis que tous tremblaient encore, il se lève et le premier vient se placer en travers de la toute puissante municipalité, résiste aux décrets du comité de surveillance, revendique les droits de la France contre ceux de Paris, les droits de l'assemblée contre ceux de la commune, les droits de la légalité contre ceux de la politique.

C'est vraiment un bonheur pour l'historien quand se présente une circonstance bien nette, bien accentuée, qui ne laisse plus d'issue a l'interprétation perfide, qui ne permet plus le doute à l'homme de bonne foi. Ce sont justement ces caractères que revêt l'affaire *Duport* dont nous allons nous occuper. Les pièces qui nous ont été confiées par la famille de Danton, toutes officielles, vont éclairer toute obscurité ; elles nous montreront Danton suivant toujours la même ligne de conduite, logique avec son caractère, ses principes, son tempérament et son grand cœur ; elles prouveront que nous ne nous sommes point trompé, que nous n'avons point créé un Danton de fantaisie, surfait un héros de drame, tordu les textes, tourné les difficultés ; car toute pièce officielle est un fait et tout fait a sa signification rigoureuse. Il y a plus, à défaut d'autres preuves, l'affaire qui va suivre, prouve péremptoirement que Danton n'a pu signer la fameuse adresse du comité de surveillance aux départements, car c'est la protestation la plus formelle que jamais ministre ait pu y apporter ; à ce titre encore, elle mérite notre attention.

Duport avait été membre de la constituante ; ses rapports avec la cour étaient connus du public ; se continuaient-ils ? C'était possible, quoique rien ne transpirât plus au dehors. Depuis quelques mois, en effet, l'ex-constituant semblait être rentré volontairement dans l'obscurité, vivant tantôt à Paris, tantôt à sa campagne ; un certificat signé de son adjudant-major déclare que « M. Adrien Duport, grenadier de la section du Marais a toujours fait son service personnel et nommément les journées des 9 et 10 août dernier, ayant passé la nuit du 9 à la

caserne et le 10 s'étant transporté avec son bataillon à la prison
de la Force où il avait demeuré jusqu'à onze heures du soir. »
Quoi qu'il en soit, Duport pouvait passer pour ce qu'on appelait
alors un réactionnaire.

La municipalité de Paris ne l'avait pas oublié. Elle l'avait fait
chercher au moment des visites domiciliaires ; on ne l'avait pas
trouvé. En conséquence, car elle ne voulait pas qu'il lui
échappât, le 28 août, se doutant que l'aristocrate s'était réfugié
à sa campagne, elle :

Autorise M. Milet, maire de Bazoches, à arrêter partout où il le trouvera, et
à traduire devant elle M. Adrien Duport, auteur d'un journal intitulé l'*Indica-
teur*, et à apposer les scellés sur ses papiers.

Le 4 septembre, en vertu de cette lettre de la commune de
Paris, le maire de Bazoches requiert les officiers municipaux,
le procureur de sa commune, les officiers de la garde nationale
et se transporte au château du Buignon, résidence du prévenu.
Chemin faisant, ils rencontrent Duport accompagné de sa femme
et d'un ami, lui communiquent leur ordre, l'arrêtent malgré
ses protestations, pendant qu'une partie des assistants court au
château apposer les scellés (pièce déposée au greffe du tribunal
de Melun).

Remarquons bien que l'arrestation s'effectuait le 4 et que l'ordre émanait de la commune de Paris.

Danton l'apprend, il lit dans cet ordre toute une série de
conséquences funestes, il y voit une preuve des empiétements
que la Commune prétend prendre sur l'exécutif et sur le législa-
latif, il est évident qu'elle veut se substituer à tout autre pouvoir : c'en est fait s'il cède, la France est bouleversée ; et
profitant de l'anarchie l'ennemi triomphe. Il sait en outre qu'en
une telle crise, le transfert du prisonnier à Paris équivaut à un
arrêt de mort ; peut-être même Duport eut-il été massacré en
route : le 7, il écrit en toute hâte au commissaire du pouvoir
exécutif près le tribunal du district de Nemours :

Des motifs importants à l'ordre public, exigent monsieur, que votre tribunal fasse *retenir* le sieur Duport dans les prisons où il est actuellement détenu,
qu'il ne le laisse pas arriver à Paris jusqu'à nouvel ordre. Je vous prie de veiller
à l'exécution de mes intentions, ainsi qu'à la sûreté de ce prisonnier.

Le même ordre est intimé à tout autre commissaire des environs sur la route de Paris à Nemours.

Le ministre de la justice, DANTON.

N'oublions pas qu'il ne fait en tout cela rien d'arbitraire, il ne dit pas : élargissez le prisonnier ; non ; mais retenez-le. Et pourtant, s'il avait voulu sauver l'individu par affection personnelle, ne pouvait-il pas répondre par l'arbitraire aussi, à une Commune qui outrepassait ses pouvoirs en commandant une arrestation en dehors de sa circonscription? Non, car il n'a pas oublié qu'il est ministre de la justice, et qu'après tout, Duport peut être coupable de quelque délit. Mais le prévenu ne viendra pas à Paris, car avant la mort il faut le jugement ; et partout il y a des juges ; il ne viendra pas sur l'ordre du comité de surveillance, car ce comité envahit sur des attributions qui ne sont pas de son ressort.

Mais il y a plus, le ministre ne s'arrête pas là, et pour que la Commune ne se méprenne pas sur ses intentions, il en réfère à une autre autorité qu'il déclare, par le fait, la seule légitime, qu'il reconnaît l'autorité suprême, à l'Assemblée nationale. Le 8, on lit à la Législative la lettre d'information du ministre et la lettre de réclamation de l'inculpé. L'Assemblée renvoie les pièces au pouvoir exécutif pour faire statuer *sur la légalité de l'arrestation.*

Ce nouvel acte de résistance était plus significatif encore, car il disait aux administrateurs municipaux : vous n'êtes rien dans cette affaire ; l'Assemblée seule a droit de statuer ; le règne de l'arbitraire est passé, place à la loi.

En conséquence ; seconde lettre de sa part à MM. les juges du tribunal du district de Melun. « D'après le décret de l'Assemblée nationale du 9 courant, vous voudrez bien, messieurs, statuer promptement sur la *légalité* ou l'*illégalité* de l'arrestation de M. Adrien Duport, afin que ce prisonnier soit mis en liberté, s'il *n'a pas mérité d'en être privé plus longtemps.* »

Troisième lettre au commissaire national près le district de Melun « pour que la détention de M. Duport se prolonge jusqu'au résultat de cet examen dont il sera prévenu. »

En même temps, et pour que la plus stricte justice soit

observée, Danton écrit au comité de surveillance de Paris :
« Si vous trouvez dans les pièces qui sont dans vos bureaux
des charges contre Duport, il faut que vous vous empressiez de
renvoyer ces pièces au greffe du tribunal criminel établi par
la loi du 17 août, et que vous m'en instruisiez sur-le-
champ. »

A quoi le comité répond : « Nous n'avions pas besoin pour
mettre en état d'arrestation Adrien Duport d'aucune pièce
contre lui. Sa conduite à l'Assemblée nationale, ses machinations, ses liaisons avec les conspirateurs nous imposaient la loi
de nous assurer de sa personne. » (*Ami du peuple*, n° 681.)

Nouvel ordre du comité de surveillance à la commune de
Melun d'avoir : « A faire conduire et accompagner par un
membre de la commune jusqu'à Charenton sous bonne escorte
le sieur Adrien Duport qui serait confié à la municipalité de
Paris. »

Contre-ordre du ministre de la justice qui « fait observer
que, dans cette circonstance, on ne devait reconnaître que ses
ordres, quels que soient ceux qu'on recevrait d'ailleurs. »

Voilà la municipalité de Melun bien embarrassée, que faire ?
S'en rapporter à l'Assemblée nationale qui statuera sur la
légalité de l'arrestation. On devine aisément quel fut l'arrêté
de cette dernière ; elle avait déjà rendu un décret qui ren-
voyait aux juges des localités à juger des diverses personnes
arrêtées.

En conséquence, le 17 septembre 1792, la Chambre du conseil du district de Melun, considérant :

1° Que la Constitution décrétée par l'Assemblée nationale aux années 1789,
90 et 91 doit être exécutée dans toutes les dispositions auxquelles il n'a pas
été dérogé par les lois postérieures ;

2° Que par l'article 7 de la déclaration des droits de l'homme, il est dit
que nul homme ne peut être accusé, arrêté ni détenu que dans les cas déter-
minés par la loi et selon les formes qu'elle a prescrites ;

3° Qu'aux termes de l'article 10 du chapitre 5 du pouvoir judiciaire, nul
homme ne peut être saisi que pour être conduit devant un officier de police,
et nul ne peut être mis en état d'arrestation et détenu qu'en vertu d'un
mandat des officiers de police, d'une ordonnance de prise de corps d'un tribunal, d'un décret d'accusation du corps législatif dans le cas où il lui
appartient de le prononcer, ou d'un jugement de condamnation à prison ou
à détention correctionnelle ;

4° Que la détention de M. Adrien Duport n'a pour base aucun des actes ci-dessus mentionnés;

5° Que la détention n'a pas été précédée, ni même suivie d'aucune dénonciation et enfin qu'elle résulte du certificat ci-dessus énoncé que M. Adrien Duport ne peut être suspect d'avoir participé aux événements du 10 août dernier, ayant fait le dit jour un service personnel de garde national à l'hôtel de la Force jusqu'à 11 heures du soir ;

Déclare illégale l'arrestation de M. Adrien Duport, et ordonne qu'il sera, à l'instant élargi.

Voilà donc dans ses plus minutieux détails, cette fameuse affaire. Qui ne voit clairement qu'il n'y a dans tout cela qu'un conflit de pouvoirs? qu'au fond, l'individu n'y est pour rien ou très peu de chose? Que la même lutte se fut entamée à propos de n'importe qui? La vraie question à décider pour Danton, c'était de savoir à qui appartenait la puissance exécutive? Aux ministres nommés par l'Assemblée, ou bien au comité de surveillance? Or, nous le demandons à quiconque n'est pas ignorant des circonstances dans lesquelles s'éleva le débat, peut-on ne pas savoir gré à Danton d'avoir pris cette initiative de résistance qui reconstituait les pouvoirs légaux, qui protestaient implicitement contre ce qui venait de se passer, qui rétablissait l'unité dans le gouvernement, et par l'unité la concentration des forces, et qui par la force sauvait le pays et la révolution.

Et Danton agissant ainsi, n'est-il pas toujours le même, ne tient-il pas son engagement du 11 août : « Dans tous les temps, et surtout dans les délits particuliers, où commence l'action de la justice, là doivent cesser les vengeances populaires. » Ne sent-on pas que du même coup il fait rentrer la Commune dans le cercle de ses attributions, qu'il affranchit la Législative du joug municipal, qu'il rend force à la loi, qu'il rétablit la chose publique dans son état normal, c'est à dire qu'il continue la tâche difficile qu'il s'était imposée avant les jours de massacre; et qu'il la poursuit aux dépens de sa réputation présente, au péril de sa vie : car s'il n'eût pas été le plus fort croyez-bien qu'il aurait payé de sa tête l'audace d'oser résister au comité de surveillance.

Et maintenant voulez-vous savoir le gré que ses contemporains lui ont su de ce nouvel acte de dévouement? Que dis-je,

ses contemporains, la postérité même? Vous lirez encore
aujourd'hui dans les histoires réputées les plus révolutionnaires, que si Danton sauva Duport, c'est que *probablement*
celui-ci l'avait employé dans ses intrigues de cour, lui avait
donné de l'argent de la part de ses maîtres; que par conséquent
le ministre de la justice de 92, devait craindre avant tout que
Duport ne parlât, ne révélât, ne fît sa confession générale.
Ainsi dévouez-vous à la chose publique, sacrifiez-vous, et un
jour viendra où tel écrivain qui se dira de votre parti politique,
qui par conséquent n'en ébranlera que plus profondément
l'opinion populaire, il arrivera, dis-je, que cet écrivain jouera
votre honneur sur une *probabilité!* Mais si Danton craint les
aveux de Duport, comment n'a-t-il pas craint davantage encore
ceux du ministre même du roi, ceux de Montmorin? Comment
a-t-il fait réincarcérer le ministre qu'on venait d'élargir? Comment ne s'est-il pas dit: si je le fais périr, il m'entraînera dans
sa chute. Si Danton avait redouté les aveux de Duport, il n'avait
qu'à le laisser venir, qu'à annoncer officiellement son arrivée,
et croyez bien qu'au 7 septembre l'ex-constituant ne serait pas
entré même dans Paris; on égorgeait encore. Ainsi pesez bien la
justice humaine. Danton sauve Duport, donc, écrit l'historien
moderne, il a peur que Duport ne parle. Danton en appelle de
l'acquittement de Montmorin, donc, affirment les royalistes,
qu'il voulait le faire égorger de peur qu'il ne révélât sa complicité. Ainsi quoique vous fassiez, n'espérez pas échapper; car
ce n'est pas impunément qu'on s'élève au dessus des cœurs
vulgaires, des communes intelligences.

Deux mois plus tard Marat écrivait :

A propos de contre-révolutionnaires, qu'est devenu Duport dont Danton a
empêché la translation à Paris? L'a-t-on oublié a dessein pour le relâcher à la
première occasion ; c'est un traître très bon à confronter avec Louis Capet.
(*Journal de la République*, n° 43.)

Il est bien certain que Marat, qu'on croit toujours extrava-
gant parce qu'on ne le comprend pas toujours, ne faisait pas
une réclamation dénuée de fondement. Il y avait dans l'affaire
de Duport deux choses à considérer : la forme et le fonds. Dans
la forme il y avait eu illégalité, puisqu'encore une fois le comité

de surveillance de Paris avait outrepassé ses droits en agissant au delà du département. C'est sur cette circonstance surtout que s'était arrêté Danton pour ordonner que le jugement se prononçât à Melun; il avait dû le faire, puisqu'il s'agissait moins d'un homme que d'un abus de pouvoir, puisqu'après tout l'élargissement momentané de Duport ne mettrait pas la patrie en danger, tandis que la domination de la commune de Paris pouvait entraîner les plus fâcheuses conséquences. Remarquez encore que la dépêche du ministre de la justice au tribunal de Melun, ne dit pas expressément aux juges : vous n'avez à décider que sur la légalité de l'arrestation, puisqu'elle finit en déclarant que le prévenu doit être mis en liberté, *s'il n'a pas mérité d'en être privé plus longtemps;* c'était à l'Assemblée à appuyer sur cette distinction dans son décret, c'était aux juges de Melun à décider si, réserve faite du vice de forme, un Duport n'était pas toujours de bonne prise. On sent bien que le ministre n'avait garde, cette fois, d'en rappeler d'un jugement d'acquittement qui rendait plus éclatant encore la victoire qu'il venait de remporter sur la Commune trop envahissante.

Mais pourtant Marat n'avait pas tort quant au fond, car des lettres saisies chez Duport ne permettaient plus de douter de sa complicité avec la cour; mais le pénétrant journaliste avait bien compris aussi toute l'habileté de Danton dans cette affaire, il avait bien senti que le ministre s'était mis à couvert de tout reproche par la dernière réserve de la dépêche, il savait bien aussi que l'agent du pouvoir exécutif avait droit sur la commune quant au mode d'arrestation, aussi se contente-t-il de dire : « Duport dont Danton a empêché la translation à Paris. » Marat se montrait en cela plus intelligent que la plupart des historiens modernes qui n'ont rien su distinguer dans cette affaire. Trop de gens croient que l'impartialité en histoire, consiste à donner tort à tous les partis; comme les critiques d'art ne se croient jamais plus habiles que quand ils ont dénigré.

Devons-nous parler d'une anecdote qu'on a répétée, et considérablement amplifiée? Danton furieux de la désapprobation de Marat aurait été au comité de surveillance; il y aurait tancé

vertement l'ami du peuple qui se serait défendu tout d'abord,
puis aurait fini par se jeter en pleurant dans les bras du
ministre. Scène habilement conduite pour préparer cet emporte-
pièce : « Danton endura le baiser, sauf à se laver ensuite. » Ni
le ministre de la justice ni l'ami du peuple n'étaient hommes à
jouer ces parades de la foire. Mais après avoir fait trembler
Danton devant Marat au premier acte, il fallait dans le second
une opposition dramatique : c'est une règle de l'art théâtral.
Mais l'histoire impose d'autres obligations.

Les deux amis de la liberté résument ainsi l'affaire qui vient
de nous occuper.

La mort attendait aussi Adrien Duport, ex-constituant, et auteur de la loi
sur les jurés. On l'avait arrêté dans sa terre au Bignon, puis conduit à Melun
pour être transféré à Paris. Sa femme à force de sollicitations et *d'argent*,
obtint de Danton, ministre de la justice, une lettre qui enjoint au tribunal de
Melun de s'assembler aussitôt la réception de la présente, et, sans s'occuper
du fond, de prononcer seulement sur la légalité de l'arrestation. La lettre
arrive à midi ; le tribunal est convoqué à l'instant, l'arrestation est déclarée
illégale, Adrien Duport est rendu à la liberté ; mais à peine quittait-il Melun,
que les sicaires y arrivent, se portent à la prison, demandent Adrien
Duport, et ne l'y trouvant plus, immolent un malheureux père de famille
détenu pour dettes. Qui a envoyé ces assassins ? Nous aimons à croire que
Danton n'y eut aucune part.

(*Histoire de la révolution de France*, par deux amis de la liberté, tome VIII.
3ᵉ époque.)

Honnête Iago !

Enfin ce qui prouvera mieux que tout ce qu'on pourra dire,
la victoire que venait de remporter Danton dans sa lutte corps
à corps contre la toute-puissante commune de Paris, c'est que,
à quelques jours de là, l'Assemblée nationale, tout à l'heure si
timide, relève hardiment la tête et décrète qu'à l'avenir : « il est
défendu d'obéir aux commissaires d'une municipalité hors de
son territoire. »

Ce qu'a gagné Danton, pour le profit de sa popularité, par sa
conduite avant les massacres, puis dans l'affaire Duport, est
facile à résumer : Les contre-révolutionnaires ont dit : il nous
a fait arrêter à la veille des événements pour nous égorger avec
plus de certitude, c'était un tigre ; les ultra se sont écriés : il

s'est opposé aux mesures que voulait prendre la Commune, donc c'est un réactionnaire ; et pour concilier le tout, l'histoire moderne a décidé : qu'il avait le tempérament révolutionnaire, mais l'âme vénale. Et lui, prévoyant ce jugement des histoires, disait : périsse ma mémoire pourvu que la France soit sauvée ; et la France sortit victorieuse de l'épouvantable crise de septembre 92.

Cependant la Législative allait terminer sa session ; toute la France était appelée à nommer des représentants à la nouvelle assemblée.

On croit aisément que le ministre de la justice n'allait pas être oublié.

Le 8 septembre, en effet, le *Moniteur* annonçait la nomination de Danton comme représentant à la Convention nationale. (*Moniteur* du 8 septembre 1792.)

Faisons observer cependant qu'il fut un des derniers élus ; ses amis purent craindre un instant que les intrigues des divers partis ne parvinssent à faire commettre à la révolution cette injustice, que celui qui venait de montrer tant de dévouement à la chose publique, ne serait pas nommé. Les hommes qu'on va bientôt désigner sous le nom de *Girondins*, ne lui pardonnaient pas d'avoir été plus grand qu'eux ; les partisans fanatiques de la Commune avaient aussi des raisons que nous n'avons plus besoin de rappeler après ce que nous venons de raconter ; les ex-constituants enfin et leurs adhérants, plus connus sous la dénomination de *Lafayettistes*, ne lui pardonnaient pas de les avoir réduits au rôle de Cassandre.

Aussi Fréron exprimait-il en ces termes son indignation de ces menées :

Il ne fallait qu'un Danton pour pénétrer l'intention de nos ennemis, et on s'est bien gardé de l'associer à des hommes dont il aurait bridé la méchanceté. Tous ceux qui sont à la tête du gouvernement ont dit : Danton connaît tous les vices de la constitution ; il a en main le fil de nos intrigues, nous n'avons jamais pu le corrompre, nous n'avons jamais pu le perdre, il a toujours triomphé de nos noirceurs, de nos trahisons. Il est cause que nous avons mangé un argent immense pour subjuguer les hommes que nous avons crus propres à le diffamer dans l'opinion publique.

Parisiens, on vous bercera donc toujours..... Danton manque à votre bonheur, il avait en patriotisme et en lumière ce que Mirabeau avait en scéléra-

tesse. Ah ! si la France, quand elle a commencé à se régénérer avait pu mettre
Danton en opposition avec Mirabeau ; si, dis-je, il eût été député à la première législature, Mirabeau n'eût pas réussi à faire passer en faveur du
monarque les décrets destructeurs de l'humanité dont vous sentez déjà toute
l'horreur.

> (Fréron, l'*Orateur du peuple*, n° 16, 8° volume.)

Le journal de Prudhomme examine de son côté les aptitudes
des différents candidats ; on ne croirait jamais, si on ne lisait
ce qui suit, sous quel prétexte il propose d'évincer Danton.

> DANTON. — La voix forte et qui a le véritable accent de la liberté ne se
> serait sans doute jamais fait entendre en faveur du royalisme, pendant la
> Convention. Mais peut-être que Danton est plus propre encore à veiller à
> l'exécution des lois qu'à les délibérer. Il a toute l'âpreté, toute la fermeté
> requise dans un ministre de la justice. C'est le gardien, le cerbère des tribu-
> naux. Les magistrats et les coupables tremblent à sa vue, et c'est ce qu'il
> nous faut en ce moment.

> (*Révolution de Paris*, n° 164.)

Madame Roland ne peut lui pardonner d'avoir quitté la chancellerie pour influencer les élections dans le sens révolutionnaire. Elle mesurait la supériorité d'un ministre à la quantité
de ses signatures.

> Le corps électoral de Paris avait été évidemment soumis à Robespierre et
> Danton ; ses nominations étaient leur ouvrage ; on sait comment Robespierre
> pérora contre Priestley et pour Marat ; on sait qu'il produisit son frère. On
> vit Danton s'échapper des fonctions du ministère pour y exercer son empire,
> et l'on n'a point oublié que ce sont ces meneurs du corps, qui lui ont fait
> élire d'Orléans... On vit dans la députation de Paris les membres de ce fameux
> comité de surveillance de la Commune qui avaient dirigé les massacres de
> septembre, qui avaient exhorté les départements à les imiter, dans une cir-
> culaire bien connue, que *Danton faisait expédier sous son couvert* ; on y voit
> des hommes accusés de vols et qui sont demeurés sur le sommet de la mon-
> tagne (Sergent et Panis).....

> (*Appel à l'impartiale postérité*, par le citoyenne Roland, in-8°, 2 parties. —
> Extrait de la 2° page 69.)

Mercier calomnie ; c'est son métier.

> Au reste, Danton député de Paris à la Convention nationale, Danton chargé
> de décrets de prise de corps et de *dettes, rejeté du sein des avocats au conseil,*
> s'était fait tripoteur d'affaires, et avait donné le signal en grand à tous les

tripoteurs d'agir largement et sans timidité, ou sans crainte servile ; il leur avait déjà ménagé l'abolition de la prise de corps. Ce fut un jour de triomphe pour tout le parti; à compter de ce jour, Danton fut regardé comme un homme à vastes combinaisons ; il fut dit même que pour l'éloquence il ferait le second tome de Mirabeau...

(Mercier, *Nouveau Paris*, vol. 3, page 227.)

CHAPITRE V

Jusqu'ici Danton nous est apparu surtout comme un homme d'action; dès sa première séance la Convention va déclarer que la royauté est abolie en France, on peut affirmer qu'il fut un de ceux qui portèrent à la monarchie les coups les plus mortels; les enrôlés volontaires viennent de vaincre à Valmy, l'armée prussienne commence à se retirer, le pays est sauvé; qui niera que Danton ait contribué plus que personne autre à préparer les mesures énergiques qui soulevèrent tout un peuple, à enflammer le courage patriotique de ces recrues improvisées? La commune de Paris qui menaçait d'envahir tous les pouvoirs, dont la violence effrayait tous les départements, vient d'être restreinte dans le cercle de ses attributions municipales, faut-il ajouter que c'est au ministre de la justice que la France devait encore ce résultat inattendu. Il est donc bien vrai de dire que jusqu'ici c'est, avant tout, comme homme d'action que Danton s'offre à l'historien.

Mais il va nous apparaître sous un jour nouveau, il descendra volontairement du pouvoir, et se mêlera aux 745 membres qui doivent représenter la France. Cette fois encore, il va reprendre son rang parmi les premiers, mais cela sans intrigue, sans parti, par l'ascendant irrésistible du génie, disons plus, par la supériorité du dévouement à la chose publique. C'est comme orateur que nous allons pouvoir le juger; ce sont ses principes politiques que nous allons voir se dérouler; les grandes circonstances ne manqueront pas pour en requérir le développement. Cette nouvelle étude ne sera ni la moins intéressante ni la moins instructive de notre travail.

Dans les derniers jours qui précédèrent l'ouverture de la Convention, les départements n'étaient pas encore remis de la stupeur causée par le récit exagéré des massacres ; plusieurs même des députés de province croyaient ne plus retourner chez eux, ils se considéraient comme des victimes destinées à de nouveaux égorgements. La députation de Paris, nommée sous l'influence de la Commune, leur paraissait toute composée des chefs des exécutions ; avant même de s'assembler, ils s'étaient dit entre eux : voilà nos ennemis, c'est contre eux que nous devons nous unir. Et pour premières hostilités, ils ne manquaient aucune occasion de prévenir l'opinion publique contre les représentants de Paris. Danton ne fut pas épargné.

On fit courir le bruit qu'il avait dessein de cumuler les deux fonctions de ministre et de député, c'est à dire d'exercer à la fois le pouvoir législatif et l'exécutif. C'était malignement préparer l'accusation d'aspirer à la dictature qu'on devait avant peu lui intenter.

Un article du *Patriote français* va nous en convaincre.

Deux ministres sont nommés à la Convention, MM. Roland et Danton. La Convention aura donc d'abord deux nouveaux ministres à nommer : des calomniateurs ont répandu le bruit qu'ils seraient tout à la fois ministres et députés. Ces hommes ignorent que MM. Roland et Danton connaissent et ont résolu d'observer le principe qu'on ne peut cumuler deux places administrative et législative, ils s'empresseront sans doute de donner le bon exemple de leur démission à la première séance de la Convention.

(*Ibid.*, n° 1136.)

Une lettre de Camille Desmoulins va nous prouver que jamais Danton n'avait eu cette idée.

Mon cher père, je vous envoie mes derniers écrits qui vont probablement me déloger de la chancellerie, en me faisant passer à la Convention nationale. Il y a apparence que plusieurs départements me nommeront et surtout Danton, et il n'hésitera pas un moment à quitter le ministère pour être représentant du peuple. Vous pensez bien que je suivrai un exemple que je lui aurais donné, si j'étais à sa place.

(Extrait de la correspondance de Camille Desmoulins, tome II° des *œuvres*. Paris, Ebrard, 1838.)

Voici en quels termes dès la première séance le ministre de
la justice présentait sa démission, et quels engagements il prenait comme député.

Avant d'exprimer mon opinion sur le premier acte que doit faire l'Assemblée nationale, qu'il me soit permis de résigner dans son sein les fonctions
qui m'avaient été déléguées pas l'Assemblée législative. Je les ai reçues au
bruit du canon dont les citoyens de la capitale foudroyèrent le despotisme.
Maintenant que la jonction des armées est faite, que la jonction des représentants du peuple est opérée, je ne dois plus reconnaître mes fonctions premières ; je ne suis plus qu'un mandataire du peuple, et c'est en cette qualité
que je vais parler. On vous a proposé des serments ; il faut, en effet, qu'en
entrant dans la vaste carrière que vous avez à parcourir, vous appreniez au
peuple, par une déclaration solennelle, quels sont les sentiments et les
principes qui présideront à vos travaux.
Il ne peut exister de constitution que celle qui sera textuellement, nominativement acceptée par la majorité des assemblées primaires. Voilà ce
que vous devez déclarer au peuple. Les vains fantômes de dictature, les
idées extravagantes du triumvirat, toutes ces absurdités inventées pour
effrayer le peuple disparaissent alors, puisque rien ne sera constitutionnel
que ce qui aura été accepté par le peuple. Après cette déclaration vous en
devez faire une autre qui n'est pas moins importante pour la liberté et pour
la tranquillité publique. Jusqu'ici on a agité le peuple parce qu'il fallait lui
donner l'éveil contre les tyrans. Maintenant il *faut que les lois soient aussi
terribles contre ceux qui y porteraient atteinte*, que le peuple l'a été en foudroyant la tyrannie ; il faut qu'elles punissent tous les coupables pour que
le peuple n'ait plus rien à désirer. *(On applaudit.)* On a paru croire, d'excellents citoyens ont pu présumer que des amis ardents de la liberté pouvaient
nuire à l'ordre social en exagérant les principes ; eh bien, abjurons ici toute
exagération ; déclarons que toutes les propriétés territoriales, individuelles
et industrielles seront éternellement maintenues. *(Il s'élève des applaudissements unanimes.)* Souvenons-nous ensuite que nous avons tout à revoir, tout
à recréer ; que la déclaration des droits elle-même n'est pas sans tache, et
qu'elle doit passer à la révision d'un peuple vraiment libre.
(*Moniteur* du 22 septembre 1792.)

Les deux amis de la liberté font à ce sujet cette réflexion :

Il n'est pas inutile de remarquer ici l'astucieuse adresse de ces deux propositions, dont l'une caressait l'amour-propre de la multitude, et l'autre
captait les suffrages des propriétaires. Combien de maux a produits cette
tactique infernale, si souvent employée dans le cours de la révolution.
(*Histoire de la révolution de France*, par deux amis de la liberté, tome IX,
troisième partie, première époque.)

On pouvait faire assurément une appréciation plus juste, et

dire que Danton abjurant toute exagération de principes, faisait appel à la conciliation : que prévenant toute accusation de dictature ou de triumvirat, il voulait rassurer les esprits ombrageux et aller au devant d'une discussion qui rallumerait inévitablement toutes les haines ; que déclarant l'inviolabilité de la propriété, il gagnait au parti de la république tous ceux que la vente des biens nationaux avait faits propriétaires ; qu'enfin, en proclamant la souveraineté du peuple, il déclarait la déchéance de la royauté.

C'était du premier coup se poser en grand politique, en bon citoyen, en homme d'ordre, en républicain radical, et, par la forme simple et majestueuse dont il posait ces principes, c'était dès son début, se poser en grand orateur.

On vient de voir que dans la séance du 21 septembre il avait commencé par résigner sa fonction de ministre de la justice. Cependant la Convention n'avait pas prononcé sur cette démission ; un membre prétendit, en conséquence, qu'en vertu de la loi des incompatibilités, Danton n'avait pas le droit de voter dans l'Assemblée.

DANTON.—L'opinion du préopinant me force à réclamer un des plus beaux titres dont puisse jouir un citoyen, celui de mandataire du peuple à la Convention nationale. On a avancé que je n'avais pas le droit d'y voter parce que ma démission n'était pas acceptée. Eh bien, je soutiens, moi, que je suis toujours ministre de la justice jusqu'à ce que j'aie un successeur, et que j'ai le droit de voter à la Convention, parce qu'il n'y a aucune loi préexistante à la volonté souveraine du peuple dont vous êtes investis. Ce n'est pas que je veuille cumuler les deux fonctions ; non, je veux me consacrer tout entier à celle de représentant du peuple ; mais jusqu'au moment où la Convention m'aura nommé un successeur, je me déclare responsable.

La Convention décrète la radiation demandée.

(*Moniteur* du 25 septembre 92.)

Dans sa séance du 29 septembre un député avait demandé que Roland, ministre de l'intérieur, et Servan, ministre de la guerre, fussent invités, au nom de la patrie, à continuer au moins provisoirement leurs fonctions. Philippeaux avait ajouté qu'on étendît l'invitation au ministre de la justice Danton.

DANTON. — Je déclare que je me refuse à une invitation, parce que je crois qu'elle n'est pas de la dignité de la Convention ; parce que s'il était une

manière de retenir Roland au ministère, c'était de prononcer sur l'inviolabilité de son élection, parce que je déclare que la santé de Servan s'oppose
à ce qu'il défère à l'invitation.

(*Moniteur* du 30 septembre 92.)

Après cette déclaration solennelle et réitérée, madame
Roland aurait pu s'éviter la confidence inutile qui va suivre;
elle est faite, nous devons la reproduire.

Je me souviens que pendant plus d'un mois, Danton continuait d'agir
au conseil, en allant voter à l'Assemblée; cette cumulation de pouvoirs
paraissait très condamnable à Roland qui, durant la dernière quinzaine de
cette allure de Danton, s'abstint d'aller au conseil, influencé par un homme
qui ne devait plus s'y trouver. Proh pudor !

(*Appel à l'impartiale postérité*, par la citoyenne Roland, in-8° en 2 parties.
— Extrait de la première, page 79.)

Ce n'est pas sans dessein que la femme du ministre de l'intérieur revient sur ses souvenirs administratifs ; on en verra
bientôt la raison.

L'idée qui le préoccupe sans cesse, sur laquelle il va revenir
dès sa deuxième allocution, qu'il a déjà touchée dans la première, c'est *qu'il faut faire justice au peuple pour qu'il ne se la
fasse pas lui-même.* Il serait difficile de citer un discours de
quel qu'orateur qu'on lui préfère, plus profondément empreint
d'abnégation personnelle que celui qu'on va lire.

Le 22 septembre une députation du peuple d'Orléans vient
annoncer à la Convention qu'elle a suspendu ses officiers municipaux dévoués à la cour; ceux-ci résistent, en conséquence,
les délégués demandent à l'Assemblée un décret qui confirme la
résolution de la ville. A ce propos Danton monte à la tribune.

Vous venez d'entendre les réclamations de toute une commune contre ses
oppresseurs. Il ne s'agit point de traiter cette affaire par des renvois à des
comités ; il faut par une décision prompte épargner le šang du peuple, *il
faut faire justice au peuple pour qu'il ne se la fasse pas lui-même.* Vous ne devez
pas hésiter à frapper du glaive des lois des magistrats qui, dans une crise
telle que celle dont il s'agit, ne savent pas faire à la tranquillité publique le
sacrifice de leurs intérêts particuliers. Dans de pareilles circonstances
l'homme bien intentionné cède à la volonté fortement prononcée de tout un
peuple, et on ne le voit pas, pour le plaisir de conserver une place, chercher
à opposer les citoyens aux citoyens, et jeter dans une cité des germes de
guerre civile. Je demande qu'à l'instant, trois membres de la Convention

soient chargés d'aller à Orléans pour vérifier les faits ; et s'il est constaté que les municipaux d'Orléans ont fait ce qu'a voulu faire à Paris, dans la journée du 20 juin, un département contre-révolutionnaire, il faut que leur tête tombe sous le glaive des lois.

Que la loi soit terrible et tout rentrera dans l'ordre. Prouvez que vous voulez le règne des lois, mais prouvez aussi que vous voulez le salut du peuple, et surtout épargnez le sang des Français. *(On applaudit.)*

　　(Moniteur du 23 septembre 92.)

Le lendemain, des députés extraordinaires du conseil général du Loiret, justifient les autorités constituées des mesures qu'elles ont prises, Danton répond de sa place :

Je demande l'impression de ce long plaidoyer pour le *Drapeau rouge;* on examinera ensuite cette question.

　　(Moniteur du 24 septembre 92.)

L'impression était, en effet, le seul châtiment que méritassent ces conseillers, car c'était les mettre au ban de la France républicaine. La mesure qu'il propose contre les municipaux d'Orléans est terrible, mais qu'on n'oublie pas que dans le moment même qu'il faisait cette proposition, on répandait à profusion la fameuse circulaire de la Commune qui provoquait le peuple des provinces à imiter les Parisiens ; or, le seul moyen de prévenir de si grands malheurs, était de se montrer inflexible. Il ne fallait pas laisser aux massacreurs le moindre prétexte, dans un moment où on n'aurait pu ni les arrêter ni les punir, n'ayant pas sévi contre ceux de Paris.

Mais à quelles conditions le peuple aura-t-il foi dans les magistrats destinés à juger ses ennemis? Cette question nous ramène à celle du choix des juges, et se rattache à la précédente.

Il s'agissait de réformes dans l'ordre judiciaire. Thomas Payne avait émis l'avis que, si l'on faisait des réformes partielles, il serait possible que ces institutions n'eussent aucune cohérence. Il pensait qu'on devait s'en tenir, quand au présent, à la réélection des individus, sans rien changer aux lois. Danton répliqua :

Ma proposition entre parfaiment dans le sens du citoyen Payne. Je ne crois pas de votre devoir, dans ce moment, de changer l'ordre judiciaire; mais je pense seulement que vous devez étendre la faculté des choix. Remarquez que tous les hommes de loi sont d'une aristocratie révoltante; si le peuple est forcé de choisir parmi ces hommes, *il ne saura où reposer sa confiance.* Je pense que si l'on pouvait, au contraire, établir dans les élections un principe d'exclusion, ce devrait être contre ces hommes de loi qui jusqu'ici se sont arrogé un privilége exclusif, qui a été une des grandes plaies du genre humain. Que le peuple choisisse à son gré les hommes à talents qui mériteront sa confiance. Il ne se plaindra pas quand il aura choisi à son gré. Au lieu qu'il aura sans cesse le droit de s'insurger contre des hommes entachés d'aristocratie que vous l'auriez forcé de choisir.

Élevez-vous à la hauteur des grandes considérations. Le peuple ne veut point de ses ennemis dans les emplois publics ; laissez-lui donc la faculté de choisir ses amis. Ceux qui se sont fait un état de juger les hommes étaient comme les prêtres, les uns et les autres ont éternellement trompé le peuple. La justice doit se rendre par les simples lois de la raison. Et moi aussi, je connais les formes ; et si l'on défend l'ancien régime judiciaire, je prends l'engagement de combattre en détail, pied à pied, ceux qui se montreront les sectateurs de ce régime.

Quelques orateurs s'opposent à ce que le peuple choisisse les juges parmi tous les citoyens, Danton reprend :

Il s'agit de savoir s'il y a de graves inconvénients à décréter que le peuple pourra choisir indistinctement parmi tous les citoyens les hommes qu'il croira les plus capables d'appliquer la justice, je répondrai froidement et sans flagornerie pour le peuple aux observations de M. Chassey. Il lui est échappé un aveu bien précieux ; il vous a dit que, comme membre du tribunal de cassation, il avait vu arriver à ce tribunal une multitude de procès extrêmement entortillés, et tous viciés par des violations de formes. Comment se fait-il qu'il convient que les praticiens sont détestables, même en forme, et que cependant il veut que le peuple ne prenne que des praticiens. Il vous a dit ensuite : plus les lois actuelles sont compliquées, plus il faut que les hommes chargés de les appliquer soient versés dans l'étude de ces lois.

Je dois vous dire, moi, que ces hommes infiniment versés dans l'étude des lois sont extrêmement rares, que ceux qui se sont glissés dans la composition actuelle des tribunaux, sont des subalternes ; qu'il y a parmi les juges actuels un grand nombre de procureurs et même d'huissiers ; eh bien, ces mêmes hommes, loin d'avoir une connaissance approfondie des lois, n'ont qu'un jargon de chicane ; et cette science, loin d'être utile, est infiniment funeste. D'ailleurs on m'a mal interprété ; je n'ai pas proposé d'exclure les hommes de loi des tribunaux, mais seulement de supprimer l'espèce de privilége exclusif qu'ils se sont arrogé jusqu'à présent. Le peuple élira sans doute tous les citoyens de cette classe, qui unissent le patriotisme aux connaissances ; mais, à défaut d'hommes de loi patriotes, ne doit-il pas pouvoir élire d'autres citoyens. Le préopinant qui a appuyé en partie les observations de M. Chassey, a reconnu lui-même la nécessité de placer un prud'homme dans la composition des tribunaux, d'y placer un citoyen, un homme de bon sens, reconnu pour tel dans son canton, pour réprimer l'esprit de dubitation qu'ont souvent les hommes barbouillés de la science de la justice.

En un mot, après avoir pesé ces vérités, attachez-vous surtout à celle-ci : le peuple a le droit de vous dire : tel homme est ennemi du nouvel ordre des choses, il a signé une pétition contre les sociétés populaires, il a adressé à l'ancien pouvoir exécutif des pétitions flagorneuses ; il a sacrifié nos intérêts à la cour, je ne puis lui accorder ma confiance. Beaucoup de juges, en effet, qui n'étaient pas très experts en mouvements politiques, ne prévoyaient pas la révolution et la république naissante ; ils correspondaient avec le pouvoir exécutif, ils lui envoyaient une foule de pièces qui prouvaient leur incivisme : et, par une fatalité bien singulière, ces pièces envoyées à M. Joly, ministre de la tyrannie, ont tombé entre les mains du ministre du peuple. C'est alors que je me suis convaincu plus que jamais de la nécessité d'exclure cette classe d'hommes des tribunaux ; en un mot, il n'y a aucun inconvénient grave, puisque le peuple pourra réélire tous les hommes de loi qui sont dignes de sa confiance. (On applaudit.)

(*Moniteur* du 23 septembre 93.)

La Convention déclare que les juges pourront être indistinctement choisis parmi tous les citoyens.

N'oublions pas que Danton avait été avocat, et qu'il parlait de l'ignorance des magistrats en homme qui les avait connus de près ; qu'il était, par conséquent, compétent dans la question. Mais peu préoccupé de considérations personnelles et ramenant tout débat au point de vue de la dignité humaine : l'homme, se dit-il, a été doué de raison par la nature ; or, l'instinctif bon sens qu'il a en lui, suffit pour l'éclairer ; tout homme sain d'esprit est donc apte à émettre en toute question judiciaire, un jugement équitable.

C'est sans doute après ce discours que le *Journal des Révolutions de Paris* écrivait :

Des hommes, mais en très petit nombre se sont déjà montrés à nous tels, à plusieurs égards, que nous désirions tous nos députés à la Convention nationale. Danton a fourni ses preuves dans plus d'une occasion.

(*Révolution de Paris*, n° 165.)

Nous n'avons fait cette citation que pour montrer le fonds qu'il faut faire sur les opinions de Prudhomme ; on se rappelle, en effet, que dans son numéro précédent, il avait conseillé à Danton de rester au ministère : lui faisant entendre que chacun a sa spécialité, que les succès de tribune n'étaient pas son

partage. Et puis laissez-vous influencer par les jugements des
journalistes : ce monde est plein de gens qui font les dieux et
disent au génie : tu n'iras pas plus loin. D'ailleurs comment
après septembre se méprendre à ce point? Soyons bien convaincus, au reste, que ce n'est jamais l'intelligence qui manque
à de tels critiques, mais la bonne foi; c'est pourquoi c'est
temps perdu de les réfuter.

La citation que nous allons faire, prouve que si Danton fonc-
tionne encore au conseil comme ministre, du moins il ne s'en
cache pas ; sa démission était acceptée, mais il n'était pas
remplacé.

Le 23 septembre, on proposait la destitution du général
Montesquiou, accusé de complicité avec Lafayette.

DANTON. — Il est bon que la Convention sache que le conseil partage son
opinion sur Montesquiou. Sa destitution est écrite dans les registres du
conseil, et elle lui sera envoyée si l'on avait pu envoyer sur-le-champ à sa
place le citoyen Anselme, connu par ses talents et son civisme. *(On applaudit.)* Mais il est temps de prononcer la destitution de Montesquiou. Il faut
nous montrer terribles; c'est du caractère qu'il faut pour soutenir la
liberté. *(On applaudit.)*

(*Moniteur* du 25 septembre 92.)

Le lendemain, sur la proposition de Danton, la Convention
décrète que les citoyens Dubois de Crancé, Lacombe Saint-
Michel et Gasparin se transporteront à l'armée du Midi et
mettront le décret à exécution selon leur prudence et selon les
circonstances. (*Moniteur* du 25 septembre 92.)

Avant d'aborder cette fameuse séance du 25 septembre, après
laquelle il était si facile de prévoir tous les malheurs qui
allaient naître des dissensions intestines, qu'on nous permette
de rappeler l'état des esprits.

Danton avait été trop supérieur à ses collègues pendant ses
six semaines de gestion ministérielle, pour ne pas éveiller
l'envie secrète des hommes mêmes de son parti. Les Girondins
surtout ne pouvaient lui pardonner de les avoir dépassés du
premier bond de toute la supériorité du génie de l'action sur
le talent de la parole, de toute la supériorité du politique
consommé sur le rhéteur. On se rappelle encore que, dès la
première séance, Danton avait pris les devants, en promettant

au peuple une Constitution, en assurant à la bourgeoisie la possession paisible de ses biens ; à tous, la République. C'était impardonnable.

Robespierre, sans doute, jouissait d'une grande influence aux Jacobins, mais il n'était pas homme d'action, on le savait médiocre orateur, son influence était toute morale ; en septembre 92 il n'aurait pas recruté cent hommes pour marcher avec lui ; Robespierre pour les Girondins n'était donc pas à craindre. C'est Danton qu'il fallait dépopulariser. En conséquence, soit de concert, soit sentiment instinctif de conservation, il se trouva que dès les premiers jours de la Convention, toute la Gironde était liguée contre un seul homme. Les prétextes spécieux ne vont pas manquer, les fédérés étaient trop habiles pour se trouver en défaut sur ce point ; nous allons voir qu'ils descendirent jusqu'aux calomnies. Danton se justifiera, des pièces appuieront ses justifications, et c'est quand nous aurons tout entendu, tout lu que nous pourrons nous flatter de connaître l'homme.

Le 25 septembre, jour convenu par les Girondins pour faire expulser du sein de l'Assemblée la députation de Paris, Lasource résumait en ces termes ce qu'il appelait la conjuration des trois principaux députés, Marat, Robespierre et Danton.

Je répète, à la face de la République, ce que j'ai dit au citoyen Merlin en particulier. Je crois qu'il existe un parti qui veut dépopulariser la Convention nationale, qui veut la dominer et la perdre, qui vont régner sous un autre nom, en réunissant tout le pouvoir national entre les mains de quelques individus. Ma prédiction sera peut-être justifiée par l'événement, mais je suis loin de croire que la France succombe sous les efforts de l'intrigue, et j'annonce aux intrigants, que je ne crains point, qu'à peine démasqués ils seront punis, et que la puissance nationale, qui a foudroyé Louis XVI, foudroiera tous les hommes avides de domination et de sang. *(On applaudit.)*

Cette première accusation ne manquait pas d'habileté. Au moment où l'on venait de proclamer d'enthousiasme la République, dévoiler un complot tendant à la dictature c'était évidemment soulever tous les patriotes contre les coupables, or, ces coupables étaient précisément les trois hommes les plus influents parmi les révolutionnaires. Ils sont trois, autre habileté de la part des dénonciateurs, car ils dissimulaient ainsi leur animosité personnelle contre Danton ; leur accusation portait le caractère du républicanisme le plus désintéressé.

Danton sentit le coup, mais, calme au milieu de l'orage qu'avait soulevé cette violente provocation, il demande la parole gravit lentement les degrés de la tribune, et se tournant vers la droite de l'Assemblée :

Citoyens,

C'est un beau jour pour la nation, c'est un beau jour pour la République française, que celui qui amène entre nous une explication fraternelle. S'il y a des coupables, s'il existe un homme pervers qui veuille dominer despotiquement les représentants du peuple, sa tête tombera aussitôt qu'il sera démasqué. On parle de dictature, de triumvirat. Cette imputation ne doit pas être une imputation vague et indéterminée ; celui qui l'a faite doit la signer ; je le ferais moi, cette imputation dût-elle faire tomber la tête de mon meilleur ami. Ce n'est pas la députation de Paris prise collectivement, qu'il faut inculper ; je ne chercherai pas non plus à justifier chacun de ses membres, je ne suis responsable pour personne ; je ne vous parlerai donc que de moi.

Je suis prêt à vous retracer le tableau de ma vie publique. Depuis trois ans j'ai fait tout ce que j'ai cru devoir faire pour la liberté. Pendant la durée de mon ministère j'ai employé toute la vigueur de mon caractère, j'ai apporté dans le conseil toute l'activité et tout le zèle du citoyen embrasé de l'amour de son pays. S'il y a quelqu'un qui puisse m'accuser à cet égard, qu'il se lève, et qu'il parle. Il existe, il est vrai, dans la députation de Paris, un homme dont les opinions sont pour le parti républicain, ce qu'étaient celle de Royon pour le parti aristocratique ; c'est Marat. Assez et trop longtemps l'on m'a accusé d'être l'auteur des écrits de cet homme. J'invoque le témoignage du citoyen qui vous préside (Pétion). Il lut, votre président, la lettre menaçante qui m'a été adressée par ce citoyen ; il a été témoin d'une altercation qui a eu lieu entre lui et moi à la mairie. Mais j'attribue ces exagérations aux vexations que ce citoyen a éprouvées. Je crois que les souterrains dans lesquels il a été enfermé ont ulcéré son âme... Il est très vrai que d'excellents citoyens ont pu être républicains par excès, il faut en convenir ; mais n'accusons pas pour quelques individus exagérés une députation tout entière. Quant à moi je n'appartiens pas à Paris ; je suis né dans un département vers lequel je tourne toujours mes regards avec un sentiment de plaisir ; mais aucun de nous n'appartient à tel ou tel département, il appartient à la France entière. Faisons donc tourner cette discussion au profit de l'intérêt public.

Il est incontestable qu'il faut une loi vigoureuse contre ceux qui voudraient détruire la liberté publique. Eh bien ! portons-la cette loi, portons une loi qui prononce la peine de mort contre quiconque se déclarerait en faveur de la dictature ou du triumvirat ; mais après avoir posé ces bases qui garantissent le règne de l'égalité, anéantissons cet esprit de parti qui nous perdrait. On prétend qu'il est parmi nous des hommes qui ont l'opinion de vouloir morceler la France ; faisons disparaître ces idées absurdes, en prononçant la peine de mort contre leurs auteurs. La France doit être un tout indivisible. Elle doit avoir unité de représentation. Les citoyens de Marseille veulent donner la main aux citoyens de Dunkerque. Je demande donc la peine de mort contre quiconque voudraient détruire l'unité en France, et je propose de décréter que la Convention nationale pose pour base du gouvernement qu'elle va établir l'unité de représentation et d'exécution. Ce ne sera pas sans frémir que les Autrichiens apprendront cette sainte harmonie ; alors, je vous jure, nos ennemis sont morts. *(On applaudit.)*

   (Moniteur du 26 septembre 92.*)*

   L'Assemblée déclare à l'unanimité que la République française est *une et indivisible*.

   Les Girondins ne furent pas heureux pour leur coup d'essai. Il n'était plus possible après un discours aussi explicite de remettre en avant cette pitoyable accusation de dictature ; il fallut recourir à d'autres. Mais avant de les rappeler, citons le passage de la réponse de Marat qui a trait à Danton ; elle ne manque pas de grandeur.

   Marat disculpe en ces termes Danton d'aspirer à la tyrannie :

   Je dois à la justice de déclarer que mes collègues, nommément Robespierre, Danton, ainsi que tous les autres, ont constamment improuvé l'idée, soit d'un tribunat, soit d'une dictature. Si quelqu'un est coupable d'avoir jeté dans le public ces idées, c'est moi. J'appelle sur ma tête la vengeance de la nation ; mais avant de faire tomber l'opprobre ou le glaive, daignez m'entendre.

   (Moniteur du 27 septembre 92.*)*

   Nous espérons démontrer un jour que Marat n'a pas plus été connu que Danton. Nous avons à notre disposition pour ce travail la belle collection de M. F. Chévremont ; nous espérons surtout être aidé de ses connaissances dans cette partie si importante de l'histoire de notre grande Révolution.

   On a dit que ce qui anima le plus les Girondins contre Danton et les rendit irréconciliables, ce fut le trait amère qu'il lança contre le ministre de l'intérieur, au moment où celui-ci offrait de

donner sa démission pour conserver son titre de député. Voici
le passage :

> Personne ne rend plus justice que moi à Roland ; mais je vous dirai, si
> vous lui faites une invitation, faites-là donc aussi à madame Roland, car tout
> le monde sait que Roland n'était pas seul dans son département. Moi j'étais
> seul dans le mien... *(Murmures.)* Puisqu'il s'agit de dire hautement sa pensée,
> je rappellerai, moi, qu'il fut un moment où la confiance fut tellement abattue
> qu'il n'y avait plus de ministres et que Roland lui-même eut l'idée de sortir
> de Paris.
> DUBEM. — Oui, j'en ai été témoin.

La seconde partie de cette allocution prouve la vérité de ce
que nous a appris Fabre d'Églantine à propos des journées de
septembre. L'histoire ne doit pas l'oublier : les ministres voulaient fuir !

Quoi qu'il en soit, les deux amis de la liberté trouvait l'ironie
de Danton fort déplacée. Il faut les entendre :

> Un des griefs allégués contre le ministère du citoyen Roland, c'est qu'il
> insultait sa femme. C'est Danton lui-même qui a eu le courage de se charger
> de ce reproche, et qui ne craignit pas de le faire avec une ironie déplacée,
> dans la tribune de la Convention nationale. Nous dirons au citoyen Danton
> qu'une telle dénonciation était au dessous de lui. Sans doute il est ridicule et
> dangereux que les hommes en place se laissent influencer par des femmes ;
> mais il fallait admettre quelque différence entre la citoyenne Roland et la
> Stael, par exemple.
> Dans tous les cas, ce n'était point au citoyen Danton à lever publiquement
> le voile qui couvre l'intimité si naturelle qui existe entre deux époux hon-
> nêtes, ne faisant rien sans se consulter. Il serait à désirer que le citoyen
> Danton eut été aussi bien entouré dans ses bureaux que le confrère Roland.
> *(Révolution de Paris,* n° 170.)

Il faut, en vérité, que ce trait ait bien choqué les deux amis
pour leur faire oublier la seconde allégation du tribun ; celle
qui aurait dû surtout les préoccuper comme historiens sérieux.
Avouons pourtant que l'*honnête* Roland méritait bien que Danton
lui décochât ce trait. S'est-il levé une seule fois pour rendre
justice à son collègue après la fameuse affaire de septembre? Et
pourtant que fut-il advenu sans Danton? Au contraire, il se
taira hypocritement dans toutes les circonstances où il devrait
le défendre, et son silence paraîtra confirmer toutes les accusations. Encore une fois : *honest Iago!*

On a généralement représenté Danton comme plus grand orateur que politique; il aurait peut-être été plus vrai de dire le contraire, nous aurons souvent l'occasion de nous en convaincre. Le 25, il s'agissait d'une réduction sur le traitement des prêtres proposée par Cambon.

DANTON. — Par motion d'ordre, je demande que, pour ne pas vous jeter dans une discussion immense, vous distinguiez le clergé en général, des prêtres qui n'ont pas voulu être citoyens : occupez-vous à réduire le traitement de ces traîtres qui s'engraissaient des sueurs du peuple, et renvoyez la grande question à un autre moment. *(On applaudit.)*
(Moniteur du 29 septembre 92.)

Cette fois encore le politique l'emportait sur l'économiste : sans doute la réduction du traitement du clergé était à souhaiter; mais au moment où les prêtres qui avaient refusé de prêter le serment civique, soulevaient la Vendée, était-il bien opportun de punir, d'indisposer ceux qui s'étaient montrés citoyens, par une réduction de salaire?

Qu'on nous permette d'anticiper sur les événements et d'ajouter ce que Danton dit plus tard à ce propos.

Lecointe-Puyravau avait, dans son récit des troubles survenus dans le département d'Eure et Loir, allégué qu'une des causes était les décrets lancés contre les prêtres.

BIROTEAU. — Si la simple motion de supprimer le salaire des prêtres cause tant d'effervescence, qu'on juge des troubles qu'occasionnerait un pareil décret. *(Quelques murmures se font entendre.)*

DANTON. — Je demande qu'on écoute l'orateur en silence; car je soutiendrai la même opinion. On bouleversera la France par l'application trop précipitée des principes philosophiques que je chéris; mais pour lesquels le peuple, et surtout celui des campagnes, n'est pas mûr encore.
(Moniteur du 2 décembre 92.)

Dans la même séance il insista en ces termes :

Je viens ajouter quelques idées à celles qu'a développées le préopinant. Sans doute il est douloureux pour les représentants du peuple, de voir que leur caractère est plus indignement, plus insolemment outragé par le peuple lui-même que par ce Lafayette, complice des attentats du despotisme. On ne peut se dissimuler que les partisans du royalisme, les fanatiques et les scélérats qui, malheureusement pour l'espèce humaine, se trouvent disséminés sur tous les points de la république, ne rendent la liberté déplorable. Il y a eu

une violation infâme, il faut la réprimer; il faut sévir contre ceux qui, pré-
textant la souveraineté nationale, attaquent cette souveraineté et se souil
lent de tous les crimes. *(On applaudit.)* Il y a des individus bien coupables,
car, qui peut excuser celui qui veut agiter la France? N'avez-vous pas
déclaré que la constitution serait présentée à l'acceptation du peuple? Mais
il faut se défier d'une idée jetée dans cette Assemblée. On a dit qu'il ne fallait
pas que les prêtres fussent salariés par le trésor public. On s'est appuyé sur
des idées philosophiques qui me sont chères; car je ne connais d'autre bien
que celui de l'univers, d'autre culte que celui de la justice et de la liberté.
Mais l'homme maltraité de la fortune cherche des jouissances éventuelles;
quand il voit un homme riche se livrer à tous ses goûts, caresser tous ses
désirs, tandis que ses besoins à lui sont restreints au plus étroit nécessaire,
alors il croit, et cette idée est consolante pour lui, il croit que dans une autre
vie ses jouissances se multiplieront en proportion de ses privations dans
celles-ci. Quand vous aurez eu pendant quelque temps des officiers de morale
qui auront fait pénétrer la lumière auprès des chaumières, alors il sera bon
de parler au peuple morale et philosophie. Mais jusque là il est barbare, c'est
un crime de lèse-nation que d'ôter au peuple des hommes dans lesquels il
peut trouver encore quelques consolations. Je penserais donc qu'il serait utile
que la Convention fit une adresse pour persuader au peuple qu'elle ne veut
rien détruire, mais tout perfectionner; que si elle poursuit le fanatisme, c'est
parce qu'elle veut la liberté des opinions religieuses. Il est encore un objet
qui mérite l'attention et qui exige la prompte décision de l'Assemblée. Le
jugement du ci-devant roi est attendu avec impatience; d'une part, le républicain est indigné de ce que ce procès semble interminable; de l'autre, le
royaliste s'agite en tous sens, et comme il a encore des moyens de finances
et qu'il conserve son orgueil accoutumé, vous verrez, au grand scandale et
au grand malheur de la France, ces deux partis s'entrechoquer encore. S'il
faut des sacrifices d'argent, si les millions mis à la disposition du ministre
ne suffisent pas, il faut lui en donner de nouveaux; mais plus vous prendrez
de précautions sages, plus aussi doit éclater votre justice contre les agitateurs. Ainsi, d'une part, assurance au peuple qu'il lui sera fourni des blés,
accélération du jugement du ci-devant roi, et déploiement des forces nationales contre les scélérats qui voudraient amener la famine au milieu de
l'abondance : telles sont les conclusions que je vous propose, et que je crois
les seules utiles. *(On applaudit.)*

    (Moniteur du 2 décembre 92.)

    Dans la séance du soir, à propos de la Savoie, Bancal avait
demandé qu'il fut décrété qu'elle ne fera point un 84ᵉ département dans la République, mais qu'il lui sera libre de donner un
gouvernement particulier.

    Lasource avait proposé de renvoyer la question à l'examen
d'un comité.

DANTON. — J'appuie la proposition du renvoi au comité, avec d'autant plus de raison que le principe qu'on vient d'énoncer paraîtra peut-être susceptible de quelques restrictions. En même temps que nous devons donner aux peuples voisins la liberté, vous devez leur dire : vous n'aurez plus de roi ; car tant que vous serez entouré de tyrans, leur coalition pourra mettre votre liberté en danger. En nous députant ici, la nation française a créé un grand comité d'insurrection générale des peuples ; remplissant notre mission, mûrissons nos principes et ne précipitons pas nos discussions. Je demande le renvoi au comité diplomatique. *(On applaudit.)*

(Moniteur du 29 septembre 92.)

Ainsi, au point de vue de Danton, il y a solidarité de liberté entre les nations, comme il y a solidarité de liberté entre les citoyens d'une même cité.

Une autre fois la municipalité de Paris demandait un prêt de deux millions pour le remboursement des billets de la maison de secours qui restaient en circulation.

Cambon s'opposait à ce prêt sous prétexte que la nation ne devait pas faire de sacrifices pour une horde d'agioteurs, et demandait qu'au contraire on exigeât que la municipalité rendît compte de l'emploi de trois millions déjà accordés.

DANTON. — Sans doute les deniers nationaux ne doivent pas être prodigués, mais il ne s'agit ici que d'un prêt. Pourquoi la municipalité de Paris se trouve-t-elle forcée de vous le demander, c'est parce que l'Assemblée législative n'a pas assez senti que le papier particulier ne devait pas rivaliser avec le papier national ; la nature des choses avait forcé les citoyens de Paris à recevoir ces petits billets. L'Assemblée ne voudra pas que le citoyen indigent soit victime du défaut de loi pour réprimer l'agiotage. Peut-elle faire un crime à la municipalité de lui avoir exposé la situation politique de cette ville.

(Moniteur du 29 septembre 93.)

Encore une preuve de plus que le radicalisme de la théorie a besoin, surtout en matière de science économique, d'être tempéré par la prévoyance de la pratique. Ces deux sciences sont sœurs ; tout État ne sera bien gouverné que quand la politique et l'économie politique se donneront la main. En toutes circonstances les exclusifs ont fait tout le mal.

Pendant que les orateurs de la bourgeoisie combinaient entre eux les moyens de perdre Danton, discutaient à la tribune les principes politiques, les volontaires, qui s'étaient levés à la voix du tribun du peuple, gagnaient le 20 décembre contre les Prussiens la bataille de Valmy. Un mois après Montesquiou s'emparait de Chambéry, Anselme prenait Nice, Lille résistait héroïquement aux bombes des Allemands. La victoire semblait prendre pied sur le sol de France pour saluer la République.

Le 3 octobre une lettre de Custine annonçait la prise de Spire sur les Autrichiens. L'Assemblée tressaillait d'enthousiasme.

DANTON. — Je demande qu'il soit déclaré que la patrie n'est plus en danger. (*Il s'élève quelques murmures.*) Je prévois toutes les objections qu'on pourra me faire ; mais je déclare d'avance qu'elles sont indignes des Français républicains. Lorsque vous avez déclaré la patrie en danger; vous connaissiez le principe de ce danger; c'était la royauté que vous avez abolie. Certes, il n'est aujourd'hui aucun de nous qui ne soit convaincu que, loin d'avoir à craindre pour notre Liberté nous pouvons la porter chez tous les peuples qui nous entourent. Lille, il est vrai, est assiégé, mais il y a plus de 9,000 hommes effectifs qui le défendent; et si cette garnison n'avait pas été commandée par un chef plus que suspect et que le pouvoir exécutif vient de destituer, déjà cette ville aurait, par des sorties vigoureuses, fait repentir l'ennemi de son audace. Je vois d'un autre côté non seulement les Prussiens repoussés et tombant, soit sous le fer de la liberté, soit sous le poids des maladies, mais le général Custine prenant Spire, et, par un combinaison savante, pouvant se réunir au général Biron pour porter la guerre dans tout l'empire. Quel est donc actuellement le danger de la patrie?

Cette proposition n'est pas appuyée.

(*Moniteur* du 5 octobre 92.)

Il me souvient qu'à Rome, après une défaite, le sénat nota d'infamie quiconque avait désespéré du salut de la patrie. Nous venions, nous, de remporter une victoire, Danton veut qu'on décrète que la patrie n'est plus en danger, et les envieux et les timides de la Convention chicanent sur les détails !

Marat non plus ne nous paraît pas avoir senti toute la portée d'une telle motion ; Marat, à force d'observations, avait surpris tous les détours de la politique, mais Danton en avait le génie. La confiance en soi décuple les forces, c'était le moment de l'inculquer à nos soldats.

Voici ce que dit Marat :

Jamais les applaudissements n'ont été plus bruyants, qu'après, la lecture de Custine ; l'allégresse était fondée, ce sont là les premiers avantages marqués des armes françaises sur nos ennemis.

..... Au milieu de l'engouement que faisaient éclater les représentants du peuple, Danton a été jusqu'à proposer de décréter que la patrie n'était plus en danger. C'était le vrai moyen de la mettre en péril, en enchaînant l'ardeur des citoyens qui volent aux frontières, et en permettant à ceux qui sont sous la tente de rentrer dans leurs foyers. Hé quoi! Danton avait donc oublié que les Prussiens souillent encore les terres de la liberté, que les Autrichiens réduisent Lille en cendres, que nos places de guerre et nos corps d'armée ont encore des machinateurs à leur tête.

(*Journal de la République*, par Marat, l'*Ami du peuple* du samedi 6 octobre 1792. Séance du 4 octobre.)

On sait qu'après la fameuse victoire, Dumouriez était venu à Paris recueillir les applaudissements dûs à son triomphe, mais aussi pour tâter les partis, pour s'assurer de ce qu'il pourrait faire en faveur d'un monarque quelconque pourvu que le soliveau fût constitutionnel et qu'il le payât bien. On a beaucoup parlé de ses rapports diplomatiques et secrets avec le ministre de la justice avant et après Valmy; on a cité des anecdotes fort intéressantes à ce sujet. Ne les ayant trouvé nulle part, nous ne pouvons en confirmer l'exactitude. Nous croyons au reste que l'histoire sérieuse n'en a que faire. Les pièces officielles suffisent pour démontrer que si Danton n'avait qu'une faible confiance dans le républicanisme du général, il reconnaissait néanmoins ses talents, pressentait que la France en aurait encore besoin, savait fort bien qu'il ne monarchiserait pas des recrues parisiennes, que sous ce rapport il n'était pas à craindre, et les événements ont démontré qu'il ne se trompait pas. Danton le diplomate, le rusé politique suivit donc assidûment Dumouriez à son arrivée à Paris. D'ailleurs, le vainqueur de Valmy était la créature des Girondins, et qui sait si, par son entremise, toute défiance ne cesserait pas entre les partis qui menaçaient de compromettre la République par leur désunion.

Voilà les secrets des assiduités de Danton auprès du vainqueur; il veut, avec l'aide du général, battre les ennemis du dehors, réconcilier les ennemis de l'intérieur. Cette révélation ressort du rapprochement de ses discours à la tribune avec les circonstances qui les inspirent.

Quoique toujours présent à la Convention, Danton n'en assistait pas moins, le soir, aux séances des Jacobins; nous lisons, au numéro 281 *des débats de la société,* que le 10 octobre il en avait été nommé président. Il occupait cette fonction quand Dumouriez vint à Paris, recueillir des bravos ; le 14, le général entre dans la salle, Santerre l'accompagnait ; Dumouriez embrasse Robespierre : tout le monde applaudit.

Danton paraît ; il monte au fauteuil, et reçoit des applaudissements.

Une société populaire demande la réduction des traitements de certains fonctionnaires publics et l'augmentation des honoraires de quelques autres.

Charot — Je demande la question préalable sur le renvoi, je sais que dans le comité de constitution se trouvent Danton, Barrère et Condorcet ; l'adresse dont il s'agit sera aussi bien dans les mains de nos trois amis que si on la mettait à la disposition du comité tout entier.

Danton observe qu'il ne doute pas que la société forme un comité auxiliaire de constitution : cette idée est accueillie par de vifs applaudissements : cependant la société arrête l'envoi de l'adresse au comité de la Convention.

Laveaux. — Rien de plus utile que ce comité auxiliaire dont vient de parler Danton ; il éclairera la Convention qui, à bien des égards, a besoin de lumières.

La société arrête qu'elle formera incessamment un comité dont les membres feront un travail sur la Constitution et le présenteront à la société.

Dumouriez avait demandé la parole et prononcé un discours très chaud de patriotisme et qu'il terminait ainsi :

Citoyens, frères et amis, d'ici à la fin du mois, j'espère mener soixante mille hommes pour attaquer les rois et sauver les peuples de la tyrannie. *(Vifs applaudissements.)*

Danton, président. — Lorsque Lafayette, lorsque ce vil eunuque de la révolution prit la fuite, vous servîtes déjà bien la république en ne désespérant pas de son salut ; vous ralliâtes nos frères : vous avez depuis conservé avec habileté cette station qui a ruiné l'ennemi, et vous avez bien mérité de votre patrie. Une plus belle carrière encore vous est ouverte : que la pique du peuple brise le sceptre des rois, et que les couronnes tombent devant ce bonnet rouge dont la société vous a honoré ; revenez ensuite vivre parmi nous, et votre nom figurera dans les plus belles pages de notre histoire. *(Applaudissements.)*

(Journal des débats de la société, n° 283.)

Il n'y a là rien de compromettant pour le principe, rien que de très digne pour la société. Nous croyons que si assiduités il y eut, elles ne furent pas aussi vives qu'on l'a fait entendre. Dans tous les cas, il n'y avait pas entre ces deux grands hommes complicité, ou Danton aurait été bien maladroit d'assigner à son complice un rôle si humble pour l'avenir : « Revenez ensuite vivre parmi nous. » On peut croire que s'il y avait eu complicité, le général n'aurait pas manqué de relever le fait dans ses mémoires où il n'est nullement question d'intrigues diplomatiques entre lui et le ministre de la justice. Pourquoi ce silence? Qu'avait-il à craindre?

Le 15 octobre, Manuel avait fait cette motion que le peuple fût appelé à se prononcer sur la forme républicaine donnée au gouvernement, afin que l'Assemblée pût travailler avec certitude.

DANTON. — On semble méconnaître la conséquence du principe que vous avez établi ; savoir, que la Constitution serait présentée en masse, en totalité, à l'acceptation du peuple. Si ce principe a été consacré comme le seul conservateur de la liberté ; si seul il peut maintenir l'harmonie et nous préserver de tout jugement précipité et peu réfléchi, pourquoi veut-on s'en écarter aujourd'hui, parce que, dit-on, si vous ne connaissez dès à présent le vœu du peuple, sur la question de la République, vous risquez de faire un long travail sur une base frêle et chimérique ; objection spécieuse, mais futile! Songez que la République est déjà sanctionnée par le peuple, par l'armée, par le génie de la liberté qui réprouve tous les rois. *(Il s'élève des applaudissements unanimes dans l'Assemblée et dans les tribunes.)* Si donc il n'est pas permis de mettre en doute que la France veut être et sera éternellement une République, ne nous occupons plus que de faire une constitution qui soit la conséquence de ce principe ; et quand vous l'aurez décrétée, quand par la solennité de vos discussions vous aurez pour ainsi dire décrété l'opinion publique, vous aurez une acceptation rapide, et la concordance de toutes les parties de votre gouvernement en garantira la stabilité. *(On applaudit.)* Attachons-nous à ce principe que les lois, telles qu'elles soient, doivent être exécutées par provision, comme lois absolues, sous peine d'une anarchie perpétuelle et de la dissolution de la République. C'est d'après ces vérités, les seules conservatrices de l'union avec laquelle nous devons être invincibles, que je demande la question préalable sur la proposition.

La Convention décide qu'il n'y a pas lieu.

(Moniteur du 17 octobre 92.)

La contre-révolution semait à dessein dans le public ces appels au peuple, qui n'auraient pas manqué d'amener l'anarchie par la lutte des opinions ; elle préparait ainsi l'appel pour le jugement de Louis XVI ; mais Danton, au nom de l'ordre, dévoilait d'avance le radicalisme simulé des anarchistes.

Brissot avait fait cette motion que la Convention approuvât les ordres donnés par le conseil exécutif pour faire évacuer la ville de Genève par les troupes de Berne et de Zurich, en respectant néanmoins la neutralité et l'indépendance du territoire de Genève.

DANTON. — Je demande que ces expressions, *en respectant néanmoins la neutralité et l'indépendance du territoire de Genève*, soient modifiées de manière que nous ne nous interdisions pas la faculté d'occuper Genève, si cette occupation devient absolument indispensable pour notre sûreté. Certes, quoique Genève soit une république en miniature, je respecte autant son indépendance et ses droits que ceux du peuple le plus puissant; mais elle a rompu elle-même les traités qui garantissaient sa neutralité, et il a été reconnu dans le conseil exécutif qu'il pouvait y avoir des circonstances où nous ne pourrions nous dispenser d'occuper son territoire.

(*Moniteur* du 18 octobre 92.)

Remarquons bien que ce n'est pas dans les grandes discussions seulement (nous devrions dire dans les petites, car ces prétendues grandes séances ne sont jamais distinguées des autres que par de déplorables personnalités), ce n'est pas, dis-je, dans les grandes discussions seulement que Danton prenait la parole, mais aussi dans celles qui avaient trait à des intérêts réputés minimes par les sultans de tribune. Pour le vrai citoyen, il n'y a pas de petit intérêt. Mais que de fois n'est-il pas arrivé à Danton d'élargir tout à coup l'horizon par la hauteur de son point de vue.

Un nouvel incident fut soulevé en octobre ; il a donné lieu à de nouvelles accusations contre l'ex-ministre de l'intérieur. Nous ne reculerons pas plus cette fois que toutes les autres, car nous tenons en mains d'incontestables documents qui réfuteront toutes les allégations.

Les Girondins, dépités de ne pouvoir convaincre Danton d'aspirer à la tyrannie, furieux de voir une partie de la Convention ébranlée par le puissant orateur, résolurent de changer leurs batteries, et de s'attaquer à sa *probité*. En conséquence, à propos d'un projet de décret présenté par Mallarmé, Cambon, ministre des finances, prend la parole, il établit le compte général des dépenses faites par les ministres avant son entrée en fonction, il demande qu'ils soient tenus de rendre compte, même des dépenses secrètes. Danton qui sent où l'on en veut venir monte à la tribune :

Citoyen, je n'ai rien à objecter au système de comptabilité présenté par Cambon. Ce n'est pas d'aujourd'hui qu'il exerce avec succès la place de contrôleur-général de la république. *(On applaudit.)* Mais ce qu'il demande a été fait par le conseil exécutif. En mon particulier je dois déclarer que j'ai été autant l'adjudant du ministre de la guerre que ministre de la justice. S'il a paru étonnant que le ministre de la justice ait employé 200,000 livres en dépenses secrètes, et près de 200,000 livres en dépenses extraordinaires, qu'on se rappelle que la patrie était en péril, que nous étions responsables de la liberté. Nous avons rendu nos comptes. J'ai rendu le mien particulièrement. Je crois n'avoir mérité aucun reproche dans ma conduite politique. J'appuie au surplus la proposition de Cambon.

Cette proposition est décrétée.

(Moniteur du 11 octobre 1792.)

Ainsi Danton ne recule pas ; s'il a fait ici une simple déclaration générale, c'était pour faire comprendre à l'Assemblée combien il était pénible pour des hommes qui avaient sauvé le pays dans des circonstances historiques les plus critiques, d'avoir à descendre à des explications. Mais la passion ne sent pas plus qu'elle ne raisonne ; il faudra donc répondre, il répondra. On avait résolu de perdre l'homme, on lui intentait cette fois une accusation qui ne manque jamais son effet auprès des masses ; elles sont si pauvres que quiconque manie beaucoup d'argent leur fait toujours envie. C'est un des malheurs de l'extrême misère, d'ôter souvent la confiance en la probité. Elle se calomnie elle-même par ses soupçons. Quoi qu'il en soit, la tactique était encore habile.

Le 18, on revient sur la comptabilité des dépenses secrètes. Roland présente ses comptes dans le plus minutieux détail. *(On applaudit.)*

REBECQUI. — Je demande que tous les ministres rendent compte comme Roland.

Monge, ministre de la marine déclare qu'il n'a fait aucune dépense extraordinaire ou secrète.

DANTON. — Je l'ai déjà dit à l'Assemblée, je n'ai rien fait que par ordre du conseil pendant mon ministère, et le conseil a pensé que, d'après le décret de l'Assemblée législative, il n'était comptable qu'en masse; d'ailleurs, il est telle dépense qu'on ne peut énoncer ici; il est tel émissaire qu'il serait impolitique et injuste de faire connaître; il est telle mission révolutionnaire que la liberté approuve, et qui occasionne de grands sacrifices d'argent. *(On applaudit.)* Lorsque l'ennemi s'empara de Verdun, lorsque la consternation se répandait même parmi les meilleurs et les plus courageux citoyens, l'Assemblée législative nous dit : n'épargnez rien, prodiguez l'argent, s'il le faut pour ranimer la confiance et donner l'impulsion à la France entière. Nous l'avons fait, nous avons été forcés à des dépenses extraordinaires ; et pour la plupart de ces dépenses, j'avoue que nous n'avons pas de quittances bien légales. Tout était pressé, tout s'est fait avec précipitation : vous avez voulu que les ministres agissent tous ensemble ; nous l'avons fait et voilà notre compte. *(Murmures.)* On a dû attacher une confiance morale à ceux qui ont été choisis pour faire la révolution ; et il serait bien pénible, bien flétrissant pour des ministres patriotes, de les forcer à remettre toutes les pièces qui constatent ces opérations extraordinaires. Il est vrai que Roland n'a point assisté au compte que les ministres se sont rendus mutuellement, mais il pouvait y assister. J'observerai, en finissant, que si le conseil eut dépensé dix millions de plus, il ne serait pas sorti un seul ennemi de la terre qu'ils avaient envahie. Au reste, je vous prie de ne rien prononcer qu'autant que les ministres vous auront rendu compte collectivement de ce qu'ils ont fait ensemble.

Cambon reconnaît que pour des dépenses secrètes il ne faut point demander un compte public.

Mais Roland devait assister au conseil pour en recevoir le compte avec ses autres collègues. La nation l'a nommé son agent pour surveiller l'emploi de ces fonds, et lui garantir qu'on ne s'en est servi que pour le bien et le salut de l'État. Ainsi que le ministre Roland se fasse présenter les comptes de ses collègues, qu'il leur rende le sien, qu'ensuite il vienne nous assurer que ces comptes sont en règle, et il aura rempli son devoir.

ROLAND. — Je suis très éloigné de blâmer les dépenses secrètes faites par mes collègues pour opérer le salut de la chose publique ; au contraire j'en approuve l'objet ; mais j'ai dû déclarer que j'ignorais comment ces dépenses avaient été faites, et à quoi on avait employé les fonds pris sur les deux millions (accordés au pouvoir exécutif le 28 août pour sauver le pays). Je ne le pouvais savoir, il est vrai, puisque je n'ai point assisté au conseil où ces comptes ont été rendus ; mais j'en ai cherché les traces sur le registre du conseil, je ne les ai point trouvées.

N..... — Je demande que le registre du conseil soit vérifié.

DANTON. — J'observe que le compte des dépenses secrètes ne se porte point sur le registre du conseil.

Sur la proposition de Larivière, la Convention nationale

décrète que le pouvoir exécutif justifiera, dans les 24 heures, de la délibération qu'il a dû prendre à l'effet d'arrêter le compte des sommes mises à sa disposition pour dépenses secrètes. (*Moniteur* du 20 oct. 92.)

Le 26, le député Lindou demande que le pouvoir exécutif soit tenu de déclarer, en exécution du décret prononcé dans une séance précédente, si chaque ministre a rendu le compte de l'emploi des sommes destinées aux dépenses extraordinaires ou secrètes.

DANTON. — J'appuie cette proposition, et je rendrai compte, s'il le faut de toute ma vie.
(*Moniteur* du 28 octobre 92.)

Le 29, Roland monte à la tribune, il vient présenter à l'Assemblée le mémoire qui lui a été demandé, le *Moniteur* le résume ainsi :

En un mot, corps administratifs sans pouvoirs ; Commune despote ; peuple bon, mais trompé ; force publique excellente, mais mal commandée ; voilà Paris. Faiblesse du corps législatif qui vous a précédé ; délai de la part de la Convention dans quelques dispositions fermes et nécessaires : voilà les causes du mal.
(*Moniteur* du 30 octobre.—Le *Mémoire* du ministre est reporté au numéro du 10 novembre suivant.)

Voilà ce qu'on pourrait appeler une réponse jésuitique puisqu'elle n'était là qu'un tableau de ce qu'avait été l'état de Paris lors des événements, de ce qu'il était encore à l'instant où parlait le ministre. Mais était-ce bien là la question? Les couleurs sous lesquelles certains députés patriotes étaient peints sans être nommés, devait nécessairement soulever de violentes répliques; pendant deux à trois séances ce ne fut que récriminations les plus vives, personnalités les plus offensantes. Le ministre, n'ayant aucun fait positif qui put incriminer Danton, comptait-il sur cette diversion? On pourrait le croire; nous lui en laissons la responsabilité. Quoi qu'il en soit, nous sommes en mesure, on l'a vu par les citations extraites du journal officiel, de prouver que Danton ne s'est pas refusé à donner aux anciens ministres réunis, les éclaircissements suffisants sur les dépenses secrètes qu'il avait

faites ; c'est tout ce qu'on pouvait exiger de lui ; nous avons
droit d'ajouter que si l'enquête n'a pas été poursuivie, c'est
que sans doute les documents manquaient encore une fois.

Mais si Roland n'a pas répondu, sa femme dans le mémoire
qu'elle a laissé, n'a pas ménagé le texte. Mais pourquoi n'accuser Danton que dans un livre destiné à n'être lu qu'après la
mort des parties, que quand l'inculpé ne serait plus là pour se
défendre? Pourquoi n'avoir pas écrit ce précieux document au
moment même où nous en sommes de cette histoire, quand
Danton disait : « qu'on se lève et qu'on me cite un fait? »

Cette considération seule suffira pour rendre les allégations
de la citoyenne Roland suspectes à tout homme de bonne foi,
car elle était toute puissante en octobre 1792, c'est elle qui
gouvernait ; les amis ne lui manquaient pas pour propager la
brochure ; mais c'est que tout cela n'aurait pas suffi alors
comme aujourd'hui ; Danton une fois encore se serait levé,
aurait demandé les pièces de conviction ; et si l'on se fut
contenté de *probabilités*, tout l'odieux de la calomnie serait
retombé sur ses auteurs.

Et maintenant pourquoi hésiterions-nous de citer, sans en
soustraire un mot, tous les passages de l'*Appel à la postérité*,
qui se rapportent à la gestion ministérielle de Danton?
Madame Roland en appelait à tous les fils de la révolution ;
puisse notre livre être la réponse définitive que fera la
postérité à tous ces mensonges posthumes.

Danton ne laissait guère passer de jours sans venir chez moi ; tantôt
c'était pour le conseil, il arrivait un peu avant l'heure et passait dans mon
appartement ou s'y arrêtait un peu après, ordinairement avec Fabre d'Églantine ; tantôt il venait me demander la soupe, d'autres jours que ceux où
j'avais coutume de recevoir, pour s'entretenir de quelques affaires avec
Roland.

On ne saurait faire montre de plus de zèle, d'un plus grand amour de la
liberté, *d'un plus vif désir de s'entendre avec ses collègues pour la servir efficacement*. Je regardais cette figure repoussante et atroce, et quoique je me disse
bien qu'il ne fallait juger personne sur parole, que je n'étais assurée de rien
contre lui, que l'homme le plus honnête devait avoir deux réputations dans
un temps de partis, qu'enfin il fallait se défier des apparences, je ne pouvais
appliquer l'idée d'un homme de bien sur ce visage. Je n'ai jamais rien vu
qui caractérisât si parfaitement l'emportement des passions brutales, et
l'audace la plus étonnante, demi voilée par l'air d'une grande jovialité,

l'affectation de la franchise et d'une sorte de bonhomie. Mon imagination assez vive, se représente toutes les personnes qui me frappent, dans l'action que je crois convenir à leur caractère; je ne vois pas durant une demi-heure une physionomie un peu hors du vulgaire, sans la revêtir du costume d'une profession, ou lui donner un rôle dont elle m'inspire ou me rappelle l'idée. Cette imagination m'a souvent figuré Danton un poignard à la main, excitant de la voix et du geste une troupe d'assassins plus timides ou moins féroces que lui; ou bien, content de ses forfaits, indiquant par le geste qui caractérise Sardanapale, ses habitudes et ses penchants. Assurément je défie un peintre exercé de ne pas trouver dans la personne de Danton toutes les convenances désirables pour cette composition.....

De cette époque sa marche fut aussi rapide que hardie; il s'attache par des libéralités, ou protége de son crédit ces hommes avides et misérables qui stipulent les besoins et les vices; il désigne les gens redoutables dont il faudra opérer la perte; il gagne les écrivains, ou inspire les énergumènes qu'il destine à les poursuivre; il enchérit sur les inventions révolutionnaires des patriotes aveugles ou des adroits fripons; il combine, arrête et fait exécuter des plans capables de frapper de terreur, d'anéantir beaucoup d'obstacles, de recueillir beaucoup d'argent et d'égarer l'opinion sur toutes ces choses. Il forme le corps électoral par ses intrigues, le domine ouvertement par ses agents et nomme la députation de Paris à la Convention dans laquelle il passe. Il va dans la Belgique augmenter ses richesses; il ose avouer une fortune de 1,400,000 livres, afficher le luxe en prêchant le sans-culottisme, et dormir sur des monceaux de cadavres.....

Dès que l'Assemblée eut rendu, de son propre mouvement un décret qui attribuait 100,000 livres au ministre de l'intérieur pour impression d'écrits utiles, Danton et Fabre surtout me demandèrent, par forme de conversation, si Roland était en mesure à cet égard, s'il avait des écrivains prêts à employer, etc., etc., je répondis qu'il n'était point étranger à ceux qui s'étaient déjà fait connaître; que les ouvrages périodiques rédigés dans un bon esprit indiquaient d'abord ceux qu'il convenait d'encourager; qu'il s'agissait de voir leurs auteurs, de les réunir quelquefois pour qu'ils s'instruisissent des faits dont il importerait de répandre la connaissance, et se concidiassent sur la manière d'amener plus efficacement les esprits à un même but. Que si, lui Fabre, lui Danton en connaissaient particulièrement quelques-uns, il fallait qu'ils les indiquassent, et qu'ils vinssent avec eux chez le ministre de l'intérieur, où l'on, pourrait, une fois la semaine, par exemple, s'entretenir de ce qui devait dans les circonstances, occuper essentiellement les écrivains. — Nous avons le projet, me répliqua Fabre, d'un journal en affiche que l'on intitulera : *compte rendu au peuple souverain* et qui présentera le tableau de la dernière révolution; Camille Desmoulins, Robert, etc., y travailleront. — Eh bien, il faut les amener à Roland. — Il s'en garda bien et ne parla plus du journal qui commença cependant dès que l'Assemblée eut donné au conseil deux millions pour *dépenses secrètes*. Danton dit à ses collègues qu'il fallait

que chaque ministre put en user dans son département; mais que celui des
affaires étrangères et de la guerre ayant déjà des fonds pareils, il convenait
que ceux-ci restassent à la disposition des quatre autres qui auraient ainsi
chacun tant de cent mille livres. Roland s'éleva fortement contre cette
proposition; il prouva que l'intention de l'Assemblée avait été de donner au
pouvoir exécutif, dans ces moments de crise, tous les moyens dont il pouvait
avoir besoin pour agir avec célérité; que c'était le conseil collectivement
qui devait déterminer l'emploi de ces fonds d'après la demande et pour les
objets présentés par chacun; que pour lui particulièrement il déclarait ne
vouloir en faire aucun usage sans en justifier au conseil à qui il appartenait
d'en connaître, et à qui ils étaient confiés. Danton répliqua, jura comme il
avait coutume de faire, parla de révolution, de grandes mesures, de secrets,
de liberté; les autres, séduits peut-être par le plaisir de *tripoter* chacun à sa
fantaisie, se rangèrent à son avis contre toute justice, politique et délicatesse, malgré les réclamations de Roland, et sa vigoureuse instance dont
l'autorité déplut. Danton se pressa de toucher cent mille écus au trésor
public, dont il fit ce que bon lui sembla; ce qui ne l'empêcha pas d'obtenir
de Servan soixante mille livres, de Lebrun davantage, sur les fonds secrets
de leurs départements, sous différents prétextes. Jamais il n'a fourni de
comptes à l'Assemblée, il s'est contenté de lui attester qu'il l'avait rendu au
conseil, et à ce conseil, il s'est borné à dire dans une séance où Roland
n'était pas pour cause d'indisposition, qu'il avait donné vingt mille francs
à tel, dix à tel autre, et ainsi du reste, pour la révolution, à cause de leur
patriotisme, etc.

C'est ainsi que Servan me l'a répété. Le conseil, interrogé par l'Assemblée
sur la question de savoir si Danton avait rendu des comptes, répondit simplement que oui. Mais Danton avait acquis tant de puissance, que ces hommes
timides craignaient de l'offenser. Aussitôt après la retraite du brave Servan,
Danton ne trouvant plus d'opposition dans les bureaux de la guerre, empoi-
sonna l'armée de Cordeliers aussi lâches qu'avides, qui favorisèrent les
pillages et les dilapidations, qui rendirent les soldats aussi féroces aux Français qu'aux ennemis, qui firent détester la révolution aux peuples voisins
par les excès de tous genres auxquels ils se livrent au nom de la république,
et qui, prêchant partout l'insubordination, préparent les revers éprouvés
depuis.

D'après cela on ne sera pas étonné que Danton, voulant envoyer en Bretagne un homme à lui, sous prétexte de visiter les ports et d'examiner les
inspecteurs, détermina le ministre de la marine à lui donner une commission; mais comme ces sortes de commissions doivent être signées de tous les
membres du conseil, Roland s'y refusa. De deux choses l'une, dit-il à Monge,
ou vos employés à la marine font leurs devoirs, ou ils ne le font pas, et c'est
ce que vous pouvez parfaitement juger. Dans ce dernier cas, il faut les renvoyer sans miséricorde; dans le premier, pourquoi les décourager et les
insulter, en leur envoyant un étranger qui ne tient point à cette partie et qui
leur prouverait votre défiance. Cette opération n'a rien qui convienne au

caractère d'administrateur ; je ne signe pas cette commission. — La séance du conseil se prolongea ; les papiers pour les signatures se pressaient sur la fin; Roland s'aperçoit qu'il vient d'apposer la sienne à la suite de celle de tous ses collègues, sur cette commission rejetée qu'on venait de lui glisser; il la biffe et se récrie contre Monge qui, d'un air effaré, lui réplique tout bas c'est Danton qui le veut ; si je le refuse, il me dénoncera à la commune, aux Cordeliers et me fera pendre. — Eh bien, moi ministre, je périrai avant de céder à de semblables considérations.

Le porteur de cette commission fut arrêté en Bretagne, par ordre d'un administrateur que sa conduite indisposa, et à qui la signature biffée de Roland avait paru un juste motif d'examiner de près le porteur, il y avait contre lui des plaintes graves ; mais c'était à la fin de l'année, lorsque la Montagne prenait ouvertement la défense de tous les anarchistes, et elle fit décréter que Guermeur serait mis en liberté.

Je me suis laissé entraîner par les circonstances ; je reprends la liaison des faits.

Danton et Fabre cessèrent de venir me voir dans les derniers jours d'août; ils ne voulaient pas sans doute s'exposer à des yeux attentifs lorsqu'ils chantaient les matines de septembre, et ils avaient assez jugé ce qu'était Roland et ses entours.....

(*Appel à l'impartiale postérité.*)

Encore une fois pourquoi Servan n'a-t-il pas répondu en octobre 92? Pourquoi les autres ministres n'ont-ils pas répondu ? « C'est, ajoute madame Roland, que Danton avait acquis tant de puissance que ces hommes timides craignaient de l'offenser. » Encore une fois, nous ne sommes qu'en 1792, et chacun sait qu'alors la majorité de la Convention était girondine ; mais pourquoi madame Roland n'a-t-elle pas été plus osée que *ces hommes* timides? A coup sûr, Roland aurait été pris à partie de répondre pour les inculpations répandues par sa femme. Le fait eut été éclairci.

Voici comme finit cette affaire. Buzot prit la parole dans les débats que souleva le rapport de Roland, et dit en terminant :

Je conclus à ce que la proposition de Danton soit rejetée et le mémoire du ministre renvoyé à un comité.

Le président met aux voix la proposition.

Robespierre réclama contre une décision précipitée. Le renvoi à la commission des neuf fut néanmoins décrété.

(*Moniteur* du 31 octobre.)

La réponse qu'avait faite Danton au ministre, avait pu, au

reste, déterminer Buzot à présenter sa proposition. Une fois de plus le montagnard demandait que toute défiance cessât, que l'on comprît enfin qu'une grande révolution ne s'opère jamais sans quelques malheurs particuliers ; pour lui, il ne voulait faire aucune personnalité, mais il s'offrait à répondre à toutes celles que l'on voudrait nettement formuler contre lui. On ne pourrait croire à tant de longanimité, si le *Moniteur* ne l'attestait. Qu'on lise ce qui suit. Danton prit à son tour la parole :

Et moi aussi je demande que la discussion sur le rapport du ministre soit ajournée à jour fixe. J'ai peine à concevoir comment l'Assemblée hésiterait à fixer décidément à un jour prochain la discussion que nécessite le rapport du ministre. Il est temps enfin que nous sachions de qui nous sommes les collègues ; il est temps que nos collègues sachent ce qu'ils doivent penser de nous. On ne peut se dissimuler qu'il existe dans l'Assemblée un grand germe de défiance entre ceux qui la composent..... Si j'ai dit une vérité que vous sentez tous, laissez m'en donc tirer les conséquences. Eh bien, ces défiances, il faut qu'elles cessent ; et s'il y a un coupable parmi nous, il faut que vous en fassiez justice. *(On applaudit.)* Je déclare à la Convention et à la nation entière, que je n'aime point l'individu Marat ; je dis avec franchise que j'ai fait l'expérience de son tempérament : non seulement il est volcanique et acariâtre, mais insociable. Après un tel aveu qu'il me soit permis de dire que moi aussi je suis sans parti et sans faction. Si quelqu'un peut prouver que je tiens à une faction, qu'il me confonde à l'instant..... Si, au contraire, il est vrai que ma pensée soit à moi, que je sois fortement décidé à mourir plutôt que d'être cause d'un déchirement, ou d'une tendance à un déchirement dans la république, je demande à énoncer ma pensée tout entière sur notre situation politique actuelle.

Sans doute il est beau que la philanthropie, qu'un sentiment d'humanité fasse gémir le ministre de l'intérieur et tous les grands citoyens sur les malheurs inséparables d'une grande révolution, sans doute on a le droit de réclamer toute la rigueur de la justice nationale contre ceux qui auraient évidemment servi leurs passions particulières au lieu de servir la révolution et la liberté. Mais comment se fait-il qu'un ministre qui ne peut pas ignorer les circonstances qui ont amené les événements dont il vous a entretenus, oublie les principes et les vérités qu'un autre ministre vous a développés sur ces mêmes événements. Rappelez-vous ce que le ministre actuel de la justice vous a dit sur ces malheurs inséparables de la révolution. Je ne ferai point d'autre réponse au ministre de l'intérieur. Si chacun de nous, si tout républicain a le droit d'invoquer la justice contre ceux qui n'auraient excité des troubles révolutionnaires que pour assouvir des vengeances particulières, je dis qu'on ne peut pas se dissimuler non plus que jamais trône n'a été fracassé sans que ses éclats blessassent quelques bons citoyens ; que jamais révolution complète n'a été opérée sans que cette vaste démolition de l'ordre de choses existant n'ait été funeste à quelqu'un ; qu'il ne faut donc pas imputer, ni à la cité de Paris, ni à celles qui auraient pu présenter les mêmes désastres, ce qui est peut-être l'effet de quelques vengeances particulières dont je ne nie pas l'existence ; mais ce qui est bien plus probablement la suite de cette commotion générale, de cette fièvre nationale qui a produit les miracles dont s'étonnera la postérité. Je dis donc que le ministre a cédé à un sentiment que je respecte, mais que son amour passionné pour l'ordre et les lois lui a fait voir sous la couleur de l'esprit de faction et de grands complots d'État, ce qui n'est peut-être que la réunion de petites et misérables intrigues dans leur objet comme dans leurs moyens. Pénétrez-vous de cette vérité qu'il ne peut exister de faction dans une république ; il y a des passions qui se cachent, il y a des crimes particuliers, mais il n'y a pas de ces complots vastes et particuliers qui puissent porter atteinte à la liberté. Et où sont donc ces hommes qu'on accuse comme des conjurés, comme des prétendants à la dictature ou au triumvirat ? Qu'on les nomme ? Oui, nous devons réunir nos efforts pour faire cesser l'agitation de quelques ressentiments et de quelques prétentions personnelles, plutôt que de nous effrayer par de vains et chimériques complots dont on serait bien embarrassé d'avoir à prouver l'existence. Je provoque donc une explication franche sur les défiances qui nous divisent, je demande que la discussion sur le mémoire du ministre soit ajournée à jour fixe, parce que je désire que les faits soient approfondis, et que la Convention prenne des mesures contre ceux qui peuvent être coupables.

J'observe que c'est avec raison qu'on a réclamé contre l'envoi aux départements de lettres qui inculpent indirectement les membres de cette Assemblée, et je déclare que tous ceux qui parlent de la faction Robespierre, sont à mes yeux ou des hommes prévenus ou de mauvais citoyens. *(Il s'élève des murmures.)* Que tous ceux qui ne partagent pas mon opinion me la laissent établir avant de la juger. Je n'ai accusé personne et je suis prêt à repousser toutes les accusations. C'est parce que je m'en sens la force et que je suis inattaquable que je demande la discussion pour lundi prochain. Je la demande pour lundi parce qu'il faut que les membres, qui veulent accuser, s'assurent de leurs matériaux, et puissent rassembler leurs pièces, et pour que ceux qui se trouvent en état de les réfuter, puissent préparer leurs développements et repousser à leur tour des imputations calomnieuses. Ainsi, les bons citoyens qui ne cherchent que la lumière, qui veulent connaître les choses et les hommes, sauront bientôt à qui ils doivent leur haine, ou la fraternité qui seule peut donner à la Convention cette marche sublime qui marquera sa carrière. *(Il s'élève des applaudissements.)*

(*Moniteur* du 31 octobre 92.)

Quoi qu'il puisse arriver, l'histoire ne tiendra-t-elle pas compte à Danton de ses efforts pour faire cesser ces discordes de partis qui devaient amener tant de maux?

Bourbotte avait demandé pourquoi lecture n'avait pas été

faite d'une adresse de la société des amis de la liberté, séante
à Auxerre.

Kersaint secrétaire avait répondu qu'il était impossible de
répondre à la foule immense d'adresses présentées chaque
jour.

DANTON. — Je crois devoir reproduire à l'Assemblée une idée qui déjà lui a
été présentée, c'est le besoin qu'elle a de greffiers. Les secrétaires ne perdent
pas par cette fonction le caractère de représentants du peuple. Ils sont
obligés d'écouter la discussion et d'émettre leur opinion. Il faut nommer
des greffiers révocables à volonté, chargés de rédiger, sous l'inspection des
secrétaires, les procès-verbaux de l'Assemblée. Si vous n'adoptez pas cette
proposition, je donne ma démission de secrétaire; car, comme député, je
dois prendre part aux délibérations, et comme membre du comité de constitution, je veux élaborer mes idées. Je demande donc que cette question soit
discutée demain.

On réclame l'ordre du jour.

DANTON. — En ce cas, j'use du droit que j'en ai, et je donne ma démission.

(*Moniteur* du 24 octobre 92.)

Il avait été nommé secrétaire le 18, avec Gensonné, Barbaroux et Kersaint; cette nomination ne prouvait-elle pas déjà
que l'Assemblée ne demandait pas mieux que Girondins et
Montagnards ne fissent plus qu'un?

Je demande, avait dit Buzot, dans la séance du 23 octobre, que la Convention nationale décrète que les émigrés français soient bannis à perpé-
tuité, et que, s'ils remettent le pied en France, ils soient punis de mort.
(*On applaudit.*)

DANTON. — Je propose les mêmes principes qui Buzot, je n'ai qu'un mot
à y ajouter. Sans doute quand la liberté est en péril, elle a soif du sang
de la tyrannie; mais quand elle porte la guerre chez les tyrans, elle doit
froidement délibérer ses lois. Or, vous aurez fait une loi froide en portant la
peine que Buzot vous propose. Ce sont les émigrés eux-mêmes qui se sont
bannis de la France. Eh bien! rendez perpétuel le bannissement qu'ils se
sont imposé. Qu'ils aient été faibles ou lâches, ils ne doivent plus revoir la
patrie. Que leur dit la patrie? Malheureux! vous m'avez abandonné au
moment du danger, je vous repousse de mon sein. Ne revenez plus sur mon
territoire, je deviendrais un gouffre pour vous. (*On applaudit.*)

(*Moniteur* du 24 octobre 92.)

En appuyant cette motion du girondin Buzot, Danton ne
fait-il pas, une fois de plus des avances? Il faut être bien fort
de tête et de cœur, pour avoir tant de puissance sur un tempé-

rament aussi violent. On a vu que Buzot répondit personnellement à ce suprême effort du Montagnard; ce bon mouvement fit honneur à son patriotisme.

Quelquefois Danton formulait d'un mot une motion, mais quel mot! témoin cette séance où Lepelletier interpelait tous les plus ardents défenseurs de la liberté indéfinie de la presse. Tous se lèvent et s'écrient : et moi aussi. Lors Danton dominant toutes ces voix de sa voix formidable : « La liberté de la presse ou la mort. » Et les applaudissements redoublent.

Et en effet, il n'y avait que ce mot en une telle question, et sous un gouvernement républicain : les principes ne se discutant pas, ils se déclarent.

Et qu'on ne croie pas que s'il fait des avances aux Girondins, ce soit pour se faire pardonner lui-même, pour faire oublier sa gestion ministérielle; car le 9 novembre, il appuyait la mise en accusation d'un ex-ministre.

Ducos avait demandé un décret d'accusation contre Lacoste, ex-ministre, pour connivence avec la cour.

DANTON. — Un des membres de cette Assemblée a dit, dans une circonstance bien grave, lors du décret d'accusation contre Delessart, une vérité politique bien précieuse. Il a dit qu'il ne *fallait pas de preuves judiciaires pour mettre un ministre en accusation.* Lacoste n'est plus en place, mais vous avez un grand procès à juger, et il est heureux pour vous d'avoir à confronter au roi un de ses anciens ministres. Que signifie cette distinction faite par Lacoste, entre un contre-révolutionnaire et un homme qui n'aime pas la révolution. Dans la langue de la liberté tout fonctionnaire public qui n'aime pas la révolution, est un traître. *(On applaudit.)* Certes, je m'étonne que des membres qui crient sans cesse contre les ministres révolutionnaires, qu'ils accusent de ne pas rendre leurs comptes, semblent incliner à l'indulgence pour un ex-ministre évidemment prévaricateur. Lacoste n'a jamais été désigné par les vrais patriotes pour être ministre; il est resté au ministère presque jusqu'au 10 août; il n'en est sorti que pour avoir une ambassade à Gênes. Il n'était donc évidemment point haï de la cour. Je souhaite qu'il soit innocent, mais le salut de l'État exige que vous vous assuriez de sa personne. J'appuie le décret d'accusation.

(*Moniteur* du 11 novembre 92.)

Une anecdote peu importante quant au fond, nous montre que ce n'était pas seulement à l'Assemblée que s'agitaient les

partis, mais au dehors aussi. C'est Bentabolle qui raconte aux
Jacobins cette historiette :

> Je vais faire part à la société d'un fait qui n'est pas indifférent : hier au
> boulevard du Temple, devant un café, des dragons de la liberté, au nombre
> de six cents environ, tous à cheval, le sabre nu à la main, et précédés de
> trompettes, faisaient retentir les airs d'une chanson dont voici le refrain ; je
> ne le chanterai pas, je le prononcerai : le voici : à la guillotine, Marat, Danton,
> Robespierre. Ils répétaient ce refrain à plusieurs reprises, et ils criaient
> ensuite : vive la nation, vive Roland, point de procès au roi..... Je vous
> demande, citoyens, lorsqu'on voit de pareilles choses, si l'on peut disconvenir
> qu'il y ait des projets sinistres?
>
> *(Journal de la société,* n° 295.)

L'assiduité aux séances de la Convention n'empêchait pas
Danton d'aller le soir aux Jacobins, avons-nous dit : en voici
une nouvelle preuve. Le 19 octobre il est nommé au comité de
constitution avec Robespierre et autres.

> Le 5 novembre, d'après la motion de M. Fabre d'Églantine, la société arrête
> qu'il sera rédigé un mémoire historique de tous les événements de la révo-
> lution jusqu'à ce jour, et que cet ouvrage sera envoyé à toutes les sociétés
> affiliées : les commissaires chargés de la rédaction sont : Fabre d'Églantine,
> Panis, Tallien, Danton, Chabot, Bazire, Collot d'Herbois.
>
> *(Journal des débats de la société,* n° 297.)

Nous ne saurions trop insister sur ces preuves de l'activité
de Danton, car elles répondent à cette vague accusation d'indolence politique qui plane encore aujourd'hui sur sa mémoire.
Plus une accusation est vague, plus elle est dangereuse, car, ne
pouvant être précisée par des faits, on croit pouvoir en conscience y ajouter foi. La calomnie n'est jamais à court de ces
moyens dilatoires de perdre un homme.

Brissot qui avait, jusqu'au 10 août, si chaleureusement soutenu Danton dans son journal, ne l'épargne guère depuis cette
époque.

> Une société inconnue de je ne sais quel village, appelé Fontenoy, a envoyé
> aux Jacobins de Paris les cendres d'un écrit contenant la lettre de Brissot aux
> Jacobins... La société-mère a ordonné la mention honorable de la brûlure...
> — Fontenoy ne serait-il pas dans le voisinage de cette terre de Danton, sur
> l'achat de laquelle la médisance s'est étendue mal à propos sans doute ? — Ce

voisinage n'expliquerait-il pas le patriotisme brûlant des vénérables inquisiteurs de Fontenoy?

(Journal le *Patriote français*, n° 1205.)

Qu'on nous permette de ne pas nous arrêter à cette nouvelle
accusation; nous promettons, à propos d'une circonstance beaucoup plus grave, de répondre à toutes de manière à ne laisser
aucun doute.

Au chapitre II, de ce volume, nous avons vu que cette maison
de Fontenoy-sous-Bois appartenait au beau-père de Danton. C'est
Camille qui nous l'apprend. Brissot l'ignorait-il bien réellement?

Le 1ᵉʳ décembre 1792, Danton, par ordre de l'Assemblée, fut
envoyé comme commissaire en Belgique avec Lacroix. On ne
voit pas qu'il ait réclamé la faveur de cette mission. Il obéit à
un ordre. Que l'Assemblée l'ai choisi préférablement à d'autres,
cela se conçoit, quand on sait qu'il s'agissait d'aller surveiller
Dumouriez et d'assurer l'union de la Belgique à la France. A la
plus grande puissance militaire du moment, il fallait opposer la
plus grande puissance diplomatique; à Dumouriez, Danton.

Nous reviendrons sur cette grave circonstance, mais nous
devions prévenir les lecteurs attentifs, afin qu'on sut bien que,
si nous n'entendons plus le tribun, c'est qu'il remplit ailleurs
un devoir d'une égale importance.

Pendant l'absence de Danton l'Assemblée avait commencé le
procès du roi.

Le commissaire en Belgique était revenu le 14 janvier à Paris.
Soit fatigue, soit maladie de sa femme, il ne parut à la Convention que le 16. La preuve en est fournie par son absence aux
deux votes qui furent émis le 15. 1° Louis Capet est-il coupable
d'attentat contre la sûreté générale?

Département de Paris, Danton absent par mission.
2° Le jugement sera-t-il soumis à la ratification du peuple?
Département de Paris, Danton absent par commission.
(*Moniteur* du 18 janvier 93.)

Croit-on que, s'il s'était déjà prononcé à la tribune le 14, jour
même de son arrivée, comme on l'affirme, un député aussi
important que lui eut fait si peu de sensation que le lendemain

on pût inscrire sans réclamation : absent par commission? N'oublions pas que tout le monde avait les yeux sur Danton, un des plus grands orateurs du moment.

Un de nos plus éminents écrivains a commis à cette occasion une grave erreur. Il a attribué à Danton, à propos de la manière de présenter les votes sur le jugement du roi, une série de propositions qui semblent par leurs dispositions perfides incliner au *sursis* de la peine à infliger. Fut-ce à dessein? nous n'oserions l'affirmer, mais on pourrait le croire chez un auteur qui n'a pas osé se prononcer ouvertement sur la question préalable de la vénalité du président des Cordeliers. En effet, si Danton a été acheté par la cour, la demande du sursis n'est plus qu'une conséquence naturelle de cette première trahison ; il y avait une sorte de logique à la lui imputer ; avec une âme vénale on n'y regarde pas de si près.

Voici comment a été commise cette erreur que je n'hésite pas à qualifier de condamnable puisqu'elle compromettait l'honneur d'un homme, d'un grand citoyen; puisqu'en compromettant l'honneur du patriote, aux yeux de bien de gens, elle flétrissait le parti ; il faut y regarder de plus près quand il s'agit de si graves intérêts. Mais on n'en finirait pas, s'il fallait donner une attention si minutieuse, et le génie a des intuitions de toutes choses. Allant donc au plus court, l'historien s'est guidé sur la réimpression du *Moniteur*. Or, il faut qu'on sache que M. Léonard Gallois, éditeur de la feuille réimprimée, s'est permis de rectifier le texte primitif, qui portait pour nom d'auteur des susdites propositions *Dannon*, au lieu de *Danton*. M. Gallois pouvait se tromper, cela arrive à tout le monde ; mais, se permettant une rectification qui entraînait d'aussi graves conséquences, il devait par note en prévenir le lecteur. (Voir le *Moniteur* du 16 janvier 1793.)

L'historien moderne aurait dû, quoi qu'il en soit, être arrêté par l'objection que nous avons déjà posée : comment l'Assemblée déclare-t-elle absent le 15, un homme qui a parlé le 14, et qui surtout a fait une série de propositions scandaleuses pour un révolutionnaire? Mais y regarde-t-on de si près quand on a tant à raconter? Il y a plus, si l'historien moderne avait lu attentivement le discours prononcé par M. *Dannon* sur la constitution (*Moniteur* du 28 avril 93) il se serait convaincu qu'il existait un Dannon; et l'esprit et la forme de ce dernier discours l'auraient averti que c'était évidemment le même député qui avait rédigé la fameuse série de questions, lors du jugement. Comment, quand on a étudié Danton, ne pas reconnaître son style dans chaque phrase? Comment surtout lui imputer aussi légèrement une action opposée à ses principes. En vérité, il faut avoir bien peu apprécié le caractère et le génie du grand conventionnel pour s'être laissé tromper à ce point, pour ne pas avoir été surtout arrêté par la gravité des conclusions qu'il allait hardiment tirer de cet exposé. Ainsi pendant tout une vie politique, soyez conséquent dans tous vos actes et dans toutes vos paroles, soyez logique jusqu'à mourir pour soutenir votre caractère, et, à soixante ans de date, viendra un éditeur qui substituera votre nom à celui d'un autre, viendront des historiens qui diront sur la foi du nouveau texte : vous voyez bien que Danton était un traître à la république puisqu'il demanda le sursis de la peine infligée au monarque dans le but évident de le sauver ; vous voyez bien que Danton était payé par la cour, puisqu'il essayait de sauver le roi pour que le parti royaliste ne divulguât pas ses forfaitures! Ces hommes sont bien coupables. (Voir chapitre VII.)

Nous avons dit que Danton était arrivé de Belgique le 14 au soir ; dès le 16, il faisait connaître sa façon de penser, afin que nul n'en put douter de bonne foi.

Il s'agissait de savoir comment serait posée la question sur la peine encourue par Louis.

DANTON. — La première question qui se présente est de savoir si le décret que vous devez porter sur Louis sera, comme tous les autres rendu à la majorité. On a prétendu que telle était l'importance de cette question, qu'il ne suffisait pas qu'on la vidât dans la forme ordinaire. Je demande pourquoi, quand c'est par une simple majorité qu'on a prononcé sur le sort de la nation entière, quand on n'a pas même pensé à soulever cette question, lorsqu'il s'est agi d'abolir la royauté, on veut prononcer sur le sort d'un individu, d'un conspirateur avec des formes plus sévères et plus solennelles. Nous prononçons, comme représentant par provision la souveraineté. Je demande si, quand une loi pénale est portée contre un individu quelconque, vous renvoyez au peuple, ou si vous avez quelques scrupules à lui donner son exécution immédiate? Je demande si vous n'avez pas voté à la majorité absolue seulement la république, la guerre ; et je demande si le sang qui coule au milieu des combats ne coule pas définitivement? Les complices de Louis n'ont-ils pas subi immédiatement la peine sans aucun recours au peuple? et en vertu de l'arrêt d'un tribunal extraordinaire? Celui qui a été l'âme de ces complots, mérite-t-il une exception? Vous êtes envoyés par le peuple pour juger le tyran, non pas comme juges proprement dits, mais comme représentants : vous ne pouvez dénaturer votre caractère ; je demande qu'on passe à l'ordre du jour sur la proposition de Lehardy ; je me motive et sur les principes, et sur ce que vous avez déjà pris deux délibérations à la simple majorité.

(Moniteur du 20 janvier 93.)

Ce discours donne la mesure de ce qu'il aurait pu dire sur la question générale : Louis Capet, ci-devant roi des Français, est-il coupable de conspiration contre la liberté, ou d'attentat contre la sûreté générale de l'État?

Le 17, Vergniaud, président, annonce qu'il a trouvé sur le bureau une lettre d'un des défenseurs de Louis.

GARAN-COULON. — La lettre des défenseurs de Louis...

DANTON. — Je me rappelle qu'au moment où l'on ouvrit l'appel nominal..

GARAN-COULON. — Je n'ai pas fini mon opinion.

LOUVET. — Tu n'es pas encore roi, Danton... *(Violents murmures.)* Quel est donc ce privilége?... Je demande que le premier qui interrompra soit rappelé à l'ordre.

DANTON. — Je demande que l'insolent qui dit que je ne suis pas encore roi, soit rappelé à l'ordre avec censure... Puisque Garan prétend avoir demandé la parole avant moi, je la lui cède.

GARAN croit qu'on ne peut pas refuser d'entendre les défenseurs de Louis.

DANTON. — Je consens à ce que les défenseurs de Louis soient entendus après que le décret aura été prononcé, persuadé qu'ils n'ont rien de nouveau à vous apprendre, et qu'ils ne vous apportent point de pièces capables de faire changer votre détermination. (Le président avait encore annoncé une lettre du ministre d'Espagne.)

Quant à l'Espagne, je l'avouerai, je suis étonné de l'audace d'une puissance qui ne craint pas de prétendre à exercer son influence sur votre délibération. Si tout le monde était de mon avis, on voterait à l'instant pour cela seul: la guerre à l'Espagne. Quoi ! on ne reconnaît pas notre République et l'on veut lui dicter des lois? On ne la reconnaît pas, et l'on veut lui imposer des conditions, participer au jugement que ses représentants vont rendre? Cependant qu'on entende, si on le veut cet ambassadeur, mais que le président lui fasse une réponse digne du peuple dont il sera l'organe et qu'il lui dise que les vainqueurs de Jemmapes ne démentiront pas la gloire qu'ils ont acquise, et qu'ils retrouveront, pour exterminer tous les rois de l'Europe conjurés contre nous, les forces qui déjà les ont fait vaincre. Défiez-vous, citoyens, des machinations qu'on ne va cesser d'employer pour vous faire changer de détermination ; on ne négligera aucun moyen ; tantôt, pour obtenir des délais, on prétextera un motif politique ; tantôt une négociation importante ou à entreprendre ou prête à terminer. Rejetez, rejetez, citoyens, toute proposition honteuse ; point de transaction avec la tyrannie ; soyez dignes du peuple qui vous a donné sa confiance et qui jugerait ses représentants, si ses représentants l'avaient trahi.

(*Moniteur* du 21 janvier 93.)

Le 18, on avait agité la question de sursis. Tallien avait demandé qu'on la décidât sans désemparer par raison d'humanité.

DANTON. — J'appuie la question préalable sur la proposition de Tallien. On vous a parlé d'humanité, mais on en a réclamé les droits d'une manière dérisoire... Il ne faut pas décréter, en sommeillant, les plus chers intérêts de la patrie. Je déclare que ce ne sera ni par la lassitude, ni par la terreur qu'on parviendra à entraîner la Convention nationale à statuer dans la précipitation d'une délibération irréfléchie, sur une question à laquelle la vie d'un homme et le salut public sont également attachés. Vous avez appris le danger des délibérations soudaines ; et certes, pour la question qui nous occupe, vous avez besoin d'être préparés par des méditations profondément suivies. La question qui vous reste à résoudre est une des plus importantes, un de vos membres, Thomas Payne a une opinion importante à vous communiquer. Peut-être ne sera-t-il pas sans importance d'apprendre de lui ce qu'en Angleterre.... (*des murmures s'élèvent.*) Je n'examine point comment on peut flatter le peuple, en adulant en lui un sentiment qui n'est peut-être que celui d'une curiosité atroce. Les véritables amis du peuple sont, à mes yeux, ceux qui veulent prendre toutes les mesures nécessaires pour que le sang du peuple ne coule pas, que la source de ses larmes soit tarie, que son opinion soit ramenée aux véritables principes de la morale, de la justice et de la raison. Je demande donc la question préalable sur la proposition de Tallien ; et que, si cette proposition était mise aux voix, elle ne pût l'être que par l'appel nominal.

(*Moniteur* du 22 janvier 93.)

Quand on appela le vote sur cette question : sera-t-il *sursis* à l'exécution du jugement de Louis Capet ? Oui ou non. Danton répondit : Non. (*Moniteur* du 24 janvier.)

Comment après ce non si formel, a-t-on pu se tromper sur ses intentions ? C'est que, répliquent les historiens, Danton voulut se faire pardonner sa tentative infructueuse. C'est justement cette explication qui rend condamnable au premier chef l'erreur des modernes. Ainsi jusqu'au 13 janvier le plus audacieux des Montagnards aurait demandé la mise à mort immédiate du roi, mais le 14 il aurait essayé de faire voter pour le sursis, et le 16, il aurait redemandé plus violemment que jamais l'application immédiate de la peine. Pauvre Danton !

Troisième appel nominal.

Quelle peine Louis, ci-devant roi des Français a-t-il encourue ?

DANTON. — Je ne suis point de cette foule d'*hommes d'État* qui ignorent qu'on ne compose point avec les tyrans, qui ignorent qu'on ne frappe les rois qu'à la tête, qui ignorent qu'on ne doit rien attendre de ceux de l'Europe que par la force de nos armes. Je vote pour la mort du tyran.

(*Moniteur* du 20 janvier 93.)

Revenons aux calomnies contemporains, elles nous feront oublier les bévues modernes.

On lit dans les mémoires de Lafayette, tome 3, page 380 cette note relative au jugement de Louis XVI :

Les Girondins ont particulièrement à se reprocher la mort du roi. Ils ne surent pas gouverner trois jours après le 10 août, et déjà plusieurs d'entre eux tremblaient devant la Commune. Le 7 septembre, on commença à les dénoncer. Ils perdirent de plus en plus leur influence, malgré de grands efforts pour se soutenir. On ne doit pas même leur attribuer l'idée de l'*appel au peuple*; elle appartient à Danton qui avait dit : « Je sauverai le roi ou je le tuerai. » Cette idée d'appel au peuple réussit aux Jacobins, jusqu'à ce que les Girondins s'en furent emparés pour s'en faire un mérite; ce qui la dépopularisa.

Il serait difficile de prouver que Danton eut dit : je sauverai le roi ; mais il est bien démontré par le *Moniteur* qu'il a demandé *la mort sans appel*, sans sursis.

Voici maintenant l'assertion de Molleville.

Quant à Danton, *vivement effrayé* par une lettre que je lui écrivis le 11 décembre 92, il se fit renvoyer aussitôt en mission à l'armée du Nord pour se soustraire à la dénonciation dont je le menaçais; et il n'aurait pas eu plus de part au jugement du roi, qu'il n'en eût à la discussion qui le précéda, si, contre son attente, ce jugement n'avait pas été retardé de quelques jours. Danton ne revint à Paris, que le 16 janvier 93, c'est à dire le jour du dernier appel nominal sur la peine à infliger au roi. Il fut compté pour l'avis de la mort; mais déjà le jugement fatal était consommé par les précédents appels nominaux.

(Bertrand de Molleville, note préliminaire de l'*Histoire de la révolution de France*, tome VI.)

Il n'y a qu'une réponse à faire à M. le ministre c'est que le *Moniteur* du 22 février 1794, 1ʳᵉ colonne, dit en toutes lettres, à propos du jugement de Lacroix, collègue de Danton dans cette mission :

Le premier décembre 1792, la Convention nomma quatre de ses membres pour aller vérifier les plaintes des Liégeois.

Le 1ᵉʳ janvier la Convention rendit un décret qui rappelait dans son sein *un* des quatre commissaires pour lui faire part des renseignements qu'ils avaient pu acquérir.

La commission termina son travail le 11 janvier ; je fus nommé avec Danton pour le présenter ; nous partîmes le 12 et nous arrivâmes le 14.

(*Moniteur* du 22 février 1794.)

Croit-on de bonne foi que si Danton eût été si effrayé, il n'eut pas pu esquiver le retour ?

Avant même de se prononcer sur l'affaire du roi, dès son entrée en séance, Danton s'était annoncé par une de ces allocutions qui durent faire pressentir que l'orage allait être terrible. A propos d'une mauvaise comédie intitulée l'*Ami des lois*, le conseil exécutif avait enjoint aux directeurs des théâtres de ne pas, dans la circonstance actuelle, représenter des pièces qui pourraient occasionner des troubles.

Pétion, dans l'intérêt de la liberté s'était opposé à cette partie de l'arrêt. La discussion avait été reprise par d'autres orateurs.

DANTON. — Je l'avouerai, citoyens, je croyais qu'il était d'autres objets qui doivent nous occuper, que la comédie. *(Quelques voix : il s'agit de la Liberté.)* Oui, il s'agit de la Liberté. Il s'agit de la tragédie que vous devez donner aux nations, il s'agit de faire tomber sous la hache des lois la tête d'un tyran *(On murmure,)* et non de misérables comédies. Mais puisque vous cassez un arrêt du conseil exécutif, qui défendait de jouer des pièces dangereuses à la tranquillité publique, je soutiens que la conséquence nécessaire de votre décret, est que la responsabilité ne puisse peser sur la municipalité. Je demande donc que la municipalité soit déchargée de sa responsabilité.

(*Moniteur* du 19 janvier 93.) .

Nous avons fait remarquer qu'un des caractères de l'éloquence de Danton, c'était d'aller droit au but, de ne dire que ce qu'il fallait dans la circonstance, et dans le moins de termes possibles. Voilà pourquoi dans un même discours il traite souvent plusieurs questions ; témoins celui-ci. Remarquons d'ailleurs que depuis six semaines il n'avait assisté aux séances pour cause de mission. C'était, pour ainsi dire, le résumé des réflexions qui l'avaient préoccupé pendant son absence, qu'il donnait cette fois à propos de l'assassinat de Lepelletier, c'étaient déjà des réponses aux accusations que sourdement on avait soulevées contre lui.

Ce qui honore le plus les Français, c'est que dans des moments de vengeance, le peuple ait surtout respecté ses représentants. Que deviendrions-nous, si, au milieu des doutes que l'on jette sur une partie de cette assemblée, l'homme qui a péri victime des assassins n'était pas un patriote! O Lepelletier, ta mort servira la République ; je l'envie, ta mort. Vous demandez pour lui les honneurs du Panthéon; mais il a déjà recueilli les palmes du martyre de la Liberté. Le moyen d'honorer sa mémoire, c'est de jurer que nous ne nous quitterons pas sans avoir donné une Constitution à la République. Qu'il me sera doux de vous prouver que je suis étranger à toutes les passions!

Je ne suis point l'accusateur de Pétion; à mon sens il eut des torts. Pétion peut avoir été faible ; mais, je l'avoue avec douleur, bientôt la France ne saura plus sur qui reposer sa confiance. Quant aux attentats dont nous avons tous gémi, l'on aurait dû vous dire clairement que nulle puissance n'aurait pu les arrêter. Ils étaient la suite de cette rage révolutionnaire qui animait tous les esprits. Les hommes qui connaissent le mieux ces événements terribles, furent convaincus que ces actes étaient la suite nécessaire de la fureur d'un peuple qui n'avait jamais obtenu justice, J'adjure tous ceux qui me connaissent de dire si je suis un buveur de sang, si je n'ai pas employé tous les moyens de conserver la paix dans le conseil exécutif. Je prends à témoin Brissot lui-même. N'ai-je pas montré une extrême déférence pour un vieillard dont le caractère est opiniâtre, et qui aurait dû au contraire épuiser tous les moyens de douceur pour rétablir le calme? Roland, dont je n'accuse pas les intentions, répute scélérats tous ceux qui ne partagent pas ses opinions. Je demande pour le bien de la République qu'il ne soit plus ministre ; je désire le salut public, vous ne pouvez suspecter mes intentions. Roland ayant craint d'être frappé d'un mandat dans des temps trop fameux, voit partout des complots; il s'imagine que Paris veut s'attribuer une espèce d'autorité sur les autres communes. C'est là sa grande erreur. Il a concouru à animer les départements contre Paris qui est la ville de tous. On a demandé une force départementale pour environner la Convention. Eh bien, cette garde n'aura pas plus tôt séjourné dans Paris, qu'elle y prendra l'esprit du peuple. En doutez-vous maintenant? Je puis attester sans acrimonie que j'ai acquis la conviction que Roland a fait circuler des écrits qui disent que Paris veut dominer la République.

Quant aux visites domiciliaires, je m'oppose à cette mesure dans son plein, dans un moment où la nation s'élève avec force contre le bill rendu contre les étrangers; mais il vous faut un comité de sûreté générale qui jouisse de la plénitude de votre confiance; lorsque les deux tiers des membres de ce conseil tiendront les fils d'un complot, qu'ils puissent se faire ouvrir les maisons.

Maintenant que le tyran n'est plus, tournons toute notre énergie, toutes nos agitations vers la guerre. Faisons la guerre à l'Europe. Il faut pour épargner les sueurs et le sang de nos concitoyens, développer la prodigalité nationale. Vos armées ont fait des prodiges dans un moment déplorable, que ne feront-elles pas quand elles seront bien secondées? Chacun de nos soldats croit qu'il vaut deux cents esclaves. Si on leur disait d'aller à Vienne, ils iraient à Vienne ou à la mort. Citoyens, prenez les rênes d'une grande nation, élevez-vous à la hauteur, organisez le ministère, qu'il soit immédiatement nommé par le peuple.

Un autre ministère est entre les mains d'un bon citoyen, mais il passe ses forces; je ne demande pas qu'on le ravisse à ses fonctions, mais qu'elles soient partagées.

Quant à moi, je ne suis pas fait pour venger des passions personnelles, je n'ai que celle de mourir pour mon pays; je voudrais, au prix de mon sang, rendre à la patrie le défenseur qu'elle a perdu.

(*Moniteur* du 25 janvier 93.)

Le 31 janvier, sur un nouvel ordre de la Convention, il avait dû repartir pour la Belgique; cette fois il laissait sa femme très malade. Les violentes commotions que lui avaient causées les terribles événements dans lesquels avait été mêlé son mari, l'avaient frappée à mort. Le fonctionnaire public avait dû faire encore ce sacrifice à sa patrie, de s'arracher d'auprès de cette femme qu'il aimait tant, pour obéir à l'Assemblée. Ce qu'ils souffrirent tous les deux, elle mourant toute seule, lui la sentant mourir sans pouvoir la vivifier, la réchauffer sur son cœur, l'histoire n'a pas à le rechercher. La patrie est une amante jalouse qui veut qu'on lui sacrifie tout autre sentiment; vous rend-elle tout ce qu'elle exige? C'est une question qu'il ne faut jamais se poser, si l'on aspire à ses faveurs.

Antoinette-Gabrielle Charpentier, première femme de Danton, mourut le 10 février 1793.

Séance des Jacobins.

Ce malheur fut senti par les patriotes. Collot-d'Herbois, dans un discours qu'il prononça contre Roland quelques jours après, s'exprime ainsi :

Les Girondins ont fait périr une citoyenne que nous regrettons, que nous pleurons tous. Ah ! payons-lui le tribut de nos larmes ; elle en est bien digne la généreuse femme du citoyen Danton. Son mari était absent, elle était gisante dans son lit ; elle venait d'enfanter un nouveau citoyen, et c'est dans ce moment que Roland et ses partisans ont porté le coup mortel.

Danton était dans la Belgique, ils ont profité de son absence, les lâches ! ils l'ont représenté comme désignant, dans les journées des 2 et 3 septembre, les victimes qu'on devait égorger. Son épouse a reçu le coup de la mort, en lisant dans les journaux cette atroce imputation. Ceux qui savent combien cette femme aimait Danton, peuvent se former une idée de ses souffrances. Danton n'y était pas, mais ses ennemis étaient présents dans le fatal imprimé qui déchirait son âme.

(*Journal des débats de la société* n° 365.)

Nous avons cru qu'il valait mieux réunir en une seule partie l'ensemble des missions de Danton en Belgique, afin que le lecteur ne perdît pas le sujet de vue. Ce rapprochement des faits ne peut, au reste, porter une grave confusion dans l'exposé des événements, puisqu'il ne comprend que l'espace de quatre mois, de décembre 92 à mars 93. Ici les accusations sont plus graves que jamais, puisqu'elles ont été portées par des républicains, des gens de son parti ; nous devons à la défense de Danton une attention encore plus soutenue.

Les détails officiels sur la part qu'il a prise dans les missions des conventionnels en Belgique, ressortent plus circonstanciés, plus authentiques du rapport que fit plus tard Lacroix, collègue de Danton, pour sa propre justification devant l'Assemblée; c'est de cette source, la plus sûre sans aucun doute, que nous extrairons nos documents.

Dumouriez avait conduit l'armée en Belgique, à Liége ; il fut dénoncé par les agents de la trésorerie nationale, qu'il accusa lui-même.

Le 1ᵉʳ décembre 1792, la Convention nomma quatre de ses membres pour aller vérifier ces plaintes réciproques ; je fus du nombre (Danton aussi).

Nous reçûmes à Liége le décret du 15 décembre :

Art. 1ᵉʳ du décret: « Dans tous les pays qui sont et seront occupés par les armées de la République française, les généraux proclameront sur-le-champ l'abolition des impôts ou contributions existants, la dîme, les droits féodaux, la servitude réelle ou personnelle, les droits de chasse exclusifs, la noblesse et généralement tous les priviléges.

« Art. 2 : Ils proclameront la souveraineté du peuple.

« Art. 3 : Tous les agents et officiers de l'ancien gouvernement, tous les réputés nobles, sont inadmissibles aux emplois de l'administration, etc., etc., etc... »

(Voir le *Moniteur* du 17 décembre 1792.)

Les généraux en chef étaient spécialement chargés de faire exécuter ce décret. Dumouriez s'y refusa positivement. Mes collègues lui firent les représentations les plus fortes ; ils le pressèrent d'obéir ; il persista dans son refus, et offrit sa démission..... Peu de jours après nous quittâmes Liége pour nous rendre à Aix-la-Chapelle, Dumouriez vint à Paris. La commission n'est restée à Liége que 18 à 20 jours ; mais je dois observer que Danton, Gossuin et moi, nous avons été visiter les divisions éloignées du quartier général, vérifier la situation des caisses, les états des effets d'habillement et de campement, et les besoins des troupes cantonnées à Theux, à Spa, à Huy, à Namur, etc., etc... Cette opération nous a éloignés pendant assez longtemps de Liége où Camus était resté seul.

Le 1er janvier 93, la Convention rendit un décret qui rappelait dans son sein un de ses quatre commissaires, pour lui faire part des renseignements qu'ils avaient pu acquérir... La Convention demandait que ce rapport lui fut fait au plus tard le 15 du même mois.

Ce décret nous fut apporté à Aix-la-Chapelle par un courrier extraordinaire. Nous revînmes à Liége ; la commission termina son travail le 11 janvier. Je fus nommé avec Danton pour vous le présenter; nous partîmes le 12, et nous arrivâmes le 14. Dumouriez était encore à Paris.

(*Moniteur* du 22 février 1794.)

Telle fut la première mission de Danton.

Voici le résumé que fait le *Moniteur* du compte rendu des commissaires à l'Assemblée :

Les commissaires de la Convention à Liége, annoncent qu'ils se sont occupés de trois choses principales : des vivres de l'armée, des indemnités à accorder à ceux qui ont été pillés et enfin de la disposition des esprits à l'égard de la République. Le soldat est distrait de ses besoins par l'ardeur de vaincre. Les commissaires ont fait une proclamation pour assurer les citoyens qui ont souffert quelques dommages par le pillage, qu'ils recevront une indemnité.

(*Moniteur* du 16 janvier 93.)

Cette première mission ne souleva pas momentanément de violents débats à l'Assemblée, c'est à elle cependant, c'est surtout à ces six semaines de séjour en Belgique que se rapporteront les accusations de vols commis par Danton et Lacroix ; nous y reviendrons en temps opportun.

Rappelons-nous bien, avant d'aller plus loin, le discours prononcé par Danton le 31 janvier 93 ; il prouve qu'en demandant la réunion de la Belgique à la France, le conventionnel était sur ce point important en désaccord avec le général.

Le président de la municipalité de la ville de Liége venait

d'écrire que sur 9,700 votants, 9,660 avaient demandé la réunion
à la République française.

Quelques députés voulaient qu'on décrétât de suite la réunion,
d'autres demandaient le renvoi au comité diplomatique.

DANTON.—Ce n'est pas en mon nom seulement, c'est au nom des patriotes
belges, du peuple belge, que je viens demander aussi la réunion de la Belgique. Je ne demande rien à votre enthousiasme, mais tout à votre raison,
mais tout aux intérêts de la République française. N'avez-vous pas préjugé
cette réunion quand vous avez décrété une organisation provisoire de la
Belgique. Vous avez tout consommé par cela seul que vous avez dit aux amis
de la liberté : organisez-vous comme nous. C'était dire : nous accepterons
votre réunion si vous la proposez. Eh bien, ils la proposent aujourd'hui. Les
limites de la France sont marquées par la nature. Nous les atteindrons dans
leurs quatre points : à l'Océan, au Rhin, aux Alpes, aux Pyrénées. On nous
menace des rois! Vous leur avez jeté le gant, ce gant est la tête d'un roi,
c'est le signal de leur mort prochaine. On vous menace de l'Angleterre! Les
tyrans de l'Angleterre sont morts. Vous avez la plénitude de la puissance
nationale. Le jour où la Convention nommera des commissaires pour savoir
ce qu'il y a dans chaque commune d'hommes et d'armes, elle aura tous les
Français. Quant à la Belgique, l'honneur du peuple, le cultivateur veulent la
réunion. Lorsque nous leur déclarâmes qu'ils avaient le pouvoir de voter ,
ils sentirent que l'exclusion ne portait que sur les ennemis du peuple, et ils
demandèrent l'exécution de votre décret. Nous avons été obligés de donner
la protection de la force armée au receveur des contributions auquel le peuple
demandait la restitution des anciens impôts. Sont-ils mûrs ces hommes-là ?
De cette réunion dépend le sort de la République dans la Belgique. Ce n'est
que parce que les patriotes pusillanimes doutent de cette réunion, que votre
décret du 15 a éprouvé des oppositions. Mais prononcez-la et alors vous ferez
exécuter les lois françaises, et alors les aristocrates, nobles et prêtres, pur-
geront la terre de la liberté. Cette purgation opérée , nous aurons des
hommes, des armes de plus. La réunion décrétée, vous trouverez dans les
Belges des Républicains dignes de vous, qui feront mordre la poussière aux
despotes. Je conclus donc à la réunion de la Belgique.

(*Moniteur* du 1ᵉʳ février 93.)

Ce jour même, 31 janvier, Danton et Lacroix furent renvoyés
en Belgique; voici comment celui-ci s'exprime dans sa défense
déjà citée.

Le 31 janvier 93, la Convention envoya des représentants pour fraterniser
avec les peuples conquis, et prononcer provisoirement sur les difficultés qui
pouvaient s'élever sur la formation des assemblées primaires , sur la validité des élections, enfin pour assurer la liberté des suffrages.

La Convention ordonna à Danton et à moi de partir sur-le-champ pour nous rendre dans la Belgique, nous rejoignîmes à Bruxelles nos collègues Gossuin, Treilhard et Merlin de Douai.

Notre mission, comme vous le voyez n'était plus militaire, elle était devenue purement politique. Éloignés de 20 et 30 lieues de l'armée, nous ne devions plus nous occuper que des moyens d'éclairer le peuple..... (suit le récit de la fâcheuse position dans laquelle se trouvaient les différents corps de l'armée.) Il fallait des mesures extraordinaires, la Convention seule pouvait les prendre. Je fus donc envoyé avec Danton pour vous présenter le tableau fidèle, mais effrayant de la position de l'armée de la Belgique.

Les deux commissaires revinrent quelques jours après la mort de madame Danton. Lacroix continue en ces termes :

Vous vous en souvenez, citoyens, nous vous avons tout dit ; nous ne vous avons rien dissimulé. Vous n'avez pas oublié que les meneurs du côté droit attaquèrent notre rapport, qu'ils révoquèrent en doute les faits, qu'ils nous accusèrent de vouloir répandre l'alarme et l'effroi, par l'exagération de nos revers, et de vouloir faire partager à la Convention la terreur panique qui, selon eux, s'était emparée de nous.

(*Moniteur* du 22 février 94.)

On peut lire, en effet, au *Moniteur* du 9 mars, le rapport collectif des commissaires : le tableau était effrayant, Lacroix terminait ainsi :

Voilà la position où nous en sommes ; il paraît, d'après les dépêches que le ministre de la guerre vient de vous lire que la réunion de l'armée de Valence avec celle de Miranda peut être regardée comme un avantage ; elle n'est rien moins que telle, presque l'avant-garde n'a pu abandonner sa position devant Liége sans abandonner à l'ennemi et cette ville et une partie de nos magasins. Il faut donc prendre les mesures les plus promptes et les plus efficaces pour faire lever la nation, pour la faire marcher contre l'armée des despotes.

Après ce récit de Lacroix, sur la proposition de Danton, les dispositions suivantes furent décrétées.

La Convention nationale décrète que des commissaires, pris dans son sein, se rendront ce soir dans les 48 sections de Paris pour leur faire part de l'état des armées françaises en Belgique ; rappeler à tous les citoyens en état de porter les armes, les serments qu'ils ont prêtés, et les sommer, au nom de la liberté et de l'égalité, de voler au secours de leurs frères dans la Belgique.

Décrète, en outre, que des commissaires seront envoyés dans les départements pour le même objet.

Quatre-vingt-seize commissaires ont à l'instant été nommés pour l'exécution de ce décret dans Paris.

Il a été donné communication d'un arrêté des commissaires de la Belgique, portant réquisition aux gardes nationaux du département du Nord, du Pas-de-Calais, de l'Aisne, de la Somme et des Ardennes, de fournir les secours les plus prompts pour remplacer les garnisons des différentes places du pays.

(*Moniteur* du 9 mars 93.)

Aussitôt une proclamation est affichée de tous côtés :

> Aux armes, citoyens ! aux armes !
> Si vous tardez, tout est perdu.

Une grande partie de la Belgique est envahie; Aix-la-Chapelle, Liége, Bruxelles doivent être maintenant au pouvoir de l'ennemi. La grosse artillerie, les bagages, le trésor de l'armée, se replient avec précipitation sur Valenciennes, seule ville qui puisse arrêter un instant l'ennemi. Ce qui ne pourra suivre sera jeté dans la Meuse. Dumouriez fait des conquêtes en Hollande; mais si des forces considérables ne le soutiennent pas, Dumouriez et avec lui l'élite des armées françaises peuvent être engloutis.

Parisiens, c'est contre vous surtout que cette guerre est dirigée..... Il faut que cette campagne décide du sort du monde; il faut épouvanter, exterminer les rois. Hommes du 14 juillet, du 5 octobre, du 10 août, réveillez-vous.

Vos frères, vos enfants poursuivis par l'ennemi, enveloppés peut-être, vous appellent... Levez-vous, il faut les venger.

Que toutes les armes soient portées dans les sections; que tous les citoyens s'y rendent; que l'on y jure de sauver la patrie ; qu'on la sauve ; malheur à celui qui hésiterait ; que dès demain des milliers d'hommes sortent de Paris ; c'est aujourd'hui le combat à mort entre les hommes et les rois, entre l'esclavage et la liberté.

(*Moniteur* du 10 mars 93.)   COMMUNE DE PARIS.

Après un discours de Robespierre sur l'état des choses, Danton reprend la parole :

Nous avons plusieurs fois fait l'expérience que tel est le caractère français, qu'il lui faut des dangers pour trouver toute son énergie. Eh bien, ce moment est arrivé. Oui, il faut dire à la France entière : « Si vous ne volez pas au secours de vos frères de la Belgique, si Dumouriez est enveloppé en Hollande, si son armée était obligée de mettre bas les armes, qui peut calculer les malheurs incalculables d'un pareil événement ? La fortune publique anéantie, la mort de 600,000 Français pourraient en être la suite !

Citoyens, vous n'avez pas une minute à perdre ; je ne vous propose pas en ce moment des mesures générales pour les départements, votre comité de défense vous fera demain son rapport. Mais nous ne devons pas attendre notre salut uniquement de la loi sur le recrutement; son exécution sera nécessairement lente, et des résultats tardifs ne sont pas ceux qui conviennent à l'imminence du danger qui nous menace. Il faut que Paris, cette cité célèbre et tant calomniée, il faut que cette cité qu'on aurait renversée pour servir nos ennemis qui redoutent son brûlant civisme, contribue par son exemple à sauver la patrie. Je dis que cette ville est encore appelée à donner à la France l'impulsion qui, l'année dernière, a enfanté nos triomphes. Comment se fait-il que vous n'ayez pas senti que, s'il est bon de faire les lois avec maturité, on ne fait bien la guerre qu'avec enthousiasme? Toutes les mesures dilatoires, tout moyen tardif de recruter détruit cet enthousiasme, et reste souvent sans succès. Vous voyez déjà quels en sont les misérables effets.

Tous les Français veulent être libres. Ils se sont constitués en gardes nationales. Aux termes de leurs serments ils doivent tous marcher quand la patrie réclame leur secours.

Je demande, par forme de mesure provisoire, que la Convention nomme des commissaires qui, ce soir, se rendront dans toutes les sections de Paris, convoqueront les citoyens, leur feront prendre les armes, et les engageront, au nom de la liberté et de leurs serments, à voter la défense de la Belgique. La France entière sentira le contre-coup de cette impulsion salutaire. Nos armées recevront de prompts renforts ; et, il faut le dire ici, les généraux ne sont pas aussi répréhensibles que quelques personnes ont paru le croire. Nous leur avions promis qu'au 1er février l'armée de la Belgique recevrait un renfort de 30,000 hommes. Rien ne leur est arrivé. Il y a trois mois qu'à notre premier voyage dans la Belgique, ils nous dirent que leur position militaire était détestable, et que, sans un renfort considérable, s'ils étaient attaqués au printemps, ils seraient peut-être forcés d'évacuer la Belgique entière. Hâtons-nous de réparer nos fautes. Que ce premier avantage de nos ennemis soit, comme celui de l'année dernière, le signal du réveil de la nation. Qu'une armée, conservant l'Escaut, donne la main à Dumouriez, et les ennemis seront dispersés. Si nous avons perdu Aix-la-Chapelle, nous trouverons en Hollande des magasins immenses qui nous appartiennent.

Dumouriez réunit au génie du général, l'art d'échauffer et d'encourager le soldat. Nous avons entendu l'armée battue le demander à grands cris. L'histoire jugera ses talents, ses passions et ses vices; mais ce qui est certain, c'est qu'il est intéressé à la splendeur de la République. S'il est secondé, si une armée lui prête la main, il saura faire repentir nos ennemis de leurs premiers succès.

Je demande que des commissaires soient nommés à l'instant.

(*Moniteur* du 10 mars 93.)

Il est évident que la proclamation de la Commune de Paris est inspirée de ce discours ; c'est pourquoi nous en avons donné des fragments bien qu'elle n'ait pas été dictée par Danton même. Ne laissons pas passer, sans le faire remarquer, le courage que montra Danton en cette circonstance. On sait que Dumouriez commandait en ce moment l'armée du Nord ; il était sur le point de voir ses troupes coupées par l'ennemi, parce qu'il se trouvait trop faible pour résister ; mais c'était la faute de la Convention ; Danton ose le lui dire à la tribune, la rendre devant toute la France responsable du danger où se trouve la patrie ; il ose défendre un général qui est peut-être à la veille d'être vaincu, il ne pousse pas l'homme près de tomber ; courage plus rare qu'on ne le pense. Mais c'est qu'attaquer le général en ce moment, ou sous le rapport du talent militaire ou sous le rapport du patriotisme, c'était impolitique, c'était ôter la confiance aux troupes, compromettre le salut du pays. Mais reprocher à la Convention de ne lui avoir pas envoyé assez de soldats, c'était dire aux Parisiens, levez-vous en masse encore une fois, et tout le mal est réparé. Pour prix de cette pénétration, on l'accusera bientôt, après le danger, d'avoir été de connivence avec le général, d'avoir voulu le d'Orléans pour roi, d'avoir été traître aussi.

Il profite de l'élan qu'il vient d'imprimer pour proposer un décret qui rendait la liberté à une classe de citoyens, plus nombreuse et plus injustement opprimée que jamais dans ces moments de misère générale et forcée.

Sur la proposition de Danton, il a été décrété que tous les prisonniers pour dettes seraient mis en liberté.

(*Moniteur* du 10 mars 93.)

Danton avait parlé en ces termes :

Non sans doute, citoyens, l'espoir de vos commissaires ne sera pas déçu. Oui, vos ennemis, les ennemis de la liberté seront exterminés, parce que vos efforts ne vont point se ralentir. Vous serez dignes d'être les régulateurs de l'énergie nationale. Vos commissaires, en se disséminant sur toutes les parties de la République vont répéter aux Français que la grande querelle qui s'est élevée entre le despotisme et la liberté, va être enfin terminée. Le peuple français sera vengé : c'est à nous qu'il appartient de mettre le monde politique en harmonie, de créer des lois concordantes avec cette harmonie. Mais avant de vous entretenir de ces grands objets, je viens vous demander la déclaration d'un principe trop longtemps méconnu, l'abolition d'une erreur funeste, la destruction de la tyrannie de la richesse sur la misère. Si la mesure que je propose est adoptée, bientôt ce Pitt, ce Breteuil de la diplomatie anglaise, et ce Burke, l'abbé Maury de parlement britannique qui donnent aujourd'hui au peuple anglais une impulsion si contraire à la liberté, seront anéantis.

Que demandez-vous ? Vous voulez que tous les Français s'arment pour la défense commune. Eh bien, il est une classe d'hommes qu'aucun crime n'a souillés, qui a des bras mais qui n'a pas de liberté, c'est celle des malheureux détenus pour dettes ; c'est une honte pour l'humanité, pour la philosophie qu'un homme en recevant de l'argent, puisse hypothéquer et sa personne et sa sûreté.

Je pourrais démontrer que la déclaration du principe que je proclame, est favorable à la cupidité même, car l'expérience prouve que celui qui prêtait, ne prenait aucune garantie pécuniaire, parce qu'il pouvait disposer de la personne de son débiteur ; mais qu'importe ces considérations mercantiles ? Elles ne doivent pas influer sur une grande nation. Les principes sont éternels, et tout Français ne peut être privé de sa liberté que pour avoir forfait à la société.

· Que les propriétaires ne s'alarment pas. Sans doute quelques individus se seront portés à des excès : mais la nation, toujours juste, respectera les propriétés. Respectez la misère, et la misère respectera l'opulence. *(Vifs applaudissements.)* Ne soyons jamais coupables envers les malheureux, et le malheureux qui a plus d'âme que le riche, ne sera jamais coupable. *(Nouveaux applaudissements.)*

Je demande que la Convention nationale déclare que tout citoyen français, emprisonné pour dettes, sera mis en liberté, parce qu'un tel emprisonnement est contraire à la saine morale, aux droits de l'homme, aux vrais principes de la liberté.

Cette proposition est décrétée par acclamation et à l'unanimité.

(Moniteur du 11 mars 93.)

On a vu plus haut ce que Peltier concluait de ce discours :

Il fit élargir les détenus pour dettes, donc il faisait des dettes, donc c'était un débauché.

Il semblait que Danton pressentît les nouveaux orages que la haine et l'envie allaient soulever contre lui ; il fait d'avance à ses ennemis sa profession de foi morale ; on verra si jamais il se démentit.

Beurnonville, ministre de la guerre, envoie à l'Assemblée une lettre dans laquelle il présente sa démission.

DANTON. — Avant de rendre au ministre de la guerre la justice que lui doit tout Français qui aime son pays, et qui sait apprécier ceux qui ont combattu vaillamment pour lui, je dois cette déclaration positive de mes principes et de mes sentiments : que s'il est dans mes opinions que la nature des choses et les circonstances exigent que la Convention se réserve la faculté de prendre partout, et même dans son sein des ministres, je déclare en même temps, et je le jure par la patrie, que moi je n'accepterai jamais une place dans le ministère, tant que j'aurai l'honneur d'être membre de la Convention nationale. *(Un très grand nombre de voix simultanément : ni aucun de nous.)* Je

le déclare, dis-je, sans fausse modestie, car, je l'avoue, je crois valoir un
autre citoyen français. Je le déclare avec le désir ardent que mon opinion
individuelle ne devienne pas celle de tous mes collègues; car je tiens pour
incontestable que vous feriez une chose funeste à la chose publique, si vous
ne vous réserviez pas cette faculté. Après un tel aveu, je vous somme tous,
citoyens, de descendre dans le fond de votre conscience. Quel est celui d'entre
vous qui ne sent pas la nécessité d'une plus grande cohésion, de rapports
plus directs, d'un rapprochement plus immédiat, plus quotidien entre les
agents du pouvoir exécutif révolutionnaire, chargé de défendre la liberté
contre toute l'Europe, et vous qui êtes chargés de la direction suprême de
la législation civile et de la défense extérieure de la République. Vous avez la
nation à votre disposition, vous êtes une Convention nationale, vous n'êtes
pas un corps constitué, mais un corps chargé de constituer tous les pouvoirs,
de fonder tous les principes de notre République; vous n'en violerez donc
aucun, rien ne sera renversé, si, exerçant toute la latitude de vos pouvoirs,
vous prenez le talent partout où il existe, pour le placer partout où il peut
être utile. Si je me récuse dans les choix que vous pourrez faire, c'est que
dans mon poste je me crois encore utile à pousser, à faire marcher la révolution; c'est que je me réserve encore la faculté de dénoncer les ministres
qui, par malveillance et par impéritie, trahiraient notre confiance. Ainsi
mettons-nous donc bien tous dans la tête que presque tous, que tous nous
voulons le salut public. (*De vifs applaudissements s'élèvent de toutes les parties
de la salle.*) Que les défiances particulières ne nous arrêtent pas dans notre
marche, puisque nous avons un but commun. Quant à moi, je ne calomnierai
jamais personne; je suis sans fiel, non par vertu, mais par tempérament. La
haine est étrangère à mon caractère... Je n'en ai pas besoin; ainsi je ne puis
être suspect, même à ceux qui ont fait profession de me haïr. Je vous rappelle à l'infinité de vos devoirs. Je n'entends pas désorganiser le ministère;
je ne parle pas de la nécessité de prendre des ministres dans votre sein, mais
de la nécessité de vous en réserver la faculté. — J'arrive à la discussion particulière qui s'est élevée sur la lettre de démission envoyée par le ministre
de la guerre.

On veut lui demander les motifs de sa démission : certes, jamais on ne
pourra dire que c'est par faiblesse. Celui qui a combattu si bien les ennemis,
braverait l'erreur populaire avec le même courage; il mourrait à son poste
sans sourciller; tel est Beurnonville, tel nous devons le proclamer. Mais la
nature, variée dans ses faveurs, distribue aux hommes différents genres de
talents; tel est capable de commander une armée, d'échauffer le soldat, de
maintenir la discipline qui n'a pas les formes populaires conciliatrices,
nécessaires dans les circonstances critiques et orageuses, quand on veut le
bien. Celui qui donne sa démission a dû se consulter sous ces différents rapports; il ne serait pas même de la dignité de la Convention de lui faire les
questions qu'on propose. Beurnonville a su se juger; il peut encore vaincre
nos ennemis sur le champ de bataille; mais il n'a pas les formes familières
qui, dans les places administratives, appellent la confiance des hommes peu

éclairés ; car le peuple est ombrageux, et l'expérience de nos révolutions lui
a bien acquis le droit de craindre pour sa liberté.

Je ne doute pas que Beurnonville n'ait géré en bon citoyen : il doit être
excepté de la rigueur de la loi qui défend à tout ministre de quitter Paris,
avant d'avoir rendu ses comptes ; et nous ne perdrons pas l'espérance de
voir Beurnonville allant aux armées, y conduisant des renforts, remporter
avec elles de nouveaux triomphes. *(On applaudit.)*
    (Moniteur du 14 mars 93.*)*

Veut-on savoir comment interprétèrent ce discours de Danton
ceux qui, comme il le dit si bien, avaient profession de le haïr ?
Qu'on lise l'article qui va suivre, on se convaincra que s'il parle
de lui à propos de Beurnonville, c'est qu'on faisait courir sur
son compte les bruits les plus calomnieux, c'est que, pour la
seconde fois, on avait traîtreusement profité de son absence
pour l'accuser.

Ils ont cru qu'il ne s'agissait plus que de monter au trône ; déjà il s'étaient
partagé les branches du pouvoir ; leurs complices colportaient complaisam-
ment la liste du nouveau conseil exécutif (1). A la vérité il leur fallait encore
un décret ; mais ils allaient l'exiger, il le croyait rendu. Danton monte à
la tribune, sûr du succès ; il demande que la Convention se réserve le droit
de choisir les ministres dans son sein. Nous y voilà, s'écrient quelques
membres ! Personne ne doutait que Danton ne voulut être le premier
ministre ; on en douta bien moins encore lorsqu'on l'entendit jurer *par la
patrie*, que jamais il n'accepterait une place dans le ministère. Danton jurer
par la patrie ! La patrie d'un ambitieux ! Il m'a semblé entendre un athée
jurer par l'être suprême.
    (*Le Patriote français,* par Girey continuateur de Brissot, n° 1308.)

Par décret du 10 mars la Convention avait déclaré qu'il fallait
opter entre la fonction de journaliste et celle de député.

Cependant les désastres qu'avait fait entrevoir Lacroix devenaient une réalité ; les plus sinistres nouvelles se succédaient :
Liége est occupée par les ennemis, on a dû lever le siége de
Maestricht, Dumouriez écrit aux commissaires de la Convention
qu'on ne peut sauver les Pays-Bas qu'en envahissant la Hollande.
Ces différentes lettres sont envoyées par les commissaires à
l'Assemblée qui en prend connaissance.

(1) Danton était ministre des affaires étrangères, Dubois Crancé de la guerre,
Jeanbon-Saint-André de la Marine, Thuriot ou Cambacérès de la justice, Fabre
d'Églantine de l'intérieur, et Collet d'Herbois des contributions.

A ce propos Danton réclame la parole. Nous demandons que l'on cite dans Mirabeau un discours plus entraînant, plus élevé que celui qu'on va lire.

Les considérations générales qui vous ont été présentées sont vraies ; mais il s'agit moins en ce moment d'examiner les causes des événements désastreux qui peuvent nous frapper, que d'y appliquer promptement le remède. Quand l'édifice est en feu, je ne m'attache pas aux fripons qui enlèvent les meubles, j'éteins l'incendie. Je dis que vous devez être convaincus plus que jamais, par la lecture des dépêches de Dumouriez, que vous n'avez pas un instant à perdre pour sauver la République.

Dumouriez avait conçu un plan qui honore son génie. Je dois lui rendre même une justice bien plus éclatante que celle que je lui rendis dernièrement. Il y a trois mois qu'il a annoncé au pouvoir exécutif, à votre comité de défense générale que, si nous n'avions pas assez d'audace pour envahir la Hollande au milieu de l'hiver, pour déclarer sur-le-champ la guerre à l'Angleterre qui nous la faisait depuis longtemps, nous doublerions les difficultés de la campagne, en laissant aux forces ennemies le temps de se déployer. Puisque l'on a méconnu ce trait de génie, il faut réparer nos fautes.

Dumouriez ne s'est pas découragé ; il est au milieu de la Hollande, il y trouvera des munitions ; pour renverser tous nos ennemis il ne lui faut que des Français, et la France est remplie de citoyens. Voulons-nous être libres ? Si nous ne le voulons plus, périssons, car nous l'avions juré. Si nous le voulons, marchons tous pour défendre notre indépendance. Nos ennemis font leurs derniers efforts. Pitt sent bien qu'ayant tout à perdre, il n'a rien à épargner. Prenons la Hollande, et Carthagène est détruite, et l'Angleterre ne peut plus vivre que pour la liberté. Que la Hollande soit conquise à la liberté, et l'aristocratie commerciale elle-même, qui domine en ce moment le peuple anglais, s'élèvera contre le gouvernement qui l'aura entraînée dans cette guerre de despotisme contre un peuple libre. Elle renversera ce ministère stupide qui a cru que les talents de l'ancien régime pouvait étouffer le génie de la liberté qui plane sur la France. Ce ministère renversé par l'intérêt du commerce, le parti de la liberté se montrera, car il n'est pas mort ; et si vous saisissez vos devoirs, si vos commissaires partent à l'instant, si vous donnez la main à l'étranger qui soupire après la destruction de toute espèce de tyrannie, la France est sauvée et le monde est libre.

Faites donc partir vos commissaires : soutenez-les par votre énergie ; qu'ils partent ce soir, cette nuit même ; qu'ils disent à la classe opulente : il faut que l'aristocratie de l'Europe, succombant sous nos efforts, paye notre dette, ou que vous la payiez ; le peuple n'a que du sang ; il le prodigue. Allons, misérables, prodiguez vos richesses. (*De vifs applaudissements se font entendre.*) Voyez, citoyens, les belles destinées qui vous attendent. Quoi ! vous avez une nation entière pour levier, la raison pour point d'appui, et vous n'avez pas encore bouleversé le monde. (*Les applaudissements redoublent.*) Il faut pour cela du caractère, et la vérité est qu'on en a manqué. Je mets de côté toutes

les passions, elles me sont toutes parfaitement étrangères, excepté celle du bien public. Dans des circonstances plus difficiles, quand l'ennemi était aux portes de Paris, j'ai dit à ceux qui gouvernaient alors : Vos discussions sont misérables, je ne connais que l'ennemi. (*Nouveaux applaudissements.*) Vous qui me fatiguez de vos contestations particulières, au lieu de vous occuper du salut de la République, je vous répudie tous comme traîtres à la patrie. Je vous mets tous sur la même ligne. Je leur disais : Eh que m'importe ma réputation ! que la France soit libre et que mon nom soit flétri ! Que m'importe d'être appelé buveur de sang ! Eh bien, buvons le sang des ennemis de l'humanité, s'il le faut ; combattons, conquérons la liberté.

On paraît craindre que le départ des commissaires affaiblisse l'un ou l'autre parti de la Convention. Vaines terreurs ! Portez votre énergie partout. Le plus beau ministère est d'annoncer au peuple que la dette terrible qui pèse sur lui, sera desséchée aux dépens de ses ennemis, ou que le riche la payera avant peu. La situation nationale est cruelle ; le signe représentatif n'est plus en équilibre dans la circulation ; la journée de l'ouvrier est au dessous du nécessaire ; il faut un grand moyen correctif. Conquérons la Hollande ; ranimons en Angleterre le parti républicain ; faisons marcher la France, et nous irons glorieux à la postérité. Remplissez ces grandes destinées ; point de débats ; point de querelles, et la patrie est sauvée.

(*Moniteur* du 13 mars.)

Mais ce n'était pas tout d'armer Paris, la France entière, Danton savait ce qu'il avait droit d'en attendre ; le passé lui répondait de l'avenir. Mais ce passé lui rappelait aussi qu'il y avait un autre danger à craindre que l'invasion. On venait de décider la création d'un tribunal révolutionnaire, mais on hésitait sur le mode d'organisation ; il s'agissait de savoir comment on le constituerait, si les jurés seraient nommés par Paris seulement ou par les départements ; la Convention avait décrété qu'ils seraient choisis dans la France entière ; et l'on allait se séparer sans terminer cette affaire, Danton s'élance à la tribune :

Je somme tous les bons citoyens de ne pas quitter leurs postes. (*Tous les membres se remettent en place, un calme profond règne dans toute l'Assemblée.*) Quoi, citoyens ! au moment où notre position est telle, que si Miranda était battu, et cela n'est pas impossible, Dumouriez enveloppé serait obligé de mettre bas les armes, vous pourriez vous séparer sans prendre les grandes mesures qu'exige le salut de la chose publique ? Je sens à quel point il est important de prendre des mesures judiciaires qui punissent les contre-révolutionnaires ; car c'est pour eux que ce tribunal est nécessaire ; c'est pour eux que ce tribunal doit suppléer au tribunal suprême de la vengeance du peuple. Les ennemis de la liberté lèvent un front audacieux ; partout confon-

dus, ils sont partout provocateurs. En voyant le citoyen honnête occupé dans
ses foyers, l'artisan occupé dans ses ateliers, ils ont la stupidité de se croire
en majorité : eh bien, arrachez-les vous-mêmes à la vengeance populaire,
l'humanité vous l'ordonne.

Rien n'est plus difficile que de définir un crime politique; mais si un
homme du peuple, pour un crime particulier, en reçoit à l'instant le châtiment; s'il est si difficile d'atteindre un crime politique, n'est-il pas nécessaire
que des lois extraordinaires, prises hors du corps social, épouvantent les
rebelles et atteignent les coupables? Ici le salut du peuple exige de grands
moyens et des mesures terribles. Je ne vois pas de milieu entre les formes
ordinaires et un tribunal révolutionnaire. L'histoire atteste cette vérité; et
puisqu'on a osé, dans cette Assemblée, rappeler ces journées sanglantes sur
lesquelles tout bon citoyen a gémi, je dirai, moi, que si un tribunal eut alors
existé, le peuple auquel on a si souvent, si cruellement reproché ces journées, ne les aurait pas ensanglantées; je dirai, et j'aurai l'assentiment de
tous ceux qui ont été les témoins de ces terribles événements, que nulle
puissance humaine n'était dans le cas d'arrêter le débordement de la vengeance nationale. Profitons des fautes de nos prédécesseurs.

Faisons ce que n'a pas fait l'Assemblée législative; soyons terribles pour
dispenser le peuple de l'être; organisons un tribunal, non pas bien, cela est
impossible, mais le moins mal qu'il se pourra, afin que le glaive de la loi
pèse sur la tête de tous ses ennemis.

Ce grand œuvre terminé, je vous rappelle aux armes, aux commissaires
que vous devez faire partir, au ministère que vous devez organiser ; car nous
ne pouvons le dissimuler, il nous faut des ministres; et celui de la marine,
par exemple, dans un pays où tout peut être créé, parce que tous les éléments
s'y trouvent, avec toutes les qualités d'un bon citoyen, n'a pas créé de
marine; nos frégates ne sont pas sorties et l'Angleterre enlève nos corsaires.
Eh bien, le moment est arrivé, soyons prodigues d'hommes et d'argent;
déployons tous les moyens de la puissance nationale, mais ne mettons la
direction de ces moyens qu'entre les mains d'hommes dont le contact nécessaire et habituel avec vous, vous assure l'ensemble et l'exécution des
mesures que vous avez combinées pour le salut de la République. Vous n'êtes
pas un corps constitué, car vous pouvez tout constituer vous-mêmes.
Prenez-y garde, citoyens, vous répondez au peuple de nos armées, de son
sang, de ses assignats ; car si ses défaites atténuaient tellement la valeur de
cette monnaie, que les moyens d'existence fussent anéantis dans ses mains,
qui pourrait arrêter les effets de son ressentiment et de sa vengeance? Si,
dès le moment que je vous l'ai demandé, vous eussiez fait le développement
de forces nécessaires, aujourd'hui l'ennemi serait repoussé loin de vos
frontières.

Je demande donc que le tribunal révolutionnaire soit organisé, séance
tenante, que le pouvoir exécutif, dans la nouvelle organisation, reçoive les
moyens d'action et d'énergie qui lui sont nécessaires. Je ne demande pas que
rien soit désorganisé, je ne propose que des moyens d'amélioration.

Je demande que la Convention juge mes raisonnements et méprise les qualifications injurieuses et flétrissantes qu'on ose me donner. Je demande qu'aussitôt que les mesures de sûreté générale seront prises, vos commissaires partent à l'instant, qu'on ne reproduise plus l'objection qu'ils siégent dans tel ou tel côté de cette salle. Qu'ils se répandent dans les départements, qu'ils y échauffent les citoyens, qu'ils y raniment l'amour de la liberté, et que s'ils ont regret de ne pas participer à des décrets utiles, ou de ne pouvoir s'opposer à des décrets mauvais, ils se souviennent que leur absence a été le salut de la patrie.

Je me résume donc : ce soir, organisation du tribunal, organisation du pouvoir exécutif, demain, mouvement militaire ; que demain vos commissaires soient partis ; que la France entière se lève, coure aux armes, marche à l'ennemi ; que la Hollande soit envahie ; que la Belgique soit libre ; que le commerce d'Angleterre soit ruiné ; que les amis de la liberté triomphent de cette contrée ; que nos armes, partout victorieuses, apportent aux peuples la délivrance et le bonheur, que le monde soit vengé.

(Danton descend de la tribune couvert des plus vifs applaudissements ; l'Assemblée ajourne ses différentes propositions.)

(Moniteur du 13 mars 93.)

Qu'on se rappelle les circonstances où se trouvait la France, on verra qu'elles sont identiques à celles du 1er septembre 92 ; si vous voulez éviter les mêmes scènes de massacre, crie Danton, créez un tribunal dans lequel le peuple ait confiance. Le tribunal est créé, les soupçons n'ont plus de raison d'être ; les massacres n'ont pas lieu. Mais le danger passé, une fois de plus on maudit Danton d'avoir institué ce tribunal ; et ce tribunal devait un jour le condamner lui-même, aux longs applaudissements de ceux qu'il avait sauvés de la mort ou de l'infamie.

Nous n'avons pas à suivre ici les opérations stratégiques de Dumouriez en Hollande, à le juger comme général, comme citoyen et comme Français ; le dernier projet auquel il s'arrêta est détaillée au livre 8, chapitre Ier de ses mémoires, il y est dit :

Qu'il préservera la république batave des commissaires de la Convention et du jacobinisme... Qu'il lui proposera l'alliance avec la France, mais à la condition que celle-ci reprendra la Constitution de 1789, pour faire cesser son anarchie, et, en cas de refus, qu'il marchera sur Paris avec les troupes de ligne françaises et 40,000 Belges et Bataves pour dissoudre la Convention et anéantir le jacobinisme.

Il ajoute :

Tel est le projet qui n'a été connu que de quatre personnes. — S'il faut en croire le général Miranda, trois de ces personnes étaient Danton, Lacroix et Westermann, dit en note l'éditeur des mémoires.

Sous l'influence de quelle crainte Danton aurait-il, je ne dis pas partagé, mais tenu secrets les desseins du général ? Il appré- hendait, répondra-t-on, que Dumouriez ne divulguât ses rapines. Raisonnons. La suite des événements a dû prouver au général que le tribun n'embrassait pas sa politique ; restait donc à Danton le mérite seul de l'avoir tenue secrète. Croit-on que, vingt ans après les événements, cette discrétion du montagnard ait été une raison suffisante pour que Dumouriez dans ses mémoires ne révélât pas la connivence ? Cette révélation posthume flétrissait à jamais Danton, sans nuire à la mémoire du général qui n'était tenu au secret que pendant la vie de son complice. Le royaliste avait donc tout à gagner à faire l'aveu ; et, pour la glorification de sa personne, il en a fait tant d'autres qu'on ne comprendrait pas cette réserve exceptionnelle. Toute- fois le rusé général ne fit pas connaître de suite quelle était son intention secrète. On n'a pas oublié sa proclamation aux Belges dans laquelle il se plaint des vexations tyranniques des agents du pouvoir exécutif ; on peut voir au *Moniteur* le texte de son ordre du jour du 11 mars, enfin sa fameuse lettre du 12. Cette lettre nous ramène à la justification de Lacroix, c'est à dire à la troisième mission de Danton.

Dumouriez quitta l'armée qu'il commandait en Hollande, il arriva à Anvers le 10 mars 1792, et le 12 il écrivait à la Convention une lettre dictatoriale. Un décret rendu le 17 mars nous renvoya dans la Belgique ; nous arrivâmes à Bruxelles le 19 ; nous nous concertâmes avec nos autres collègues, et le lendemain nous nous rendîmes à l'armée... Notre conférence avec le général dura jusqu'à 3 heures du matin ; nous lui reprochâmes vivement ses torts envers la Convention nationale ; il les reconnut, s'en excusa sur le mécontente- ment qu'il avait éprouvé en se voyant forcé d'abandonner ses succès en Hol- lande. Il adressa à la Convention une lettre qui parut la satisfaire... Nous revînmes à Bruxelles le 21 au matin.

(*Moniteur* du 22 février 94.)

A propos de cette lettre dictatoriale, Danton avait été d'avis que le comité ne la lut pas à la Convention. On en verra plus loin les raisons. Mais le secret en transpira ; il courut à ce propos les bruits les plus contradictoires.

Plusieurs papiers ont rendu compte d'une prétendue réconciliation, qui, dit-on, avait eu lieu entre les députés des divers partis au comité de défense générale. Les uns impriment que Gensonné a embrassé Danton ; d'autres que Guadet à flagorné Danton ; d'autres que Danton a bien gourmandé la Gironde. Il n'y a pas un de ces faits qui ne soit faux. Des lettres de Dumouriez ont provoqué à ce comité une explication entre les députés qui paraissaient être les plus contraires en opinions et en principes. Cette explication était nécessaire ; des hommes bien intentionnés ont cru y voir la possibilité d'un rapprochement, et ce rapprochement a été tenté. Les uns disaient : « Voulez-vous me convaincre que vous voulez de bonne foi le salut public, finissez la Constitution et la Convention ; faites respecter les lois et les autorités constituées. » Les autres répondaient : « Soyez *révolutionnaires* comme nous. » Or, comme le mot de révolution équivaut, dans beaucoup d'esprit, à la suspension des lois, il en est résulté qu'on n'est pas tombé d'accord ; et les choses en sont restées au même point, seulement presque tous sont demeurés convaincus, hors quelques amateurs des mouvements révolutionnaires, qu'il fallait se hâter de finir la Constitution et la Convention ; et tel est le but de ces hommes qui n'embrassent ni ne flagornent leurs ennemis, mais qui tiennent invariablement à la haine des crimes et aux principes. Guadet flagorner Danton ! Hé bien, Guadet soutenait à Danton 1° qu'il y avait eu un complot ; 2° qu'il en était le chef. Quelle flagornerie !

(*Le Patriote français* par Girey, n° 1319.)

Qui donc a écrit, qu'après la mort de sa femme, Danton désespéré ; qu'après ses vains efforts pour réconcilier les partis, Danton découragé ; qu'après ses vols en Belgique, Danton gorgé, avait vu de jour en jour s'affaisser son énergie patriotique, s'éteindre son génie révolutionnaire? On a lu ce qui précède, qu'on lise ce qui suit, et qu'on dise si jamais Danton fut plus grand, plus sublime, plus à la hauteur de la tâche qu'il s'était volontairement imposée. Vous tous qui allez l'entendre, vous qui plus tard avez assisté à nos désastres, rappelez-vous avec quels principes, avec quel cœur on soulève tout un peuple menacé par l'étranger, on le sauve de la honte des invasions. Neuf puissances venaient de se coaliser, les royalistes de la Vendée avaient pris Chollet, Dumouriez avait été battu à Nerwinde, l'Espagne se joignait aux alliés. Jamais le danger ne fut plus grand.

Ducos demandait à la tribune que les ministres donnassent la liste de toutes les recommandations qui leur avaient été présentées durant leur ministère, un décret défendant aux

députés de postuler des places. Danton qui saisissait tout
à-propos pour dire toute sa pensée, s'exprime ainsi :

Citoyens,

Je déclare avoir recommandé aux ministres d'excellents patriotes, d'excellents révolutionnaires. Il n'y a aucune loi qui puisse ôter à un représentant
du peuple sa pensée. La loi ancienne qu'on veut rappeler était absurde ; elle
a été révoquée par la Révolution. Il faut enfin que la Convention nationale
soit un corps révolutionnaire ; il faut qu'elle soit peuple ; il est temps qu'elle
déclare la guerre aux ennemis intérieurs. Quoi ! la guerre civile est allumée
de toutes parts, et la Convention reste immobile ! Un tribunal révolutionnaire a été créé qui devait punir tous les conspirateurs, et ce tribunal n'est
pas encore en activité ! Que dira donc ce peuple? car il est prêt à se lever
en masse... (Des applaudissements prolongés se font entendre dans les tribunes,
et dans une partie de l'Assemblée. — Il s'élève quelques murmures. — Danton
s'élance à la tribune.) Que dira donc ce peuple? car il est prêt à se lever en
masse ; il le doit, il le sent. Il dira : Quoi donc ! des passions misérables
agitent nos représentants, et cependant les contre-révolutionnaires tuent la
liberté.

Je dois enfin vous dire la vérité, je vous la dirai sans mélange ; que m'importe toutes les chimères que l'on peut répandre contre moi, pourvu que je
puisse servir la patrie ! Oui, citoyens ; vous ne faites pas votre devoir. Vous
dites que le peuple est égaré ; mais pourquoi vous éloignez-vous de ce
peuple? Rapprochez-vous de lui, il entendra la raison. La révolution ne peut
marcher, ne peut être consolidée qu'avec le peuple. Le peuple en est l'instrument, c'est à vous de vous en servir. En vain dites-vous que les sociétés
populaires fourmillent de dénonciateurs absurdes, de dénonciateurs atroces.
Eh bien, que n'y allez-vous? Une nation en révolution est comme l'airain
qui bout et se régénère dans le creuset. La statue de la liberté n'est pas
fondue. Ce métal bouillonne, si vous n'en surveillez le fourneau, vous serez
tous brûlés. (On applaudit.) Comment se fait-il que vous ne sentiez pas que
c'est aujourd'hui qu'il faut que la Convention décrète, que tout homme du
peuple aura une pique aux frais de la nation. Les riches la paieront, ils la
paieront en vertu d'une loi ; les propriétés ne seront pas violées. Il faut
décréter encore que dans les départements où la révolution s'est manifestée,
quiconque a l'audace d'appeler cette contre-révolution sera mis hors la loi.
A Rome, Valérius Publicola eut le courage de proposer une loi qui portait
peine de mort contre quiconque appellerait la tyrannie. Eh bien, moi je
déclare que, puisque dans les rues, dans les places publiques, les patriotes
sont insultés ; puisque dans les spectacles on applaudit avec fureur aux
applications qui se rapportent avec les malheurs de la patrie ; je déclare,
dis-je, que quiconque oserait appeler la destruction de la liberté, ne périra
que de ma main, dussé-je après porter ma tête sur l'échafaud ; heureux
d'avoir donné un exemple de vertu à ma patrie. (On applaudit.) Je demande
qu'on passe à l'ordre du jour sur la motion qui m'a donné lieu de parler. Je

demande que dans toute la République un citoyen ait une pique aux frais de la nation. Je demande que le tribunal extraordinaire soit mis en activité. Je demande que la Convention déclare au peuple français, à l'Europe, à l'univers qu'elle est un corps révolutionnaire; qu'elle est résolue de maintenir la liberté, d'étouffer les serpents qui déchirent le sein de la patrie.

Montrez-vous révolutionnaires; montrez-vous peuple, et alors la liberté n'est plus en péril. Les nations qui veulent être grandes, doivent, comme les héros, être élevées à l'école du malheur. Sans doute nous avons eu des revers; mais si au mois de septembre on vous eut dit : « la tête du tyran tombera sous le glaive des lois, l'ennemi sera chassé du territoire de la République; 100,000 hommes seront à Mayence; nous aurons une armée à Tournai, » vous eussiez vu la liberté triomphante. Eh bien, telle est encore notre position. Nous avons perdu un temps précieux. Il faut le réparer. On a cru que la révolution était faite. On a crié aux factieux. Eh bien, ce sont ces factieux qui tombent sous le poignard des assassins.

Et toi, Pelletier, quand tu périssais victime de ta haine pour les tyrans, on criait aussi que tu étais un factieux! il faut sortir de cette léthargie politique. Marseille sait déjà que Paris n'a jamais voulu opprimer la République, n'a jamais voulu que la liberté. Marseille s'est déclarée la montagne de la République. Elle se gonflera cette montagne, elle roulera les rochers de la liberté, et les ennemis de la liberté seront écrasés. *(On applaudit.)* Je ne veux pas rappeler de fâcheux débats. Je ne veux pas faire l'historique des haines dirigées contre les patriotes. Je ne dirai qu'un mot.

Je vous dirai que Roland écrivait à Dumouriez (et c'est ce général qui nous a montré la lettre à Lacroix et à moi) : « il faut vous liguer avec nous pour écraser ce parti de Paris, et surtout ce Danton. » *(On murmure.)* Jugez si une imagination frappée au point de tracer de pareils tableaux, a dû avoir une grande influence sur toute la République. Mais tirons le rideau sur le passé. Il faut nous réunir. C'est cette réunion qui devrait établir la liberté d'un pôle à l'autre, aux deux tropiques, et sur la ligne de la Convention. Je ne demande pas d'ambassades particulières. Quant à moi je fais serment de mourir pour défendre mon plus cruel ennemi. Je demande que ce sentiment sacré enflamme toutes les âmes. Il faut tuer les ennemis intérieurs pour triompher des ennemis extérieurs. Vous deviendrez victimes de vos passions ou de votre ignorance, si vous ne sauvez la République. La République, elle est immortelle! L'ennemi pourra bien faire encore quelques progrès, il pourrait prendre encore quelques-unes de nos places; mais il s'y consumerait lui-même. Que nos échecs tournent à notre avantage! que le Français, en touchant la terre de son pays, comme le géant de la fable, reprenne de nouvelles forces. *(On applaudit.)*

J'insiste sur ce qui est plus qu'une loi, sur ce que la nécessité vous commande, soyez peuple. Que tout homme qui porte encore dans son cœur une étincelle de liberté, ne s'éloigne pas du peuple. Nous ne sommes pas ses pères, nous sommes ses enfants. Exposons-lui nos besoins et ses ressources, disons-lui qu'il sera inviolable, s'il veut être uni. Qu'on se rappelle l'époque

mémorable et terrible du mois d'août. Toutes les passions se croisaient. Paris
ne voulait pas sortir de ses murs. J'ai, moi, car il faut bien quelquefois se
citer, j'ai amené le conseil exécutif à se réunir à la mairie avec tous les
magistrats du peuple. Le peuple vit notre réunion, il la seconda, et l'ennemi
a été vaincu. Si on se réunit, si on aime les sociétés populaires, si on y
assiste, malgré ce qui peut y avoir en elles de défectueux, car il n'y a rien de
parfait sur la terre, la France reprendra sa force, redeviendra victorieuse, et
bientôt les despotes se repentiront de ces triomphes éphémères qui n'auront
été que plus funestes pour eux. (Les propositions de Danton sont décrétées à
l'unanimité.)

    (Moniteur du 28 mars 93.)

Dans un an, à pareil jour, Danton sera arrêté, puis jugé, condamné, sans qu'on lui ait laissé le droit de se défendre; que le
discours suivant nous rappelle qu'il pouvait revendiquer pour
lui un droit qu'il avait respecté chez les autres.

Le lieutenant-général Lanoue, est traduit à la barre de l'Assemblée pour rendre compte de sa conduite, pour dire pourquoi
et par quels ordres ses cantonnements étaient repartis de telle
manière que sa ligne occupait 14 lieues de terrain.

Julien demande que son aide de camp, qui est à la barre aussi,
soit tenu de se retirer pendant les explications que le lieutenant-général va donner.

DANTON. — L'Assemblée doit être froide. Le citoyen qui est à la barre, n'est
point décrété d'accusation; il a le droit de se faire dire, par ceux qui com-
mandaient avec lui, ce qu'il a pu oublier, et ce qu'il croit propre à établir sa
justification. *(Murmures de l'extrémité.)* Je serai inexorable envers tous les
ennemis de la patrie; mais je serai impassible lorsqu'il s'agira de remplir les
fonctions sacrées de juge.

Quand même le citoyen qui est à la barre serait décrété d'accusation, *il
aurait encore le droit d'avoir un conseil.* J'observe d'ailleurs que ce n'est point
ici un interrogatoire judiciaire, que tout doit porter sur les faits, et que les
réponses du général ne peuvent rien changer, s'il est coupable. Ainsi je vous
invite, citoyens, à ne pas montrer cette envie de trouver sans cesse des coupables. *(Applaudissements.)* Je demande que l'Assemblée conserve son immobilité, qu'elle entende froidement, et qu'on n'interrompe pas; et encore une
fois tout accusé a le droit, et surtout en opération militaire où les événements se succèdent si rapidement, de se faire assister par celui qui a été le
compagnon de ses armes. Je demande l'ordre du jour sur la proposition de
Julien.

La proposition de Danton est adoptée.

Le président annonçant qu'il a épuisé la série des questions à faire à l'inculpé, Danton reprend la parole :

Ces questions sont insuffisantes ; il faut que les comités fassent un rapport de l'ensemble de cette affaire, qu'ils proposent une série de questions, qu'elles soient discutées dans l'Assemblée, et ensuite on les présentera à l'accusé. Je demande donc que le général Lanoue se retire.

La proposition est décrétée.

(*Moniteur* du 30 mars 93.)

Mais avant d'arriver à l'épouvantable catastrophe de germinal, il nous faut suivre ligne à ligne un récit plus répugnant encore, je veux dire celui de toutes les odieuses accusations que peut imaginer l'envie, quand elle s'acharne à un homme vraiment supérieur.

Si l'on hésitait à croire que les ennemis de Danton travaillassent à soulever le peuple même contre lui, le petit fait suivant ne permettrait plus le doute.

Un grand nombre de fédérés parcouraient le soir les rues de Paris en chantant ce refrain :

La tête de Marat, Robespierre et Danton,
Et de tous ceux qui les défendront.

(*Les deux amis de la liberté*, tome IX, 3ᵉ partie, 1ʳᵉ époque.)

N'oublions pas que les deux amis de la liberté en étaient encore, à l'époque dont nous nous occupons, au libéralisme de 1789 ; que nous importe que les rédacteurs aient changé, le livre n'en est pas moins suspect.

Tous les historiens ont raconté les faits relatifs à l'expédition de Dumouriez en Hollande et à la manière dont il reçut les envoyés de la Convention ; on sait aussi les circonstances de sa lâche désertion. Au moment où Danton partait de Paris (18 mars), le général perdait la bataille de Nerwinde contre le prince de Cobourg ; il rencontra les commissaires qui venaient l'engager à rétracter sa lettre du 12 ; sur leur injonction, il consent à écrire à l'Assemblée « qu'il la priait d'attendre qu'il pût s'expliquer. »

Danton revenait avec la réponse (29 mars) et, pendant ce temps, Dumouriez négociait avec les Autrichiens, faisait arrêter les quatre autres commissaires de la Convention, trahissait son pays.

Toutes ces circonstances étaient connues quand arriva Danton.

Qu'on juge de la joie secrète de ses ennemis. Évidemment, se
disaient-ils, il est le complice de Dumouriez; n'a-t-il pas
demandé à être envoyé près du traître? N'a-t-il pas demandé
qu'on cachât à l'Assemblée la fameuse lettre du général? Ne
l'a-t-on pas vu avec Dumouriez quand celui-ci vint à Paris
après Valmy? Enfin n'est-il pas de la dernière évidence qu'il
s'est gorgé d'or dans ses missions, qu'il ne demande plus qu'à
jouir tranquillement du fruit de ses rapines, de sa vénalité?
Dumouriez voulait mettre sur le trône, le petit Égalité, Danton
était de connivence; c'est un Monk et rien de plus.

Voilà ce qu'on répétait de tous côtés quand revint le Montagnard. Voilà tous les chefs d'accusation auxquels il va avoir à
répondre, car l'attaque ne se fera pas attendre, dès demain
même le jugement va commencer. Les plus patriotes étaient
ébranlés. Il faut être plus que patriote pour soutenir un homme
en danger de perdre sa réputation politique.

Il n'est pas hors de propos de citer avant tout ce que dit
Dumouriez lui-même de son entrevue avec Lacroix et Danton
à Louvain, afin qu'on ne nous accuse pas de distraire les
pièces.

Le général vit arriver les commissaires Lacroix et Danton qu'il renvoya à
Louvain où il arriva le soir. Ils paraissaient très affectés de la perte de la
bataille, et surtout du débandement de l'armée, ayant rencontré à Bruxelles
et tout le long de la route, des corps entiers de déserteurs. Mais ils l'étaient
bien plus de la commission qu'ils avaient, disaient-ils, d'engager le général
à se rétracter de sa lettre du 12, qui avait occasionné un grand déchaînement
contre lui dans la Convention, à cause de sa trop franche véracité. Il leur
déclara qu'il n'avait mandé que ce qu'il pensait ; que les désastres dont ils
étaient témoins étaient une conséquence des maux qu'il avait prévus, et
auxquels il avait voulu remédier autant qu'il le pouvait, surtout en faisant
cesser la tyrannie et l'injustice dans la Belgique ; que la nécessité où il allait
se trouver de se retirer d'un pays où il n'avait aucun moyen de défense,
devait leur faire sentir combien étaient sages les ordonnances qu'il avait
rendues, et contre lesquelles la Convention n'était prévenue, que parce
qu'elle était mal instruite et trompée, que ces ordonnances avaient désarmé
les paysans, et nous avait ramené la bonne volonté du peuple; qu'ainsi elles
allaient être le salut de l'armée qui, désorganisée, battue, plus rebutée
encore qu'effrayée, était hors d'état de se défendre, à la fois, contre les impé-
riaux, plus nombreux qu'elle et vainqueurs, et contre les gens du pays
révoltés de nos excès en tous genres. Ils furent obligés d'en convenir, mais
comme ils insistaient cependant sur la rétractation, le général, après leur

avoir retracé tous ces griefs, leur avait peint très fortement tous les malheurs en tous genres qui allait résulter de la conduite folle et criminelle de la Convention, leur déclara positivement qu'il ne se rétracterait pas, parce que la perte ou le gain d'une bataille ne changerait jamais rien ni à ses principes, ni à son opinion, ni à son caractère. Ces commissaires mirent dans toute cette négociation beaucoup d'esprit, d'intérêt et de cajolerie. Enfin, après une longue discussion, le général consentit à écrire en six lignes au président : « Qu'il priait la Convention de ne rien préjuger sur sa lettre du 12 mars, avant qu'il eut le temps de lui en envoyer l'explication. » Les deux députés partirent avec cette lettre insignifiante.

(*Mémoires* de Dumouriez, liv. 8, chap. 8.)

Y a-t-il a tirer de cette citation la moindre preuve de connivence? Ne voit-on pas que le général malgré sa ferme résolution de ne pas se rétracter, y arrive cependant. Cela suffit pour prouver que les commissaires ont rempli leur devoir avec fermeté. Mais pourquoi disculper par avance un orateur comme Danton, puisqu'il va lui-même répondre ?

CHAPITRE VI

___

Venons aux faits, je veux dire à la justification de Danton.

Dans la même séance du 30 mars, après une dénonciation faite contre le député Salles, plusieurs voix s'étaient récrié contre Danton.

Un membre du coté droit. — Je demande que Danton rende ses comptes.

Un autre. — Qu'il nous dise à quoi il a employé les quatre millions de dépenses secrètes.

N... — Je demande l'exécution du décret en vertu duquel Danton devait nous rendre compte de l'état de la Belgique au moment de son départ. Il importe que nous connaissions toutes les opérations de nos commissaires dans cette partie.

Danton. — Je demande la parole.

Citoyens, vous aviez, par un décret, ordonné que Camus et moi, seuls des commissaires près l'armée de la Belgique, qui se trouvent actuellement dans la Convention, rendions compte de ce que nous avions vu et fait dans la Belgique. Le changement des circonstances, les lettres nouvelles parvenues à votre comité de défense générale, ont rendu ce rapport moins important, quand à ce qui concerne la situation des armées, puisque cette situation a changé ; elles ont nécessité des mesures provisoires que vous avez décrétées. J'étais prêt, et je le suis encore à m'expliquer amplement, et sur l'historique de la Belgique, et sur les généraux, et sur l'armée, et sur la conduite des commissaires. Il est temps que tout soit connu. (*Un grand nombre de voix de toutes les parties de la salle :* Oui, oui.) Si la saine raison, si le salut de la patrie et celui de l'armée a obligé vos commissaires d'être en quelque sorte stationnaires, aujourd'hui le temps de bannir toute espèce de politique est arrivé ; il l'est d'autant plus que je m'aperçois qu'on a insinué dans l'Assemblée que les malheurs de la Belgique pouvaient avoir été plus ou moins amenés par l'influence, les fautes, et même les crimes de vos commissaires.

Eh bien, je prends à cette tribune l'engagement solennel de tout dire, de tout révéler, de répondre à tout. J'appellerai tous les contradicteurs possibles d'un bout de la République à l'autre ; j'appellerai le conseil exécutif, les commissaires nationaux ; j'appellerai tous mes collègues en témoignage. Et après cette vaste explication, quand on aura bien sondé l'abîme dans lequel on a voulu nous plonger, on reconnaîtra que ceux-là qui ont travaillé la réunion, qui ont demandé des renforts, qui se sont empressés de vous annoncer nos échecs pour hâter l'envoi des secours, s'ils n'obtiennent pas l'honorable fruit de leurs travaux, sont au moins bien fortement ininculpables. Je rendrai, je pourrai me tromper sur quelques détails, les comptes qui me sont demandés ; mais je puis annoncer à l'avance qu'il y aura unanimité dans le témoignage de vos commissaires, sur les principaux objets de ces rapports.

Je demande que la séance de demain soit consacrée à un rapport préliminaire, car il y aura beaucoup de personnes à entendre, beaucoup de chefs à interroger. On verra si nous avons manqué d'amour pour le peuple, lorsque nous n'avons pas voulu tout à coup priver l'armée des talents militaires dont elle avait besoin, dans des hommes dont cependant nous combattions les opinions politiques, ou si nous n'avons pas au contraire sauvé cette armée.

On verra, par exemple, que si nous avions donné à cette fameuse lettre qui a été lue partout, excepté dans cette enceinte, les suites que nous aurions pu lui donner, dès qu'elle nous a été connue, on verra que si nous n'avions pas, dans cette circonstance, mis dans notre conduite la prudence que nous dictaient les événements, l'armée, dénuée de chefs, se serait replié sur nos frontières avec un tel désordre, que l'ennemi serait entré avec elle dans nos places fortes.

Je ne demande ni grâce, ni indulgence. J'ai fait mon devoir dans ce moment de nouvelle révolution, comme je l'ai fait au 10 août. Et, à cet égard, comme je viens d'entendre des hommes qui, sans doute sans connaître les faits, mettant en avant des opinions dictées par la prévention, me disent que je rende mes comptes. Je déclare que j'ai rendu les miens et que je suis prêt à les rendre encore. Je demande que le conseil exécutif soit consulté sur toutes les parties de ma conduite ministérielle. Qu'on me mette en opposition avec ce ci-devant ministre qui par des réticences a voulu jeter des soupçons sur moi.

J'ai fait quelques instants le sacrifice de ma réputation pour mieux payer mon contingent à la République, en ne m'occupant que de la servir. Mais j'appelle aujourd'hui sur moi toutes les explications, tous les genres d'accusation, car je suis résolu à tout dire.

Aussi préparez-vous à être aussi francs que moi ; soyez francs jusque dans vos haines, et francs dans vos passions, car je les attends. Toutes ces discussions pourront peut-être tourner encore au profit de la chose publique. Nos maux viennent de nos divisions ; eh bien, connaissons-nous tous. Car comment se fait-il qu'une portion des représentants du peuple traite l'autre de conjurés ? Que ceux-ci accusent les premiers de vouloir les faire massacrer ? Il a été un temps pour les passions ; elles sont malheureusement dans l'ordre

de la nature ; mais il faut enfin que tout s'explique, que tout le monde se
juge et se reconnaisse. Le peuple, il faut le dire, ne sait plus où reposer sa
confiance ; faites donc que l'on sache si vous êtes un composé de deux partis,
une assemblée d'hommes travaillés de soupçons respectifs, ou si vous tendez
tous au salut de la patrie. Voulez-vous la réunion? Concourez d'un commun
accord aux mesures sévères et fermes que réclame le peuple indigné des
trahisons dont il a été si longtemps victime. Instruisez, armez les citoyens ;
ce n'est pas assez d'avoir des armées aux frontières, il faut au sein de la
République une colonne centrale qui fasse front aux ennemis du dedans,
pour reporter ensuite la guerre au dehors. (*On applaudit.*)

Non seulement je répondrai catégoriquement aux inculpations qui m'ont
été et me seront faites ici, dans cette Assemblée qui a l'univers pour galerie,
mais je dirai tout ce que je sais sur les opérations de la Belgique, persuadé
que la connaissance approfondie du mal peut seule nous en faire découvrir
le remède. Ainsi, s'il est un seul d'entre vous qui ait le moindre soupçon sur
ma conduite, comme ministre; s'il est un seul qui désire des comptes itéra-
tifs, lorsque déjà toutes les pièces sont déposées dans vos comités ; s'il en est
un seul qui ait des soupçons sur mon administration, relativement aux
dépenses secrètes de révolution, qu'il monte demain à la tribune, que tout
se découvre, que tout soit mis à nu, et, libres de défiances, nous passerons
ensuite à l'examen de notre situation politique.

Ces défiances, quand on veut se rapprocher, sont-elles donc si difficiles à
faire disparaître? Je le dis, il s'en faut qu'il y ait dans cette Assemblée les
conspirations qu'on se prête. Trop longtemps, il est vrai, un amour mutuel
de vengeance, inspiré par les préventions, a retardé la marche de la Convention, et diminué son énergie, en la divisant souvent. Telle opinion forte a été
repoussée par tel ou tel côté, par cela seul qu'elle ne lui appartenait pas.
Qu'enfin donc le danger vous rallie. Songez que vous vous trouvez dans la
crise la plus terrible; vous avez une armée entièrement désorganisée, et
c'est la plus importante, car d'elle dépendait le salut public, si le vaste projet
de ruiner en Hollande le commerce de l'Angleterre, eût réussi. Il faut connaître ceux qui peuvent avoir trempé dans la conspiration qui a fait manquer ce projet; les têtes de ceux qui ont influé, soit comme généraux, soit
comme représentants du peuple, sur le sort de cette armée, ces têtes doivent tomber les premières. (*Des applaudissements et des cris :* Oui, oui, oui,
s'élèvent à la fois dans toutes les parties de l'Assemblée.)

D'accord sur les bases de la conduite que nous devons tenir, nous le serons
facilement sur les résultats. Interrogeons, entendons, comparons, tirons la
vérité du chaos, alors nous saurons distinguer ce qui appartient aux passions et ce qui est le fruit des erreurs ; nous connaîtrons où a été la véritable
politique nationale, l'amour de son pays, et l'on ne dira plus qu'un tel est un
ambitieux, un usurpateur, parce qu'il a un tempérament plus chaud et des
formes plus robustes. Non, la France ne sera pas réasservie, elle pourra
être ébranlée, mais le peuple, comme le Jupiter de l'Olympe, d'un seul signe
fera rentrer dans le néant tous les ennemis. (*On applaudit.*)

Je demande que demain le Conseil exécutif nous fasse un rapport préliminaire ; je demande à m'expliquer ensuite, car le peuple doit être instruit de tout. Les nouvelles reçues hier des armées transpirent déjà. C'est en soulevant petit à petit le voile, c'est en renonçant aux palliatifs que nous préviendrons l'explosion que pourrait produire l'excès de mécontentement. Je demande que le Conseil exécutif, pièces en main, nous rende compte des rapports de ses différents agents. Que la vérité colore le civisme et le courage ; que nous ayons encore l'espoir de sauver la République, et de ramener à un centre commun ceux qui se sont un moment laissé égarer par leurs passions.

Citoyens, nous n'avons pas un instant à perdre. L'Europe entière pousse fortement la conspiration. Vous voyez que ceux-là qui ont prêché plus persévéramment la nécessité du recrutement qui s'opère enfin pour le salut de la République ; que ceux qui ont demandé le tribunal révolutionnaire ; que ceux qui ont provoqué l'envoi des commissaires dans les départements pour y souffler l'esprit public, sont présentés presque comme des conspirateurs. On se plaint de misérables détails ? Et des corps administratifs n'ont-ils pas demandé ma tête ? Ma tête !... elle est encore là, elle y restera. Que chacun emploie celle qu'il a reçue de la nature, non pour servir de petites passions, mais pour servir la République. (On applaudit.)

Je somme celui qui pourrait me supposer des projets d'ambition, de dilapidation, de forfaiture quelconque, de s'expliquer demain franchement sur ces soupçons, sous peine d'être réputé calomniateur. Cependant je vous en atteste tous, dès le commencement de la révolution, j'ai été peint sous les couleurs les plus odieuses.

Je suis resté inébranlable, j'ai marché à pas fermes vers la liberté. On verra qui touchera au terme où le peuple arrivera, après avoir écrasé tous les ennemis. Mais puisqu'aujourd'hui l'union, et par conséquent une confiance réciproque nous est nécessaire, je demande à entrer, après le rapport du Conseil exécutif, dans toutes les explications qu'on jugera.

(Danton descend de la tribune au bruit des applaudissements d'une partie de l'Assemblée et de l'auditoire.)

(*Moniteur* du 1ᵉʳ avril 93.)

Quel calme ! s'il ne prouve pas l'innocence de l'accusé, il décèle une profonde scélératesse ; le jugement auquel nous allons assister va nous apprendre à laquelle de ces deux appréciations l'historien doit s'arrêter. Mais ce dont, au préalable, il faut être bien convaincu, c'est que cette assurance ne résultait pas de la certitude d'être soutenu par un parti au dedans et au dehors de l'Assemblée. Il faut bien qu'on sache, quoi qu'aient affirmé quelques écrivains, qu'il n'y avait plus de parti Danton à partir de la proclamation de la République. Le génie de l'orateur, l'énergie du tribun, la loyauté de l'ami, le bon cœur de

l'homme privé avaient pu lui attacher des sympathies, des
dévouements individuels; mais il n'y a de parti, à proprement parler, que là où l'on peut trouver un chef qui donne le
mot d'ordre; un centre où tout aboutisse; or, Danton avait trop
d'insouciance de sa glorification, de sa popularité, de son
avenir, pour se donner tant de peines, pour enrôler des partisans; il avait trop de confiance dans sa propre force pour s'attacher des défenseurs. Lui craindre! ne savait-il pas, pour en
avoir fait l'épreuve, qu'il lui suffirait au besoin d'un geste, d'un
mot, pour attérer ses ennemis. Et n'ayant pas de crainte, pourquoi des soldats? Tous ces satellites qu'on appelait des Dantonnistes, étaient attirés par l'irrésistible attraction de la planète;
mais elle s'avançait dans sa force, insoucieuse de ce qu'elle
entraînait après elle. En un mot, Danton était un tempérament
révolutionnaire; il ne fut chef de parti que par circonstance.
Expliquons-nous plus clairement. Nous croyons que Danton,
sous la royauté, avait senti le besoin d'opposer la force à la
force, et, qu'à cette fin, le président des Cordeliers s'était réellement fait chef de parti pour qu'il y ait unité d'action. Mais
nous sommes convaincu, qu'à partir de la Convention, il aurait
cru trahir que d'en agir ainsi; il pensait qu'alors il n'y avait
plus que des nuances différentes d'une même opinion, que la
force brutale n'était plus nécessaire. C'est cette modification
d'un même principe que les historiens ont calomniée, ne pouvant la comprendre.

Nous avons dit, d'après ses propres aveux, quels furent les
sentiments de Dumouriez, et les raisons qu'il allégua pour
appuyer sa trahison; les uns et les autres sont encore consignés au *Moniteur* du 1er avril 93, dans le rapport fait à l'Assemblée par les trois commissaires Proly, Pereyra et Dubuisson :

La Convention et les Jacobins sont la cause de tout le mal de la France ; je
suis assez fort pour me battre par devant et par derrière, et dut-on m'appeler César, Cromwell ou Monk, je sauverai la France seule et malgré la Convention. Cette assemblée est composée de 745 tyrans, tous régicides, je les ai
tous en horreur ; je me moque de leurs décrets ; j'ai déjà dit à Danton que
bientôt il n'aura de validité que dans la banlieue de Paris ; je ne veux que
des troupes de ligne, vos volontaires sont des poltrons ; je ne souffrirai pas
l'existence de votre tribunal révolutionnaire. Tant que j'aurai quatre pouces
de lame à mon côté, je saurai bien empêcher toutes ces horreurs; si on

renouvelle à Paris des scènes sanglantes je marche à l'instant sur Paris. Votre nouvelle constitution est trop bête.—Mais que mettrez-vous à la place? — L'ancienne, toute médiocre et vicieuse qu'elle soit.—Sans royauté, sans doute? Avec un roi car il en faut un et absolument; au reste, peu m'importe qu'il s'appelle Louis ou Jacobus.

Après ce rapport, Penière, par un incident, ramenait toute l'attention sur Danton; c'est alors que l'accusation se formula plus explicitement, que l'accusé se disculpa; nous allons reproduire en son entier cette mémorable séance.

PENIÈRES. — Quelques jours après l'arrivée de Danton et de Delacroix de la Belgique, une lettre écrite par Dumouriez fut renvoyée au comité de défense générale, sans avoir été lue à l'Assemblée.

PLUSIEURS MEMBRES. — Cela n'est pas vrai.

La lettre fut apportée au comité de défense générale, où Danton fut appelé pour en entendre la lecture; Bréard, qui était alors président, dit qu'il était de son devoir d'en donner connaissance à l'Assemblée. Delacroix lui répondit en ces termes : « Quant à moi, si j'étais président, je ne balancerais pas un moment à exposer ma responsabilité, et la lettre ne serait pas lue; car si un décret d'accusation devait être porté contre Dumouriez, j'aimerais mieux que ma tête tombât que la sienne: Dumouriez est utile à l'armée. »

Après cette explication, il fut arrêté que le lendemain on ferait renvoyer cette lettre au comité, sans en faire faire la lecture. Après que ce renvoi fut décrété, Danton nous dit qu'il repartirait avec Delacroix et qu'il promettait de faire rétracter Dumouriez; et il ajouta que dans le cas où Dumouriez s'y refuserait, il demanderait lui-même le décret d'accusation contre lui.

Qu'est-il arrivé? Danton de retour de la Belgique, ne se présenta ni à l'Assemblée ni au comité. Je lui demande en ce moment pourquoi, ayant promis de faire rétracter Dumouriez, et ne l'ayant pas fait, n'a-t-il pas demandé contre lui le décret d'accusation?

BRÉARD. — Si l'on n'eût pas parlé de moi, je ne paraîtrais pas à cette tribune; mais je dois répondre au fait sur lequel je suis interpellé.

Sur la fin d'une séance on me remit un paquet, je l'ouvris et je vis qu'il renfermait des lettres de la Belgique. Dans ce moment l'Assemblée, composée de très peu de membres, leva la séance. Je parcourus ces dépêches, et je crus devoir les communiquer au comité de défense générale, où j'annonçai que je les ferais lire le lendemain à l'Assemblée. On m'observa qu'il était imprudent de faire lire de pareilles lettres; et après m'avoir rassuré sur la crainte que j'avais que ma responsabilité ne fût compromise, il fut décidé qu'elles ne seraient pas lues. Voilà le fait qui me concerne. Quant à ce que dit Penières relativement à Danton, je ne m'en rappelle nullement.

DANTON. — Je commence par bien préciser l'interpellation qui m'est faite; elle se réduit à ceci : Vous avez dit, Danton, que si vous ne parveniez pas à faire écrire à Dumouriez une lettre qui détruisît l'effet de la première, vous

demanderiez contre lui le décret d'accusation. Cette lettre n'ayant point eu
lieu, pourquoi n'avez-vous pas tenu votre promesse ?

Voilà la manière dont je suis interpellé. Je vais donner les éclaircissements
qui me sont demandés.

D'abord, j'ai fait ce que j'avais annoncé : la Convention a reçu une lettre
par laquelle Dumouriez demandait qu'il ne fût fait de rapport sur sa première qu'après que la Convention aurait entendu les renseignements que
devaient lui donner ses commissaires. Cette lettre ne nous satisfit pas, et,
après avoir conféré avec lui, nous acquîmes la conviction qu'il n'y avait plus
rien à attendre de Dumouriez pour la république.

Arrivé à Paris à neuf du soir, je ne vins pas au comité ; mais le lendemain
j'ai dit que Dumouriez était devenu tellement atroce, qu'il avait dit que la
Convention était composée de trois cents imbéciles et de quatre cents brigands. J'ai demandé au comité que tout fût dévoilé ; ainsi tous ceux qui s'y
sont trouvés ont dû voir que mon avis était qu'il fallait arracher Dumouriez
à son armée.

Mais ce fait ne suffit pas, il importe que la Convention et la nation entière
sachent la conduite qu'ont tenue vos commissaires à l'égard de Dumouriez ;
et il est étrange que ceux qui constamment ont été en opposition de principes avec lui soient aujourd'hui accusés comme ses complices.

Qu'a voulu Dumouriez? Établir un système financier dans la Belgique.
Qu'a voulu Dumouriez? Point de réunion. Quels sont ceux qui ont fait les
réunions? Vos commissaires. La réunion du Hainaut, dit Dumouriez, s'est
faite à coup de sabre. Ce sont encore vos commissaires qui l'ont faite. C'est
nous que Dumouriez accuse des malheurs de la Belgique ; c'est nous qu'il
accuse d'avoir fait couler le sang dans le Hainaut, et, par une fatalité inconcevable, c'est nous qu'on accuse de protéger Dumouriez.

J'ai dit que Dumouriez avait conçu un plan superbe d'invasion de la Hollande : si ce plan eût réussi, il aurait peut-être épargné bien des crimes à
Dumouriez ; peut-être l'aurait-il voulu faire tourner à son profit ; mais l'Angleterre n'en aurait pas été moins abaissée, et la Hollande conquise.

Voilà le système de Dumouriez : Dumouriez se plaint des sociétés populaires
et du tribunal extraordinaire ; il dit que bientôt Danton n'aura plus de crédit
que dans la banlieue de Paris.

UNE VOIX. — Ce sont les décrets de l'Assemblée, et non de vous.

On m'observe que je suis dans l'erreur; je passe à un autre fait plus
important : c'est que Dumouriez a dit à l'armée que si Danton et Delacroix y
reparaissaient, il les ferait arrêter. Citoyens, les faits parlent d'eux-mêmes ;
on voit facilement que la commission a fait son devoir.

Dumouriez s'est rendu criminel, mais ses complices seront bientôt connus.
J'ai déjà annoncé que Dumouriez a été égaré par les impulsions qu'il a reçues
de Paris, et qu'il était aigri par les écrits qui présentaient les citoyens les
plus énergiques comme des scélérats. La plupart de ces écrits sont sortis de
cette enceinte ; je demande que la Convention nomme une commission pour
débrouiller ce chaos et pour connaître les auteurs de ce complot. Quand on

verra comment nous avons combattu les projets de Dumouriez, quand on verra que vous avez ratifié tous les arrêtés que nous avons pris, il ne restera plus aucun soupçon sur notre conduite.

Citoyens, ce n'est point assez de découvrir d'où viennent nos maux; il faut leur appliquer un remède immédiat. Vous avez, il est vrai, ordonné un recrutement, mais cette mesure est trop lente; je crois que l'Assemblée doit nommer un comité de la guerre, chargé de créer une armée improvisée. Les ennemis veulent se porter sur Paris; leur complice vous l'a dévoilé; je demande qu'il soit pris des mesures pour qu'un camp de cinquante mille hommes soit formé à vingt lieues de Paris; ce camp fera échouer les projets de nos ennemis, et pourra au besoin servir à compléter les armées.

Je demande aussi que mes collègues dans la Belgique soient rappelés sur-le-champ.

PLUSIEURS MEMBRES. — Cela est fait.

Je demande enfin que le conseil exécutif rende un compte exact de nos opérations dans la Belgique : l'Assemblée acquerra les lumières qui lui sont nécessaires, et elle verra que nous avons toujours été en contradiction avec Dumouriez.

Si vos commissaires avaient fait enlever Dumouriez au moment où il était à la tête de son armée, on aurait rejeté sur eux la désorganisation de cette armée. Vos commissaires, quoique investis d'un grand pouvoir, n'ont rien pour assurer le succès de leurs opérations ; les soldats ne nous prennent en arrivant aux armées, que pour de simples secrétaires de commission; il aurait fallu que la Convention donnât à ceux qu'elle charge de promulguer ses lois à la tête des armées, une sorte de décoration moitié civile et moitié militaire.

Que pouvaient faire de plus vos commissaires, sinon de dire : il y a urgence il faut arracher promptement Dumouriez de la tête de son armée? Si nous avions voulu employer la force, elle nous eût manqué; car quel général, au moment où Dumouriez exécutait sa retraite, et lorsqu'il était entouré d'une armée qui lui était dévouée, eût voulu exécuter nos ordres? Dumouriez était constamment jour et nuit à cheval, et jamais il n'y a eu deux lieues de retraite sans un combat : ainsi il nous était impossible de le faire arrêter. Nous avons fait notre devoir, et j'appelle sur ma tête toutes les dénonciations, sûr que ma tête, loin de tomber, sera la tête de Méduse qui fera trembler tous les aristocrates.

LASOURCE.—Ce n'est point une accusation formelle que je vais porter contre Danton ; mais ce sont des conjectures que je vais soumettre à l'Assemblée. Je ne sais point déguiser ce que je pense, ainsi je vais dire franchement l'idée que la conduite de Delacroix et de Danton a fait naître dans mon esprit.

Dumouriez a ourdi un plan de contre-révolution; l'a-t-il ourdi seul, oui ou non?

Danton a dit qu'il n'avait pu, qu'il n'avait osé sévir contre Dumouriez, parce qu'au moment où il se battait aucun officier-général n'aurait voulu exécuter ses ordres. Je réponds à Danton qu'il est bien étonnant qu'il n'ait osé prendre aucune mesure contre Dumouriez, tandis qu'il nous a dit que l'armée était tellement républicaine, que, malgré la confiance qu'elle avait dans son général, si elle lisait dans un journal que Dumouriez a été décrété d'accusation, elle l'amènerait elle-même à la barre de l'Assemblée.

Danton vient de dire qu'il avait assuré le comité que la république n'avait rien à espérer de Dumouriez. J'observe à l'Assemblée que Danton a dit au comité que Dumouriez avait perdu la tête en politique, mais qu'il conservait tous ses talents militaires ; alors Robespierre demanda que la conduite de Dumouriez fût examinée ; Danton s'y opposa, et dit qu'il ne fallait prendre aucune mesure contre lui avant que la retraite de la Belgique fût entièrement effectuée. Son opinion fut adoptée.

Voilà les faits, voici comme je raisonne.

MAURE. — Je demande à dire un fait ; c'est qu'on a proposé d'envoyer Gensonné, qui avait tout pouvoir sur Dumouriez, afin de traiter avec lui du salut de la patrie.

PLUSIEURS MEMBRES. — C'est vrai.

LASOURCE. — Voici comme je raisonne. Je dis qu'il y avait un plan de formé pour rétablir la royauté, et que Dumouriez était à la tête de ce plan. Que fallait-il faire pour le faire réussir ? Il fallait maintenir Dumouriez à la tête de son armée. Danton est venu à la tribune, et a fait le plus grand éloge de Dumouriez. S'il y avait un plan de formé pour faire réussir les projets de Dumouriez, que fallait-il faire ? Il fallait se populariser. Qu'a fait Delacroix ? Delacroix en arrivant de la Belgique, a affecté un patriotisme exagéré dont jusqu'à ce moment il n'avait donné aucun exemple. *(De violents murmures se font entendre.)* Et pour mieux dire, Delacroix se déclare Montagnard. L'avait-il fait jusqu'alors ? Non. Il tonna contre les citoyens qui ont voté l'appel au peuple, et contre ceux qu'on désigne sous le nom d'hommes d'État. L'avait-il fait jusqu'alors ? Non.

Pour faire réussir la conspiration tramée par Dumouriez, il fallait acquérir la confiance populaire, il fallait tenir les deux extrémités du fil. Delacroix reste dans la Belgique ; Danton vient ici ; il y vient pour prendre des mesures de sûreté générale ; il assiste au comité, et il se tait...

DANTON. — Cela est faux !

PLUSIEURS VOIX. — C'est faux.

Ensuite Danton, interpellé de rendre compte des motifs qui lui ont fait abandonner la Belgique, parle d'une manière insignifiante. Comment se fait-il qu'après avoir rendu son compte, Danton reste à Paris ? Avait-il donné sa démission ? Non. Si son intention était de ne pas retourner dans la Belgique, il fallait qu'il le dit, afin que l'Assemblée le remplaçât ; et dans le cas contraire, il devait y retourner.

Pour faire réussir la conspiration de Dumouriez, que fallait-il faire ? Il fallait faire perdre à la Convention la confiance publique. Que fait Danton ? Danton paraît à la tribune, et là il reproche à l'Assemblée d'être au dessous de ses devoirs ; il annonce une nouvelle insurrection ; il dit que le peuple est prêt à se lever, et cependant le peuple était tranquille. Il n'y avait pas de marche plus sûre pour amener Dumouriez à ses fins, que de ravaler la Convention et de faire valoir Dumouriez; c'est ce qu'a fait Danton.

Pour protéger la conspiration, il fallait exagérer les dangers de la patrie, c'est ce qu'ont fait Delacroix et Danton. On savait qu'en parlant de revers, il en résulterait deux choses : la première, que les âmes timides se cacheraient; la seconde, que le peuple, en fureur de se voir trahi, se porterait à des mouvements qu'il est impossible de retenir.

En criant sans cesse contre la faction des hommes d'État, ne semble-t-il pas qu'on se ménageait ici un mouvement, tandis que Dumouriez se serait avancé à la tête de son armée?

Citoyens, voilà les nuages que j'ai vus dans la conduite de vos commissaires. Je demande, comme Danton, que vous nommiez une commission *ad hoc* pour examiner les faits et découvrir les coupables. Cela fait, je vous propose une mesure de salut public. Je crois que la conduite de Dumouriez, mal connue de son armée, pourrait produire quelques mouvements funestes. Il faut l'éclairer ; il faut qu'elle et la France entière sachent les mesures que vous avez prises ; car Dumouriez est comme le fut jadis Lafayette, l'idole de la République. (*De violents murmures et des cris :* Non, non ! *s'élèvent dans toutes les parties de la salle.*) Pour prévenir les inquiétudes que nos revers ont pu faire naître dans l'âme des Français, il faut que la nation sache que si l'armée a été battue, c'est qu'elle a été trahie; il faut que la nation sache que tant que son général a voulu la liberté, l'armée a marché à des triomphes.

Je termine par une observation : vous voyez maintenant à découvert le projet de ceux qui parlaient au peuple de couper des têtes, vous voyez s'ils ne voulaient pas la royauté. Je sais bien que le peuple ne la voulait pas, mais il était trompé. On lui parle sans cesse de se lever. Eh bien! peuple français, lève-toi, suis le conseil de tes perfides ennemis, forge-toi des chaînes, car c'est la liberté qu'on veut perdre, et non pas quelques membres de la Convention.

Et vous, mes collègues, souvenez-vous que le sort de la liberté est entre vos mains; souvenez-vous que le peuple veut la justice. Il a vu assez longtemps le Capitole et le trône, il veut voir maintenant la roche Tarpéienne et l'échafaud. (*Applaudissements.*) Le tribunal que vous avez créé ne marche pas encore ; je demande :

1° Qu'il rende compte tous les trois jours des procès qu'il a jugés et de ceux qu'il instruit; de cette manière on saura s'il a fait justice.

2° Je demande que les citoyens Égalité et Sillery, qui sont inculpés, mais que je suis loin de croire coupables, soient mis en état d'arrestation chez eux.

3° Je demande que la commission demandée par Danton soit à l'instant organisée.

4° Que le procès-verbal qui vous a été lu soit imprimé, envoyé aux départements et aux armées, qu'une adresse soit jointe à ce procès-verbal; ce moyen est puissant; car, lorsque le peuple voit une adresse de l'Assemblée nationale, il croit voir un oracle. Je demande enfin, pour prouver à la nation que nous ne capitulerons jamais avec un tyran, que chacun d'entre nous prenne l'engagement de donner la mort à celui qui tenterait de se faire roi ou dictateur. (*Une acclamation unanime se fait entendre : Les applaudissements et les cris :* Oui, oui! *se répètent à plusieurs reprises. L'assemblée entière est levée; tous les membres, dans l'attitude du serment, répètent celui de Lasource. Les tribunes applaudissent.*)

BIROTEAU. — Je demande la parole pour un fait intéressant.

Au comité de défense générale, où l'on agita les moyens de sauver la patrie, Fabre d'Églantine, qu'on connaît très lié avec Danton; qui, dans une séance précédente avait fait son éloge, Fabre d'Églantine, dis-je, annonce qu'il avait un moyen sûr de sauver la république, mais qu'il n'osait pas en faire part, attendu qu'on calomniait sans cesse les opinions. On le rassura, en lui disant que les opinions étaient libres, et que d'ailleurs tout ce qui se disait au comité y demeurait enseveli. Alors Fabre d'Églantine à mots couverts proposa un roi. (*De violents murmures se font entendre.*)

PLUSIEURS MEMBRES s'écrient à la fois. — Cela n'est pas vrai!

DANTON. — C'est une scélératesse : vous avez pris la défense du roi, et vous voulez rejeter vos crimes sur nous.

BIROTEAU. — Je vais rendre les propres paroles de Fabre avec la réponse qu'on lui fit. Il dit... (*De nouveaux murmures s'élèvent.*)

DELMAS. — Je demande la parole au nom du salut public.

Citoyens, je me suis recueilli; j'ai écouté tout ce qui a été dit à cette tribune. Mon opinion est que l'explication qu'on provoque dans ce moment, doit perdre la République. Le peuple vous a envoyés pour sauver la chose publique; vous le pouvez; mais il faut éloigner cette explication; et moi aussi j'ai des soupçons, mais ce n'est pas le moment de les éclaircir.

Je demande que l'on nomme la commission proposée par Lasource; qu'on la charge de recueillir tous les faits, et ensuite on les fera connaître au peuple français.

La proposition de Delmas est adoptée unanimement.

DANTON. — Je somme Cambon, sans personnalités, sans s'écarter de la proposition qui vient d'être décrétée, de s'expliquer sur un fait d'argent, sur 100 mille écus qu'on annonce avoir été remis à Danton et à Delacroix, et de dire la conduite que la commission a tenue relativement à la réunion...

PLUSIEURS VOIX. — Le renvoi à la commission!

Cette proposition est décrétée.

Danton retourne à sa place; toute l'extrémité gauche se lève, et l'invite à retourner à la tribune pour être entendu. (*Des applaudissements s'élèvent dans les tribunes et se prolongent pendant quelques instants.*)

Danton s'élance à la tribune.—(*Les applaudissements des tribunes continuent avec ceux d'une grande partie de l'Assemblée.*)

Le président se couvre pour rétablir l'ordre et le silence.—(*Le calme renaît.*)

LE PRÉSIDENT. — Citoyens, je demande la parole, et je vous prie de m'écouter en silence.

Différentes propositions ont été faites : on avait provoqué une explication sur des faits qui inculpaient des membres de la Convention. Delmas a demandé la nomination d'une commission chargée d'examiner les faits et d'en rendre compte à l'Assemblée. Cette proposition a été adoptée à l'unanimité. Danton s'y était rendu, maintenant il demande la parole pour des explications; je consulte l'Assemblée.

TOUTE LA PARTIE GAUCHE. — Non, non! il a la parole de droit.

Un grand nombre de membres de l'autre côté réclament avec la même chaleur le maintien du décret. — (*L'Assemblée est longtemps agitée.*)

LASOURCE. — Je demande que Danton soit entendu, et je déclare qu'il n'est entré dans mon procédé aucune passion.

LE PRÉSIDENT. — Citoyens, dans cette crise affligeante le vœu de l'Assemblée ne sera pas équivoque. Je vais le prendre.

L'Assemblée consultée accorde la parole à Danton, à une très grande majorité.

DANTON. — Je dois commencer par vous rendre hommage comme vraiment amis du salut du peuple, citoyens qui êtes placés à cette montagne (se tournant vers l'amphithéâtre de l'extrémité gauche); vous avez mieux jugé que moi. J'ai cru longtemps que, quelle que fût l'impétuosité de mon caractère, je devais tempérer les moyens que la nature m'a départis; je devais employer dans les circonstances difficiles où m'a placé ma mission, la modération que m'ont paru commander les événements. Vous m'accusiez de faiblesse, vous aviez raison, je le reconnais devant la France entière. Nous, faits pour dénoncer ceux qui, par impéritie ou scélératesse, ont constamment voulu que le tyran échappât au glaive de la loi... (*Un très grand nombre de membres se lèvent en criant :* Oui, oui ! *et en indiquant du geste les membres placés dans la partie droite.* — *Des rumeurs et des récriminations violentes s'élèvent dans cette partie.*) Eh bien! ce sont ces mêmes hommes... (*Les murmures continuent à la droite de la tribune.* — *L'orateur se tournant vers les interrupteurs.*) Vous me répondrez, vous me répondrez... Citoyens, ce sont, dis-je, ces mêmes hommes qui prennent aujourd'hui l'attitude insolente de dénonciateurs..... (*Grangeneuve interrompt.* — *Les murmures d'une grande partie de l'Assemblée couvrent sa voix.*)

GRANGENEUVE. — Je demande à faire une interpellation à Danton.....

UN GRAND NOMBRE DE VOIX. — Vous n'avez pas la parole..... A l'Abbaye!

DANTON. — Et d'abord, avant que d'entrer aussi à mon tour dans des rapprochements, je vais répondre. Que vous a dit Lasource? Quelle que soit l'origine de son roman, qu'il soit le fruit de son imagination ou la suggestion d'hommes adroits..... (*De nouveaux murmures s'élèvent dans la partie de la salle à la droite de la tribune.*)

ALBITTE. — Nous avons tranquillement écouté Lasource, soyez tranquilles à votre tour.

DANTON. — Soit que cet homme, dont on s'est emparé plusieurs fois dans l'Assemblée législative, ait voulu préparer, ce que j'aime à ne pas croire, le poison de la calomnie contre moi, pour la faire circuler pendant l'intervalle qui s'écoulera entre sa dénonciation et le rapport général qui doit vous être fait sur cette affaire, je n'examine pas maintenant ses intentions. Mais que vous a-t-il dit? Qu'à mon retour de la Belgique, je ne me suis pas présenté au comité de défense générale; il en a menti : plusieurs de mes collègues m'ont cru arrivé vingt-quatre heures avant mon retour effectif, pensant que j'étais parti le jour même de l'arrêté de la commission; je ne suis arrivé que le vendredi 29, à huit heures du soir. Fatigué de ma course et du séjour que j'ai fait à l'armée, on ne pouvait exiger que je me transportasse immédiatement au comité. Je sais que les soupçons de l'inculpation m'ont précédé. On a représenté vos commissaires comme les causes de la désorganisation de l'armée. Nous désorganisateurs! nous, qui avons rallié les soldats français, nous qui avons fait déloger l'ennemi de plusieurs postes importants! Ah! sans doute tel a dit que nous étions venus pour sonner l'alarme, qui, s'il eût été témoin de notre conduite, vous aurait dit que nous étions faits pour braver le canon autrichien, comme nous braverons les complots et les calomnies des ennemis de la liberté.

J'en viens à la première inculpation de Lasource. En arrivant, je n'étais pas même instruit qu'il dût y avoir comité ce jour-là. Me fera-t-on un crime d'avoir été retenu quelques heures chez moi pour réparer mes forces affaiblies par le voyage et par la nécessité de manger? Dès le lendemain, je suis allé au comité; et quand on vous a dit que je n'y ai donné que de faibles détails, on a encore menti. J'adjure tous mes collègues qui étaient présents à cette séance : j'ai dit que Dumouriez regardait la Convention comme un composé de trois cents hommes stupides et de quatre cents scélérats. « Que peut faire pour la République, ai-je ajouté, un homme dont l'imagination est frappée de pareilles idées? Arrachons-le à son armée. » (L'orateur se tournant vers l'extrémité gauche de la salle.) N'est-ce pas cela que j'ai dit?

PLUSIEURS VOIX. — Oui, oui!

Il y a plus. Camus, qu'on ne soupçonnera pas d'être mon partisan individuel, a fait un récit qui a coupé le mien; et ici j'adjure encore mes collègues. Il a fait un rapport dont les détails se sont trouvés presque identiques avec le mien.

PLUSIEURS VOIX. — Cela est vrai!

Ainsi, il en est résulté de ce que nous avons dit en commun un rapport effectif au comité.

Lasource trouve étrange que je sois resté à Paris, tandis que ma mission me rappelait dans la Belgique; il cherche à faire croire à des intelligences entre Delacroix et moi, dont l'un serait resté à l'armée, et l'autre à Paris, pour diriger à la fois les deux fils de la conspiration.

Lasource n'est pas de bonne foi; Lasource sait bien que je ne devais partir qu'autant que j'aurais des mesures à porter avec moi; que j'avais demandé et déclaré que je voulais rendre compte à la Convention de ce que je savais. Il n'y a donc dans ma présence ici aucun rapport avec les événements de la Belgique, aucun délit, rien qui puisse faire soupçonner une connivence. Lasource vous a dit : « Danton et Delacroix ont proclamé que si un décret d'accusation était porté contre Dumouriez, il s'exécuterait, et qu'il suffirait que le décret fût connu par les papiers publics, pour que l'armée l'exécutât elle-même. Comment donc ces mêmes commissaires n'ont-ils pas fait arrêter Dumouriez?... Je ne nie pas le propos cité par Lasource ; mais avions-nous ce décret d'accusation dont j'ai parlé ? Pouvions-nous prendre la résolution d'enlever Dumouriez, lorsque nous n'étions à l'armée que Delacroix et moi, lorsque la commission n'était pas rassemblée ? Nous nous sommes rendus vers la commission, et c'est elle qui a exigé que Delacroix retournât vers l'état-major, et qui a jugé qu'il y aurait du danger pour la retraite même de l'armée, à enlever Dumouriez. Comment se fait-il donc qu'on me reproche, à moi individu, ce qui est du fait de la commission ? La correspondance des commissaires prouve qu'ils n'ont pu se saisir de l'individu Dumouriez. Qu'auraient-ils donc fait en notre place, ceux qui nous accusent ? eux qui ont signé des taxes, quoiqu'il y eût un décret contraire. (*On applaudit dans une grande partie de l'Assemblée.*)

Je dois dire un fait qui s'est passé dans le comité même de défense générale. C'est que lorsque je déclarai que je croyais du danger à ce qu'on lût la lettre de Dumouriez, et à s'exposer d'engager un combat au milieu d'une armée en retraite, en présence de l'ennemi, je proposai cependant des mesures pour que l'on parvînt à se saisir du général, au moment où on pourrait le faire sans inconvénient. Je demandai que les amis même de Dumouriez, que Guadet, Gensonné se rendissent à l'armée ; que pour lui ôter toute défiance, les commissaires fussent pris dans les deux partis de la Convention, et que par-là il fût prouvé en même temps que, quelles que soient les passions qui vous divisent, vous êtes unanimes pour ne jamais consentir à recevoir la loi d'un seul homme. (*On applaudit.*) Ou nous le guérirons momentanément, leur disais-je, ou nous le garrotterons. Je demande si l'homme qui proférait ces paroles peut être accusé d'avoir eu des *ménagements* pour Dumouriez.

Quels sont ceux qui ont pris constamment des ménagements ? Qu'on consulte les canaux de l'opinion, qu'on examine ce qu'on disait partout, par exemple, dans le journal qui s'intitule *Patriote français*. On y disait que Dumouriez était *loin d'associer ses lauriers aux cyprès du 2 septembre.* C'est contre moi qu'on excitait Dumouriez. Jamais on n'a eu la pensée de nous associer dans les mêmes complots ; nous ne voulions pas prendre sur nous la responsabilité de l'enlèvement de Dumouriez ; mais je demande si l'on ne m'a pas vu déjouer constamment la politique de ce général, ses projets de finances, les projets d'ambition qu'il pouvait avoir sur la Belgique ; je les ai constamment mis à jour. Je le demande à Cambon, il dira, par exemple, la conduite que j'ai tenue relativement aux 300,000 livres de dépenses qui ont été secrètement faites dans la Belgique.

Et aujourd'hui, parce que j'ai été trop sage et trop circonspect, parce qu'on a eu l'art de répandre que j'avais un parti, que je voulais être *dictateur*, parce que je n'ai pas voulu, en répondant à mes adversaires, produire de trop rudes combats, occasionner des déchirements dans cette assemblée, on m'accuse de mépriser et d'avilir la Constitution.

Avilir la Convention! Et qui plus que moi a constamment cherché à relever sa dignité, à fortifier son autorité? N'ai-je pas parlé de mes ennemis même avec une sorte de respect? (Se tournant vers la partie droite.) Je vous interpelle, vous qui m'accusez sans cesse.....

PLUSIEURS VOIX. — Tout à l'heure vous venez de prouver votre respect !

Tout à l'heure, cela est vrai ; ce que vous me reprochez est exact ; mais pourquoi ai-je abandonné le système du silence et de la modération ? parce qu'il est un terme à la prudence, parce que quand on se sent attaqué par ceux-là même qui devraient s'applaudir de ma circonspection, il est permis d'attaquer à son tour et de sortir des limites de la patience. (On applaudit dans une grande partie de l'Assemblée.)

Mais comment se fait-il que l'on m'impute à crime la conduite d'un de mes collègues? Oui, sans doute, j'aime Delacroix ; on l'inculpe parce qu'il a eu le bon esprit de ne pas partager, je le dis franchement, je le tiens de lui ; parce qu'il n'a pas voulu partager les vues et les projets de ceux qui ont cherché à sauver le tyran. (De violents murmures s'élèvent dans la partie droite. — Les plus vifs applaudissements éclatent dans une grande partie du côté opposé et dans les tribunes.)

Quelques voix s'élèvent pour demander que Danton soit rappelé à l'ordre.

DUHEM. — Oui, c'est vrai, on a conspiré chez Roland, et je connais le nom des conspirateurs.

MAURE. — C'est Barbaroux, c'est Brissot, c'est Guadet.

DANTON. — Parce que Delacroix s'est écarté du fédéralisme et du système système perfide de l'appel au peuple ; parce que lorsqu'après l'époque de la mort de Lepelletier, on lui demanda s'il voulait que la Convention quittât Paris, il fit sa profession de foi, en répondant : « J'ai vu qu'on a armé de préventions tous les départements contre Paris ; je ne suis pas des vôtres. » On a inculpé Delacroix, parce que, patriote courageux, sa manière de voter dans l'Assemblée a toujours été conséquente à la conduite qu'il a tenue dans la grande affaire du tyran. Il semble aujourd'hui que moi, j'en ai fait mon second en conjuration. Ne sont-ce pas là les conséquences, les aperçus jetés en avant par Lasource? (Plusieurs voix à la droite de la tribune : Oui, oui !)

UNE AUTRE VOIX. — Ne parlez pas tant, mais répondez !

DANTON. — Eh ! que voulez-vous que je réponde? J'ai d'abord réfuté pleinement les détails de Lasource : j'ai démontré que j'avais rendu au comité de défense générale le compte que je lui devais, qu'il y avait identité entre mon rapport et celui de Camus, qui n'a été qu'un prolongement du mien ; que si Dumouriez n'a pas été déjà amené pieds et poings liés à la Convention, ce ménagement n'est pas de mon fait. J'ai répondu enfin assez pour satisfaire tout homme de bonne foi (plusieurs voix dans l'extrémité gauche : Oui, oui !) ; et certes, bientôt je tirerai la lumière de ce chaos. Les vérités s'amoncèleront et se dérouleront devant vous. Je ne suis pas en peine de ma justification.

Mais tout en applaudissant à cette commission que vous venez d'instituer, je dirai qu'il est assez étrange que ceux qui ont fait la réunion, contre

Dumouriez, qui, tout en rendant hommage à ses talents militaires, ont combattu ses opinions politiques, se trouvent être ceux contre lesquels cette commission paraît être principalement dirigée.

Nous, vouloir un roi! Encore une fois les plus grandes vérités, les plus grandes probabilités morales restent seules pour les nations. Il n'y a que ceux qui ont eu la stupidité, la lâcheté de vouloir ménager un roi, qui peuvent être soupçonnés de vouloir rétablir un trône; il n'y a, au contraire, que ceux qui constamment ont cherché à exaspérer Dumouriez contre les sociétés populaires et contre la majorité de la Convention; il n'y a que ceux qui ont présenté notre empressement à venir demander des secours pour une armée délabrée, comme une pusillanimité; il n'y a que ceux qui ont manifestement voulu punir Paris de son civisme, armer contre lui les départements... (*Un grand nombre de membres se levant, et indiquant du geste la partie droite :* Oui, oui, ils l'ont voulu!)

MARAT. — Et leurs petits soupers!

DANTON. — Il n'y a que ceux qui ont fait des soupers clandestins avec Dumouriez quand il était à Paris..... (*On applaudit dans une grande partie de la salle.*)

MARAT. — Lasource!..... Lasource en était..... Oh! je dénoncerai tous les traîtres.

DANTON. — Oui, eux seuls sont les complices de la conjuration. (*De vifs applaudissemente s'élèvent à l'extrémité gauche et dans les tribunes.*) Et c'est moi qu'on accuse!..... moi!..... Je ne crains rien de Dumouriez, ni de tous ceux avec qui j'ai été en relation. Que Dumouriez produise une seule ligne de moi qui puisse donner lieu à l'ombre d'une inculpation, et je livre ma tête.

MARAT. — Il a les lettres de Gensonné... C'est Gensonné qui était en relation intime avec Dumouriez.

GENSONNÉ. — Danton, j'interpelle votre bonne foi. Vous avez dit avoir vu la minute de mes lettres, dites ce qu'elles contenaient.

DANTON. — Je ne parle pas textuellement de vos lettres, je n'ai point parlé de vous; je reviens à ce qui me concerne.

J'ai, moi, quelques lettres de Dumouriez : elles prouveront qu'il a été obligé de me rendre justice; elles prouveront qu'il n'y avait nulle identité entre son système politique et le mien : c'est à ceux qui ont voulu le fédéralisme...

PLUSIEURS VOIX. — Nommez-les!

MARAT (se tournant vers les membres de la partie droite).—Non, vous ne parviendrez pas à égorger la patrie!

DANTON. — Voulez-vous que je dise quels sont ceux que je désigne?

UN GRAND NOMBRE DE VOIX. — Oui, oui!

DANTON. — Écoutez!

MARAT (se tournant vers la partie droite). — Écoutez!

DANTON. — Voulez-vous entendre un mot qui paye pour tous?

LES MÊMES CRIS S'ÉLÈVENT. — Oui, oui!

DANTON. — Eh bien! je crois qu'il n'est plus de trêve entre la Montagne, entre les patriotes qui ont voulu la mort du tyran et les lâches qui, en voulant le sauver, nous ont calomniés dans la France. *(Un grand nombre de membres de la partie gauche se lèvent simultanément, et applaudissent. — Plusieurs voix se font entendre :* Nous sauverons la patrie !)

DANTON. — Eh ! qui pourrait se dispenser de proférer ces vérités, quand, malgré la conduite immobile que j'ai tenue dans cette assemblée, quand vous représentez ceux qui ont le plus de sang-froid et de courage, comme des ambitieux ; quand, tout en semblant me caresser, vous me couvrez de calomnies, quand beaucoup d'hommes qui me rendent justice individuellement, me présentent à la France entière dans leur correspondance, comme voulant ruiner la liberté de mon pays? Cent projets absurdes de cette nature ne m'ont-ils pas été successivement prêtés? Mais jamais la calomnie n'a été conséquente dans ses systèmes, elle s'est repliée de cent façons sur mon compte, cent fois elle s'est contredite. Dès le commencement de la révolution, j'avais fait mon devoir, et vous vous rappelez que je fus alors calomnié, j'ai été de quelque utilité à mon pays, lorsqu'à la révolution du 10 août, Dumouriez lui-même reconnaissait que j'avais apporté du courage dans le conseil, et que je n'avais pas peu contribué à nos succès. Aujourd'hui les homélies misérables d'un vieillard cauteleux, reconnu tel, ont été le texte de nouvelles inculpations ; et puisqu'on veut des faits, je vais vous en dire sur Roland. Tel est l'excès de son délire, et Garat lui-même m'a dit que ce vieillard avait tellement perdu la tête, qu'il ne voyait que la mort ; qu'il croyait tous les citoyens prêts à le frapper; qu'il dit un jour, en parlant de son ancien ami, qu'il avait lui-même porté au ministère : *Je ne mourrai que de la main de Pache, depuis qu'il se met à la tête des factieux de Paris...* Eh bien ! quand Paris périra, il n'y aura plus de République. Paris est le centre constitué et naturel de la France libre. C'est le centre des lumières.

On nous accuse d'être les factieux de Paris : Eh bien! nous avons déroulé notre vie devant la nation, elle a été celle d'hommes qui ont marché d'un pas ferme vers la révolution. Les projets criminels qu'on m'impute, les épithètes de scélérats, tout a été prodigué contre nous, et l'on espère maintenant nous effrayer! Oh ! non. *(De vifs applaudissements éclatent dans l'extrémité gauche de la salle; ils sont suivis de ceux des tribunes. — Plusieurs membres demandent qu'elles soient rappelées au respect qu'elles doivent à l'Assemblée.)* Eh bien! les tribunes de Marseille ont aussi applaudi à la Montagne... J'ai vu depuis la révolution, depuis que le peuple français a des représentants, j'ai vu se répéter les misérables absurdités que je viens d'entendre débiter ici. Je sais que le peuple n'est pas dans les tribunes, qu'il ne s'y en trouve qu'une petite portion, que les Maury, les Gazalès et tous les partisans du despotisme calomniaient aussi les citoyens des tribunes.

Il fut un temps où vous vouliez une garde départementaire. *(Quelques murmures se font entendre.)* On voulait l'opposer aux citoyens égarés par la faction de Paris ; eh bien! vous avez reconnu que ces mêmes citoyens des départements, que vous appeliez ici, lorsqu'ils ont été à leur tour placés dans les tribunes, n'ont pas manifesté d'autres sentiments que le peuple de Paris, peuple instruit, peuple qui juge bien ceux qui le servent *(on applaudit dans les tribunes et dans une très grande partie de l'Assemblée*) ; peuple qui se compose de citoyens pris dans tous les départements ; peuple exercé aussi à discerner quels sont ceux qui prostituent leurs talents ; peuple qui voit bien que qui combat avec la Montagne, ne peut pas servir les projets d'Orléans. (*Mêmes applaudissements.*) Le projet lâche et stupide qu'on avait conçu d'armer la fureur populaire contre les Jacobins, contre vos commissaires, contre moi, parce que j'avais annoncé que Dumouriez avait des talents militaires, et qu'il avait fait un coup de génie en accélérant l'entreprise de la Hollande : ce projet vient sans doute de ceux qui ont voulu faire massacrer les patriotes ; car il n'y a que les patriotes qu'on égorge.

UN GRAND NOMBRE DE VOIX. — Oui, oui.

MARAT. — Lepelletier et Léonard Bourdon.

DANTON. — Eh bien! leurs projets seront toujours déçus, le peuple ne s'y méprendra pas. J'attends tranquillement et impassiblement le résultat de cette commission. Je me suis justifié de l'inculpation de n'avoir pas parlé de Dumouriez. J'ai prouvé que j'avais le projet d'envoyer dans la Belgique une commission composée de tous les partis pour se saisir, soit de l'esprit, soit de la personne de Dumouriez.

MARAT. — Oui, c'était bon, envoyez-y Lasource !

DANTON. — J'ai prouvé, puisqu'on me demande des preuves pour répondre à de simples aperçus de Delasource, que si je suis resté à Paris, ce n'a été en contravention à aucun de vos décrets. J'ai prouvé qu'il est absurde de dire que le séjour prolongé de Delacroix dans la Belgique, était concerté avec ma présence ici, puisque l'un et l'autre nous avons suivi les ordres de la totalité de la commission ; que si la commission est coupable, il faut s'adresser à elle et la juger sur des pièces après l'avoir entendue ; mais qu'il n'y a aucune inculpation individuelle à faire contre moi. J'ai prouvé qu'il était lâche et absurde de dire que moi, Danton, j'ai reçu cent mille écus pour travailler la Belgique. N'est-ce pas Dumouriez qui, comme Lasource, m'accuse d'avoir opéré à coups de sabre la réunion? Ce n'est pas moi qui ai dirigé les dépenses qu'a entraînées l'exécution du décret du 15 décembre. Ces dépenses ont été nécessitées pour déjouer les prêtres fanatiques qui salariaient le peuple malheureux ; ce n'est pas à moi qu'il faut en demander compte, c'est à Lebrun.

CAMBON. — Ces cent mille écus sont tout simplement les dépenses indispensablement nécessaires pour l'exécution du décret du 15 décembre.

(*Moniteur* du 3 avril.)

DANTON. — Je prouverai subséquemment que je suis un révolutionnaire immuable, que je résisterai à toutes les atteintes, et je vous prie, citoyens (se tournant vers les membres de la partie gauche), d'en accepter l'augure. J'aurai la satisfaction de voir la nation entière se lever en masse pour combattre les ennemis extérieurs, et en même temps pour adhérer aux mesures que vous avez décrétées sur mes propositions.

A-t-on pu croire un instant, a-t-on eu la stupidité de croire que moi je me sois coalisé avec Dumouriez? Contre qui Dumouriez s'élève-t-il? Contre le tribunal révolutionnaire : c'est moi qui ai provoqué l'établissement de ce tribunal. Dumouriez veut dissoudre la Convention. Quand on a proposé, dans le même objet, la convocation des assemblées primaires, ne m'y suis-je pas opposé? Si j'avais été d'accord avec Dumouriez, aurais-je combattu ses projets de finances sur la Belgique? Aurais-je déjoué son projet de rétablissement des trois États? Les citoyens de Mons, de Liége, de Bruxelles, diront si je n'ai pas été redoutable aux aristocrates, autant exécré par eux qu'ils méritent de l'être; ils vous diront qui servait les projets de Dumouriez, de moi ou de ceux qui le vantaient dans les papiers publics, ou de ceux qui exagéraient les troubles de Paris, et publiaient que des massacres avaient lieu dans la rue des Lombards.

Tous les citoyens vous diront : quel fut son crime? c'est d'avoir défendu Paris.

A qui Dumouriez déclare-t-il la guerre? aux sociétés populaires. Qui de nous a dit que sans les sociétés populaires, sans le peuple en masse, nous ne pourrions nous sauver? De telles mesures coïncident-elles avec celles de Dumouriez? ou la complicité ne serait-elle pas plutôt de la part de ceux qui ont calomnié à l'avance les commissaires pour faire manquer leur mission? *(Applaudissements.)* Qui a pressé l'envoi des commissaires? Qui a accéléré le recrutement, le complétement des armées? C'est moi; moi, je le déclare à toute la France, qui ai le plus puissamment agi sur ce complétement. Ai-je, moi, comme Dumouriez, calomnié les soldats de la liberté qui courent en foule pour recueillir les débris de nos armées? N'ai-je pas dit que j'avais vu ces hommes intrépides porter aux armées le civisme qu'ils avaient puisé dans l'intérieur? N'ai-je pas dit que cette portion de l'armée, qui, depuis qu'elle habitait sur une terre étrangère, ne montrait plus la même vigueur, reprendrait, comme le géant de la fable, en posant le pied sur la terre de la liberté, toute l'énergie républicaine? Est-ce là le langage de celui qui aurait voulu tout désorganiser? N'ai-je pas montré la conduite d'un citoyen qui voulait vous tenir en mesure contre toute l'Europe?

Qu'on cesse donc de reproduire des fantômes et des chimères qui ne résisteront pas à la lumière et aux explications.

Je demande que la commission se mette sur-le-champ en activité, qu'elle examine la conduite de chaque député depuis l'ouverture de la Convention. Je demande qu'elle ait caractère surtout pour examiner la conduite de ceux qui, postérieurement au décret pour l'indivisibilité de la République, ont manœuvré pour la détruire ; de ceux qui, après la rejection de leur système pour l'appel au peuple, nous ont calomniés ; et si, ce que je crois, il y a ici une majorité vraiment républicaine, elle en fera justice. Je demande qu'elle examine la conduite de ceux qui ont empoisonné l'opinion publique dans tous les départements ; on verra ce qu'on doit penser de ces hommes qui ont été assez audacieux pour notifier à une administration qu'elle devait arrêter des commissaires de la Convention; de ces hommes qui ont voulu constituer des citoyens, des administrateurs, juges des députés que vous avez envoyés dans les départements pour y réchauffer l'esprit public et y accélérer le recrutement. On verra quels sont ceux qui, après avoir été assez audacieux pour transiger avec la royauté, après avoir désespéré, comme ils en sont convenus, de l'énergie populaire, ont voulu sauver les débris de la royauté ; car, on ne peut trop le répéter, ceux qui ont voulu sauver l'individu, ont par-là même eu intention de donner de grandes espérances au royalisme. *(Applaudissements d'une grande partie de l'Assemblée.)* Tout s'éclaircira ; alors on ne sera plus dupe de ce raisonnement par lequel on cherche à insinuer qu'on n'a voulu détruire un trône que pour en rétablir un autre. Quiconque auprès des rois est convaincu d'avoir voulu frapper un d'eux, est pour tous un ennemi mortel.

UNE VOIX. — Et Cromwell ?..... *(Des murmures s'élèvent dans une partie de l'Assemblée.)*

DANTON, *se tournant vers l'interlocuteur.*—Vous êtes bien scélérat de me dire que je ressemble à Cromwell. Je vous cite devant la nation. *(Un grand nombre de voix s'élèvent simultanément pour demander que l'interrupteur soit censuré ; d'autres pour qu'il soit envoyé à l'Abbaye.)*

DANTON. — Oui, je demande que le vil scélérat qui a eu l'impudeur de dire que je suis un Cromwell soit puni, qu'il soit traduit à l'Abbaye. *(On applaudit.)* Et si, en dédaignant d'insister sur la justice que j'ai le droit de réclamer, si je poursuis mon raisonnement, je dis que quand j'ai posé en principe que quiconque a frappé un roi à la tête, devient l'objet de l'exécration de tous les rois, j'ai établi une vérité qui ne pourrait être contestée.

PLUSIEURS VOIX. — C'est vrai !

Eh bien ! croyez-vous que ce Cromwell dont vous me parlez ait été l'ami des rois ?

UNE VOIX. — Il a été roi lui-même !

DANTON. — Il a été craint, parce qu'il a été le plus fort. Ici ceux qui ont frappé le tyran de la France seront craints aussi. Ils seront d'autant plus craints que la liberté s'est engraissée du sang du tyran. Ils seront craints, parce que la nation est avec eux. Cromwell n'a été souffert par les rois que parce qu'il a travaillé avec eux. Eh bien! je vous interpelle tous. (Se tournant vers les membres de la partie gauche.) Est-ce la terreur, est-ce l'envie d'avoir un roi qui vous a fait proscrire le tyran? *(L'Assemblée presque unanime:* Non, non !) Si donc ce n'est que le sentiment profond de vos devoirs qui a dicté son arrêt de mort, si vous avez cru sauver le peuple, et faire en cela ce que la nation avait droit d'attendre de ses mandataires, ralliez-vous (s'adressant à la même partie de l'Assemblée), vous qui avez prononcé l'arrêt du tyran contre les lâches (indiquant du geste les membres de la partie droite) qui ont voulu l'épargner *(une partie de l'Assemblée applaudit);* serrez-vous ; appelez le peuple à se réunir en armes contre l'ennemi du dehors, et à écraser celui du dedans, et confondez, par la vigueur et l'immobilité de votre caractère, tous les scélérats, tous les aristocrates, tous les modérés (l'orateur, s'adressant toujours à la partie gauche, et indiquant quelquefois du geste les membres du côté opposé); tous ceux qui vous ont calomniés dans les départements. Plus de composition avec eux ! *(Vifs applaudissements d'une grande partie de l'Assemblée et des tribunes.)* Reconnaissez-le tous, vous qui

n'avez jamais su tirer de votre situation politique dans la nation le parti que
vous auriez pu en tirer ; qu'enfin justice vous soit rendue. Vous voyez, par
la situation où je me trouve en ce moment, la nécessité où vous êtes d'être
fermes, et de déclarer la guerre à tous vos ennemis, quels qu'ils soient.
(*Mêmes applaudissemedts.*) Il faut former une phalange indomptable. Ce n'est
pas vous, puisque vous aimez les sociétés populaires et le peuple, ce n'est
pas vous qui voudrez un roi. (*Les applaudissements recommencent.*—Non, non !
s'écrie-t-on avec force dans la grande majorité de l'Assemblée.) C'est à vous à en
ôter l'idée à ceux qui ont machiné pour conserver l'ancien tyran. Je marche
à la République ; marchons-y de concert, nous verrons qui de nous ou de nos
détracteurs atteindra le but.

Après avoir démontré que loin d'avoir été jamais d'accord avec Dumouriez, il nous accuse textuellement *d'avoir fait la réunion à coups de sabre,* qu'il
a dit publiquement qu'il nous ferait arrêter, qu'il était impossible à Delacroix et à moi, qui ne sommes pas la commission, de l'arracher à son armée ;
après avoir répondu à tout ; après avoir rempli cette tâche de manière à
satisfaire tout homme sensé et de bonne foi, je demande que la commission
des six, que vous venez d'instituer, examine non seulement la conduite de
ceux qui vous ont calomniés, qui ont machiné contre l'indivisibilité de la
République, mais de ceux encore qui ont cherché à sauver le tyran (*nouveaux
applaudissements d'une partie de l'Assemblée et des tribunes*), enfin de tous les
coupables qui ont voulu ruiner la liberté, et l'on verra si je redoute les accusateurs.

Je me suis retranché dans la citadelle de la raison ; j'en sortirai avec le
canon de la vérité, et je pulvériserai les scélérats qui ont voulu m'accuser.
(*Danton descend de la tribune au milieu des plus vifs applaudissements d'une
très grande partie de l'Assemblée et des citoyens.*—*Plusieurs membres de l'extrémité
gauche se précipitent vers lui pour l'embrasser.* — *Les applaudissements se prolongent.*)

    (*Moniteur* du 4 avril 93.)

Si l'on veut savoir quelle profonde impression produisit cette
séance, qu'on lise ce récit d'un témoin siégeant à la Convention
même.

Je n'oublierai jamais l'instant où Lasource commença son inconcevable
accusation contre Danton. Lorsqu'à l'aide de rapprochements captieux, il
essayait de transformer ce redoutable montagnard en un partisan secret de
Dumouriez ; lorsqu'il rassemblait des inductions forcées pour former un fan-
tôme de corps de délit, et qu'il coordonnait tous les éléments de cet écha-
faudage misérable sans cacher une espèce de complaisance et de contentement secret ; Danton, immobile sur son banc, relevait sa lèvre avec une
expression de mépris qui lui était propre et qui inspirait une sorte d'effroi ;
son regard annonçait en même temps la colère et le dédain ; son attitude
contrastait avec les mouvements de son visage, et l'on voyait dans ce mélange

bizarre de calme et d'agitation qu'il n'interrompait pas son adversaire parce qu'il lui serait facile de lui répondre et qu'il était certain de l'écraser. Mais lorsque Lasource eut terminé sa diatribe, et qu'en passant devant nos bancs pour s'élancer à la tribune, Danton dit à voix basse, en montrant le côté droit : « Les scélérats, ils voudraient rejeter leurs crimes sur nous ! » il fut facile de comprendre que son impétueuse éloquence, longtemps contenue, allait rompre enfin toutes les digues, et que nos ennemis devaient trembler.

En effet son discours fut une déclaration de guerre plus encore qu'une justification. Sa voix de stentor, retentit au milieu de l'assemblée, comme le canon d'alarme qui appelle le soldat sur la brèche. Il avait enfin renoncé aux ménagements qu'il avait crus utiles à la chose publique, et certains désormais de ne voir jamais les Girondins se réunir à lui pour sauver la liberté, il annonçait hautement que cette liberté chérie pouvait être sauvée sans eux. Assez souvent il avait refusé de relever le gant qu'on lui jetait presqu'à chaque séance. Le gage du combat était enfin accepté, et en paraissant pour la première fois dans l'arène armé de toutes pièces, il dut prouver au côté droit que l'on ne pourrait pas sans peine renverser un athlète comme lui.....

Après son énergique début, Danton parla plus de deux heures, et suivit l'accusateur dans toutes ses imputations. La réponse était facile, elle fut accablante d'évidence et de vigueur. Il démontrait que toutes les haines de Dumouriez avaient été pour la Montagne, toutes ses affections pour le côté droit; il démontrait que de la Montagne étaient partis, contre l'ancien collègue de Roland, les premiers soupçons qui, le 12 mars même, avaient été repoussés par le côté droit comme un crime de lèse-nation. Enfin, poursuivant tour à tour les faits cités par Lasource et ses raisonnements, il les réduisit également ment en poussière.....

Après avoir complété sa justification, Danton reprit l'offensive.....

Pour juger de tout l'effet que produisit sur nous cette éloquente improvisation, il faut se rappeler que Danton avait jusqu'alors cherché à amener une réconciliation entre les deux côtés de l'Assemblée. Il faut se rappeler que, bien qu'assis au sommet de la Montagne, il était en quelque sorte le chef du Marais. Il faut se rappeler enfin qu'il avait souvent blâmé notre fougue, combattu les défiances de Robespierre, et soutenu qu'au lieu de s'occuper de guerroyer contre les Girondins, il fallait les contraindre à nous seconder pour sauver de concert la chose publique. Peu de jours même avant la malencontreuse levée de boucliers de Lasource et l'accablante réplique qu'on vient de lire, Danton avait eu une conférence avec les principaux chefs du côté droit, conférence dans laquelle on était convenu de marcher d'accord, et de ne plus songer à autre chose qu'à battre l'étranger et à confondre l'aristocratie. Nous aimions tous Danton; mais la plupart d'entre nous pensaient qu'il jugeait mal de l'état des choses quand il espérait rétablir l'union entre les Girondins et la Montagne. La plupart d'entre nous, il est vrai, avaient consenti à marcher avec lui vers la fusion sur laquelle il paraissait fonder tant d'espérances : mais c'était plutôt pour tenter un essai auquel on croyait peu, que dans la conviction de la réussite que Danton nous promettait. Aussi, lorsque ce chaleureux orateur, maladroitement provoqué par l'un des éclaireurs de la partie adverse, répondit avec tant de force à d'imprudentes attaques, lorsqu'il déclara si hautement la guerre à des hommes avec lesquels nous avions vu depuis longtemps qu'il n'était point de paix possible ; lorsqu'il brûle en quelque sorte ses vaisseaux pour s'enlever toute possibilité de retour, nous fûmes transportés d'une espèce d'enthousiasme électrique, nous regardâmes la résolution inopinée de Danton comme le signal d'une victoire certaine Quand il descendit de la tribune, un grand nombre de députés coururent l'embrasser et la salle retentit du bruit réitéré de nos applaudissements. Cependant cet incident n'eut pas de suite : Lasource n'ayant fait aucune motion formelle, la Convention reprit simplement la suite de ses travaux ; mais si le discours de Danton n'amenait aucun résultat positif, il en avait un immense pour la direction des esprits. Nous étions rassurés sur notre avenir, et les Girondins ne nous paraissaient plus à craindre, depuis qu'il était décidé à les combattre : son acquisition valait à nos yeux une armée.

(*Mémoires* de Réné Levasseur, t. I", chap. V.)

Plus loin Levasseur répondant aux différentes accusations des Girondins, ajoute :

Ils ont osé dire que Danton se frayait un chemin au trône, lui qui dans son enthousiasme patriotique a associé tant de désintéressement à un dévouement sublime; Danton qui, lorsque les aristocrates furent vaincus et les ennemis repoussés, aima mieux se laisser traîner à l'échafaud que de combattre pour se défendre; Danton qui se retira dans ses foyers domestiques dégoûté du maniement des affaires, lorsque la cause lui sembla gagnée, et qui ne reparut un instant sur la scène publique que pour ressaisir les royalistes de la Commune, masqués en démagogues et en athées.

Les *deux amis de la liberté*, n'ont point tenu compte du procès; ils s'étaient promis de condamner sans entendre la défense.

Danton et Lacroix qui, tirés du sein de la Convention furent chargés de se rendre à Bruxelles, y commirent des spoliations qui firent rougir leurs collègues du corps législatif, qui ne sentaient que trop qu'une pareille conduite avilissait le sénat français aux yeux des étrangers auxquels il était si important d'inspirer de la confiance. Une des fautes graves de ces deux commissaires, fut de charger des détails de leurs opérations le commissaire ordonnateur Ronsin, anarchiste et brigand déterminé, qui, pour faire ses exécutions et apposer les scellés, ne se servait la plupart du temps que de fripons qui lui ressemblaient et qui séquestraient, à leur profit une partie des effets commis à leur surveillance. Nous avons ouï de braves militaires, des soldats français dignes de porter ce nom, s'indigner encore, de retour dans leurs foyers, des spoliations dont ils avaient été témoins.

(*Histoire de la Révolution de France*, par deux amis de la liberté, tome X, 3ᵉ partie, 2ᵉ époque.)

Dans son procès Custine répondit au sujet de Danton, qu'il lui connaissait infiniment d'esprit et de talent, mais que n'ayant pas jugé Dumouriez lorsqu'il était auprès de lui et ne l'ayant pas dénoncé lorsqu'il fut de retour, il n'avait jamais pu s'empêcher de le regarder comme un de *ses complices*, intéressé à ne point déclamer contre lui.

Cette observation dictée à Custine par la franchise est infiniment judicieuse, il parle ici de la conduite de Danton qui, envoyé en Belgique près de Dumouriez, garda un silence profond sur les manœuvres de ce général perfide, sur des manœuvues et un plan qui ne devait point échapper à la sagacité de Danton, à qui quelques-uns n'ont accordé qu'une forme et une éloquence colossale, mais qui au vrai, ne manquait ni de volonté, ni de lumières, et qui par son courage et son audace avait, dès le principe de la révolution rendu de grands services à la patrie et au peuple dont il avait chaudement défendu les droits. Trop d'incurie a perdu cet homme qui, une fois parvenu à *posséder quelque fortune*, aurait pour beaucoup voulu être ignoré, pour jouir en paix de son aisance.

(*Histoire de la Révolution de France*, par deux amis de la liberté, tome XI, 3ᵉ partie, 3ᵉ époque.)

Ce passage de l'histoire des deux Amis appelle surtout l'attention sur les vols qu'ils prétendent avoir été commis par Danton. Comme cette accusation sera reproduite plus tard par le comité de salut public, nous y reviendrons, et nous terminerons cet ouvrage par un résumé justificatif tiré d'*un mémoire des fils du conventionnel, tendant à détruire les accusations de vénalité portées contre leur père.*

Après la séance du 1ᵉʳ avril, on aurait pu croire que Danton ne pardonnerait jamais aux Girondins; dès le 4, il a déjà oublié leur injustice, leurs injures; il a presque regret de s'être laissé aller à l'emportement; une fois encore, lui le vainqueur dans la lutte, il leur tend la main : « Rapprochons-nous fraternellement. » Il n'y avait pas dans son cœur une goutte de fiel, la moindre envie; ses ennemis purent-ils en dire autant?

Isnard avait présenté un projet de décret dont les dispositions étaient de créer dans le sein de la Convention un comité d'exécution, composé de 9 membres qui aient le pouvoir de destituer tous les agents du pouvoir exécutif.

DANTON. — Je demande aussi la parole pour une motion d'ordre. Quelle qu'ait été la divergence des opinions, il n'en est pas moins vrai que la majorité de la Convention veut la République

UN GRAND NOMBRE DE VOIX. — Tous la veulent!

Nous voulons repousser et anéantir la conjuration des rois ; nous sentons que telle est la nature des circonstances, telle est la grandeur du péril qui nous menace, qu'il nous faut un développement extraordinaire de forces et de mesures de salut public ; nous cherchons à établir une agence funeste pour les rois ; nous sentons que, pour créer des armées, trouver de nouveaux chefs, il faut un pouvoir nouveau toujours dans la main de la Convention, et qu'elle puisse anéantir à volonté ; mais je pense que ce plan doit être médité, approfondi. Je crois qu'une République, tout en proscrivant les dictateurs et les triumvirs, n'en a pas moins le pouvoir et même le devoir de créer une autorité terrible. Telle est la violence de la tempête qui agite le vaisseau de l'État, qu'il est impossible, pour le sauver, d'agir avec les seuls principes de l'art. Écartons toute idée d'usurpation. Eh! qui donc pourrait être usurpateur? Vous voyez que cet homme qui avait remporté quelques victoires va appeler contre lui toutes les forces des Français. Déjà le département où il est né demande sa tête. Rapprochons-nous, rapprochons-nous fraternellement ; il y va du salut de tous. Si la conjuration triomphe, elle proscrira tout ce qui aura porté le nom de patriote, quelles qu'aient été les nuances. Je demande le renvoi du projet de décret, et l'ajournement à demain.

L'ajournement est décrété.

(*Moniteur* du 2 avril 93.)

Le 7, le président de l'Assemblée lisait les noms des neufs membres du nouveau comité : c'était Barrère, Delmas, Bréard, Cambon, Jean-Debry, *Danton*, Guiton-Morvaux, Treilhard, Lacroix. (*Moniteur* du 10 avril 93.)

Ainsi il concourait il y a quelques jours à la création du *tribunal révolutionnaire*, aujourd'hui à celle du *Comité de salut public*. Il nommait lui-même ceux qui devaient bientôt le guillotiner sans l'entendre.

La politique de Danton avait cela de particulier qu'elle était éminemment pratique.

Lacroix avait fait la motion qu'aucun ci-devant privilégié ne soit admis dans l'armée ni comme volontaire ni comme officier, mais qu'elle fut exclusivement composée de Sans-Culottes.

Cette proposition avait été adoptée par acclamation.

DANTON. — Le décret que vous venez de rendre annoncera à la nation et à l'univers entier quel est le grand moyen d'éterniser la république ; c'est d'appeler le peuple à sa défense. Vous allez avoir une armée de sans-culottes *(on applaudit à plusieurs reprises dans toutes les parties de la salle)* ; mais ce n'est pas assez ; il faut que, tandis que vous irez combattre les ennemis de l'extérieur, les aristocrates de l'intérieur soient mis sous la pique des sans-culottes. *(Les applaudissements recommencent.)* Je demande qu'il soit créé une garde du peuple qui sera salariée par la nation. Nous serons bien défendus, quand nous le serons par les sans-culottes. J'ai une autre proposition à faire; il faut que dans toute la France, le prix du pain soit dans une juste proportion avec le salaire du pauvre : ce qui excédera sera payé par le riche. *(On applaudit.)* Par ce seul décret, vous assurez au peuple et son existence et sa dignité; vous l'attacherez à la révolution; vous acquerrez son estime et son amour. Il dira : nos représentants nous ont donné du pain; ils ont plus fait qu'aucun de nos anciens rois. Je demande que vous mettiez aux voix les deux propositions que j'ai faites, et qu'elles soient renvoyées au comité pour vous en présenter la rédaction.

Ces deux propositions sont adoptées au milieu des applaudissements de toute l'Assemblée.

; *(Moniteur* du 9 avril 93.)

A propos d'une adresse rédigée dans la section de la Halle-aux-Blés, adresse qui circulait dans toutes les autres sections et demandant entre autres choses que Roland fût décrété d'accusation ainsi que les députés coupables, Pétion était monté à la tribune et avait proposé que le président et les secrétaires de la section fussent appelés à la barre pour être de là envoyés au tribunal révolutionnaire.

Danton monte à son tour à la tribune (une partie de l'Assemblée et des spectateurs applaudissent).

DANTON. — C'est une vérité incontestable, que vous n'avez pas le droit d'exiger du peuple ou d'une portion du peuple plus de sagesse que vous n'en avez vous-mêmes. Le peuple n'a-t-il pas le droit de sentir des bouillonnements qui le conduisent à un délire patriotique, lorsque cette tribune semble continuellement être une arène de gladiateurs? N'ai-je pas été moi-même, tout à l'heure, assiégé à cette tribune? Ne m'a-t-on pas dit que je voulais être dictateur?... Je vais examiner froidement le projet de décret présenté par Pétion; je n'y mettrai aucune passion, moi, je conserverai mon immobilité, quels que soient les flots d'indignation qui me pressent en tous sens. Je sais quel sera le dénouement de ce grand drame; le peuple restera libre; je veux la République, je prouverai que je marche constamment à ce but. *(On applaudit.)* Pétion a disséqué le projet d'adresse; je ne suis arrivé qu'à la fin de la lecture, et voilà pourquoi je demandais qu'on discutât la mention honorable, car j'avais trouvé dans cette adresse des articles vraiment bons. La proposition de Pétion est insignifiante. On sait que dans plusieurs départements on a demandé tour à tour la tête des membres qui siégeaient dans l'un ou l'autre des côtés de la salle. N'a-t-on pas aussi demandé la mienne? Et qui? Des administrateurs, notamment ceux du département du Finistère. Eh! citoyens, remarquez bien quelles seraient les conséquences générales de la proposition de Pétion. Tous les jours il arrive des pétitions plus ou moins exagérées; mais il faut les juger par le fond. J'en appelle à Pétion lui-même. Ce n'est pas d'aujourd'hui qu'il se trouve dans les orages populaires. Il sait bien que lorsqu'un peuple brise sa monarchie pour arriver à la République, il dépasse son but par la force de projection qu'il s'est donnée. Que doit faire la représentation nationale? Profiter de ces excès mêmes. Dans la première Assemblée constituante, Marat n'était ni moins terrible aux aristocrates, ni moins odieux aux modérés. Eh bien! Marat y trouva des défenseurs. Il disait aussi que la majorité était mauvaise; et elle l'était.

Ce n'est pas que je croie qu'il en soit de même de cette assemblée. Mais que devez-vous répondre au peuple, quand il vous dit des vérités sévères? Vous devez lui répondre en sauvant la République. Eh! depuis quand vous doit-on des éloges? Êtes-vous à la fin de votre mission? On parle des calomniateurs : la calomnie, dans un État vraiment libre, n'est rien pour l'homme qui a la conscience intime de son devoir. Encore une fois, tout ce qui a rapport à la calomnie ne peut être la base d'une délibération dans la Convention. Il existe des lois, des tribunaux; que ceux qui croient devoir poursuivre cette adresse, l'y poursuivent. Mais si vous délibérez sur cet objet, pourquoi ne délibéreriez-vous pas sur l'adresse de Marseille? Voyez sur quelle mer vous vous embarqueriez! Oui, je le déclare, vous seriez indignes de votre mission, si vous n'aviez pas constamment devant les yeux ces grands objets : vaincre les ennemis, rétablir l'ordre dans l'intérieur, et faire une bonne constitution. Nous la voulons tous, la France la veut; elle sera d'autant plus belle qu'elle sera née au milieu des orages de la liberté; ainsi un peuple de l'antiquité construisait ses murs, en tenant d'une main la truelle, et de l'autre l'épée pour repousser les ennemis. N'allons pas nous faire la guerre, animer les sections, les mettre en délibération sur des calomnies, tandis que nous devons concentrer leur énergie pour la diriger contre les Autrichiens. Je dis qu'il est impolitique de convoquer les sections pour délibérer sur cette adresse; je dis que si un décret portait une pareille disposition, elle devrait s'étendre à toutes les adresses, quelques principes qu'elles manifestassent. Que l'on ne vienne donc plus nous apporter des dénonciations exagérées, comme si l'on craignait la mort. (*On murmure.*)

LÉPAUX. — Je ne crains pas la mort pour moi, mais je crains celle de la République.

DANTON. — Et voilà l'exemple que vous donnez! Vous voulez sévir contre le peuple, et vous êtes plus virulents que lui! (*Quelques rumeurs.*) On me dit de venir au fait : eh! n'y suis-je pas venu au fait? n'ai-je pas parlé de vaincre les ennemis, de rétablir l'ordre, de faire une Constitution? J'y suis au fait.

Tout à l'heure quelques-uns d'entre vous ont eu la lâcheté de dire que je voulais être dictateur; il vous sied bien de vouloir vous élever contre le peuple, lorsqu'il vous dit des vérités énergiques! Je dis que la discussion est insignifiante Je ramène l'assemblée au rapport que le comité de salut public va vous faire.

Notre marine peut se présenter encore d'une manière fort imposante. Le comité va vous dire que le ministre de la marine, d'après sa propre déclaration, ne peut suffire au fardeau qui lui est imposé. Il faut, dès l'instant même, nommer un ministre. L'influence de l'équinoxe est passée ; les Anglais, enhardis par les premiers succès de nos ennemis, vont infester toutes les mers. Quand l'Europe est liguée contre nous, ne devons-nous pas former une phalange pour la vaincre ou pour mourir ensemble ?

Je demande la question préalable sur la motion de Pétion. Si Paris montre une espèce d'indignation, il a bien le droit de reporter la guerre à ceux qui l'ont calomnié après les services qu'il a rendus. (*On murmure.*)

UNE VOIX. — Ce n'est pas le peuple de Paris.

Je demande la question préalable et le rapport du comité de salut public.

On demande que la discussion sur la proposition de Pétion soit ajournée jusqu'après le rapport du comité de salut public.

Cette proposition est adoptée.

(*Moniteur* du 12 avril 93.)

A propos de cette séance Levasseur de la Sarthe dit encore :

Malgré sa généreuse colère, Danton fit encore avec les Girondins plusieurs tentatives de retour vers la paix ; mais son langage était entièrement changé, et il lançait à chaque occasion importante, contre le côté droit, les traits véhéments qu'il avait jusqu'alors réservés aux ennemis publics.

L'éditeur des mémoires de Levasseur, M. Achille Roche, que Quérard prétend être l'auteur de l'ouvrage tout entier, ajoute en forme de note :

Ce discours de Danton nous paraît suffire pour faire connaître les plans de l'énergique Montagne, et surtout de l'homme fort qui marchait alors à sa tête. On a pu voir dans les mémoires de Levasseur, que, tout en nourrissant l'enthousiasme, le délire même des masses, ce chef vigoureux n'avait jamais appelé de vengeance sur la tête des individus. C'est qu'il déplorait autant que les Girondins les excès résultant d'une exaltation peu commune ; mais il croyait voir en même temps que cette exaltation était un mal indispensable ; et, loin de la calmer, il l'accueillait comme un arme de victoire. Convaincu que la République serait perdue au moment où elle serait calme, sans avoir à force de temps conquis des mœurs démocratiques et une Constitution qui les sanctionnât, il sentit que sa mission était avant tout la victoire, et il la remporta. Les Girondins se trouvaient sur son chemin ; après de vains efforts pour ne point les heurter, il vit qu'il ne pourrait pas les tourner, et résolut de les abattre. Mais il pleura sur Vergniaud condamné à mort, après avoir renversé Vergniaud puissant ! Son système, qu'avait si bien compris l'âme enthousiaste et pure de Camille Desmoulins, est contenu tout entier dans le discours qui fait l'objet de cette note. Il consistait à profiter, pour débarrasser la France de ses ennemis du dedans et du dehors, de tous les

éléments que présentaient les circonstances et des excès populaires mêmes.
Mais on a feint de prendre pour son but ce qui n'était à ses yeux qu'un
moyen, on l'a accusé de menées démagogiques, et l'on a prétendu qu'il n'avait
pas de plan formé, pas de vues arrêtées ; qu'il n'avait en vue qu'une gros-
sière domination à l'aide du pillage et de la terreur! Ces faciles calomnies
se réfutent par toute la carrière de Danton ; toujours conséquent et toujours
gigantesque, il a constamment tendu à l'établissement de la liberté, mais
d'une liberté sage et constitutionnelle en dépit de luttes sanglantes qu'il n'a
pas regardées comme nécessaires pour l'atteindre.

   (*Mémoires* de Réné Levasseur, t. 1er, chap. V.)

   Guadet dans sa réponse à une dénonciation de Robespierre
contre les Girondins, s'était écrié : « Dans tous les spectacles
de Paris, qui était sans cesse aux côtés de Dumouriez? votre
Danton. »

   DANTON. — Ah! tu m'accuses, moi!... Tu ne connais pas ma force... Je te
répondrai, je prouverai tes crimes,.. A l'opéra, j'étais dans une loge à côté
de lui, et non dans la sienne... Tu y étais aussi.

   (*Moniteur* du 15 avril 93.)

   Marat occupe quelques instants la tribune; il veut défendre
une proclamation de la *Société des amis de la liberté*, qui concluait à ce qu'on marchât contre l'Assemblée pour faire justice
des traîtres. On l'interrompt à plusieurs reprises; on le décrète
d'accusation; une voix demande que ceux-là seuls qui voudraient
parler en faveur de Marat soient entendus.

   Cette proposition est adoptée.

   DANTON. — Je savais bien que la majorité de la Convention ne voudrait
pas prononcer sur le sort d'un de ses membres, sans avoir entendu parler,
non en faveur d'un homme, mais de l'intérêt public; je déclare d'abord que,
tout en reconnaissant le civisme de Robespierre, je n'aurais pas fait, moi,
une dénonciation qui ne repose que sur des preuves politiques. La grande
question est de savoir ce que c'est que la conspiration d'Orléans, et si elle
existe; j'ai cru longtemps que cette faction n'était qu'une chimère, mais je
pense aujourd'hui qu'elle peut avoir quelque réalité.

   PLUSIEURS MEMBRES. — Parlez de Marat.

   (*Moniteur* du 15 avril 93.)

   DANTON. — Marat n'est-il pas représentant du peuple, et ne vous souvenez-
vous plus de ce grand principe que vous ne devez entamer la Convention qu'autant qu'une foule de preuves irréfragables en démontreraient
la nécessité? Si je demande quel est le coupable dans cette affaire, vous
me direz : c'est Marat. Il répondra : ce sont les hommes d'État. Notre

juge ne peut être que l'évidence bien acquise ; eh bien, cherchons l'évidence. Vous nous accusez l'un et l'autre de conjuration ; ainsi vous seriez en quelque sorte juges et parties. Le vrai coupable, c'est d'Orléans. Pourquoi n'est-il pas déjà traduit au tribunal révolutionnaire, au lieu d'être confondu avec les femmes de sa famille ? Eh ! remarquez bien que ce n'est que par cette instruction immédiate que l'on connaîtra enfin et la faction et les complices. Ici je vous observerai que la mesure d'envoyer quatre commissaires dans les départements où cet individu a pu tramer, est incomplète. Je demande donc, car cette mesure doit précéder la décision à prendre sur Marat, qu'avant tout il soit statué sur cette proposition : Que d'Orléans sera traduit devant le tribunal révolutionnaire. Je demande aussi que ce tribunal soit tenu d'envoyer à la Convention copie exacte de la procédure qui sera faite dans l'affaire d'Orléans, afin que la Convention puisse connaître ceux de ses membres qui ont pu y tremper ; et comme j'aime à lier deux grands objets, je demande aussi que la tête des Capets émigrés, soit mise à prix, comme l'a été celle du général.

PLUSIEURS VOIX. — Et nos commissaires.

DANTON. — Nos commissaires sont dignes de la nation et de la Convention nationale ; ils ne doivent pas craindre le tonneau de Régulus. (*Applaudissements.*) Je passe à Marat, et à son égard, je dis qu'il est impossible que vous vous écartiez assez des principes de justice pour le décréter d'accusation ; je ne dis pas sur son écrit, mais sur tous les faits dont on l'accuse, sans avoir envoyé à un comité ; et pour qu'il y ait réciprocité, je demande le renvoi au même comité, des accusations faites par Marat contre ses accusateurs ; mais examinez quel moment vous choisissez pour traiter cette question.

PLUSIEURS MEMBRES. — Nos collègues sont absents.

Voulez-vous saisir cet à propos pour entamer une partie de l'Assemblée, tandis que cette même partie a eu le courage de vous quitter pour aller échauffer l'esprit public dans les départements, et diriger de nouvelles forces contre les ennemis ; si Marat est coupable, Marat n'a pas l'intention de vous échapper.

MARAT. — Non.

DANTON. — Tous les griefs qu'on croit pouvoir lui reprocher ne seront point affaiblis par ce renvoi à un comité. Je demande que mes propositions soient mises aux voix.

(*Moniteur* du 16 avril 93.)

Quelle réponse pense-t-on que les Orléanistes eussent faite à l'orateur, s'il eut été vendu à d'Orléans ?

On a dû remarquer déjà que sous cette fougue apparente, Danton conserve toujours le sangfroid de la raison, il y a autant à gagner à l'étude de ses discours pour le politique que pour le tribun. C'est ce qu'on n'avait pas semblé croire jusqu'à présent, notre livre en porte avec lui la preuve.

DANTON.—Il faut bien saisir le véritable objet de la motion qui vient d'être faite, et ne pas lui donner une étendue que n'a pas voulu lui attribuer son auteur. Je demande qu'elle soit ainsi posée : « La peine de mort est décrétée contre quiconque proposerait à la République de transiger avec des ennemis qui, pour préliminaire, ne reconnaîtraient pas la souveraineté du peuple. » Il est temps, citoyens, que la Convention nationale fasse connaître à l'Europe que la France sait allier à la politique les vertus républicaines. Vous avez rendu, dans un moment d'enthousiasme, un décret dont le motif était beau sans doute, puisque vous vous êtes obligés à donner protection aux peuples qui voudraient résister à l'oppression de leurs tyrans. Ce décret semblerait vous engager à secourir quelques patriotes qui voudraient faire une révolution en Chine. Il faut, avant tout, songer à la conservation de notre corps politique, et fonder la grandeur française. Que la République s'affermisse, et la France, par ses lumières et son énergie, fera attraction sur tous les peuples.

Mais voyez ce que votre position a d'avantageux malgré les revers que nous avons éprouvés. La trahison de Dumouriez nous donne l'occasion de faire un nouveau scrutin épuratoire de l'armée. L'ennemi va être forcé de reconnaître que la nation veut absolument la liberté, puisqu'un général victorieux qui avait promis à nos ennemis de leur livrer et son armée tout entière et une partie de la nation, ne leur a porté que son *misérable individu.* Citoyens, c'est le génie de la liberté qui a lancé le char de la révolution. Le peuple tout entier le tire, et il s'arrêtera aux termes de la raison. Décrétons que nous ne nous mêlerons pas de ce qui se passe chez nos voisins ; mais décrétons aussi que la République vivra , et condamnons à mort celui qui proposerait une transaction autre que celle qui aurait pour base les principes de notre liberté. *(On applaudit.)*
    (Moniteur du 16 avril 93.)

Si, comme nous le disions tout à l'heure, Danton a le génie de la politique, hâtons-nous d'ajouter à sa gloire, qu'il apporte dans cette science ordinairement si aride sa qualité distinctive; il a l'art de passionner les abstractions.

DANTON. — Rien ne doit plus nous faire préjuger le salut de la patrie que la disposition actuelle. Nous avons parus divisés entre nous, mais au moment où nous nous occupons du bonheur des hommes, nous sommes tous d'accord. *(Vifs applaudissements.)* Vergniaud vient de vous dire de bien grandes et d'éternelles vérités. L'Assemblée constituante, embarrassée par un roi, par les préjugés qui enchaînaient encore la nation , par l'intolérance qui s'était établie, n'a pu heurter de front les principes reçus, et a fait encore beaucoup pour la liberté en consacrant celui de la tolérance. Aujourd'hui le terrain de la liberté est déblayé, nous devons au peuple français de donner à son gouvernement des bases éternelles et pures ! Quoi ! nous leur dirons : Français, vous avez la liberté d'adorer la divinité qui vous paraît digne de vos hommages, la liberté de culte que vos lois peuvent avoir pour objet ne peut être que la liberté de la réunion des individus assemblés pour rendre, à leur manière, hommage à la divinité. Une telle liberté ne peut être atteinte que par des lois réglementaires et de police; or, sans doute, vous ne voudrez pas insérer dans une déclaration des droits une loi réglementaire. Le droit de la liberté du culte, droit sacré, sera protégé par vos lois qui, en harmonie avec les principes, n'auront pour but que de les garantir. La raison humaine ne peut rétrograder; nous sommes trop avancés pour que le peuple puisse croire n'avoir pas la liberté de son culte, parce qu'il ne verra pas le principe de cette liberté gravé sur la table de vos lois.

Si la superstition semble encore avoir quelque part aux mouvements qui agitent la République, c'est que la politique de nos ennemis l'a toujours employée; mais regardez que partout le peuple, dégagé des impulsions de la malveillance, reconnaît que quiconque veut s'interposer entre lui et la divinité, est un imposteur. Partout on a demandé la déportation des prêtres fanatiques et rebelles. Gardez-vous de mal présumer de la raison nationale; gardez-vous d'insérer un article qui contiendrait cette présomption injuste; en passant à l'ordre du jour, adoptez une espèce de question préalable sur les prêtres, qui vous honore aux yeux de vos concitoyens et de la postérité.

(*Moniteur* du 21 avril 93.)

Marat avait été mis en accusation par l'Assemblée; livré par elle au tribunal révolutionnaire; il fut acquitté, le peuple le ramena en triomphe à la Convention; Danton prit la parole :

Ce doit être un beau spectacle pour tout bon Français, de voir que les citoyens de Paris portent un tel respect à la Convention, que ça été pour eux un jour de fête que celui où un député inculpé a été rétablit dans son sein. (*On applaudit.*) La Convention nationale a dû applaudir à de pareils sentiments; elle l'a fait. Elle décrète que les citoyens qui venaient lui manifester ici leur satisfaction de ce que la représentation nationale est restée intacte, défileraient dans cette salle. Eh bien! que ce décret s'exécute. Nous avons vu leur satisfaction, nous avons partagé leurs sentiments : maintenant il faut que les citoyens défilent, qu'ils évacuent le lieu de nos délibérations, et que nous reprenions nos travaux. (*On applaudit.*)

(*Moniteur* du 26 avril 93.)

A-t-on bien remarqué toute l'adresse de cette allocution? Sent-on bien de quelle confusion cet échec d'autorité devait couvrir la majorité réactionnaire? Quelles funestes conséquences il pouvait avoir? Celui-là seul qu'on savait toujours au dessus de toute considération d'amour-propre personnel, Danton seul pouvait sauver la position, et tourner cette défaite de l'Assemblée au profit de son patriotisme.

Le *Moniteur* du 28 avril annonce que *Danton*, Petit et Anacharsis Clootz prononcent sur la Constitution des discours, dont il donnera des extraits.

Nous trouvons, en effet, ceux de Petit et d'Anacharsis Clootz, mais non celui de Danton. Seulement, au 28 avril, nous lisons un discours du citoyen *Daunon* sur le sujet indiqué. Nous l'avons étudié attentivement, nous n'y avons pas reconnu le génie du tribun; c'est pourquoi nous sommes fondé à croire que c'est par erreur que dans son numéro du 27, le *Moniteur* a écrit *Danton* au lieu de *Daunon*. (Voir notre chap. VI.)

Les riches ne durent pas peu contribuer à nourrir les soupçons odieux qu'on soulevait contre lui, car plusieurs fois déjà nous avons entendu le tribun demander qu'on fît peser sur eux les charges de l'État. Ils ne sentaient pas que c'était le seul moyen de sauver leur fortune. Le convalescent pardonne-t-il au chirurgien de lui avoir sauvé la vie au prix d'un membre?

Voici encore un discours qu'ils ne durent pas oublier.

DANTON.—Vous venez de décréter la mention honorable de ce qu'a cru faire pour le salut public le département de l'Hérault. Ce décret autorise la République entière à adopter les mêmes mesures; car votre décret ratifie celles qu'on vient de vous faire connaître. (*On applaudit.*) Si partout les mêmes mesures sont adoptées, la République est sauvée; on ne traitera plus d'agitateurs et d'anarchistes les amis ardents de la liberté, ceux qui mettent la nation en mouvement, et l'on dira : Honneur aux agitateurs qui tournent la vigueur du peuple contre ses ennemis. (*On applaudit.*) Quand le temple de la liberté sera assis, le peuple saura bien le décorer. Périsse plutôt le sol de la France que de retourner sous un dur esclavage! mais qu'on ne croie pas que nous devenions barbares après avoir fondé la liberté; nous l'embellirons : les despotes nous porteront envie; mais tant que le vaisseau de l'État est battu par la tempête, ce qui est à chacun est à tous. (*Applaudissements.*)

On ne parle plus de lois agraires; le peuple est plus sage que ses calomniateurs ne le prétendent, et le peuple en masse a plus de génie que beaucoup qui se croient des grands hommes. Dans un peuple on ne compte pas plus les grands hommes que les grands arbres dans une vaste foret. On a cru que le peuple voulait la loi agraire; cette idée pourrait faire naître des soupçons sur les mesures adoptées par le département de l'Hérault; sans doute on empoisonnera ses intentions et ses arrêtés; il a, dit-on, imposé les riches; mais, citoyens, imposer les riches, c'est les servir; c'est un véritable avantage pour eux qu'un sacrifice considérable, plus le sacrifice sera grand sur l'usufruit, plus le fonds de la propriété est garanti contre l'envahissement des ennemis. C'est un appel à tout homme qui a les moyens de sauver la République. Cet appel est juste. Ce qu'a fait le département de l'Hérault, Paris et toute la France veut le faire. (*On applaudit.*)

Voyez la ressource que la France se procure. Paris a un luxe et des richesses considérables; eh bien, par ce décret, cette éponge va être pressée. (*On applaudit.*) Et, par une singularité satisfaisante, il va se trouver que le peuple fera la révolution aux dépens de ses ennemis intérieurs. Ces ennemis eux-mêmes apprendront le prix de la liberté; ils désireront la posséder lorsqu'ils reconnaîtront qu'elle aura conservé leurs jouissances. Paris, en faisant un appel aux capitalistes, fournira son contingent, il nous donnera les moyens d'étouffer les troubles de la Vendée; car, à quelque prix que ce soit, il faut que nous étouffions ces troubles. A cela seul tient votre tranquillité extérieure. Déjà les départements du Nord ont appris aux despotes coalisés que votre territoire ne pouvait être entamé; et bientôt peut-être vous apprendrez la dissolution de cette ligue formidable de rois; car, en s'unissant contre vous, ils n'ont pas oublié leur vieille haine et leurs prétentions respectives, et peut-être, si le conseil exécutif eut eu plus de latitude dans ses moyens, cette ligue serait entièrement dissoute.

Il faut donc diriger Paris sur la Vendée; il faut que les hommes requis dans cette ville pour former le camp de réserve, se portent sur la Vendée. Cette mesure prise, les rebelles se dissiperont; et, comme les Autrichiens, commenceront à se retrancher eux-mêmes, comme eux-mêmes à cette heure sont en quelque sorte assiégés. Si le foyer des discordes civiles est éteint, on nous demandera la paix, et nous la ferons honorablement.

Je demande que la Convention nationale décrète que sur les forces additionnelles au recrutement voté par les départements, 20,000 hommes seront portés par le ministre de la guerre sur les départements de la Vendée, de la Mayenne et de la Loire.

La proposition de Danton est décrétée à l'unanimité.

(*Moniteur* du 29 avril 93.)

C'est à propos d'un de ces discours que Marat écrivait :

Je regrette de n'avoir pas le temps de rapporter ici le discours de Danton; j'observerai qu'il est de main de maître, et d'autant plus précieux qu'il contient l'engagement solennel qu'a pris Danton de combattre désormais avec un courage indomptable. Or, on doit beaucoup attendre des moyens de ce patriote célèbre, le peuple a les yeux sur lui et l'attend dans le champ de l'honneur.

(Marat, publiciste de la République, n° 159.)

Cette déclaration faisait d'autant plus d'honneur à l'*ami du peuple*, qu'on se rappelle que Danton n'avait pas dissimulé son antipathie pour lui.

Remarquons encore que la politique ne se dément jamais, parce qu'elle repose sur des principes invariables.

A propos d'un blâme infligé à une pétition du faubourg Saint-Antoine, outrageante pour la Convention, Danton s'exprimait en ces termes :

Citoyens, sans doute la Convention nationale peut éprouver un mouvement d'indignation, quand on lui dit qu'elle n'a rien fait pour la liberté; je suis loin de désapprouver ce sentiment; je sais que la Convention peut répondre qu'elle a frappé le tyran, qu'elle a déjoué les projets d'un ambitieux, qu'elle a créé un tribunal révolutionnaire pour juger les ennemis de la patrie; enfin, qu'elle dirige l'énergie française contre les révoltés; voilà ce que nous avons fait. Ce n'est pas par un sentiment d'indignation que nous devons prononcer sur une pétition bonne en elle-même; je sais qu'on distingue la pétition du dernier paragraphe, mais on aurait dû considérer ce qu'était la plénitude du droit de pétition. Lorsqu'on répète souvent ici que nous sommes incapables de sauver la chose publique, ce n'est pas un crime de dire que, si telles mesures ne sont pas adoptées, la nation a le droit de s'insurger.....

PLUSIEURS VOIX. — Ces pétitionnaires ne sont pas la nation.

On conviendra sans doute que la volonté générale ne peut se composer en masse, que de volontés individuelles. Si vous m'accordez cela, je dis que tout Français a le droit de dire que si telle mesure n'est pas adoptée, le peuple a le droit de se lever en masse. Ce n'est pas que je ne sois convaincu que de mauvais citoyens égarent le peuple, ce n'est pas que j'approuve la pétition qui vous a été présentée; mais j'examine le droit de pétition en lui-même, et je dis que cet asile devrait être sacré, que personne ne devrait se permettre d'insulter un pétitionnaire, et qu'un simple individu devrait être respecté par les représentants du peuple, comme le peuple tout entier. (Quelques rumeurs.) Je ne tirerai pas la conséquence de ce que je viens de dire, que vous assuriez l'impunité à quiconque semblerait être un conspirateur dangereux, dont l'arrestation serait nécessaire à l'intérêt public; mais je dis que quand il est probable que le crime d'un individu ne consiste que dans des phrases mal digérées, vous devez vous respecter vous-mêmes. Si la Convention sentait sa force, elle dirait avec dignité et non avec passion, à ceux qui viennent lui demander des comptes et lui déclarer qu'ils sont dans un état d'insurrection; voilà ce que nous avons fait, et vous, citoyens, qui croyez avoir l'initiative de l'insurrection, la hache de la justice est là pour vous frapper si vous êtes coupables. Voilà comme vous devez leur répondre. Les habitants du faubourg Saint-Antoine vous ont dit qu'ils vous feraient un rempart de leur corps, après cette déclaration, comment n'avez-vous pas répondu aux pétitionnaires : citoyens, vous avez été dans l'erreur, ou bien : si vous êtes coupables, la loi est là pour vous punir. Je demande l'ordre du jour, et j'observe que quand il sera notoire que la Convention a passé à l'ordre du jour motivé sur l'explication qui lui a été donnée, il n'y aura pas de pusillanimité dans sa conduite; croyez qu'un pareil décret produira plus d'effet sur l'âme des citoyens, qu'un décret de rigueur. Je demande qu'en accordant les honneurs de la séance aux pétitionnaires, l'Assemblée passe à l'ordre du jour sur le tout.

Cette pétition est décrétée.

(*Moniteur* du 4 mai 93.)

Si injustes qu'aient été les accusations du 1er avril, elles n'avaient pas découragé le patriotisme de Danton; au dessus des individus et de leurs passions criminelles il sentait toujours la patrie, et pour la sauver il retrouvait toujours la même éloquence. En vérité, les Girondins furent bien coupables de n'avoir pas sacrifié leurs ressentiments personnels à cette considération, qu'au moment du péril Danton était le seul qui avait fait sortir de terre des armées, qui pouvait encore soulever la France. En ce moment surtout la ténacité de leur haine devenait criminelle, car nous étions plus en danger que jamais. Mais écoutez le tribun, et dites si son ardeur s'est éteinte; il s'agissait encore de nouvelles levées de volontaires.

DANTON. — C'est une vérité puisée dans l'histoire et dans le cœur humain, qu'une grande nation en révolution, ou même en guerre civile, n'en est pas moins redoutable à ses ennemis. (*On applaudit.*) Ainsi donc loin de nous effrayer de notre situation, nous n'y devons voir que le développement de l'énergie nationale que nous pouvons tourner encore au profit de la liberté. La France entière va s'ébranler. (*On applaudit.*) Douze mille hommes de troupes de ligne, tirés de vos armées où ils seront aussitôt remplacés par des recrues, vont s'acheminer vers la Vendée. Avec cette force va se joindre la force parisienne. Eh bien, combinons avec ces moyens de puissance les moyens politiques? C'est de faire connaître à ceux que des traîtres ont égarés, que la nation ne veut pas verser leur sang, mais qu'elle veut les éclairer et les rendre à la patrie. (*On applaudit.*)

Les despotes ne sont pas toujours malhabiles dans leurs moyens. Dans la Belgique, l'empereur traite les peuples avec la plus grande douceur, et semble même flatter ceux qui s'étaient déclarés contre lui avec plus d'énergie; pourquoi n'agirions-nous pas de même pour rendre des hommes à la liberté? Il faut donc créer une commission ayant pouvoir de faire grâce à à ceux des rebelles qui se soumettraient volontairement avant l'action de la force armée.

Cette mesure prise, il faut faire marcher la force de Paris. Deux choses se sont un moment opposées à son recrutement: les intrigues des aristocrates, et les inquiétudes des patriotes eux-mêmes. Ceux-ci n'ont pas considéré que

Paris a une arrière-garde bien formidable ; elle est composée de 150,000 citoyens que leurs occupations quotidiennes ont éloignés jusqu'ici des affaires publiques, mais que vous devez engager à se porter dans les sections, sauf à les indemniser de la perte de temps qu'ils essuieront. Ce sont ces citoyens qui, dans un grand jour, se débordant sur nos ennemis, les feront disparaître de la terre de la liberté. *(Applaudissements.)*

Que le riche paye, puisqu'il n'est pas digne, le plus souvent, de combattre pour la liberté ; qu'il paye largement et que l'homme du peuple marche dans la Vendée.

Il y a telle section où se trouvent des goupes de capitalistes , il n'est pas juste que ces citoyens profitent seuls de ce qui sortira de ces éponges. Il faut que la Convention nationale nomme deux commissaires par section pour s'informer de l'état du recrutement. Dans les sections où le contingent est complet, ils annonceront que l'on répartira également les contributions des riches. Dans les sections qui dans trois jours n'auront point fourni leur contingent, ils assembleront les citoyens, et les feront tirer au sort.

Ce mode, je le sais, a des inconvénients, mais il en a moins encore que tous les autres. Il est un décret que vous avez rendu en principe et dont je demande l'exécution pratique. Vous avez ordonné la formation d'une garde soldée dans toutes les grandes villes. Cette institution soulagera les citoyens que n'a pas favorisés la fortune.

Je demande qu'elle soit promptement organisée, et j'annonce à la Convention nationale qu'après avoir opéré le recrutement de Paris, si elle veut revenir à l'unité d'action , si elle veut mettre à contribution les malheurs mêmes de la patrie, elle verra que les machinations de nos ennemis pour soulever la France, n'auront servi qu'à son triomphe. La force nationale va se développer ; si vous savez diriger son énergie, la patrie sera sauvée, et et vous verrez les rois coalisés vous proposer une paix honorable. *(On applaudit.)*

La mesure de l'envoi des 96 commissaires dans les sections de Paris, est décrétée.

(*Moniteur* du 10 mai 93.)

Quelques jours après il revenait en ces termes sur la même question :

Une loi que l'humanité réclame, et que vous avez déjà adoptée, pourra contribuer efficacement à éteindre cette guerre civile. Il y a parmi les révoltés des hommes qui ne sont qu'égarés et contraints. Il ne faut pas les réduire au désespoir. Je demande qu'on décrète que les peines rigoureuses prononcées par la Convention nationale, ne porteront que sur ceux qui seront convaincus d'avoir commencé ou propagé la révolte.

La proposition de Danton est décrétée.

(*Moniteur* du 13 mai.)

A propos de la mort du général Dampierre, on avait proposé les honneurs du Panthéon.

DANTON. — L'événement malheureux que vous venez d'apprendre, vous fournit l'occasion de consacrer un grand principe. Dampierre est déjà dans un temple de mémoire supérieur à tous ceux élevés par la main des hommes, celui de l'immortalité. Décrétons pour principe que nul ne pourra entrer au Panthéon français que 20 ans après sa mort ; laissons à une génération entière le soin de juger si cet honneur fut mérité.

La Convention passe à l'ordre du jour motivé sur le décret qui porte que nul n'obtiendra les honneurs du Panthéon que 10 ans après sa mort.

(*Moniteur* du 12 mai 93.)

C'était, en effet, le seul moyen d'éviter les revirements ridicules de l'opinion publique à l'égard de certains hommes. Ne vous semble-t-il pas que la postérité tarde bien à se prononcer à son égard ?

Pour qui voudrait y donner attention, cette suite de discours serait un véritable cours de la politique dantonnienne ; mais tel n'est pas le but de notre livre, aussi ne faisons-nous cette remarque que pour prouver l'étendue de l'intelligence du maître. Isnard, par motion d'ordre, avait proposé de décréter un pacte social avant la Constitution.

DANTON.—Je me présente à cette tribune pour demander l'ordre du jour sur la proposition d'Isnard, et rendre à la discussion toute la latitude qu'elle doit avoir. Isnard aurait dû sentir que les éléments de la justice humaine et la source de la liberté des nations, sont dans la déclaration des droits ; il aurait dû sentir qu'une Constitution est le véritable pacte social, et qu'une Constitution acceptée par le peuple, était éternelle comme lui.

Mais c'est le jour où les représentants du peuple prennent possession du palais du despote, qu'il sera beau de poser la première base de la Constitution. (*On applaudit.*) Puisque vous allez de nouveau écrire la Constitution, je pense qu'il faut déclarer de nouveau que le gouvernement de la France est républicain, et discuter ensuite une série d'idées fondamentales.

Il faudra que le pouvoir exécutif soit élu par le peuple ; il faudra l'investir d'une grande puissance, et la balancer par une autre ; il faudra qu'un tribunal, créé par la nation, soit chargé d'acquitter ou de condamner tous les fonctionnaires publics sortant de place ; il faudra surtout se pénétrer de cette vérité que le peuple est essentiellement bon, et que les fonctionnaires publics ont intérêt d'être mauvais.

Je demande donc que la Convention nationale, écartant la proposition d'Isnard, proclame encore, à la face de l'univers, que la France est une République.

(*Moniteur* du 12 mai 93.)

Le bon sens du professeur fait plus de frais que la science, comme pour indiquer que bien comprise la vraie politique est à l'usage de tous.

La date du discours qui va suivre rappelle à quel moment nous sommes de cette terrifiante histoire de la Révolution française : le 18 les Girondins implacables avaient obtenu l'établissement d'une commission extraordinaire pour contenir les terroristes. Déjà elle prenait ses mesures contre Paris, elle venait de proposer un décret ainsi conçu : « La Convention nationale met sous la sauvegarde spéciale des bons citoyens la fortune publique, la représentation nationale et la ville de Paris. »

DANTON.— L'objet de cet article n'a rien de mauvais en soi. Sans doute la représentation nationale a besoin d'être sous la sauvegarde de la nation. Mais comment se fait-il que vous soyez assez dominés par les circonstances pour décréter aujourd'hui, ce qui se trouve dans toutes vos lois? Sans doute l'aristocratie menace de renverser la liberté, mais quand les périls sont communs à tous, il est indigne de nous de faire des lois pour nous seuls, lorsque nous trouvons notre sûreté dans celles qui protégent tous les citoyens. Je dis donc que décréter ce qu'on vous propose c'est décréter la peur.

N....— Eh bien, j'ai peur, moi!...

DANTON.— Je ne m'oppose pas à ce que l'on prenne des mesures pour rassurer chaque individu qui craint pour sa sûreté; je ne m'oppose pas à ce que vous donniez une garde de crainte au citoyen qui tremble ici. Mais la Convention nationale peut-elle annoncer à la République qu'elle se laisse dominer par la peur. Remarquez bien jusqu'à quel point cette crainte est ridicule. Le comité vous annonce qu'il y a des dépositions portant qu'on a voulu attenter à la représentation nationale. On sait bien qu'il existe à Paris une multitude d'aristocrates, d'agents soudoyés par les puissances; mais les lois ont pourvu à tout; on dit qu'elles ne s'exécutent pas; mais une preuve qu'elles s'exécutent c'est que la Convention nationale est intacte, et que si un de ses membres a péri, il était du nombre de ceux qui ne tremblent pas.

Remarquez bien que l'esprit public des citoyens de Paris qu'on a tant calomniés...

UN GRAND NOMBRE DE VOIX. — Cela est faux, la preuve en est dans le projet qu'on propose.

DANTON.— Je ne dis pas que ce soit calomnier Paris, que de proposer le projet de décret qui vous est présenté; mais on a calomnié Paris en demandant une force départementale; car dans une ville comme Paris où la population présente une force si imposante, la force des bons citoyens est assez grande pour terrasser les ennemis de la liberté. Je dis que si dans la réunion dont on a parlé, il s'est trouvé des hommes assez pervers pour proposer de porter atteinte à la représentation nationale, cette proposition a été vivement repoussée, et que ces hommes sont saisis et peuvent être livrés à la justice, ils ne trouveront point ici de défenseurs. On a cherché aussi à inculper le maire de Paris, et à le rendre pour ainsi dire complice de ces hommes vendus ou traîtres; mais l'on n'a pas dit que si le maire de Paris n'était pas venu vous instruire de ce qui s'était passé, c'est qu'il était venu en rendre compte au comité de salut public, qui devait vous en instruire. Ainsi donc quand il est démontré que les propositions qui vous ont été faites, ont été rejetées avec horreur, quand Paris est prêt à s'armer contre tous les traîtres qu'il renferme, pour protéger la Convention nationale, il est absurde de créer une loi nouvelle. Pour protéger la Convention nationale, il ne s'agit que de bien diriger l'action des lois existantes contre le vrai coupable. Encore une fois, je ne combats que le fond du projet; mais je dis qu'il se trouve dans les lois préexistantes. Ne faisons donc rien par peur, ne faisons rien pour nous-mêmes; ne nous attachons qu'aux considérations nationales; ne nous laissons point diriger par les passions. Prenez garde qu'après avoir créé une commission pour rechercher les complots qui se trament à Paris, on ne vous demande s'il ne conviendrait pas d'en créer aussi une pour rechercher les crimes de ceux qui ont cherché à égarer l'esprit des départements. Je ne demande qu'une chose, c'est que les membres qui proposent ce projet, se dépouillent de toutes leurs haines. Il faut que les criminels soient bien connus, et il est de votre sagesse d'attendre un rapport préliminaire sur le tout.

(*Moniteur* du 26 mai 93.)

La commission n'avait pas tardé de se mettre à l'œuvre, et pour qu'on sut bien où elle en voulait venir, que c'était une guerre à mort entre elle et la Montagne, elle commença par s'attaquer à un des membres les plus influents des clubs.

Une députation de la commune de Paris était venue dénoncer à la barre de l'Assemblée l'attentat commis par la commission des douze sur la personne d'Hébert, substitut du procureur de la commune.

A ce propos Isnard, président de la Convention, avait répondu :

Si jamais par ses insurrections sans cesse renaissantes il arrivait que Paris portât atteinte à la représentation générale, je vous déclare au nom de la France entière, Paris serait anéanti, bientôt on chercherait sur les rives de la Seine, si Paris a existé.

(*Moniteur* du 27 mai 93).

Danton ne tarda pas à répondre à cette menace provocatrice, l'occasion s'en offrit bientôt. La section, dite des Gardes-Françaises, venait de présenter son contingent, le président de l'Assemblée lui fait un accueil patriotique.

DANTON. — Si le président eut présenté l'olivier de la paix à la Commune avec autant d'art qu'il a présenté le signal du combat aux guerriers qui viennent de défiler ici, j'aurais applaudi à sa réponse, mais je dois examiner quel peut être l'effet politique de son discours. Assez et trop longtemps on a calomnié Paris en masse. (*On applaudit dans la partie gauche et dans les tribunes. — Il s'élève de violents murmures dans la partie droite.*)

PLUSIEURS VOIX. — Non, ce n'est pas Paris qu'on accuse, mais les scélérats qui s'y trouvent.

DANTON. — Voulez-vous constater que je me suis trompé?

UN GRAND NOMBRE DE VOIX. — Oui.

DANTON. — Ce n'est pas pour disculper Paris que je me suis présenté à cette tribune, il n'en a pas besoin. *(Applaudissements.)* Mais c'est pour la République entière. Il importe de détruire auprès des départements les impressions défavorables que pourrait faire la réponse du président. Quelle est cette imprécation du président contre Paris. Il est assez étrange qu'on vienne présenter la dévastation que feraient de Paris tous les départements, si cette ville se rendait coupable. (Oui, *s'écrient un grand nombre de voix,* ils le feraient. — *On murmure dans l'extrême gauche.*) Je me connais aussi, moi, en figures oratoires. *(Murmures dans la partie droite.)* Il entre dans la réponse du président un sentiment d'amertume. Pourquoi supposer qu'un jour on cherchera vainement sur les rives de la Seine, si Paris à existé? Loin d'un président de pareils sentiments, il ne lui appartient que de présenter des idées consolantes. Il est bon que la République sache que Paris ne déviera jamais des principes; qu'après avoir détruit le trône d'un tyran couvert de crimes, il ne le relèvera pas pour y asseoir un nouveau despote. Que l'on sache aussi que les représentants du peuple marchent entre deux écueils; ceux qui servent un parti lui apportent leurs vues comme leurs vertus. Si dans le parti qui sert le peuple, il se trouve des coupables, le peuple saura les punir; mais faites attention à cette grande vérité, c'est que s'il fallait choisir entre deux excès, il vaudrait mieux se jeter du côté de la liberté que de rebrousser vers l'esclavage. En reprenant ce qu'il y a de blâmable, il n'y a plus partout que des républicains.

Depuis quelque temps les patriotes sont opprimés dans les sections. Je connais l'insolence des ennemis du peuple; ils ne jouiront pas longtemps de leur avantage; bientôt les aristocrates, fidèles aux sentiments de fureur qui les animent, vexeraient tout ce qui a porté le caractère de la liberté; mais le peuple détrompé les fera rentrer dans le néant. *(On applaudit.)* Qu'avons-nous à faire, nous législateurs, qui sommes au centre des événements? Réprimons tous les audacieux; mais tournons-nous d'abord vers l'aristocrate, car il ne changera pas. *(On applaudit.)* Vous, hommes ardents, qui servez le peuple, qui êtes attachés à sa cause, ne vous effrayez pas de voir arriver une sorte de modérantisme perfide; unissez la prudence à l'énergie qui vous caractérise, tous les ennemis du peuple seront écrasés. Parmi les bons citoyens, il y en a de trop impétueux, mais pourquoi lui faire un crime d'une énergie qu'ils emploient à servir le peuple? S'il n'y avait pas eu des hommes ardents, si le peuple lui-même n'avait pas été violent, il n'y aurait pas eu de révolution. *(On applaudit à plusieurs reprises.)*

Je reviens à mon premier objet ; je ne veux exaspérer personne, parce que j'ai le sentiment de ma force en défendant la raison. Sans faire mon apologie, je défie de me prouver un crime. Je demande que l'on renvoie devant le tribunal révolutionnaire ceux qui auront conspiré contre la Convention; et moi je demande à y être envoyé le premier si je suis trouvé coupable.

On a répété souvent que je n'avais pas rendu mes comptes. J'ai eu 400,000 livres à ma disposition pour des dépenses secrètes ; j'ai rendu compte de l'emploi que j'en ai fait. Que ceux qui me font des reproches le parcourent avant de me calomnier. Une somme de 100,000 livres avait été remise entre mes mains pour faire marcher la révolution. Cette somme devait être employée d'après l'avis du Conseil exécutif ; il connaît l'emploi que j'en ai fait ; il a, lui, rendu ses comptes.

PLUSIEURS VOIX. — Ce n'est pas la question.

DANTON. — Je reviens à ce que souhaite la Convention ; il faut réunir les départements, il faut bien se garder de les aigrir contre Paris. Quoi! cette cité immense qui se renouvelle tous les jours, porterait atteinte à la représentation nationale! Paris qui a brisé le premier le sceptre de fer, violerait l'Arche sainte qui lui est confiée! Non ; Paris aime la révolution ; Paris par les sacrifices qu'il a faits à la liberté, mérite les embrassements de tous les Français.

Ces sentimens sont les vôtres, eh bien! manifestez-les ; faites imprimer la réponse de votre président, en déclarant que Paris n'a jamais cessé de bien mériter de la République. Puisque la municipalité..... *(Il s'élève de violents murmures dans une grande partie de la salle.)* Puisque la majorité de Paris a bien mérité... *(On applaudit dans toutes les parties de la salle.)* Et cette majorité, c'est la presque totalité de Paris. *(Mêmes applaudissements.)* Par cette déclaration, la nation saura apprécier la proposition qui a été faite de transporter le siége de la Convention dans une autre ville. *(On applaudit.)* Tous les départements auront de Paris l'opinion qu'ils doivent en avoir, et qu'ils en ont réellement. Paris, je le répète, sera toujours digne d'être le dépositaire de la représentation générale. Mon esprit sent que partout où vous irez, vous y trouverez des passions, parce que vous y porterez les vôtres. Paris sera bien connu ; le petit nombre de conspirateurs qu'il renferme sera puni. Le peuple français, quelles que soient vos opinions, se sauvera lui-même, s'il le faut, puisque tous les jours il remporte des victoires sur les ennemis, malgré nos dissensions. Le masque arraché à ceux qui jouent le patriotisme... *(On applaudit successivement dans toutes les parties de la salle)* et qui servent de

rempart aux aristocrates, la France le lèvera et terrassera ses ennemis. *(Applaudissements.)*
     (Moniteur du 28 mai.)

Le 27 mai, l'audace du comité girondin n'a plus de borne ; la lutte s'engage ; Danton a tout fait pour concilier les partis, ses discours sont là ; mais les orgueilleux ne veulent rien entendre ; il faudra donc que l'un ou l'autre parti succombe ; c'est à ce triste spectacle que nous allons assister.

Une autre députation de la section de la cité vient réclamer contre la commission des douze qui a fait enlever nuitamment son président et son secrétaire. Grande rumeur à ce propos ; le président Isnard soutient la commission, la gauche défend la députation. Robespierre demande la parole, elle lui est refusée.

DANTON. — Je vous le déclare, tant d'impudence commence à nous peser, nous vous résisterons.

TOUS LES MEMBRES A L'EXTRÊME GAUCHE. — Oui nous résisterons. *(On applaudit à plusieurs reprises dans les tribunes.)*

On demande dans la partie droite que la déclaration de Danton soit consignée dans le procès-verbal.

DANTON. — Oui, je le demande moi-même.

La déclaration de Danton est consignée dans le procès-verbal.

Danton monte à la tribune. — Je demande la parole.

PLUSIEURS VOIX. — Vous ne serez pas privilégié.

LE PRÉSIDENT. — Danton a fait une déclaration ; comme elle doit être insérée dans le procès-verbal, il demande à la répéter.

DANTON. — Je déclare à la Convention et à tout le peuple français, que si l'on persiste à retenir dans les fers des citoyens qui ne sont que présumés coupables, dont tout le crime est un excès de patriotisme ; si l'on refuse constamment la parole à ceux qui veulent les défendre : je déclare, dis-je, que s'il y a ici cent bons citoyens, nous résisterons. *(Oui, oui, s'écrie-t-on à l'extrême gauche.)* Je déclare en mon propre nom, et je signerai cette déclaration, que le refus de la parole à Robespierre est une lâche tyrannie.

LES MÊMES VOIX. — Oui, un despotisme affreux.

Je déclare à la France entière que vous avez mis souvent en liberté des gens plus que suspects sur de simples réclamations, et que vous retenez dans les fers des citoyens d'un civisme reconnu, qu'on les tient en chartre privée, sans vouloir faire aucun rapport.

PLUSIEURS MEMBRES. — C'est faux, le rapporteur de la commission des douze a demandé la parole.

DANTON. — Tout membre de l'Assemblée a le droit de parler sur et contre la commission des douze. C'est un préalable d'autant plus nécessaire, que cette commission des douze tourne les armes qu'on a mises dans ses mains, contre les meilleurs citoyens ; cette commission est d'autant plus funeste, qu'elle arrache à leurs fonctions des magistrats du peuple. *(On murmure dans la partie droite.)*

PLUSIEURS VOIX. — Et les commissaires envoyés dans les départements.

DANTON. — Vos commissaires, vous les entendrez... Si vous vous obstinez à refuser la parole à un représentant du peuple qui veut parler en faveur d'un patriote jeté dans les fers, je déclare que je proteste contre votre despotisme, contre votre tyrannie. Le peuple français jugera.

Danton descend de la tribune, au milieu des applaudissements d'une partie de l'Assemblée et des tribunes.

(*Moniteur* du 29 mai 93.)

Il ajoute dans la même séance :

DANTON. — Je demande que le ministre me réponde ; je me flatte que de cette grande lutte sortira la vérité, comme des éclats de la foudre sort la sérénité de l'air ; il faut que la nation sache qui sont ceux qui veulent la tranquillité. Je ne connaissais pas le ministre de l'intérieur ; je n'avais jamais eu de relation avec lui ; je le somme de déclarer, et cette déclaration m'importe dans les circonstances où nous nous trouvons, dans un moment où un député (*c'est Brissot*) a fait contre moi une sanglante diatribe ; dans un moment où le produit d'une charge que j'avais est travesti en une fortune immense..... *(Il s'élève de violents murmures dans la partie droite.)* Il est bon que l'on sache qu'elle est ma vie.

PLUSIEURS VOIX DE LA DROITE.—Ne nous parlez pas de vous, de votre guerre avec Brissot.

C'est parce que le comité de salut public a été accusé de favoriser les mouvements de Paris, qu'il faut que je m'explique...

PLUSIEURS MEMBRES. — On ne dit pas cela.

Voilà ces amis de l'ordre qui ne veulent pas entendre la vérité ; que l'on juge par là quels sont ceux qui veulent l'anarchie. *(On murmure dans la partie droite.—Applaudissements dans la partie opposée.)* J'interpelle le ministre de dire si je n'ai pas été plusieurs fois chez lui pour l'engager à calmer les troubles, à unir les départements, à faire cesser les préventions qu'on leur avait inspirées contre Paris ; j'interpelle le ministre de dire si depuis la révolution je ne l'ai pas invité à apaiser toutes les haines, si je ne lui ai pas dit : je ne veux pas que vous flattiez tel parti plutôt que tel autre, mais que vous prêchiez l'union. Il est des hommes qui ne peuvent se dépouiller d'un ressentiment. Pour moi, la nature m'a fait impétueux, mais exempt de haine. Je l'interpelle de dire s'il n'a pas reconnu que les prétendus amis de l'ordre étaient la cause de toutes les divisions, s'il n'a pas reconnu que les citoyens les plus exagérés sont les plus amis de l'ordre et de la paix.

(*Moniteur* du 29 mai 93.)

Le 28, on était revenu sur le décret qui cassait la commission des douze, on voulait le rapporter.

DANTON. — Votre décret d'hier était un grand acte de justice ; j'aime à croire qu'il sera reproduit avant la levée de la séance. Mais si votre commission conservait le pouvoir que, je le sais de bonne part, elle voulait exercer sur les membres mêmes de cette Assemblée...

PLUSIEURS VOIX. — Oui, oui.

D'AUTRES. — Cela est faux.

COLLOT D'HERBOIS (s'agite au milieu des gradins).

Je dis que si le fil de la conjuration n'était pas rompu, si les magistrats du peuple n'étaient pas rendus à leurs fonctions, et entourés du respect qui doit les accompagner, après avoir prouvé que nous passons nos ennemis en prudence, nous leur prouverons que nous les passons en audace et en vigueur révolutionnaire.

(*Moniteur* du 30 mai 93.)

Une députation se présente, l'orateur dans son discours prétend qu'on a laissé trop longtemps entre les mains du peuple les instruments révolutionnaires, qu'il sert les projets des ambitieux. Isnard admet les pétitionnaires aux honneurs de la séance ; d'autres demandent l'impression du discours.

DANTON. — Personne ne respecte plus que moi le droit de pétition ; j'ai applaudi à l'opinion principale contenue dans celle que vous venez d'entendre. Nous sentons tous la nécessité d'une constitution, et sous ce rapport je partage les vœux des pétitionnaires. Mais ordonnerez-vous l'impression d'une adresse où l'on dit qu'il faut arracher au peuple les instruments de la révolution. Si j'entends bien ce que signifient ces mots, cela veut dire la faculté de se réunir pour délibérer sur les affaires publiques. Or, les pétitionnaires nous ont demandé ce qu'il nous est impossible de faire ; car le peuple français est au dessus de nous. Il est digne de se servir de ces instruments de révolution, il est prêt à les tourner contre ses ennemis. Le peuple français, avec ces mêmes instruments, fera, quand il le voudra, rentrer en un seul jour dans le néant les hommes assez stupides pour croire qu'il y a une distinction entre le peuple et les citoyens. Il serait ridicule de livrer, par un décret, à l'impression une pétition par laquelle *quelques honnêtes gens* de section viennent censurer ici la minorité. Songez que si l'on se vante d'avoir contre nous la majorité, vous avez dans la République, et Paris en est un exemple, une majorité immense. (Oui, oui, *s'écrie une partie de l'Assemblée.*) Il est temps que le peuple ne se borne plus à la guerre défensive, et qu'il attaque tous les fauteurs de modérantisme ; il est temps que nous marchions fièrement dans la carrière ; il est temps que nous raffermissions les destinées de la France ; il est temps de signaler notre courage ; il est temps que nous nous coalisions contre les complots de tous ceux qui voudront détruire la République. Nous avons montré de l'énergie un jour et nous avons vaincu. Paris ne périra pas ; aux brillantes destinées de la République se joindront celles de cette cité fameuse que les tyrans voulaient anéantir. Paris sera tou-

jours la terreur des amis de la liberté, et ses sections, dans les grands jours, lorsque le peuple s'y réunira en masse, feront toujours disparaître ces misérables *Feuillants*, ces lâches modérés dont le triomphe est d'un moment. (*Applaudissements dans une partie de l'Assemblée et dans les tribunes.*)
(*Moniteur* du 31 mai 93.)

Ce jour la Gironde l'emporte ; la commission est rétablie.

Danton revient sur la nécessité du rejet de la commission des douze; cette fois elle est définitivement supprimée. Plus tard on l'accusera d'avoir soutenu ce parti, Saint-Just s'écriera : « Tu vis avec horreur la révolution du 31 mai. »

Je demande la parole pour motiver la priorité en faveur de la motion de Thuriot. Il ne sera pas difficile de prouver que cette motion est d'un ordre supérieur à celle même de mander le commandant à la barre. Il faut que Paris ait justice de la commission ; elle n'existe pas comme la Convention. Vous avez créé une commission impolitique...

PLUSIEURS VOIX. — Nous ne savons pas cela.

Vous ne le savez pas, il faut donc vous le rappeler. Oui, votre commission a mérité l'indignation populaire. Rappelez-vous mon discours à ce sujet, ce discours trop modéré. Elle a jeté dans les fers des magistrats du peuple, par cela seul qu'ils avaient combattu, dans des feuilles, cet esprit de modérantisme que la France veut tuer pour sauver la République. Je ne prétends pas inculper, ni disculper la commission, il faudra la juger sur un rapport et sur leur défense. Pourquoi avez-vous ordonné l'élargissement de ces fonctionnaires publics? Vous y avez été engagés sur le rapport d'un homme que vous ne suspectez pas, un homme que la nature a créé doux, sans passion, le ministre de l'intérieur. Il s'est expliqué clairement, textuellement, avec développement sur le compte d'un des magistrats du peuple. En ordonnant de le relâcher, vous avez été convaincu que la commission avait mal agi sous le rapport politique. C'est sous ce rapport que j'en demande, non pas la cassation, car il faut un rapport, mais la suppression. Vous l'avez créée, non pas pour elle, mais pour vous. Si elle est coupable, vous en ferez un exemple terrible qui effrayera tous ceux qui ne respectent pas le peuple, même dans son exagération révolutionnaire. Le canon a tonné, mais si Paris n'a voulu donner qu'un grand signal pour vous apporter ses représentations (*Les citoyens des tribunes applaudissent avec une partie de l'Assemblée*), si Paris, par une convocation trop solennelle, trop retentissante, n'a voulu qu'avertir tous les citoyens de vous demander un justice éclatante, Paris a encore bien mérité de la patrie. Je dis donc que si vous êtes législateurs politiques, loin de blâmer cette explosion, vous la tournerez au profit de la chose publique, d'abord en réformant vos erreurs, en cassant votre commission. (*On murmure.*)

Ce n'est qu'à ceux qui ont reçu quelques talents politiques que je m'adresse, et non à ces hommes stupides qui ne savent faire parler que leurs passions. Je leur dis : considérez la grandeur de votre but, c'est de sauver le peuple de ses ennemis, des aristocrates, de le sauver de sa propre colère. Sous le rapport politique, la commission a été assez dépourvue de sens, pour prendre de nouveaux arrêtés et les notifier au maire de Paris, qui a eu la prudence de répondre qu'il consulterait la Convention. Je demande la suppression de la commission et le jugement de la conduite particulière de ses membres. Vous les croyez irréprochables ; moi, je crois qu'ils ont servi leurs ressentiments. Il faut que ce chaos s'éclaircisse ; mais il faut donner justice au peuple.

QUELQUES VOIX. — Quel peuple?

Quel peuple, dites-vous? Ce peuple est immense, ce peuple est la sentinelle avancée de la République. Tous les départements haïssent fortement la tyrannie.

UN GRAND NOMBRE DE VOIX. — Oui, oui.

Tous les départements exècrent ce lâche modérantisme qui ramène la tyrannie. Tous les départements en un jour de gloire pour Paris avoueront ce grand mouvement qui exterminera tous les ennemis de la liberté. Tous les départements applaudiront à votre sagesse, quand vous aurez fait disparaître une commission impolitique. Je serai le premier à rendre une justice éclatante à ces hommes courageux qui ont fait retentir les airs. (*Les tribunes applaudissent.*)

Je vous engage, vous, représentants du peuple à vous montrer impassibles ; faites tourner au profit de la patrie cette énergie que de mauvais citoyens seuls pourraient présenter comme funeste. Et si quelques hommes, vraiment dangereux, n'importe à quel parti ils appartiennent, voulaient prolonger un mouvement devenu inutile, quand vous aurez fait justice, Paris lui-même les fera rentrer dans le néant ; je demande froidement la suppression pure et simple de la commission sous le rapport politique seul, sans rien préjuger, ni pour, ni contre ; ensuite vous entendrez le commandant général, vous prendrez connaissance de ce qui est relatif à ce grand mouvement, et vous finirez par vous conduire en hommes qui ne s'effraient pas des dangers.

SALLES. — Nous savons bien que ce n'est qu'un simulacre, les citoyens courent sans savoir pourquoi.

DANTON. — Vous sentez que s'il est vrai que ce ne soit qu'un simulacre, quand il s'agit de la liberté de quelques magistrats, le peuple fera pour sa liberté une insurrection entière. (*Applaudissements des tribunes.*) Je demande que pour mettre fin à tant de débats fâcheux, que pour marcher à la Constitution qui doit comprimer toutes les passions, vous mettiez aux voix, par l'appel nominal, la révocation de la commission.

(*Moniteur* du 2 juin 93.)

Voici ce qu'ont dit de l'affaire du 31 mai *les deux amis* ; mais ils ne sont pas la postérité.

On a prétendu, on a écrit et l'on écrit même encore aujourd'hui que ces ournées ont été tramées à Charenton entre Marat, Robespierre et Danton, ¡quelques agents de la Commune et les chefs de la force armée, et que dans ce conciliabule secret, il avait même été question de placer sur le trône le fils de Louis XVI ; on a prétendu que cette insurrection était dirigée par la Montagne contre tous les députés qui n'avaient pas voté la mort du roi ; enfin l'on prétend que ces journées avaient au contraire pour but d'exterminer tous les membres de la Convention, à l'exception seulement de quelques individus. Assurément voilà des versions bien différentes ; chacun adopte la sienne qui paraît contredire celle des autres, et cependant, si l'on veut y réfléchir sérieusement, on verra que tout en se heurtant, toutes ces conspirations ont pu avoir lieu à la fois et dans le même moment. L'envie de dominer a fait naître tant de partis... Ces trois hommes avaient chacun leur chimère, et cette chimère était d'avoir chacun beaucoup de puissance... On sait que l'idée favorite de Danton a été longtemps d'être principal ministre; qu'il aurait bien désiré allier cette place à celle de conventionnel.... Danton, l'âme du parti cordelier, Danton l'affidé de Dumouriez, voyant les espérances de ce dernier ruinées et d'Orléans dans les fers a pu, ainsi que Marat, songer à ne travailler que pour lui, quand il n'a plus eu de chef à servir efficacement.

(*Histoire de la Révolution de France*, par deux amis de la liberté, tome X, 3ᵉ partie, 2ᵉ époque.)

Qu'on nous permette d'insister : ceux qui connaissent dans son ensemble l'histoire de ces funestes débats ont dû remarquer que dans cette déplorable lutte de personnalités, Danton est le seul qui n'ait pris a partie aucun de ses ennemis, quand tous au contraire l'interpelaient individuellement. Il combat pour le triomphe du principe tandis que les autres n'écoutent que leur haine personnelle; et s'il se résoud à leur porter le coup mortel, c'est qu'ils n'ont rien voulu entendre, c'est qu'aucun n'a consenti à faire de concessions d'amour-propre; vingt fois, tout ce qui précède le prouve, il avait conjuré les partis de se pardonner mutuellement un *zèle mal entendu*, des erreurs involontaires, des excès de patriotisme; et, sous ce rapport, l'interpellation du 27 n'est que le résumé véridique de toute sa conduite antérieure, et le disculpe devant la postérité. Son dernier mot est celui-ci, et nous défions qu'on puisse en nier la vérité : « La nature m'a fait impétueux, mais exempt de haine. » Or, ne nous lassons pas de le répéter, c'est sa justification : l'affaire du 31 mai a porté à la République un coup mortel, mais vingt fois Danton a voulu le détourner.

CHAPITRE VII

La suppression de la commission des douze aurait peut-être suffi à l'Assemblée, mais la Commune de Paris voulait davantage ; elle avait résolu de faire la contre-partie des violences qu'exerçaient les Girondins de Lyon. A son ordre le tocsin retentit, les sections s'assemblent, leurs délégués se constituent pouvoir révolutionnaire ; ils chassent du conseil général de la Commune tous les modérés ; ils entourent d'hommes armés la Convention, campent aux Tuileries, et ne se retirent qu'après avoir obtenu la proscription de vingt-neuf députés, et des ministres Clavières et Lebrun. On sait le reste. On pouvait croire que désormais la Convention s'occuperait exclusivement de la chose publique. Poursuivons notre enquête, et voyons quel rôle remplit Danton dans cette reprise des hostilités qui devait aboutir pour lui à l'échafaud.

Le 8 juin on venait de proposer un décret de nature à effrayer les étrangers qui résidaient en France, et à les faire sortir du territoire. Danton qui ne se laissait jamais entraîner au patriotisme des mots, prévit le tort qu'une telle mesure pouvait faire au commerce dans ce moment d'extrême misère générale.

Je demande, non pas la suspension, non pas la levée de la séance ; mais le renvoi au comité de salut public de tous les projets. Nous sommes, je crois, assez généralement d'accord que les principales mesures proposées peuvent être mieux conçues, mieux rédigées, mieux accommodées aux circonstances, et même qu'elles peuvent être différées sans inconvénient. Par exemple, tout le monde sent la nécessité d'une loi sur les étrangers ; mais on sent aussi qu'il faut une loi développée, et que ce qu'on vous propose n'est qu'un principe déjà établi par vous, mais qui serait d'une exécution dangereuse, si on ne le modifiait par aucune exception. Il faut bannir les étrangers qui nous troublent par leurs intrigues, mais il ne faut pas imprudemment appauvrir la population et le commerce.

Il est tel étranger qui établi et domicilié en France, est plus patriote que beaucoup de Français. Je dis donc que ce décret, dont le principe est bon, doit encore être mûri dans un comité. Quant à ce qu'on a improprement qualifié d'otage, cette mesure ne paraît pas urgente puisque l'Assemblée presque entière s'accorde à la dire inutile. Les autres articles du projet méritent une discussion solennelle. Chacun dira son opinion sur les grandes mesures de salut public que vous avez à prendre. On prouvera que des administrateurs n'ont pas le droit de créer une représentation nationale, ni de provoquer les citoyens d'un département à exercer isolément et partiellement les actes de souveraineté.

Le peuple ne s'ébranlera pas pour réclamer par la violence quelques députés que vous avez cru devoir poursuivre devant la nation, et qui ne doivent attendre leur liberté que d'un jugement légalement prononcé par un tribunal national que vous organiserez solennellement à cet effet. Non, le peuple ne fera pas la guerre civile pour des individus.

Me résumant, je demande le renvoi du projet au comité de salut public, et l'ajournement à deux jours.

(*Moniteur* du 10 juin 93.)

A propos d'un rapport sur Bordeaux.

DANTON. — Fonfrède n'a pas fait complétement l'éloge des citoyens de Bordeaux ; s'ils n'ont pas formé le projet de traiter avec la ville de Londres, jamais aussi ils n'ont conçu le projet de marcher contre Paris, ni contre la Convention ; il peut y avoir des intrigues à Bordeaux, mais les Bordelais sont et seront toujours de dignes Français, et le plan de constitution qu'on vient de lire sera une pièce d'opposition contre ceux qui auraient pu les égarer. (*On applaudit.*)

(*Moniteur* du 12 juin 93.)

C'est quelquefois un moyen d'amener les gens à son parti, que de les y comprendre, et dans ce moment de défection générale, Danton sentait très bien qu'il n'était pas politique d'annoncer publiquement les succès des contre-révolutionnaires.

Cependant on demandait de tous côtés une Constitution, tant on sentait le besoin de lois qui parlassent au nom de tous, qui détrônassent les individualités. C'était le rêve des patriotes de bonne foi, qu'on n'attendait que l'expression de la vérité pour se ranger de son parti. Il s'agissait de savoir comment on recueillerait les votes.

DANTON. — La question n'est pas éclaircie. Nous sommes tous d'accord sur un principe consacré par la déclaration des droits. Ce principe veut que chacun puisse émettre librement son opinion, et ce principe doit surtout être reconnu lorsque le peuple exerce sa souveraineté. Vous ne pouvez donc pas empêcher un citoyen qui ne sait pas signer, de voter à haute voix.

Je ne demande pas que vous obligiez personne à voter de telle ou telle manière ; je demande que chacun ait la liberté de voter à son choix ; j'observe seulement que la lumière et la publicité sont les aliments naturels de la liberté. Je demande donc que le riche puisse écrire, et que le pauvre puisse parler.

(*Moniteur* du 14 juin 93.)

N'oublions pas, à propos de la Constitution de 93, que Danton avait été choisi pour faire partie de la commission de législation. Cela n'a rien qui nous étonne après tout ce que nous avons lu déjà ; il était digne de cette distinction. Mais que penser des auteurs qui nous le représentent encore aujourd'hui comme un homme bon tout au plus pour haranguer le bas peuple?

Il ne suffisait pas à Danton d'avoir soulevé l'insurrection du 31 mai, pour en finir avec des ennemis irréconciliables, avec des patriotes que leur haine contre les Montagnards avait entraînés dans le fédéralisme ; il devait en prendre hautement la responsabilité pour ne pas mettre Paris au ban de la France. C'est ce qu'il fit sans équivoque, avec l'énergie d'une conscience qui n'a rien à se reprocher.

DANTON. — Nous touchons au moment de fonder véritablement la liberté française, en donnant à la France une Constitution républicaine. C'est au moment d'une grande production que les corps politiques comme les corps physiques paraissent toujours menacés d'une destruction prochaine. Nous sommes entourés d'orages, la foudre gronde. Eh bien, c'est du milieu de ses éclats que sortira l'ouvrage qui immortalisera la nation française. Rappelez-vous, citoyens, ce qui s'est passé du temps de la conspiration de Lafayette. Nous semblions être dans la position dans laquelle nous nous trouvons aujourd'hui, rappelez-vous ce qu'était alors Paris ; les patriotes étaient opprimés, proscrits partout ; nous étions menacés des plus grands malheurs ; c'est aujourd'hui la même position, il semble qu'il n'y ait de périls que pour ceux qui ont créé la liberté. Lafayette et sa faction furent bientôt démasqués : aujourd'hui les nouveaux ennemis du peuple se sont trahis eux-mêmes, ils ont fui, ils ont changé de nom, de qualité, ils ont pris de faux passeports.

(*On applaudit.*) Ce Brissot, ce coryphée de la secte impie qui va être étouffée, cet homme qui vantait son courage et son indigence en m'accusant d'être couvert d'or, n'est plus qu'un misérable qui ne peut échapper au glaive des lois, et dont le peuple a déjà fait justice en l'arrêtant comme un conspirateur. On dit que l'insurrection de Paris cause des mouvements dans les départements ; je le déclare à la face de l'univers, ces événements feront la gloire de cette superbe cité ; je le proclame à la face de la France, sans les canons du 31 mai, sans l'insurrection, les conspirateurs triomphaient, ils nous donnaient la loi. (*On applaudit à plusieurs reprises dans une grande partie de l'Assemblée et dans les tribunes.*) Que le crime de cette insurrection retombe sur nous ; je l'ai appelée moi cette insurrection, lorsque j'ai dit que s'il y avait dans la Convention cent hommes qui me ressemblassent, nous résisterions à l'oppression, nous fonderions la liberté sur des bases inébranlables.

Rappelez-vous qu'on a dit que l'agitation qui règne dans les départements, ne s'était manifestée que depuis les événements qui se sont passés ici. Eh bien, il y a des pièces qui constatent qu'avant le 31 mai, les départements avaient envoyé une circulaire pour faire une fédération et se coaliser.

UN GRAND NOMBRE DE VOIX. — C'est vrai.

DANTON. — Que nous reste-t-il à faire? A nous identifier avec le peuple de Paris, avec tous les bons citoyens, à faire le récit de tout ce qui s'est passé. On sait que moi, plus que tout autre, j'ai été menacé des baïonnettes, qu'on les a appuyées sur ma poitrine ; on sait que nous avons couvert de nos corps ceux qui se croyaient en danger. Non, les habitants de Paris n'en voulaient pas à la liberté d'aucun représentant du peuple ; ils ont pris l'attitude qui leur convenait ; ils se sont mis en insurrection. Que les adresses envoyées des départements pour calomnier Paris ne vous épouvantent pas ; elles sont l'ouvrage de quelques intrigants et non celui des citoyens des départements : rappelez-vous qu'il en est venu de semblables contre Paris en faveur du tyran. (*On applaudit.*) Paris est le centre où tout vient aboutir ; Paris sera le oyer qui recevra tous les rayons du patriotisme français, et en brûlera tous les ennemis. Je demande que vous vous expliquiez loyalement sur l'insurrection qui a eu de si heureux résultats. Le peuple voit que ces hommes qu'on avait accusés de vouloir se gorger du sang du peuple, ont plus fait depuis huit jours pour le bonheur du peuple que la Convention, tourmentée par des intrigants, n'en avait pu faire depuis son existence. (*Applaudissements.*) Voilà le résultat qu'il faut présenter au peuple des départements : il est bon, il applaudira à vos sages mesures. Les hommes criminels qui ont fui, ont répandu des terreurs partout sur leur passage ; ils ont tout exagéré, tout amplifié ; mais le peuple détrompé réagira plus fortement, et se vengera sur ceux qui l'ont trompé.

Quant à la question qui nous occupe, je crois qu'il faut prendre des mesures générales pour tous les départements ; il faut qu'il soit accordé vingt-quatre heures aux administrateurs qui auraient pu être égarés, sans cependant donner une amnistie aux agitateurs. Il faut que dans les départements où les Communes patriotes luttent contre des administrateurs aristocrates, ces

administrateurs soient destitués et remplacés par de vrais républicains. Je
demande enfin, que la Convention déclare que, sans l'insurrection du 31 mai,
il n'y aurait plus de liberté. (*On applaudit.*)

Citoyens, pas de faiblesse ; faites cette déclaration solennelle au peuple
français ; dites-lui qu'on veut encore le retour des nobles ; dites-lui que la
horde scélérate vient de prouver qu'elle ne voulait pas de constitution ;
dites-lui de prononcer entre la Montagne et cette faction ; dites aux citoyens
français : rentrez dans vos droits imprescriptibles ; serrez-vous autour de la
Convention ; préparez-vous à accepter la constitution qu'elle va vous présenter ; cette constitution qui, comme je l'ai déjà dit, est une batterie qui fait
un feu à mitraille contre les ennemis de la liberté, et qui les écrasera tous ;
préparez une force armée, mais que ce soit contre les ennemis de la Vendée.
(*On applaudit.*) Étouffez la rébellion de cette partie de la France, et vous aurez
la paix.

Le peuple instruit sur cette dernière époque de la révolution, ne se laissera plus surprendre, on n'entendra plus de calomnies contre une ville qui a
créé la liberté, qui ne périra pas avec elle, mais qui triomphera avec la
liberté, et passera avec elle à l'immortalité. (*Vifs applaudissements.*)

(*Moniteur* du 16 juin 93.)

On peut pressentir, d'après le discours qui va suivre, que
Danton donna sans doute la première idée du gouvernement
provisoire révolutionnaire.

Danton monte à la tribune des Jacobins, parle avec son énergie ordinaire,
et déclare que s'il ne vient pas plus souvent aux séances de la société, c'est
qu'il est occupé dans les comités à la Convention, et partout où il y a des
intrigants à combattre. Il promet d'égaler toujours les Jacobins en énergie
et en audace révolutionnaire, et de mourir Jacobin. Si quelquefois, dit-il, je
suis obligé d'user de certains ménagements pour ramener des esprits faibles,
mais d'ailleurs excellents, soyez persuadés que mon énergie n'en est pas
moindre, et je vous présage d'avance que nous serons vainqueurs. Les con-
vulsions d'une faction expirante ne doivent pas vous intimider. Il n'existe
rien de commun entre le peuple et les administrateurs ; je suis instruit de
bonne part que le peuple se dispose à en faire justice. Soyez assurés qu'on
fera un exemple des contre-révolutionnaires.

(*Journal de la Montagne*, n°.15.)

*Suite de la discussion sur la constitution. A propos de la
guerre offensive.*

Danton. — Le système du comité remplit parfaitement l'objet de Thuriot
lui-même. Il n'a pas assez considéré que le peuple français ne peut jamais
faire de guerre offensive. Mais quand le gouvernement verra que des puis—

sances voisines font des préparatifs sur nos frontières ; quand il aura la conviction que ces préparatifs sont dirigés contre nous, ne doit-il pas tâcher de les prévenir ? En théorie, en raison et en justice, l'agression, là, n'est pas une guerre offensive. Quand je vois un ennemi qui me couche en joue, je tire sur lui le premier, si je peux, et je ne fais en cela que me défendre. Voilà donc un genre de guerre que les puissances ennemies caractériseront peut-être de guerre offensive, mais qui ne sera que purement défensive, et que le corps législatif doit pouvoir déclarer.

Une guerre offensive serait celle où, sans aucune provocation, nous combinerions des attaques inopinées et injustes, dans des vues d'agrandissement de notre territoire. Le corps législatif ne serait jamais secondé dans une telle entreprise. Sans doute, si des puissances ennemies nous ont suscité une guerre injuste, si elles nous ont entraîné à des dépenses énormes, nous pouvons séquestrer momentanément une portion de leur territoire, pour nous indemniser ; mais c'est encore au corps législatif à veiller à cet égard aux intérêts de la nation. Cette espèce de séquestre sera une chose tellement juste et simple, qu'il n'y aura aucune nécessité de convoquer le peuple pour le faire.

Thuriot dans sa réplique avait demandé que la déclaration de guerre fut mise au nombre des lois, et, à ce titre, soumise à la ratification du peuple.

DANTON reprit. — Je demande à expliquer ma pensée, et à proposer un moyen conciliatoire. S'il est possible de combiner la manière de retarder le fléau de la guerre, et la rigueur des principes avec la nécessité d'une défense, ce moyen doit s'appliquer à la guerre défensive : car si la guerre offensive est toujours injuste, celle-ci peut quelquefois s'éviter par quelques sacrifices ; et ces sacrifices, il n'appartient qu'au peuple de les faire. Supposez que le corps législatif voie dans l'attitude de l'Europe une apparence de guerre, il faut qu'il soit autorisé à faire immédiatement tous les préparatifs de défense; il faut même, si la sûreté de l'État l'exige, qu'il puisse porter les premiers coups à l'ennemi, ce que j'appelle un acte légitime de défense contre un ennemi déclaré; mais ces préparatifs, et même ce commencement d'hostilités n'empêche pas que le peuple ne soit ensuite convoqué pour délibérer sur la nécessité de terminer ou de convoquer la guerre. Je me réfère donc à demander que la déclaration soit soumise à une ratification populaire dont le mode sera fixé, et que le comité de salut public soit chargé de présenter la rédaction de ce principe.

L'Assemblée décrète ces propositions.

(*Moniteur* du 18 juin 93.)

On avait répandu à nouveau dans le Calvados le bruit d'une prétendue dictature partagée entre Danton, Marat, Robespierre et Garat. A ce propos l'*Ami du peuple* répond à l'égard de Danton :

Il réunit et les talents et l'énergie d'un chef de parti, mais ses inclinations naturelles l'emportent si loin de toute idée de domination, qu'il préfère une chaise percée à un trône.

(Marat, *le publiciste de la République*, n° 221.)

A coup sûr, Marat aurait mieux choisi le trône qu'il destinait à Danton, s'il se fut rappelé l'éloge qu'il en avait fait plus haut comme orateur.

Encore une preuve de plus que Danton si violent en parole inclinait toujours à la clémence quand il s'agissait de l'application d'un décret.

Levasseur venait d'annoncer que deux bataillons de la Gironde voulaient quitter l'armée pour retourner dans leurs départements; il proposait en conséquence de décréter que les bataillons qui quitteront leur poste seront déclarés traîtres à la patrie et traités comme tels.

DANTON. — Il est impossible de rendre un pareil décret. Ce ne sont point les bataillons qui sont coupables, ce sont quelques scélérats qui sèment la division dans les armées, et à cet égard je demande que le ministre de la guerre prenne des renseignements sur les malveillants, et nous en rende compte ; mais il ne faut point calomnier les bataillons, comme il ne faut point dire non plus que les départements sont en révolte ; mais bien que les administrateurs sont d'adroits coquins qui veulent envahir la puissance nationale. N'en doutez pas, le vœu national s'est manifesté, la conduite de Buzot est jugée ; citoyens, vous avez créé une constitution populaire et elle sera rivée par le peuple, et la France entière se ralliera autour d'elle. Or, si dans un moment où la France n'avait point encore de gouvernement, l'étranger n'a pu entamer le territoire de la République, quel sera donc le peuple français lorsqu'il défendra cette constitution qui devient son ouvrage. Ranimez les sociétés populaires; car il ne faut pas que la législature qui va bientôt se former, soit influencée par ce modérantisme et ce lâche Brissottisme qui a faibli nous perdre. Il faut qu'elle soit composée à la fois d'hommes capables de conserver votre ouvrage et de diriger le mouvement révolutionnaire. Je demande l'ajournement de toutes les propositions relatives aux bataillons, jusqu'à ce que nous ayons reçu des renseignements plus certains. Je demande aussi qu'en envoyant à Paris deux députés pour apporter le procès-verbal de son vote pour la constitution, chaque Assemblée primaire envoie deux hommes armés qui, réunis à Paris, pourront former une armée centrale de réserve pour rétablir la paix intérieure, et se porter aux points des frontières où la République serait le plus imminemment menacée. (*On applaudit.*)

La proposition est renvoyée en comité de salut public.

(*Moniteur* du 9 juillet 93.)

Si nous avons bien suivi tous les détails qui précèdent sur l'homme qui nous occupe dans ce livre, on a dû remarquer qu'il fut toujours en butte aux mêmes insinuations; après les royalistes purs les constituants, après ceux-ci les Girondins, après la Gironde les Jacobins ; et toujours même tactique. Décidément, il est bon de le répéter, ce n'est pas impunément qu'on se montre supérieur par son talent ou par son caractère. Qu'est-ce, à plus forte raison, quand un citoyen excelle à la fois et par le cœur et par l'intelligence?

Nous allons voir poindre la calomnie dans le trait qui va suivre. Pour être légères encore, presque insignifiantes en apparence, ses tentatives n'en sont pas moins remarquables.

Club des Jacobins.

Le ministre de la marine écrit une lettre dans laquelle il répond aux inculpations dirigées contre lui dans la dernière séance par les citoyens Essendi et Issoire. Il a nommé un homme suspect pour inspecter le port de Toulon, mais cet homme lui fut présenté par un membre du comité de salut public qui répondait de son civisme et de ses talents. (Il s'agit ici de Peyron présenté au ministre par Danton.)

DANTON. — Je demande que la lettre du ministre me soit communiquée ; car c'est moi qui, après avoir pris des renseignements auprès de Granet de Toulon et d'autres patriotes, ai dit au ministre qu'après tout on pouvait envoyer à Toulon l'homme dont il s'agit, en prenant toutefois la précaution de le faire surveiller par d'autres.

(On lit une seconde fois la lettre du ministre.)

DANTON. — Je n'ai qu'une très petite explication à donner sur cet article à la société. Je ne m'occupe pas de la dénonciation en elle-même qui ne regarde que le ministre ; c'est à lui à se disculper. S'il est comme moi, il ne craindra jamais les dénonciations.

Je n'ai qu'un point de contact en cette affaire et c'est celui de la recommandation que j'en ai fait au ministre. Voici les faits.

J'ai vu Peyron cinq à six fois, particulièrement lors de l'arrivée des Marseillais à Paris; il me sembla excellent patriote. Il me dit qu'il avait commandé les 6,000 hommes levés à Marseille par nos commissaires, et qui devaient se transporter d'ici aux frontières du Nord. J'appris qu'il avait été emprisonné par le tribunal anti-populaire établi alors dans cette ville. C'en fut assez pour fixer mon opinion.

Que voulait-on que je fisse? Quel intérêt avais-je de procurer une place à Peyron? Mais d'ailleurs je n'ai point répondu de Peyron. Si j'eusse dit au ministre, voilà un homme dont je suis sûr, employez-le sur ma parole, je serais véritablement responsable des fautes qu'il aurait pu commettre; mais lorsque j'y mets la condition expresse de ne l'envoyer qu'en le faisant surveiller lui-même, je crois que mes intentions doivent être à l'abri du soupçon comme du reproche. Je sens bien qu'on a dû envenimer prodigieusement cette démarche aux yeux de la société.

Il est impossible que quand j'étais enchaîné au comité de salut public, des hommes qui y avaient leur petit intérêt ne se soient pas déchaînés contre moi; qu'on ait fait circuler sur mon compte un tas de petites histoires fort bien imaginées, et qui ne laissent pas que d'obtenir créance dans l'esprit des faibles ou de ceux qui se laissent trop aisément prévenir; mais je vous dis la vérité, la vérité toute nue. J'ai cru faire à la République le cadeau d'un patriote et d'un homme à talent.

Un membre rappelle que dans la dernière séance on avait seulement cité le fait sans dénoncer.

Danton répète qu'il ignorait tous ces faits, mais qu'il savait seulement que Peyron avait été présenté par le tribunal soi-disant populaire; que c'était pour lui une présomption favorable, et qu'on a eu tort de ne pas écrire un mot. Danton finit par déclarer qu'il sera toujours disposé à rendre à la société un compte exact de ses moindres actions.

(*Journal de la Montagne*, n° 43.)

Séance des Jacobins.

Desfieux déclare que dans la section de 92 on a nommé des commissaires pour aller dans le département de l'Eure, qu'ils sont entrés en accommodement avec les rebelles, auxquels ils ont promis leur grâce, s'ils voulaient s'en rapporter à eux.

DANTON. —Ce n'est pas seulement la démarche en elle-même qui est criminelle, mais c'est un abus de pouvoir des plus grands. Il y a ici un crime positif. Non seulement ils ont outrepassé leur mission qui était de fraterniser; mais ils se sont rendus coupables au premier chef, en promettant de leur propre mouvement et sans y être autorisés par la République, la grâce à des révoltés.

Je demande qu'ils soient traduits au tribunal révolutionnaire. Je demande qu'on éclaire partout les mêmes manœuvres. Un vieux coquin, Dupont de

Nemours, de l'Assemblée constituante, a intrigué dans sa section, celle de l'Isle, pour faire nommer deux citoyens qu'il avait préalablement corrompus.

(*Journal de la Montagne,* n° 44.)

Marat vient d'être assassiné ; un membre de l'Assemblée dénonce Fauchet comme complice de Charlotte Corday. Celui-ci veut monter à la tribune pour se disculper. Le président met aux voix si on le lui permettra.

DANTON.—Il n'y a rien à mettre aux voix : ne laisser pas souiller la tribune par Fauchet ; ordonnez-lui de se retirer à la barre. (*On applaudit.*)

Fauchet descend à la barre. On demande qu'il soit renvoyé devant le comité de sûreté générale.

DANTON. — Je demande qu'on entende Fauchet, cet apostat de la liberté, qui a allumé la guerre civile dans son département ; vous allez voir que tout ce qu'il dira ne fera que nous confirmer dans l'idée que nous avons qu'il est un contre-révolutionnaire.

(*Journal de la Montagne,* n° 44.)

Remarquons bien qu'à quelque degré de culpabilité qu'il croie Fauchet descendu, Danton n'empêche pas qu'on l'entende. C'est un point essentiel quand il s'agit d'un homme qui, dans quelques mois, sera condamné sans être entendu.

On demandait que les évêques qui ne voulaient pas consentir au mariage des prêtres, fussent considérés comme ayant donné leur démission.

DANTON.—La rédaction nouvelle qu'on vous propose est indigne du peuple français. Les évêques qui s'opposent au mariage des prêtres sont d'autant plus coupables, qu'ils sont salariés par la nation. La sagesse ne doit pas être pusillanime. Nous avons conservé les traitements des évêques, qu'ils imitent leurs fondateurs ; ils rendront à César ce qui appartient à César. Eh bien, la nation est plus que tous les Césars. Je demande donc la destitution de tout évêque qui s'opposerait au mariage des prêtres ; je demande même une année de fers, si cette opposition a une source d'incivisme.

(*Moniteur* du 22 juillet 93.)

A propos de faits déplorables qui avaient eu lieu à Baucaire en avril :

DANTON. — Le comité de sûreté générale vous propose de décréter d'accusation, ceux qui ont assassiné les patriotes de la ville de Baucaire ; cette mesure tend à favoriser l'impunité de ces conspirateurs. Renvoyez-les au tribunal révolutionnaire, sans prononcer des décrets d'accusation, dont les actes sont toujours lents à rédiger. C'est à l'accusateur public à le faire, et le tribunal les expédie. (*On applaudit.*)

Lacroix ayant demandé qu'on prononçât la dégradation civique pendant deux ans contre les municipaux de cette ville, coupables d'avoir laissé égorger des patriotes ; Danton ajouta :

Je demande la question préalable sur la dernière proposition de Lacroix. Attendez que le peuple vous ait remis sa foudre dans la fédération du 10 août; alors vous frapperez des coups plus forts sur les administrateurs, qui n'en sont pas moins coupables quoiqu'ils se soient rétractés. Vous les rendrez inhabiles à venir empoisonner la législature. (*On applaudit.*)

(*Moniteur* du 23 juillet 93.)

C'est après de telles paroles recueillies dans le journal officiel, connu de tout le monde, que des historiens ont dit : « Danton, après son second mariage, ne montra plus sa première énergie! »

A propos des soupçons qui commençaient à planer sur Custine :

DANTON.—La Convention ne peut pas rester dans l'incertitude sur un pareil objet ; il faut qu'elle sache ce qu'est Custine. Condé a été obligé de se rendre, faute de vivres ; Valenciennes est cernée de toutes parts, et chauffée de très près. L'armée du Nord a besoin d'un général ; la nation a des doutes sur Custine, il faut que Custine soit jugé. Je demande que le ministre de la guerre et le comité de salut public rendent compte de ce qui peut être à la charge de ce général, afin que la Convention prononce.

(*Moniteur* du 23 juillet 93.)

Le 25 juillet il fut nommé président de l'Assemblée. (*Moniteur* du 27 juillet 93.)

Une députation de la Société républicaine du 10 août se présente à la barre pour demander que Bouchotte soit maintenu au ministère.

Danton, répond en sa qualité de président :

Il appartient à ceux qui le 10 août ont puissamment concouru à la conquête de la liberté, de la surveiller. Si c'est l'audace qui a créé la République, c'est la défiance qui doit la surveiller. La Convention sait que les défenseurs de la liberté sont dans le sein du peuple. La Convention examinera votre pétition, et vous accorde les honneurs de la séance.

(*Moniteur* du 28 juillet 93.)

A propos d'assignats Cambon avait formulé en ces termes une proposition qu'il présentait à l'Assemblée : « Si vous démonnayez dès aujourd'hui les assignats de 50 livres, vous allez occasionner une secousse ; mais je ne vois pas de danger à démonnayer ceux d'une valeur d'au dessus de cent livres. » Quelques membres avaient demandé l'ajournement.

DANTON.—Je demande à parler contre l'ajournement. Il y a plus de six mois que j'ai dit ici qu'il y a trop de signes représentatifs en circulation ; il faut que ceux qui possèdent immensément paient la dette nationale. Quels sont ceux qui supportent la misère publique, qui versent leur sang pour la liberté, qui combattent l'aristocratie financière et bourgeoise? ce sont ceux qui n'ont pas en leur pouvoir un assignat royal de cent livres. Frappez, que vous importent les clameurs des aristocrates ; lorsque le bien sort en masse de la mesure que vous prenez, vous obtenez la bénédiction nationale. (*On applaudit.*) On a dit que cette loi aurait un effet rétroactif, c'est ici une loi politique, et toutes les lois politiques qui ont rasé le despotisme, n'ont-elles pas eu un effet rétroactif? Qui de vous peut les blâmer?

On a dit que celui qui n'a qu'un assignat de cent livres sera grevé, parce qu'il sera obligé de vendre son assignat. Je réponds qu'il y gagnera, car les denrées baisseront ; d'ailleurs ce ne sont pas les hommes de la Révolution qui ont des assignats. Soyez comme la nature, elle voit la conservation de l'espèce ; ne regardez pas les individus. (*Applaudissements.*) Si le despotisme triomphait, il ferait disparaître tous les signes de la liberté. Eh bien, ne souillez pas les yeux des amis de la liberté de l'image du tyran dont la tête est tombée sous le glaive de la loi. Les despotes de l'Europe diront : quelle est cette nation puissante qui par un seul décret améliore la fortune publique, soulage le peuple, fait revivre le crédit national, et prépare de nouveaux moyens de combattre les ennemis. Cette mesure n'est pas nouvelle, Cambon l'a longtemps médité ; il est de votre devoir de l'adopter ; si vous ne l'adoptez pas, la discussion qui vient d'avoir lieu produira les inconvénients qui peuvent être attachés à la loi, et n'en présentera aucun avantage. Je ne me connais pas grandement en finances, mais je suis savant dans le bonheur de mon pays. Les riches frémissent de ce décret ; mais je sais que ce qui est funeste à ces gens est avantageux pour le peuple. (*On applaudit.*) Le renchérissement des denrées vient de la trop grande masse d'assignats en circulation ; que l'éponge nationale épuise cette grande masse, l'équilibre se rétablira. Je demande que la proposition de Cambon soit adoptée.

(*Moniteur* du 1ᵉʳ août 93.)

Nous avons pu remarquer déjà que Danton appuie presque toujours les mesures financières de Cambon ; homme de génie lui-même, comment aurait-il été envieux de la supériorité des autres? je ne crois qu'à l'envie des impuissants.

Les Girondins vaincus au 2 juin s'étaient pour la plupart
répandus dans tous les départements de la France; au crime
de n'avoir pas su sacrifier leurs ressentiments personnels au
salut de la patrie attaquée de tous côtés par les armées étrangères, ils allaient ajouter celui d'allumer la guerre civile entre
les Français; déjà les principaux s'étaient réfugiés dans le Calvados; ils y organisaient une armée contre-révolutionnaire à la
tête de laquelle ils nommaient un royaliste, Wimpfen; il était
permis de croire qu'ils s'unissaient ou tout au moins allaient
s'unir à la Vendée triomphante; ils détachaient du parti de la
Convention les fonctionnaires publics; la plus complète anarchie désorganisait le gouvernement; l'autorité centrale était
méconnue; jamais, en réalité, le péril n'avait été plus imminent.

Danton monte à la tribune.

Couthon venait de proposer que l'on décrétât que tous les
Français qui placeront des fonds sur la banque de Londres,
fussent condamnés à une amende égale à la somme placée.

DANTON. — J'appuie d'autant plus ces propositions, que le moment est
arrivé d'être politique. Sans doute un peuple républicain ne fait pas la guerre
à ses ennemis par la corruption, l'assassinat et le poignard. Mais le vaisseau
de la raison doit avoir son gouvernail, c'est la saine politique. Nous n'aurons
de succès que lorsque la Convention, se rappelant que l'établissement du
comité de salut public est une des conquêtes de la liberté, donnera à cette
institution l'énergie et le développement dont elle peut être susceptible. Il
a, en effet, rendu assez de services pour qu'elle perfectionne ce genre de
gouvernement. N'en doutez pas, ce Cobourg qui s'avance sur votre territoire,
rend le plus grand service à la République. Les mêmes circonstances que
l'année dernière se reproduisent aujourd'hui; les mêmes dangers nous menacent... Mais le peuple n'est point usé, puisqu'il a accepté la constitution; j'en
jure par l'enthousiasme sublime qu'elle vient de produire. Il a, par cette
acceptation, contracté l'engagement de se déborder tout entier contre les
ennemis. (On applaudit.) Eh bien, soyons terribles, faisons la guerre en lions.
Pourquoi n'établissons-nous pas un gouvernement provisoire qui seconde,
par de puissantes mesures, l'énergie nationale. Je le déclare, je n'entrerai
dans aucun comité responsable. Je conserverai ma pensée tout entière, et la
faculté de stimuler sans cesse ceux qui gouvernent, mais je vous donne un
conseil, j'espère que vous en profiterez. Il nous faut les mêmes moyens
qu'emploie Pitt, à l'exception de ceux du crime. Si vous eussiez, il y a deux
mois, éclairé les départements sur la situation de Paris; si vous eussiez
répandu partout le tableau fidèle de votre conduite; si le ministre de l'inté-

rieur se fut montré grand et ferme, et qu'il eut fait pour la révolution ce que Roland a fait contre elle, le fédéralisme et l'intrigue n'auraient pas excité de mouvements dans les départements. Mais rien ne se fait. Le gouvernement ne dispose d'aucun moyen politique.

Il faut donc, en attendant que la constitution soit en activité et pour qu'elle puisse l'être, que votre comité de salut public soit érigé en gouvernement provisoire; que les ministres ne soient que les premiers agents de ce comité de gouvernement.

Je sais qu'on objectera que les membres de la Convention ne doivent pas être responsables. J'ai déjà dit que vous êtes responsables de la liberté, et que si vous la sauvez, et alors seulement vous obtiendrez les bénédictions du peuple. Il doit être mis à la disposition de ce comité de gouvernement, les fonds nécessaires pour les dépenses politiques, auxquelles nous obligent les perfidies de nos ennemis. La raison peut être servie à moindres frais que la perfidie; ce comité pourra enfin mettre à exécution des mesures provisoires fortes, avant leur publicité.

N'arrachons point en ce moment aux travaux de la campagne, les bras nécessaires à la récolte. Prenons une première mesure, c'est de faire un inventaire rigoureux de tous les grains. Pitt n'a pas seulement joué sur nos finances; il a accaparé, il a exporté nos denrées. Il faudrait avant tout assurer tous les Français que si le ciel et la terre nous ont si bien servis, nous n'aurons plus à craindre la disette factice dans une année d'abondance. Il faudra, après la récolte, que chaque Commune fournisse un contingent d'hommes qui s'enrôleront d'autant plus volontiers que le terme de la campagne approche. Chez un peuple qui veut être libre, il faut que la nation entière marche quand sa liberté est menacée. L'ennemi n'a encore vu que l'avant-garde nationale. Qu'il sente enfin le poids des efforts réunis de cette superbe nation. Nous donnons au monde un exemple qu'aucun peuple n'a donné encore. La nation française aura voulu individuellement, et par écrit, le gouvernement qu'elle a adopté; et périsse un peuple qui ne saurait pas défendre un gouvernement aussi solennellement juré!!

Remarquez que dans la Vendée on fait la guerre avec plus d'énergie que nous. On fait marcher de force les indifférents. Nous qui stipulons pour les générations futures; nous que l'univers contemple; nous qui, même en périssant tous laisserions des noms illustres, comment se fait-il que nous envisageons dans une froide inaction les dangers qui nous menacent? Comment n'avons-nous pas déjà entraîné sur les frontières une masse immense de citoyens? Déjà dans plusieurs départements le peuple s'est indigné de cette mollesse, et a demandé que le tocsin du réveil général fut sonné. Le peuple a plus d'énergie que vous. La liberté est toujours partie de sa base. Si vous vous montrez dignes de lui, il vous suivra; et vos ennemis seront exterminés. *(On applaudit.)*

On demande que la Convention érige en gouvernement provisoire son comité de salut public; que les ministres ne soient que les premiers commis de ce gouvernement provisoire; qu'il soit mis 50,000,000 à la disposition de ce gouvernement, qui en rendra compte à la fin de sa session, mais qui aura la faculté de les employer tous en un jour, si elle le juge utile.

Une immense prodigalité pour la cause de la liberté est un placement à usure. Soyons donc grands et politiques partout. Nous avons dans la France une foule de traîtres à découvrir et à déjouer. Eh bien, un gouvernement adroit aurait une foule d'agents: et remarquez que c'est par ce moyen que vous avez découvert plusieurs correspondances précieuses. Ajoutez à la force des armes, au développement de la force nationale tous les moyens additionnels que les bons esprits peuvent vous suggérer. Il ne faut pas que l'orgueilleux ministre d'un despote surpasse en génie et en moyens, ceux qui sont chargés de régénérer le monde.

Je demande au nom de la postérité, car si vous ne tenez pas d'une main ferme les rênes du gouvernement, vous affaiblissez plusieurs générations par l'épuisement de la population; enfin vous les condamneriez à la servitude et à la misère; je demande, dis-je, que vous adoptiez sans délai une proposition.

Après, vous prendrez une mesure pour inventorier toutes les récoltes. Vous ferez surveiller les transports, afin que rien ne puisse s'écouler par les ports ou par les frontières. Vous ferez faire aussi l'inventaire des armes. A partir d'aujourd'hui vous mettrez à la disposition du gouvernement cent millions pour fondre des canons, faire des fusils et des piques. Dans toutes les villes un peu considérables, l'enclume ne doit être frappée que pour la fabrication du fer que vous devez tourner contre les ennemis. Dès que la moisson sera finie, vous prendrez dans chaque commune une force additionnelle, et vous verrez que rien n'est désespéré. Au moins à présent, vous êtes purgés des intrigants; vous n'êtes plus gênés dans votre marche; vous n'êtes plus tiraillés par les factions; et nos ennemis ne peuvent plus se vanter, comme Dumouriez, d'être maîtres d'une partie de la Convention. Le peuple a confiance en vous. Soyez grands et dignes de lui ; car si votre faiblesse vous empêchait de le sauver, il se sauverait sans vous et l'opprobre vous resterait. (*Il s'élève de nombreux applaudissements.*)

Proposer un gouvernement révolutionnaire armé d'une telle puissance, c'était en d'autres termes décréter la dictature, seul remède en temps d'anarchie. La mesure a été prise, elle a sauvé le pays; là est son excuse, que dis-je, sa gloire; et c'est encore à Danton que la France la dut.

Barrère se récrie, et déclare que si le comité du salut public a le maniement des deniers publics, il donnera sa démission.

DANTON. — Ce n'est pas être homme public que de craindre la calomnie. Lorsque l'année dernière dans le conseil exécutif, je pris seul sur ma responsabilité les moyens nécessaires pour donner la grande impulsion, pour faire marcher la nation sur les frontières ; je me dis : qu'on me calomnie, je le prévois, il ne m'importe ; dût mon nom être flétri, je sauverai la liberté. Aujourd'hui la question est de savoir s'il est bon que le comité de gouvernement ait des moyens de finances, des agents, etc., etc. Je demande qu'il ait à sa disposition cinquante millions, avec cet amendement, que les fonds resteront à la trésorerie nationale, et n'en seront tirés que sur des arrêts du comité.

Plusieurs autres membres parlant dans le sens de Barrère, Danton ajoute :

Je déclare que puisqu'on a laissé à moi seul le poids de la proposition que je n'ai faite qu'après avoir eu l'avis de plusieurs de mes collègues, même des membres du comité de salut public ; je déclare, comme étant un de ceux qui ont toujours été les plus calomniés, que je n'accepterai jamais de fonctions dans ce comité ; j'en jure par la liberté de ma patrie.

La Convention renvoie la proposition à l'examen du comité de salut public.

(*Moniteur* du 3 août 93.)

Singulier ambitieux, il fait voter une institution qui n'a jamais eu sa rivale en puissance, et il refuse d'en faire partie ! Singulier dilapidateur, la puissance qu'il institue lui livre la clef du trésor public, et il jure que jamais il n'acceptera l'offre qu'on lui fait !

On va voir si le *Mirabeau de la populace*, sut dignement soutenir la dignité de la Convention comme président.

Une députation de Nantes vient réclamer en faveur d'un général destitué, elle termine par le vœu de voir, à l'époque du 10 août, les Français réunis jurer le respect des lois et l'oubli de toutes les haines. « Seulement alors, on pourra ne plus désespérer du salut de la patrie. »

DANTON, président. — Sans être coupable, on n'a jamais pu dire qu'on désespérait du salut public. Vous venez réclamer la justice de la Convention en faveur d'un général qu'elle a destitué, d'un de ses membres qu'elle a accusé. La Convention distinguera toujours l'innocent du coupable. Le premier a tout à espérer de sa justice ; le second doit la craindre. L'Assemblée vous invite à la séance.

(*Moniteur* du 4 août 93.)

A cette époque où rien ne se décidait que par la passion, il serait difficile de citer un discours animé d'un plus grand sentiment de justice que celui qu'on va lire.

Le ministre de l'intérieur comparaît à la barre, inculpé d'avoir proposé aux conseils généraux des questions insidieuses, celle-ci, par exemple : A-t-on confiance aux assignats ?

DANTON descend de son fauteuil. — J'espère que de cette discussion il ne ressortira ni exaspération, ni division. Je le dis à la Convention et à la nation entière, personne plus que moi ne rend justice aux intentions du ministre de l'intérieur Garat ; mais il a dans ses bureaux une infinité de gens suspects : par exemple, un Champagneux qui a servi Roland dans tous ses projets de corruption : tous ces hommes auraient dû disparaître de ses bureaux. Je crois que le ministre a outrepassé ses pouvoirs en convoquant les municipalités ; il devrait seulement tourner l'esprit public vers le grand développement de la force nationale. Quant à la question qu'il proposait sur les assignats, elle pouvait être nuisible ; mais il ne faut pas ériger en conspiration ce qui n'est qu'une erreur.

Garat a bien servi la chose publique, lorsque la commission des douze ourdissait sa conspiration. Le ministre a de la philosophie, il aime la révolution, il n'a pas reçu de la nature cette fermeté de caractère nécessaire dans une grande secousse, pour lutter contre les orages. Au moment où l'on frappait des grands coups, il a montré de la faiblesse; il a été sur le point de donner sa démission. Je lui ai dit de rester à son poste, et de prendre pour règles de sa conduite, ses opinions philosophiques. Lorsque vous avez frappé du décret d'arrestation les trente-deux membres conspirateurs, il devait disséminer des écrits où cette mesure fut justifiée en montrant la vérité au peuple ; il devait employer tous les moyens pour éclairer la nation sur cette grande affaire; mais le ministre ne doit point être confondu avec les commis: il y en a qui ont concouru avec Roland à pestiférer l'opinion publique, il aurait dû les chasser de ses bureaux.

Je crois que la Convention satisfaite des bonnes intentions du ministre, doit rapporter le décret d'arrestation rendu contre lui, et renvoyer tout ce qui concerne cette affaire au comité de salut public.

Le décret d'arrestation est rapporté.

Cependant la France est menacée d'une invasion nouvelle, Danton redevient ce qu'il était en 92. On peut dire sans métaphore que c'est lui qui va encore une fois armer le pays, soulever les masses, insurger les preux de la liberté.

Des députés envoyés par les Assemblées primaires sont admis à la barre, et demandent qu'immédiatement tous les suspects soient mis en état d'arrestation.

DANTON. — Les députés des assemblées primaires viennent d'exercer parmi nous l'initiative de la terreur contre les ennemis de l'intérieur. Répondons à leurs vœux ; non, pas d'amnistie à aucun traître. L'homme juste ne fait point de grâce au méchant. Signalons la vengeance populaire par le glaive de la loi sur les conspirateurs de l'intérieur; mais sachons donc mettre à profit cette mémorable journée. On vous a dit qu'il fallait se lever en masse; oui, sans doute, mais il faut que ce soit avec ordre.

C'est une belle idée que celle que Barrère vient de vous donner, quand il vous a dit que les commissaires des assemblées primaires devaient être des espèces de représentants du peuple, chargés d'exciter l'énergie des citoyens pour la défense de la constitution. Si chacun d'eux pousse à l'ennemi vingt hommes armés, et ils doivent être à peu près huit mille commissaires, la patrie est sauvée. Je demande qu'on les investisse de la qualité nécessaire pour faire cet appel au peuple ; que, de concert avec les autorités instituées et les bons citoyens, ils soient chargés de faire l'inventaire des grains, des armes, la réquisition des hommes, et que le comité de salut public dirige ce sublime mouvement. C'est à coups de canons qu'il faut signifier la constitution à nos ennemis. J'ai bien remarqué l'énergie des hommes que les sections nationales nous ont envoyés, j'ai la conviction qu'ils vont tous jurer de donner, en retournant dans leurs foyers, cette impulsion à leurs concitoyens. (*On applaudit.* — *Tous les commissaires présents à la séance se lèvent en criant :* Oui, nous le jurons.) C'est l'instant de faire ce grand et dernier serment, que nous nous vouons tous à la mort, ou que nous anéantirons les tyrans. (*De nouvelles acclamations se font entendre. Tous les citoyens se lèvent, et, agitant en l'air leurs chapeaux :* Oui, nous le jurons, *est plusieurs fois répété dans toutes les parties de la salle et dans les tribunes.*)

Je demande donc qu'on mette en état d'arrestation tous les hommes vraiment suspects : mais que cette mesure s'exécute avec plus d'intelligence que jusqu'à présent, où, au lieu de saisir les grands scélérats, les vrais conspirateurs, on a arrêté des hommes plus qu'insignifiants. Ne demandez pas qu'on les mène à l'ennemi, ils seraient dans nos armées plus dangereux qu'utiles. Enfermons-les, ils seront nos otages. Je demande que la Convention nationale, qui doit être maintenant pénétrée de toute sa dignité, car elle vient d'être revêtue de toute la force nationale ; je demande qu'elle décrète qu'elle investit les commissaires des assemblées primaires du droit de dresser l'état des armes, des subsistances, des munitions, et de mettre en réquisition 400 mille hommes contre nos ennemis du Nord. (*On applaudit.*)

Les deux propositions de Danton sont décrétées.

(*Moniteur* du 14 août.)

En quoi le Danton de 93 est-il inférieur au ministre de la justice de 92? Voilà pourtant une assertion passée à l'état de vérité historique. Il y a deux mois il faisait décréter le comité de salut public, hier c'était le gouvernement révolutionnaire, aujourd'hui il crée une armée de 150,000 hommes au moyen d'une simple motion, et le Montagnard, dit-on, a perdu de son énergie ! Ne qualifions pas les appréciateurs.

Le jour même où il armait les frères aînés, il faisait décréter que l'instruction serait donnée gratuite aux plus jeunes.

DANTON. — Citoyens, après la gloire de donner la liberté à la France, après celle de vaincre ses ennemis, il n'en est pas de plus grande que de préparer aux générations futures une éducation digne de la liberté ; tel fut le but que Pelletier se proposa. Il partit de ce principe que tout ce qui est bon pour la société doit être adopté par ceux qui ont pris part au contrat social. Or, s'il est bon d'éclairer les hommes, notre collègue assassiné par la tyrannie, mérita bien de l'humanité. Mais que doit faire le législateur ? Il doit concilier ce qui convient aux principes et ce qui convient aux circonstances. On a dit contre le plan que l'amour paternel s'oppose à son exécution : sans doute il faut respecter la nature, même dans ses écarts. Mais si nous ne décrétons pas l'éducation impérative, nous ne devons pas priver les enfants du pauvre de l'éducation.

La plus grande objection est celle de la finance ; mais j'ai déjà dit qu'il n'y a point de dépense réelle là où est le bon emploi pour l'intérêt public, et j'ajoute ce principe, que l'enfant du peuple sera élevé aux dépens du superflu des fortunes scandaleuses. C'est à vous, républicains célèbres, que j'en appelle ; mettez ici tout le feu de votre imagination, mettez-y toute l'énergie de votre caractère ; c'est le peuple qu'il faut doter de l'éducation nationale. Quand vous semez dans le vaste champ de la République, vous ne devez pas compter le prix de cette semence. Après le pain, l'éducation est le premier besoin du peuple. (*On applaudit.*) Je demande qu'on pose la question : sera-t-il formé aux dépens de la nation des établissements, où chaque citoyen aura la faculté d'envoyer ses enfants pour recevoir l'instruction publique ?

Et plus loin.

C'est aux moines, cette espèce misérable, c'est au siècle de Louis XIV, où les hommes étaient grands par leurs connaissances, que nous devons le siècle de la philosophie, c'est à dire de la raison mise à la portée du peuple ; c'est aux jésuites qui se sont perdus par leur ambition politique, que nous devons ces élans sublimes qui font naître l'admiration. La République était dans les esprits vingt ans au moins avant sa proclamation. Corneille faisait des épîtres dédicatoires à Montholon, mais Corneille avait fait le Cid, Cinna ; Corneille avait parlé en Romain, et celui qui avait dit : « Pour être plus qu'un roi tu te crois quelque chose, » était un vrai Républicain.

Allons donc à l'instruction commune ; tout se rétrécit dans l'éducation domestique, tout s'agrandit dans l'éducation commune. On a fait une objection en présentant le tableau des affections paternelles ; et moi aussi je suis père, et plus que les aristocrates qui s'opposent à l'éducation commune, car ils ne sont pas sûrs de leur paternité. (*On rit.*) Eh bien, quand je considère ma personne relativement au bien général, je me sens élevé ; mon fils ne m'appartient pas, il est à la République ; c'est à elle à lui dicter ses devoirs pour qu'il la serve bien.

On a dit qu'il répugnerait aux cœurs des cultivateurs de faire le sacrifice de leurs enfants. Eh bien, ne les contraignez pas, laissez leur en la faculté seulement. Qu'il y ait des classes où il n'enverra ses enfants que le dimanche seulement, s'il le veut. Il faut que les institutions forment les mœurs. Si vous attendiez pour l'État une régénération absolue, vous n'auriez jamais d'instruction. Il est nécessaire que chaque homme puisse développer les moyens moraux qu'il a reçus de la nature. Vous devez avoir pour cela des maisons communes, facultatives, et ne point vous arrêter à toutes les considérations secondaires. Le riche payera, et il ne perdra rien s'il veut profiter de l'instruction pour son fils. Je demande que, sauf les modifications nécessaires, vous décrétiez qu'il y aura des établissements nationaux où les enfants seront instruits, nourris et logés gratuitement et des classes où les citoyens qui voudront garder leurs enfants chez eux, pourront les envoyer s'instruire. Les propositions de Danton sont adoptées.

(*Moniteur* du 15 août 93.)

Sur le payement des employés de l'ancienne liste civile.

DANTON.—Il doit paraître étonnant à tout bon républicain que l'on propose de payer les créanciers de la ci-devant liste civile, tandis que le décret qui accorde des indemnités aux femmes et enfants des citoyens qui versent leur sang pour la patrie, reste sans exécution. (*On applaudit.*) Aucun homme de bonne foi ne peut disconvenir que les créanciers de la liste civile ne fussent les complices du tyran dans le projet qu'ils avaient formé d'écraser le peuple français. La distinction faite par Mallarmé est nulle pour des hommes clair-voyants. On sait qu'il y avait des aristocrates qui prêtaient des sommes d'argent au tyran, duquel ils recevaient des reconnaissances portant qu'ils lui avaient fourni telle quantité de telle ou telle marchandise. Je demande que la Convention décrète que la nation ne payera aucun créancier du ci-devant roi. Je demande aussi que la liste de ses créanciers soit imprimée, afin que le peuple la connaisse.

La proposition de Danton est adoptée.

(*Moniteur* du 15 août 93.)

On criera peut-être à l'injustice; nous croyons, nous, qu'on ne peut servir deux maîtres à la fois, et qu'il y a toujours un traître au fond de tout homme qui compose.

Il ne se contente pas de galvaniser les sections parisiennes, il dicte aux commissaires les paroles de flamme qu'ils devront répéter aux départements; nous accusera-t-on d'exagérer, si nous disons, en ce sens, que Danton fut en 93 la voix de la France?

A propos du rapport du comité de salut public relatif aux

envoyés des assemblées primaires chargés de faire appel au peuple. Voici comment il s'exprime :

DANTON. — En parlant à l'énergie nationale, en faisant appel au peuple, je crois que vous avez pris une grande mesure, et le comité de salut public a fait un rapport digne de lui, en faisant le tableau des dangers que court la patrie, et des ressources qu'elle a, en parlant des sacrifices que devaient faire les riches, mais il ne nous a pas tout dit. Si les tyrans mettaient notre liberté en danger, nous les surpasserions en audace, nous dévasterions le sol français avant qu'ils pussent le parcourir, et les riches, ces vils égoïstes, seraient les premiers la proie de la fureur populaire. *(Vifs applaudissements :* Oui, oui, *s'écrie-t-on dans toutes les parties de la salle et dans les tribunes.)* Vous qui m'entendez, répétez ce langage à ces mêmes riches de vos communes, dites leur : Qu'espérez-vous, malheureux ; voyez ce que serait la France si l'ennemi l'envahissait, prenez le système le plus favorable. Une régence conduite par un imbécile, le gouvernement d'un mineur, l'ambition des puissances étrangères, le morcellement du territoire dévoreraient vos biens ; vous perdriez plus par l'esclavage que par tous les sacrifices que vous pourriez faire pour soutenir la liberté. *(On applaudit.)*
Il faut qu'au nom de la Convention nationale, qui a la foudre populaire entre les mains... *(Applaudissements.)* Il faut que les envoyés des assemblées primaires, là où l'enthousiasme ne produira pas ce qu'on a droit d'en attendre, fassent des réquisitions à la première classe. En réunissant la chaleur de l'apostolat de la liberté à la rigueur de la loi, nous obtiendrons pour résultat une grande masse de forces. Je demande que la Convention donne des pouvoirs plus positifs et plus étendus aux commissaires des assemblées primaires, et qu'ils puissent faire marcher la première classe en réquisition. *(On applaudit.)* Je demande qu'il soit nommé des commissaires pris dans le sein de la Convention pour se concerter avec les délégués des assemblées primaires, afin d'armer cette force nationale, de pourvoir à sa subsistance, et de la diriger vers un même but. Les tyrans, en apprenant ce mouvement sublime, seront saisis d'effroi, et la terreur que répandra la marche de cette grande masse, nous en fera justice. Je demande que mes propositions soient mises aux voix et adoptées.
Ces propositions sont décrétées au milieu des applaudissements.
(Moniteur du 15 août 93.)

Pourquoi ne nous est-il pas permis de nous arrêter sur chacun de ces discours pour en faire ressortir le mérite oratoire? Parce que l'orateur semblait s'ignorer lui-même, et que nous voulons, comme lui, laisser là tous ces détails de rhétorique pour ne penser qu'à la grande idée qui les domine tous, le triomphe de la cause ; pour nous la graver si profondément que jamais elle ne s'efface.

Sur un rapport qui annonçait que quelques bataillons demandaient à rentrer dans leurs foyers :

DANTON. — Il est affreux, quand vous vous occupez de faire marcher la France contre vos ennemis, que des hommes qui ont des armes à la main demandent à les déposer, lorsqu'elles sont encore nécessaires. La Convention au nom du peuple, pour lequel elle porte toutes les lois, doit rendre un décret sévère, attendu les dangers qui menacent la patrie. Je demande que vous décrétiez le principe suivant :

Aucun corps armé et soldé par la République ne peut se dissoudre, sans que son remplacement ait été préalablement ordonné. Tout citoyen qui quittera ses drapeaux, sans avoir obtenu son remplacement, sera puni de mort.

La proposition de Danton est mise sur le champ aux voix et adoptée.

(*Moniteur* du 17 août 93.)

Il ne fait pas une proposition qu'il ne l'appuie sur un principe, et la conséquence est si juste qu'elle devient toujours l'objet d'un décret.

A propos du mode de recensement des grains :

Je rappelle à la Convention une grande vérité, c'est que tout gouvernement qui ne sait pas assurer la subsistance du peuple, court risque de se briser. Je lui rappelle qu'il faut tout mettre en œuvre pour satisfaire le peuple sur ce point capital ; je lui rappelle la nécessité de faire un récensement de tous les grains de la République. (*On applaudit.*) Je sens bien la nécessité d'adopter une loi qui lutte contre toute espèce d'accaparement ; mais il faut lui donner des moyens accessoires et terribles, il faut que tout homme qui sera rétentionnaire de grains non déclarés, sera puni d'une peine plus forte que la confiscation, il faut qu'il soit puni de 10 années de fers. Il faut tout préparer pour finir glorieusement cette campagne, et nous mettre en mesure d'en entreprendre une autre, s'il le faut. Le moyen qu'emploient nos ennemis pour nous en empêcher, c'est de faire écouler nos grains. Eh bien, le seul moyen d'arrêter cet écoulement, c'est de faire un recensement effectif. Tout ce qui peut sauver le peuple est sacré dans ses résultats. Mettez donc la peine afflictive à côté de l'injonction. Prenez des mesures larges, que des commissaires soient chargés de faire le recensement, et que le conseil exécutif surveille cette opération. Je demande que la Convention nationale décrète pour premier principe en cette matière, qu'il sera fait un recensement général de tous les grains de la République ; et, qu'attendu l'urgence, elle charge le comité de lui présenter demain le mode et la manière d'exercer les réquisitions, en raison de la fertilité des divers départements. (*On applaudit.*)

La Convention porte immédiatement le décret.

(*Moniteur* du 19 août 93.)

Sur les moyens de réquisition.

DANTON. — La nature de cette discussion doit vous confirmer une vérité, c'est que si c'est l'énergie qui conçoit les plus vastes plans, c'est la réflexion qui doit les diriger ; il est incontestable que tous les Français en réquisition ne peuvent se porter en même temps sur un même point. Nous n'avons pas encore besoin du levier d'Archimède pour faire sortir nos ennemis du territoire qu'ils ont envahi. La Convention nationale qui régit les intérêts du peuple, doit consulter son enthousiasme et ensuite exécuter ; le peuple vous a confié sa force, la raison veut que vous la dirigiez avec régularité.

Le comité de salut public n'a pu tout calculer à la fois, la multiplicité de ses opérations l'empêche trop souvent de mûrir ses rapports. Il faut renvoyer à sa propre révision les mesures qu'il vous a présentées.

Nous sommes tous convaincus que, quelque soit le mode adopté, il aura des frottements. N'altérons pas le principe que tout Français doit mourir, s'il le faut, pour la liberté, et qu'il doit être toujours prêt à marcher contre les ennemis extérieurs et intérieurs de sa patrie ; mais considérons que pour marcher, il faut des armes et du pain. Or, avez-vous assez d'armes et de pain pour faire marcher à la fois tous les Français? Non, sans doute ; il faut donc combiner leur marche progressive en raison de la quantité d'armes et de pain que vous avez à fournir.

C'est sur ces trois bases que doit reposer le projet du comité, il vous a présenté de grands cadres à remplir ; mais vous avez dû voir qu'il entrait dans sa pensée de rendre cette distribution facultative, et de faire renforcer les points menacés, aux dépens de ceux qui ne le seraient pas.

Je demande que le comité nous présente un plan pour faire marcher une masse assez forte pour écraser nos ennemis, et que demain, sans plus attendre, on décrète et on agisse ; car il vaut mieux souffrir quelque mouvement que de paralyser l'énergie nationale. (*On applaudit.*)

(*Moniteur* du 22 août 93.)

Si Danton n'avait pas toujours le mérite exclusif d'avoir trouvé les mesures proposées, il avait plus que tout autre le secret de les faire accepter, d'en provoquer l'application immédiate. Qu'importe l'utilité d'une machine, s'il manque la force motrice qui la met en mouvement. Danton fut la force motrice de la Révolution.

Quand on connaît son importance révolutionnaire, on ne s'étonne plus que les ennemis de la chose publique tournassent leurs batteries presque uniquement contre ce roi inébranlable.

Fausse lettre.

Le 21 août Barrère monte à la tribune et dit :

Le comité de salut public a pensé qu'il était nécessaire de faire connaître à la Convention les moyens dont ses ennemis particuliers se servent contre elle ; il vient de recevoir un imprimé placardé à Lyon pour égarer le peuple contre ses représentants. C'est une lettre attribuée à Danton, mais écrite d'un style si extraordinaire qu'on peut le comparer à la caricature qu'on aurait faite d'un tableau. La voici :

Cette pièce porte pour titre :

Copie textuelle et littérale d'une lettre écrite à Dubois-Crancé et trouvée à Grenoble dans un portefeuille qu'il a perdu en quittant cette ville. — Paris, le 21 juillet 93 :

« Mon cher collègue,

« La fameuse journée du 10 août approche. Il est temps de frapper le grand coup. Il faut enfin que la sainte Montagne triomphe. Je sais que Lyon, cette cité riche et superbe, entre pour beaucoup dans le projet. Emploie toutes les forces dont tu disposes, pour soumettre les rebelles de Lyon. Il faut abandonner le Mont Blanc, qu'importe ; dut-on voir les Savoisiens enchaînés deux à deux : point de considérations particulières, point de demi-mesures ; il est temps que nous régnions ; il faut absolument soumettre cette ville superbe ; alors toutes les autres tomberont à nos pieds ; si l'on ne peut la forcer par les armes, il faut la réduire en cendres.

« Si les cultivateurs crient et demandent à qui ils vendront leurs denrées, dis leur qu'ils aillent à Constantinople : surtout répands les assignats ; ne les compte pas ; ils se retrouveront à la fin.

« *Signé* DANTON. »

DANTON.—Je crois parfaitement superflu de dire que je suis un peu plus malin que cette lettre. (*Applaudissements.*) Je ne me sers point du style de Messieurs de Lyon, et je n'ai point de correspondance. Si j'avais écrit relativement aux conspirateurs de cette cité, j'aurais conseillé des mesures non moins vigoureuses contre les aristocrates, mais plus politiques. Je prie la Convention de faire mention dans son procès-verbal de ma déclaration ; car il est bon de détromper tous les citoyens de la République. Au surplus, s'il restait quelques doutes sur cette prétendue lettre, l'Assemblée peut se faire rendre compte par Dubois-Crancé, si je lui ai jamais écrit.

PLUSIEURS MEMBRES. — C'est inutile, nous vous croyons.

DANTON.—Si j'écris jamais je pourrai avouer ce qui sera sorti de ma plume.

comme j'avouerai toujours ce que je professe parmi vous. *(Applaudisse-ments.)*

(Moniteur du 22 août 93.)

L'Assemblée sentait encore tout le besoin qu'elle avait de ce puissant levier; son intérêt la maintenait équitable. Mais attendons que le momeut du danger soit passé.

Du droit des époux.

D̶ᴀɴᴛᴏɴ.—Je demande qu'avant tout le comité nous dise ce qu'il entend par son article.

Cᴀᴍʙᴀᴄᴇ́ʀᴇ̀s.—Le comité a voulu dire que le mari ne pourra disposer des biens de la communauté sans le consentement de la femme.

Dᴀɴᴛᴏɴ.—Eh bien, rien n'est plus naturel !

(Moniteur du 26 août 93.)

Remarquons qu'il était jurisconsulte de profession, et que pourtant il n'appuie pas son adhésion sur la science, mais sur le vœu de la nature. Elle était son code; et c'est parce qu'il ne consultait que ce livre éternel, qu'il se faisait comprendre de tous, qu'il entraînait, qu'il dominait.

Club des Jacobins.

Un citoyen dénonce sommairement les commissaires de la Convention près des armées.

Danton engage le préopinant à citer des faits et à les communiquer à Robespierre, qui en fera justice au comité de salut public; il ajoute que de leur côté les représentants l'appuieront à la Convention nationale.

Il s'adresse ensuite à la société et lui expose que quand elle se présente à la Convention, ce ne doit être que pour y proclamer des vérités grandes et neuves, qui entraînent des discussions utiles, et provoquent des décrets salutaires.

Il déclare au peuple que la Convention fera avec lui une troisième révolution, s'il le faut, pour terminer enfin cette régénération de laquelle il attend son bonheur retardé jusqu'à présent par les crimes des monstres qui l'ont trahi. Il fait sentir qu'il est de l'intérêt des hommes qui se sont enrichis aux dépens du peuple, de venir à son secours et d'aider la République de leurs ressources ; s'il ne les offrent pas, la République a le droit de leur demander.

(Journal de la Montagne, n° 91.)

Je ne sais si ces conseils furent applaudis par les Jacobins, mais à coup sûr ils dûrent être profondément blessés de lui voir mettre la Convention au dessus du club. Ils lui en tinrent rancune, on s'en convaincra bientôt.

Club des Jacobins.

Royer rappelle que Danton dit une grande vérité lorsqu'il était président de la Convention. Marat, disait-il, avait une fièvre révolutionnaire, et ce qu'il disait était excellent ; mais on ne l'écoutait pas.

(*Journal de la Montagne*, n° 92.)

Il est regrettable que ce discours nous manque. Cette suppression ne fut sans doute pas la seule ; Danton ne s'était pas, comme Robespierre, entendu sur certains points avec le directeur de la feuille officielle.

A propos d'une lettre du général Cartaux annonçant la défaite des révoltés de Marseille :

DANTON. — Je demande la parole sur cette lettre. La nation vient de donner une grande leçon à l'aristocratie marchande dans la personne des Marseillais. Il faut que cette leçon ne soit pas perdue ; que ceux qui ont conquis Marseille à la liberté, soient récompensés, et que les contre-révolutionnaires soient punis ; il faut que les commerçants qui ont vu avec plaisir l'abaissement des nobles et des prêtres, dans l'espérance de s'engraisser de leurs biens, et qui aujourd'hui désirent la contre-révolution avec plus de perfidie, soient abaissés ; il faut se montrer aussi terrible envers eux qu'à l'égard des premiers. Je demande que les comités de salut public et de législation soient chargés de présenter à la Convention les moyens de faire payer les frais de cette guerre par les contre-révolutionnaires de Marseille, et le mode d'application de la loi qui doit faire tomber la tête des scélérats. (*On applaudit.*)

Les propositions de Danton sont décrétées.

(*Moniteur* du 2 septembre 93.)

A propos de mesures prises contre les accapareurs :

DANTON. — Je demande à faire une motion d'ordre. Il faut aujourd'hui que la Convention prononce entre les intérêts des accapareurs et ceux du peuple. Thuriot a développé une opinion qu'il a appuyée de puissants motifs ; s'il y a quelqu'un qui veuille la combattre, qu'il monte à la tribune, nous le réfuterons. La nature ne nous a pas abandonnés, n'abandonnons pas le peuple, il se ferait justice lui-même ; il tomberait sur les aristocrates, et leur arracherait de vive force ce que la loi aurait dû lui accorder. (*On applaudit.*) Prononçons aujourd'hui, demain nous exécuterons.

DEWARS. — L'uniformité du maximum va aigrir les citoyens des départements où il est porté plus bas que ne le fixera votre loi.

DANTON. — Ce ne sont là que de misérables chicanes ; c'est une loi générale que vous devez faire, parce que le législateur ne calcule que les intérêts généraux. Le peuple qui est toujours juste, ne fera pas attention au petit inconvénient qui aura lieu dans les départements où le maximum est moindre aujourd'hui que celui que vous établirez. Mais il applaudira à une loi qui assure les subsistances des armées et de la République entière.

(*Moniteur* du 5 septembre 93.)

Remarquons bien les paroles qu'il vient de prononcer pour la vingtième fois peut-être : « Le peuple tomberait sur les aristocrates, et leur arracherait de vive force ce que la loi aurait dû lui accorder. » N'est-ce pas la protestation la plus formelle contre le retour d'un nouveau septembre ? Ne sent-on pas que l'image de ces terribles journées est toujours vivante dans sa mémoire et que toutes les mesures révolutionnaires qu'il vient de proposer, qu'il proposera encore, n'est qu'un but d'échapper à de nouveaux massacres ? Nous sommes bien obligé de revenir sans cesse, sur une accusation toujours reproduite, ou si mollement combattue qu'on semble soupçonner qu'elle est juste dans une certaine mesure.

CHAPITRE VIII

Les réflexions que nous venons de faire s'appliquent surtout au discours qu'on va lire. Qu'on se replace en situation historique, et l'on avouera que Danton n'a rien dit de trop. Quand le torrent menace de tout submerger, ce n'est pas une pierre de plus qu'il faut ajouter à la digue, c'est une large issue qu'il faut ouvrir au flot qui monte.

Bazire vient d'annoncer à l'Assemblée qu'une contre-révolution sectionnaire se prépare dans Paris, que le comité de salut public délibère en ce moment sur les moyens de résistance, qu'il demande une demi heure pour prendre des mesures et venir en rendre compte; l'orateur prie la Convention de ne pas lever la séance avant d'avoir statué.

Danton paraît à la tribune. Les applaudissements de l'Assemblée et des citoyens l'y accompagnent, et l'empêchent quelques instants de parler.

DANTON.—Je pense comme plusieurs membres, notamment comme Billaud-Varennes (*on applaudit*), qu'il faut savoir mettre à profit l'élan sublime de ce peuple qui se presse autour de nous. Je sais que quand le peuple présente ses besoins, qu'il offre de marcher contre ses ennemis, il ne faut prendre d'autres mesures que celles qu'il présente lui-même, car c'est le génie national qui les a dictées. Je pense qu'il sera bon que le comité fasse son rapport, qu'il calcule et qu'il propose les moyens d'exécution : mais je vois aussi qu'il n'y a aucun inconvénient à décréter à l'instant même une armée révolutionnaire. (*On applaudit.*) Élargissons, s'il se peut, ces mesures.

Vous venez de proclamer à la face de la France qu'elle est encore en vraie

révolution, en révolution active ; eh bien, il faut la consommer cette révolution. Ne vous effrayez point des mouvements que pourront tenter les
contre-révolutionnaires dans Paris. Sans doute ils voudraient éteindre le
feu de la liberté dans son foyer le plus ardent, mais la masse immense des
vrais patriotes, des sans-culottes, qui cent fois ont terrassé leurs ennemis,
existe encore ; elle est prête à s'ébranler : sachez la diriger, et elle confondra
encore et déjouera toutes les manœuvres. Ce n'est pas assez d'une armée
révolutionnaire, soyez révolutionnaires vous-mêmes. Songez que les hommes
industrieux qui vivent du prix de leurs sueurs, ne peuvent aller dans les
sections. Décrétez donc deux grandes assemblées de sections par semaine,
que l'homme du peuple qui assistera à ces assemblées politiques, ait une
juste rétribution pour le temps qu'elles enlèveront à son travail. (On
applaudit.)

Il est bon encore que nous annoncions à tous nos ennemis que nous voulons être continuellement et complétement en mesure contre eux. Vous avez
décrété 30 millions à la disposition du ministre de la guerre pour des fabrications d'armes ; décrétez que ces fabrications extraordinaires ne cesseront
que quand la nation aura donné à chaque citoyen un fusil. Annonçons la
ferme résolution d'avoir autant de fusils et presque autant de canons que
de sans-culottes. (On applaudit.) Que ce soit la République qui mette le fusil
dans la main du citoyen, du vrai patriote ; qu'elle lui dise : la patrie te
confie cette arme pour sa défense ; tu la représenteras tous les mois et quand
tu en seras requis par l'autorité nationale. Qu'un fusil soit la chose la plus
sacrée parmi nous ; qu'on perde plutôt la vie que son fusil. (On applaudit.) Je
demande donc que vous décrétiez au moins cent millions pour faire des
armes de toute nature ; car si nous avions eu des armes, nous aurions tous
marché. C'est le besoin d'armes qui nous enchaîne. Jamais la patrie en danger
ne manquera de citoyens. (Mêmes applaudissements.)

Mais il reste à punir et l'ennemi intérieur que vous tenez, et celui que vous
avez à saisir. Il faut que le tribunal révolutionnaire sois divisé en un assez
grand nombre de sections.

PLUSIEURS VOIX. — C'est fait.

Pour que tous les jours un aristocrate, un scélérat paie de sa tête ses forfaits. (Applaudissements.)

Je demande donc qu'on mette aux voix d'abord la proposition de
Billaud.

2° Qu'on décrète également que les sections de Paris s'assembleront
extraordinairement les dimanches et les jeudis, et que tout citoyen faisant
partie de ces assemblées, qui voudra, attendu ses besoins, réclamer une
indemnité, la recevra, à raison, de 40 sols par assemblée.

3° Qu'il soit décrété par la Convention qu'elle met à la disposition du
ministre de la guerre 100 millions pour des fabrications d'armes, et notamment pour des fusils ; que ces manufactures extraordinaires reçoivent tous
les encouragements et les additions nécessaires, et qu'elles ne cessent leurs
travaux que quand la France aura donné à chaque bon citoyen un fusil.

Je demande enfin qu'il soit fait un rapport sur le mode d'augmenter de plus en plus l'action du tribunal révolutionnaire. Que le peuple voie tomber ses ennemis, qu'il voie que la Convention s'occupe de ses besoins. Le peuple est grand, et il vous en donne en cet instant même une preuve remarquable, c'est que, quoiqu'il ait souffert de la disette factice machinée pour le mener à la contre-révolution, il a senti qu'il souffrait pour sa propre cause ; et, sous le despotisme, il aurait exterminé tous les gouvernements. *(On applaudit.)*

Tel est le caractère du Français éclairé par quatre années de révolutions.

Hommage vous soit rendu, peuple sublime! A la grandeur vous joignez la persévérance; vous voulez la liberté avec obstination ; vous jeûnez pour la liberté, vous devez l'acquérir. Nous marcherons avez vous, vos ennemis seront confondus, vous serez libres !

(Des applaudissements universels éclatent à la fois dans toutes les parties de la salle ; des cris de vive la République ! *se font entendre à plusieurs reprises. — Tous les citoyens qui remplissent la salle et les tribunes se lèvent par une même impulsion; les uns lèvent leurs mains en l'air ; d'autres agitent leurs chapeaux; l'enthousiasme paraît universel.)*

Les trois propositions de Danton sont décrétées.

(De nouvelles acclamations se font entendre. — La salle retentit des cris de vive la République.)*

(Moniteur du 7 septembre 93.)

Barrère annonce que l'insurrection des contre-révolutionnaires se soutient à Lyon, que d'autres soulèvements se sont opérés ailleurs.

DANTON. — Les revers que nous éprouvons, nous prouvent qu'aux moyens révolutionnaires, nous devons joindre les moyens politiques. Je dis qu'avec 3 ou 4 millions nous eussions déjà reconquis Toulon à la France, et fait pendre les traîtres qui l'ont livrée aux Anglais. Vos décrets n'y parvenaient pas. Eh bien! l'or corrupteur de vos ennemis n'y est-il pas entré? Vous avez mis 50 millions à la disposition du comité du salut public. Mais cette somme ne suffit pas. Sans doute 20, 30, 100 millions seront bien employés, quand ils serviront à reconquérir la liberté. Si à Lyon ont eut récompensé le patriotisme des sociétés populaires, cette ville ne serait pas dans l'état où elle se trouve. Certes, il n'est personne qui ne sache qu'il faut des dépenses secrètes pour sauver la patrie. Je demande donc que le comité de salut public nous fasse un rapport sur les moyens nécessaires pour ranimer l'esprit dans les départements, et faire disparaître les aristocrates qui les infestent. Je ne suis d'aucun comité, je ne veux être d'aucun ; mais pour le comité de salut public, je sens combien il est intéressant pour le salut de la patrie, et quiconque l'attaque irraisonnablement est un mauvais citoyen Adaptez une manivelle à la grande roue, et donnez ainsi un grand mouvement à la machine politique. Pour cela, employez les grands moyens que la patrie suggère, sinon vous n'êtes pas dignes des fonctions qui vous sont confiées.

GASTON.—Danton a la tête révolutionnaire ; il exécutera mieux qu'un autre ce qu'il propose. Je demande que, malgré lui, il soit adjoint au comité de salut public.

Cette proposition est décrétée unanimement.

(*Moniteur* du 8 septembre 93.)

Refus de faire partie du comité de salut public :

DANTON.—Hier l'Assemblée a passé à l'ordre du jour lorsqu'on lui a annoncé que je n'acceptais point ma nomination de membre du comité de salut public. Je déclare que je n'ai point accepté et que je n'accepte point parce que, lorsque je fis la motion d'organiser le comité de salut public en comité de gouvernement, je fis le serment de n'être d'aucun comité, non que je renonce au droit d'aller dans les comités pour y être utile autant qu'il sera en moi ; mais je dois, avant tout, tenir mon serment.

La Convention accepte la démission.

(*Moniteur* du 10 septembre 93.)

Encore une fois, s'il eut été aussi avide d'argent qu'on l'a prétendu, l'occasion était belle d'avoir en main le maniement de fonds immenses ; n'a-t-il pas fait décréter qu'on ne devait rien refuser au comité, que les millions ne sont rien quand il s'agit de sauver le pays ? Et cette proposition unanime de lui en confier la disposition, ne le lave-t-elle pas de tous les soupçons dont on a essayé de le couvrir ? Sans doute ; mais encore quelques mois et l'accusation sera reproduite, et personne de l'Assemblée ne se lèvera pour protester.

On accuse aux Jacobins Henriot d'avoir mangé avec les députés détenus.

DANTON. — Je ne crois pas que Henriot doive s'arrêter à une dénonciation vague d'un homme qui ne remplissait pas ses devoirs. Je rappelle qu'aux journées des 2 et 3 juin, Henriot sauva la vie à 30,000 âmes. Les yeux vomissaient le salpêtre sur les conspirateurs et les aristocrates ; quiconque le vit ce jour là dut reconnaître l'ami de la liberté.

(*Moniteur* du 16 septembre 93.)

A propos de la dénonciation de Rossignol par Bourdon aux Jacobins, Danton prit encore la parole :

La tactique dont on a fait usage en ce moment est cause de nos succès dans la Vendée, département où se sont réunis tous les aristocrates qui, quoiqu'en dise Bourdon, ne sont pas des cochons, ni des hommes qui n'ont pas de figure humaine, mais des hommes qui se battent bien. La malveillance où l'impéritie ont conduit tous les mouvements, dirigé tous les efforts.

C'était une guerre centrale, et non pas sur les rayons et même sur les points de la circonférence qu'il fallait faire aux ennemis ; et du moment qu'on sépara les forces, qu'on divisa les bataillons, on dut présager les défaites.

Je rends aussi justice à Santerre ; sa modestie surtout et sa franchise me sont d'un bon augure. Rossignol avait été sous son commandement ; il fut si satisfait du choix qu'en avait fait la République, comme général en chef, qu'il déclara qu'il servirait avec grand plaisir sous lui.

Le nombre des députés qui sont dans les armées est aussi un obstacle aux grands succès ; l'ordre donné par celui-ci est presque toujours contremandé par celui-là ; et peut-être d'ailleurs qu'on peut leur faire le même reproche qu'aux généraux, de vouloir perpétuer cette malheureuse guerre pour leurs intérêts.

J'invite la société à émettre son vœu sur le rappel de la nuée de commissaires qui sont en ce moment dans la Vendée : deux ou trois suffisent pour le service des armées qu'ils occupent. Que la même adresse contienne le vœu de Rossignol, déjà chargé en chef de la conduite de cette guerre ; qu'il prenne en même temps tous les moyens qu'il croira propre à en assurer l'événement ; qu'il soit autorisé à présenter la liste des hommes suspects et de ceux dont les mauvaises intentions lui sont connues, de tous ceux enfin qui pourraient entraver ses opérations ; qu'il puisse les destituer, qu'il puisse surtout nommer à leur place ; enfin qu'on lui abandonne le soin de nommer aux postes dont il est obligé de répondre, sans quoi on ne peut pas lui imposer de responsabilité. (Arrêté.)

(*Moniteur* du 17 septembre 93).

Le but de ce discours est évident, il s'agit moins pour Danton de soutenir personnellement Rossignol, que de centraliser les forces en quelques mains que ce soit, puisque nos désastres né provenaient que du tiraillement.

Destitution du comité des marchés.

DANTON. — Nos frères de l'armée du Nord viennent de rétablir l'honneur français ; c'est au moment où ils vont être encore secourus que nous devons nous occuper d'eux ; il existe un comité qui ne fait qu'entraver la marche des opérations, c'est celui du comité des marchés. Nous nous sommes convaincus qu'il a tout paralysé, au point que, si nous ne nous hâtons de le détruire, au commencement de l'hiver, nos soldats, comme l'année dernière manqueront de tout. Sans doute les soldats français ne sont pas, comme les soldats autrichiens faits pour recevoir des coups de bâton pour une tache à leur habit ; mais il faut qu'ils soient vêtus. Le comité de salut public a toujours été composé d'excellents patriotes, il faut lui donner l'initiative de la présentation des membres qui composeront le nouveau comité. Il ne s'agit pas de consulter son goût privé, il faut que tout le monde se dirige ici au bien général, il faut que tout marche ; il faut que les défenseurs de la liberté soient bien vêtus et bien nourris , nous déshabillerons tous les muscadins de la République.

Je demande donc la destitution des membres de l'ancien comité, et que le comité de salut public présente la liste de ceux qui recomposeront le nouveau, ainsi que tous les autres comités dans lesquels il se trouve encore des membres dont les opinions touchaient au moins au fédéralisme. Je ne suis point suspect, mais je ne veux être membre d'aucun comité; mais je serai l'éperon de tous. Je ne veux que servir mon pays. *(On applaudit.)*

Les propositions de Danton sont décrétées.

(*Moniteur* du 15 septembre 93.)

Au 21 septembre, Hébert était peut-être plus puissant aux Jacobins que Robespierre. Cela ne devait pas durer longtemps, mais il est curieux de voir comme le père Duchêne essaie de se mettre au niveau du géant ; comme il est heureux de rappeler que Danton recherchait son amitié ; il traite aujourd'hui de puissance à puissance, plus tard il le sacrifiera, si on lui en laisse le temps.

HÉBERT. — Souvent on m'a dit que je devrais tâcher de réunir les bons patriotes. Je me croyais fait pour y réussir et je le désirais de tout mon cœur : mais la société exige la vérité, je vais la lui dire tout entière. Vous vous rappelez le jour où, après une légère discussion que j'eus ici avec un homme qui jouit à juste titre de votre confiance, il entra dans des explications dont la société fut satisfaite; je le fus aussi et dès lors j'eus l'âme tranquille sur son compte. Le lendemain je le rencontrai, il me tendit la main, m'embrassa, m'appela son meilleur ami, je le crus... Je crois bien encore qu'il était sincère et que ce sont des petits intrigailleurs qui ont usurpé son nom pour donner à leurs manœuvres beaucoup d'importance : mais quelque temps après, Fabricius dit à quelques-uns de mes amis : vous croyez Danton réconcilié avec vous , il ne l'est pas ; souvenez-vous bien qu'il fera tout ce qu'il pourra pour vous perdre.

L'orateur termine en déclarant qu'il lui est très pénible de penser qu'un bon patriote dont le nom est devenu illustre parmi les citoyens, puisse avoir sur son compte de tels projets; il repousse cette idée.

DAVID (député). — Le lendemain du jour où Hébert eut avec Danton une explication dans cette Assemblée, je vis Danton à la Convention, il me dit : « Je suis fort aise de m'être expliqué avec Hébert ; car il me coûtait d'être mal avec ce garçon-là que j'aime beaucoup. » Je crois donc comme Hébert que ce sont de petits intrigants qui ont usurpé le nom d'un grand homme, pour donner de l'importance à leurs petits moyens.

(*Journal de la montagne*, 143.)

Ici, nous trouvons, en effet, une lacune de six semaines environ ; ce qui ne veut pas dire que Danton se soit absenté pendant un mois et demi, mais qu'il ne prit pas la parole à la Convention ou bien aux Jacobins, ou que ses paroles n'ont pas été reproduites. Et quand il se serait reposé après quatre années d'une telle lutte, qui oserait le lui reprocher? Et quand ses forces se seraient momentanément épuisées, avons-nous prétendu qu'il fût plus qu'un homme? L'odieux, en ce cas, a été de faire entendre que cette fatigue provenait d'excès conjugaux, et cela pour faire suite à des insinuations d'habitudes de débauches. Pour preuve d'impartialité, à défaut de vices publics, on lui en a supposé de privés; il semble qu'on ait peur de trouver un homme complet; nous ne prétendons pas que Danton l'ait été, mais nous ne voulons reconnaître pour vrai que ce qui est démontré.

Pendant ces six semaines Danton s'était retiré à Arcis au sein de sa famille, au milieu de laquelle il aimait tant à se trouver.

Cependant de grands événements s'étaient accomplis. Lyon avait été prise par Kellermann, nous étions vainqueurs à Wattignies, et le 31 octobre vingt et un conventionnels, désignés sous le nom de fédéralistes, étaient conduits à l'échafaud. Ici qu'on nous permette de dire ce que pensait Danton de cette déplorable nécessité. On n'a pas oublié tous les efforts qu'il avait faits pour amener les Girondins, au nom de la patrie, à des concessions d'amour-propre; on sait à quelles odieuses personnalités ils se portèrent contre le chef de la Montagne, il n'est pas de forfaits dont ils ne l'aient accusé sans pouvoir jamais apporter une preuve authentique ; on se rappelle enfin que ce n'est qu'à bout d'efforts, et se voyant en danger lui-même, qu'il se résigna à les sacrifier au 31 mai. Voici ce que rapportent à l'occasion du supplice, les fils mêmes de Danton :

Il se promenait dans son jardin avec M. Doulet qui, sous l'empire, fut longtemps maire de la ville. Arrive une troisième personne tenant un journal à la main. — « Bonne nouvelle! bonne nouvelle! — Quoi? dit Danton. — Les

Girondins sont condamnés et exécutés. — Et tu appelles cela une bonne nouvelle, malheureux! s'écrie Danton dont les yeux s'emplissent aussitôt de larmes.—Sans doute, n'étaient-ils pas des factieux? — Des factieux? Est-ce que nous ne sommes pas des factieux? Nous méritons tous la mort autant que les Girondins ; nous subirons tous les uns après les autres le même sort qu'eux. »

(D'après le *mémoire* des fils de Danton.)

De retour à la Convention, il ne tarda pas à reprendre la parole. Le 25 novembre, Désaudrais était venu à la tête d'une députation du Lycée des arts, il demandait qu'il lui fût permis de faire hommage à la République d'une pension de 1000 livres qui lui a été accordée par l'Assemblée nationale.

DANTON. — Il faut d'abord savoir si la pension dont fait hommage le citoyen Désaudrais, est celle que lui fit donner Lafayette pour avoir travaillé avec lui à l'organisation contre-révolutionnaire de la garde nationale ; car si c'était cette pension, la nation ne lui devrait aucun remerciement.

Le comité des finances prendra des renseignements.

(*Moniteur* du 27 novembre 93.)

C'est encore le même homme qu'au jour où il rejetait l'aumône faite par le roi aux soldats de Château-Vieux : La main qui donne doit être pure.

Il a dit un peu plus haut qu'il serait l'éperon des comités; il tient parole. Richard dénonce les autorités de la ville de Tours qui auraient calomnié de bons patriotes.

DANTON. — Je demande le renvoi au comité de salut public qui vous fera un rapport sur cet objet. Il faut enfin que la Convention sache gouverner. Elle saura faire taire la calomnie. On envoie les uns en Suisse, on donne aux autres des châteaux en Espagne. Le comité de salut public est pris, ou présumé pris, dans l'élite des membres de la Convention ; il examinera toutes les dénonciations. Je demande qu'on passe à un ordre de travail qui donne des résultats utiles à la République.

Le renvoi est décrété.

(*Moniteur* du 28 novembre 93.)

Son absence motivée ou non n'avait pas laissé que de donner à ses ennemis le temps de dresser leurs batteries. Il est curieux de voir comme on s'y prend en pareil cas. C'est tout un cours de machiavélisme.

Quelques députations de communes apportent les dépouilles de leurs églises et des ci-devant prêtres.

DANTON. — Il y a un décret qui porte que les prêtres qui abdiqueront iront porter leur renonciation au comité. Je demande l'exécution de ce décret; car je ne doute pas qu'ils ne viennent successivement abjurer l'imposture. Il ne faut pas tant s'extasier sur la démarche d'hommes qui ne font que suivre le torrent. Nous ne voulons nous engouer pour personne. Si nous n'avons pas honoré le prêtre de l'erreur et du fanatisme, nous ne voulons pas non plus honorer le prêtre de l'incrédulité : nous voulons servir le peuple. Je demande qu'il n'y ait plus de mascarades anti-religieuses dans le sein de la Convention. Que les individus qui voudront déposer sur l'autel de la patrie les dépouilles de l'Église, ne s'en fassent plus un jeu ni un trophée. Notre mission n'est pas de recevoir sans cesse des députations qui répètent toujours les mêmes mots. Il est un terme à tout, même aux félicitations. Je demande qu'on pose la barrière.

Il faut que les comités préparent un rapport sur ce qu'on appelle une conspiration de l'étranger. Il faut nous préparer à donner du ton et de l'énergie au gouvernement. Le peuple veut, et il a raison, que la terreur soit à l'ordre du jour. Mais il veut que la terreur soit reportée à son vrai but, c'est à dire contre les aristocrates, contre les égoïstes, contre les conspirateurs, contre les traîtres amis de l'étranger. Le peuple ne veut pas que celui qui n'a pas reçu de la nature une grande force d'énergie, mais qui sert la patrie de tous ses moyens, quelque faibles qu'ils soient, non, le peuple ne veut pas qu'il tremble.

Un tyran, après avoir terrassé la ligue, disait à un des chefs qu'il avait vaincus, en le faisant tuer : « Je ne veux pas d'autre vengeance de vous. » Le temps n'est pas venu où le peuple pourra se montrer clément. Le temps de l'inflexibilité et des vengeances nationales n'est point passé; il faut un nerf puissant, un nerf terrible au peuple. Ce nerf est le sien propre, puisque d'un souffle il peut créer et détruire ses magistrats, ses représentants. *Nous ne sommes, sous le rapport politique, qu'une commission nationale que le peuple encourage par ses applaudissements.*

Le peuple veut, après avoir fondé la République, que nous essayions tous les moyens qui pourront donner plus de force et d'action au gouvernement républicain.

Que chacun de vous médite donc tous les jours ces grands objets. Il faut que le comité de salut public se dégage de beaucoup de détails, pour se livrer tout entier à ces importantes méditations. Donnons enfin des résultats au peuple. Depuis longtemps c'est le peuple qui fait toutes les grandes choses. Certes, il est beau que ses représentants s'humilient devant sa puissance souveraine. Mais il serait beau qu'ils s'associassent à sa gloire, qu'ils prévinssent et dirigeassent ses mouvements immortels.

Je demande que le comité de salut public réuni à celui de sûreté générale, fasse un prompt rapport sur la conspiration dénoncée, et sur les moyens de donner une action grande et forte au gouvernement provisoire.

FAYAU. — Je ne m'oppose pas au renvoi; mais je fais observer à Danton qu'il a laissé échapper des expressions qui ne me paraissent pas propres. Il a dit que le peuple est souverain, c'est une vérité éternelle. Mais il a parlé de clémence : il a voulu établir entre les ennemis de la patrie une distinction dangereuse en ce moment. Quant à moi, je pense que quiconque n'a rien fait pour la liberté, ou n'a pas fait pour elle tout ce qu'il pouvait faire, doit être compté au nombre de ses ennemis.

DANTON. — Je demande à relever un fait. Il est faux que j'ai dit qu'il fallait que le peuple se portât à l'indulgence ; j'ai dit au contraire que le temps de l'inflexibilité et des vengeances nationales n'était point passé. Je veux que la terreur soit à l'ordre du jour ; je veux des peines plus fortes, des châtiments plus effrayants contre les ennemis de la liberté, mais je veux qu'ils ne portent que sur eux seuls.

FAYAU. — Danton a dit encore que nous faisons un essai de gouvernement républicain. Je suis bien loin de partager cette opinion. N'est-ce pas donner à penser qu'un autre gouvernement peut convenir au peuple. Non, nous n'aurons pas juré en vain la République ou la mort ; nous aurons toujours la République.

DANTON. — Je ne conçois pas qu'on puisse ainsi dénaturer mes idées. Il est encore faux que j'ai parlé d'un essai de gouvernement républicain. Et moi aussi je suis républicain, républicain impérissable. La Constitution est décrétée et acceptée. Je n'ai parlé que du gouvernement provisoire ; j'ai voulu tourner l'attention de mes collègues vers les lois de détail nécessaires pour parvenir à l'exécution de cette Constitution républicaine.

(*Moniteur* du 28 novembre 93)

Le mot de *clémence* était lâché, fort iniquement, c'est vrai, mais qu'importe, il fera son chemin.

Une députation de la section Mucius Scœvola accompagne les jeunes enfants de cette section, qui viennent demander que la Convention s'occupe incessamment de l'organisation de l'instruction publique.

DANTON. — Dans ce moment où la superstition succombe pour faire place à la raison, vous devez donner une centralité à l'instruction publique, comme vous en avez donné une au gouvernement. Sans doute vous disséminerez dans les départements des maisons où la jeunesse sera instruite dans les grands principes de la raison et de la liberté ; mais le peuple entier doit célébrer les grandes actions qui auront honoré notre révolution. Il faut qu'il se réunisse dans un vaste temple, et je demande que les artistes les plus distingués concourent pour l'élévation de cet édifice, où à un jour indiqué seront célébrés les jeux nationaux. Si la Grèce eut ses jeux olympiques, la France solennisera aussi ses jours sans-culottides. Le peuple aura des fêtes dans lesquelles il offrira de l'encens à l'Être Suprême, au maître de la nature ; car nous n'avons pas voulu anéantir le règne de la superstition, pour établir le règne de l'athéisme.

Citoyens, que le berceau de la liberté soit encore le centre des fêtes nationales. Je demande que la Convention consacre le Champ-de-Mars aux jeux nationaux, qu'elle ordonne d'y élever un temple où les Français puissent se réunir en grand nombre. Cette réunion alimentera l'amour sacré de la liberté, et augmentera les ressorts de l'énergie nationale ; c'est par de tels établissements que nous vaincrons l'univers. Des enfants vous demandent d'organiser l'instruction publique ; c'est le pain de la raison, vous le leur devez ; c'est la raison, ce sont les lumières qui font la guerre aux vices. Notre révolution est fondée sur la justice, elle doit être consolidée par les lumières. Donnons des armes à ceux qui peuvent les porter, de l'instruction à la jeunesse, et des fêtes nationales au peuple.

La proposition de Danton est renvoyée au comité d'instruction publique.

(*Moniteur* du 28 novembre 93.)

Je ne sais s'il faut voir dans ce discours une concession faite à Robespierre et par conséquent une avance au clergé catholique, mais ce dont je suis sûr c'est qu'il serait difficile de démontrer que Danton ait jamais pensé autrement ; que Robespierre fut en novembre 93 un homme tellement à craindre, qu'il fallut trahir ses principes pour lui complaire, et qu'enfin il y ait un rapport quelconque entre la croyance en un être suprême et la loi aux momeries cléricales.

Extension de la responsabilité ministérielle aux agents secondaires.

THURIOT. — Danton a conçu des doutes sur l'extension de la loi de la responsabilité des ministres à leurs subordonnés, aux commis de bureaux ; il pense que c'est détruire entièrement la responsabilité ministérielle. Je dis qu'il peut arriver des circonstances où les manœuvres coupables des employés aient empêché l'exécution d'une loi. Le ministre est cité comme responsable. Il se justifie et prouve que le délit ne part pas de lui. Dans ce cas il doit sans doute être acquitté.

DANTON. — J'avais fait à Thuriot quelques observations particulières qu'il est bon, peut-être, que je répète à la Convention. Dans les cas particuliers où les commis se rendent coupables, sans doute ils doivent être punis, mais cela ne rentre pas dans la théorie générale de la responsabilité, et il n'y a pas besoin d'une loi nouvelle à cet égard : les lois criminelles existent. Quant à la responsabilité, il n'y en a plus, si le ministre n'est pas seul responsable. En vain se justifierait-il, en prouvant qu'un délit quelconque n'est pas de son fait ; s'il ne l'a pas dénoncé, il le partage ; quant à l'ineptie ou à l'inertie, il est électeur dans sa partie ; c'est à lui à s'informer des talents, du caractère, de la probité de celui qu'il emploie, et il en répond. J'ai été ministre aussi ; tous les soirs je connaissais le produit net du travail de mes bureaux, je m'en faisais rendre compte par les chefs. L'inspection quotidienne de ses bureaux, voilà le premier devoir d'un ministre; pour le travail matériel, c'est un mal qu'il s'en charge; au reste, s'ils sont surchargés, qu'ils le disent, on leur donnera des aides. Encore une fois, le ministre doit déférer aux tribunaux les coupables, chasser les inhabiles, les inactifs; et dans l'un et l'autre cas, s'il ne le fait pas, il est responsable. Je demande que ma proposition soit renvoyée au comité pour qu'il l'examine....

Nous sommes d'accord en ce sens, que les agents coupables doivent payer leur crime de leur tête. Mais le ministre doit être leur premier dénonciateur; et s'il néglige de le faire, il en est responsable. Je demande que vous combiniez une rédaction qui énonce bien cette pensée sous les deux rapports.

(*Moniteur* du 2 décembre 93.)

Demandez à tous ceux qui se sont distingués comme ministres, s'ils comprirent autrement les devoirs de leur charge? Tous ont été de l'avis de Danton, madame Roland exceptée. Mais madame Roland a-t-elle été grand ministre? Son mari était excellent chef de bureau.

Le danger devenant moins pressant, il demande, comme il a déjà fait à d'autres époques, qu'on régularise les mesures révolutionnaires. Est-ce cela qu'on appelle perdre de son énergie?

DANTON. —Cambon nous a fait la déclaration solennelle et qu'il faut répéter; c'est que nous avons au trésor public de l'or, de quoi acquérir du pain et des armes, autant que le commerce neutre pourra nous en fournir. D'après cela nous ne devons rien faire précipitamment en matière de finances. C'est toujours avec circonspection que nous devons toucher à ce qui a sauvé la République. Quelqu'intérêt qu'eussent tous nos ennemis à faire tomber l'assignat, il est resté, parce que sa valeur a pour base le sol entier de la République. Nous pourrons examiner à loisir, et méditer mûrement la théorie du comité. J'en ai raisonné avec Cambon. Je lui ai développé des inconvénients graves dont il est convenu avec moi. N'oublions jamais qu'en pareille matière des résultats faux compromettraient la liberté.

Cambon nous a apporté des faits. Des représentants du peuple ont rendu des lois de mort pour l'argent. Nous ne saurions nous montrer assez sévères sur de pareilles mesures, et surtout à l'égard de nos collègues. Maintenant que le fédéralisme est brisé, les mesures révolutionnaires doivent être une conséquence nécessaire de nos lois positives. La Convention a senti l'utilité d'un supplément de mesures révolutionnaires; elle l'a décrété: dès ce moment, tout homme qui se fait ultra-révolutionnaire donnera des résultats aussi dangereux que pourrait le faire le contre-révolutionnaire décidé. Je dis donc que nous devons manifester la plus vive indignation pour tout ce qui excédera les bornes que je viens d'établir.

Déclarons que nul n'aura le droit de faire arbitrairement la loi à un citoyen; défendons contre toute atteinte ce principe : que la loi n'émane que de la Convention, qui seule a reçu du peuple la faculté législative : rappelons ceux de nos commissaires qui, avec de bonnes intentions sans doute, ont pris les mesures qu'on nous a rapportées, et que nul représentant du peuple ne prenne désormais d'arrêté qu'en concordance avec nos décrets révolutionnaires, avec les principes de la liberté, et d'après les instructions qui lui seront transmises par le comité de salut public. Rappelons-nous que si c'est avec la pique que l'on renverse, c'est avec le compas de la raison et du génie qu'on peut élever et consolider l'édifice de la société. Le peuple nous félicite chaque jour sur nos travaux; il nous a signifié de rester à notre poste : c'est parce que nous avons fait notre devoir. Rendons-nous de plus en plus dignes de la confiance dont il s'empresse de nous investir ; faisons seuls la loi et que nul ne nous la donne. J'insiste sur le rappel et l'improbation des commissaires qui ont pris l'arrêté qui vous a été dénoncé.

Enfin je demande que le comité de salut public soit chargé de notifier à tous les représentants du peuple qui sont en commission, qu'ils ne pourront prendre aucune mesure qu'en conséquence de vos lois révolutionnaires, et des instructions qui leur seront données.

FAYAU.—J'appuie deux des propositions de Danton ; mais il en est une sur laquelle je demande la question préalable. Les localités peuvent rendre nécessaires des mesures révolutionnaires dont nous ne sentirions pas ici la nécessité ; il faut laisser de la latitude pour pouvoir atteindre tous nos ennemis. Certes, on ne devrait pas sitôt avoir oublié le bien qu'ont fait nos commissaires, au moyen des pouvoirs illimités qui leur ont été révolutionnairement confiés. D'ailleurs tous les inconvénients qu'a pu craindre Danton disparaissent devant le décret qui ordonne aux commissaires de rendre compte dans les vingt-quatre heures, au comité de salut public, des arrêtés qu'ils prennent.

DANTON. — Je suis d'accord sur l'action prolongée et nécessaire du mouvement et de la force révolutionnaire. Le comité de salut public examinera celles qui seront nécessaires et utiles; et s'il est utile d'ordonner la remise de l'or et de l'argent, sous peine de mort, nous le ratifierons, et le peuple le ratifiera avec nous; mais le principe que j'ai posé n'en est pas moins constant : c'est au comité de salut public à diriger les mesures révolutionnaires sans les resserrer; ainsi tout commissaire peut arrêter les individus, les imposer même, telle est mon intention. Non seulement je ne demande point le ralentissement des mesures révolutionnaires, mais je me propose d'en présenter qui frapperont et plus fort et plus juste ; car, dans la République, il y a un tas d'intrigants et de conspirateurs véritables qui ont échappé au bras national qui en a atteint de moins coupables qu'eux. Oui, nous voulons marcher révolutionnairement, dût le sol de la République s'anéantir ; mais, après avoir donné tout à la vigueur, donnons beaucoup à la sagesse; c'est de la constitution de ces deux éléments que nous recueillerons les moyens de sauver la patrie.

Le renvoi de ces propositions au comité de salut public est décrété.

(*Moniteur* du 4 décembre 93.)

Convention nationale.

Un citoyen se présente à la barre, et commence la lecture d'un poème à la louange de Marat. — Il est interrompu.

DANTON. — Et moi aussi j'ai défendu Marat contre ses ennemis, et moi aussi j'ai apprécié les vertus de ce républicain ; mais après avoir fait son apothéose patriotique, il est inutile d'entendre tous les jours son éloge funèbre, et des discours ampoulés sur le même sujet :

Il nous faut des travaux, et non pas des discours.

Je demande que le pétitionnaire dise clairement et sans emphase, l'objet de sa pétition.

(*Moniteur* du 4 décembre 93.)

Nous devons encore faire observer que si Danton occupe peu la République de son individu, jamais on ne l'a vu flagorner qui que ce soit. N'a-t-il pas dit quelque part déjà : « Les grands hommes ne doivent pas plus être distingués dans une nation, que les plus hauts arbres dans une forêt. » Combien compterait-on de citoyens, je dis parmi les plus éminents, qui pensassent ainsi ?

Nous allons assister à un nouveau mode d'attaque, on peut y apprendre l'art de tuer un homme en le défendant ; on ne doit pas s'étonner que la réaction se soit dit : frappons d'abord nos adversaires à la tête ; ce roc abattu, la Montagne est entamée.

En voici un exemple tiré d'une séance des Jacobins.

Un citoyen demande que la Convention soit invitée à fournir un local à chaque société populaire des départements.

DANTON. — Je combats cette proposition ; les citoyens se rassemblent d'après le droit que leur en a donné la nature ; ils n'ont donc pas besoin de recourir à d'autres autorités pour opérer ce rassemblement. Remarquons l'énergie révolutionnaire du peuple pendant la crise actuelle. La constitution doit être endormie, pendant que le peuple s'occupe de frapper ses ennemis, et de les épouvanter par ses opérations révolutionnaires : telle est ma pensée, qu'on ne calomniera pas sans doute ; mais je demande que l'on se défie de ceux qui veulent porter le peuple au delà des bornes de la révolution, et qui proposent des mesures ultra-révolutionnaires.

COUPÉ, de l'Oise. — Le peuple est le souverain et le possesseur de tous les biens que l'on dit appartenir à la nation ; il peut disposer de ces biens à sa volonté pour s'assembler dans les locaux qui lui paraîtront le plus commodes. Il a donc droit de s'adresser aux autorités constituées pour se faire procurer les moyens de se rassembler.

Danton monte à la tribune, quelques rumeurs se font entendre.

DANTON. — Coupé a voulu empoisonner mon opinion. Certes, je n'ai jamais prétendu proposer de rompre le nerf révolutionnaire, puisque j'ai dit que la constitution devait dormir, pendant que le peuple était occupé à frapper ses ennemis. Les principes que j'ai énoncés portent sur l'indépendance des sociétés populaires de toute espèce d'autorité. C'est d'après ce motif que j'ai soutenu que les sociétés populaires ne devaient avoir recours à personne pour solliciter des localités.

J'ai entendu des rumeurs. Déjà des dénonciations graves ont été dirigées contre moi ; je demande enfin à me justifier aux yeux du peuple, auquel il ne sera pas difficile de faire connaître mon innocence et mon amour pour la liberté.

Je somme tous ceux qui ont pu concevoir contre moi des motifs de défiance, de préciser leurs accusations, car je veux y répondre en public. J'ai éprouvé une forte défaveur en paraissant à la tribune. Ai-je donc perdu ces traits qui caractérisent la figure d'un homme libre ? Ne suis-je plus ce même homme qui s'est trouvé à vos côtés dans les moments de crise ? Ne suis-je pas celui que vous avez souvent embrassé comme votre ami, et qui doit mourir avec vous ? Ne suis-je pas l'homme qui a été accablé de persécution ?

J'ai été un des plus intrépides défenseurs de Marat, J'évoquerai l'ombre de l'Ami du peuple pour ma justification. Vous serez étonné, quand je vous ferai connaître ma conduite privée, de voir que la fortune colossale que mes ennemis et les vôtres m'ont prêtée, se réduit à la petite portion de biens que j'ai toujours eue. Je défie les malveillants de fournir contre moi la preuve d'aucun crime. Tous leurs efforts ne pourront m'ébranler. Je veux rester debout avec le peuple. Vous me jugerez en sa présence. Je ne déchirerai pas plus la page de mon histoire que vous ne déchirerez la vôtre, qui doivent immortaliser les fastes de la liberté. *(On applaudit.)*

L'orateur après plusieurs morceaux véhéments prononcés avec une abondance qui n'a pas permis d'en recueillir tous les traits, termine par demander qu'il soit nommé une commission de douze membres chargés d'examiner les accusations dirigées contre lui, afin qu'il puisse répondre en présence du peuple.

ROBESPIERRE. — Danton vous a demandé une commission pour examiner sa conduite. J'y consens, s'il pense que cette mesure lui soit utile ; mais je soutiens que sa conduite ne peut être discutée qu'à la face du peuple. Je demande qu'on veuille bien préciser les griefs portés contre lui. Personne n'élève la voix, eh bien, je vais le faire.

Danton ! tu es accusé d'avoir émigré ; on a dit que tu avais passé en Suisse ; que ta maladie était feinte pour cacher au peuple ta fuite ; on a dit que ton

ambition était d'être régent sous Louis XVII ; qu'à une époque déterminée
tu as été préparé pour le proclamer ; que tu étais le chef de la conspiration;
que ni Pitt, ni Cobourg, ni l'Angleterre, ni la Prusse, ni l'Autriche n'étaient
pas nos véritables ennemis, mais que c'était toi seul ; que la Montagne était
composée de tes complices ; qu'il ne fallait pas s'occuper des agents envoyés
par les puissances étrangères ; que les conspirations étaient des fables qu'il
fallait mépriser ; en un mot qu'il fallait l'égorger...

La Convention sait que j'étais divisé d'opinion avec Danton ; que dans le
temps des trahisons de Dumouriez mes soupçons avaient devancé les siens.
Je lui reprochai de n'avoir pas poursuivi Brissot et ses complices avec assez
de rapidité, et je jure que ce sont là les seuls reproches que je lui aie
faits.....

Danton, ne sais-tu pas que plus un homme a de courage et de patriotisme,
plus les ennemis de la chose publique s'attachent à sa perte? Ne sais-tu pas,
et ne savez-vous pas tous, citoyens, que cette méthode est infaillible? Et qui
sont les calomniateurs? Des hommes qui paraissent exempts de vices, et qui
n'ont jamais montré aucune vertu. Eh ! si le défenseur de la liberté n'était pas
calomnié, ce serait une preuve que nous n'aurions plus ni prêtres, ni nobles
à combattre.

Les ennemis de la patrie semblent m'accabler de louanges exclusivement,
mais je les répudie. Croit-on qu'à côté de ces éloges, que l'on retrace dans
certaines feuilles, je ne voie pas le couteau avec lequel on a voulu égorger la
patrie? Dès l'origine de la révolution, j'appris à me méfier de tous les
masques.

La cause des patriotes est une, comme celle de la tyrannie ; ils sont tous
solidaires. Je me trompe peut-être sur Danton, mais vu dans sa famille, il
ne mérite que des éloges. Sous les rapports politiques, je l'ai observé; une
différence d'opinion entre lui et moi, me le fait épier avec soin, quelquefois
avec colère ; et s'il n'a pas toujours été de mon avis, conclurai-je qu'il trahissait la patrie? Non, je la lui ai vu toujours servir avec zèle. Danton veut
qu'on le juge.

Il a raison, qu'on me juge aussi. Qu'ils se présentent ces hommes qui sont
plus patriotes que nous ! Je gage que ce sont des nobles, des privilégiés. Vous
y trouverez un marquis, et vous aurez la juste mesure du patriotisme de ces
emphatiques accusateurs. Quand j'ai vu percer les traits de la calomnie
dirigée contre les patriotes, quand j'ai vu qu'on accusait Danton et qu'on
l'accusait d'avoir émigré, je me suis rappelé que les journaux aristocrates
ou faussement patriotes, avaient depuis longtemps fait cette nouvelle. Ils
avaient annoncé que sa maladie était fausse, que ce n'était que le prétexte
de son émigration, et le moyen pour y parvenir. J'ai dû placer sur la même
ligne toutes les autres calomnies dirigées contre Danton. C'est ainsi que
vous les avez jugées vous-mêmes, et je demande à ces bons patriotes de se
réunir, de ne plus souffrir qu'on dénigre Danton dans les groupes, dans les
cafés.

Il est évident que Danton a été calomnié ; mais je déclare que je vois là un des fils les plus importants de la trame ourdie contre les patriotes. Je déclare aux aristocrates que bientôt nous les connaîtrons tous, et peut-être manquait-il ce dernier renseignement à nos découvertes. Nous l'avons. Au surplus, je demande que chacun dise, comme moi, franchement ce qu'il pense de Danton. C'est ici que l'on doit surtout dire la vérité, elle ne peut que lui être honorable ; mais dans tous les cas, la société doit la connaître tout entière.

MERLIN DE THIONVILLE. — Je déclare que Danton m'arracha des mains du juge de paix Larivière, qu'au 10 août il sauva la République avec ces paroles : De l'audace, encore de l'audace, et puis encore de l'audace ! Voilà Danton !

MOMORO. — Personne ne se présente pour parler contre Danton, il faut en conclure que personne n'a rien à alléguer contre lui : Je demande l'ordre du jour.

La discussion se termine par la demande que fait un membre, que le président accorde l'accolade fraternelle à Danton. Il la reçoit au milieu des applaudissements les plus flatteurs.

(*Moniteur* du 6 décembre 93.)

Levasseur rend ainsi compte de la réconciliation :

Cependant Robespierre sentait le besoin d'appui contre l'ennemi le plus à craindre, le royalisme et l'étranger qui nous menaçait sous le masque ultra-révolutionnaire..... Il sentait le besoin de s'assurer l'aide de Danton, dont la mâle éloquence avait exercé un pouvoir magique sur le peuple ; mais depuis que Danton avait abandonné les affaires publiques, les hommes intéressés à semer la discorde dans le camp républicain avaient aigri l'un contre l'autre les chefs de la Montagne, et suscité d'amères défiances entre Danton et Robespierre. Cependant l'intérêt rallia ces deux hommes ; une entrevue eut lieu entre eux, et ils s'entendirent sur les moyens de renverser la faction des immoraux. Leur réconciliation eut de l'éclat ; la société des Jacobins en fut le théâtre. Pendant l'absence de Danton des bruits absurdes avaient été semés contre lui par les hébertistes. On avait été jusqu'à l'accuser d'émigration, et ces inculpations folles ayant trouvé de l'écho dans la société des Jacobins, Robespierre se chargea de la défense de son collègue, et saisit cette occasion pour en faire l'éloge.

Depuis ce moment Danton remonta sur la brèche.....

On pense bien que la réunion d'un athlète tel que Danton au parti du comité de salut public, était plus que suffisante pour étouffer l'hydre de la commune ; mais l'entourage de Danton était bien loin de nous rassurer et de mettre un terme aux dangers qui nous obsédaient. Cependant l'éloquent orateur n'embrassait pas les querelles particulières de ses amis. Par exemple, lorsque je crus devoir attaquer Philippeaux aux Jacobins à propos de son étrange rapport sur la Vendée, Danton garda la plus stricte neutralité. Robespierre de son côté, usa envers Philippeaux d'une modération qui ne lui était pas habituelle ; mais ces égards réciproques étaient plutôt une trêve armée qu'un accord parfait ; Robespierre était jaloux de sortir du gouffre révolutionnaire par sa propre énergie et sans concession à aucun des partis vaincus. Danton au contraire, effrayé des maux qui frappaient ses yeux, voulait en finir à tout prix avec l'anarchie.

    (*Mémoires* de Réné Levasseur, t. II, chap. XX.)

Dans son premier numéro du *Vieux Cordelier*, Camille s'exprime ainsi à propos de cette défense de Danton par Robespierre.

C'est hier surtout, à la séance des Jacobins que j'ai vu ses progrès avec effroi, ô Pitt, et que j'ai senti toute ta force, même au milieu de nous. J'ai vu dans ce berceau de la liberté, un Hercule près d'être étouffé par tes serpents tricolores. Enfin les bons citoyens, les vétérans de la Révolution, ceux qui ont fait les cinq campagnes, depuis 1789, ces vieux amis de la liberté qui, depuis le 12 juillet ont marché entre les poignards et les poisons des aristocrates et des tyrans, les fondateurs de la République, en un mot, ont vaincu. Mais que cette victoire même leur laisse de douleur, en pensant qu'elle a pu être disputée si longtemps dans les Jacobins! La victoire nous est restée, parce qu'au milieu de tant de ruines de réputations, colossales de civisme, celle de Robespierre est debout ; parce qu'il a donné la main à son émule de patriotisme, notre président perpétuel des anciens Cordeliers, notre Horatius Coclès, qui, seul, avait soutenu sur le pont tout l'effort de Lafayette et de ses 4,000 Parisiens assiégeant Marat, et qui semblait maintenant terrassé par le parti de l'étranger. Déjà fort du terrain gagné pendant la maladie et l'absence de Danton, ce parti, dominateur insolent dans la société, au milieu des endroits les plus touchants, les plus convaincus de sa justification, dans les tribunes huait, et dans le sein de l'Assemblée secouait la tête et souriait de pitié, comme aux discours d'un homme condamné par tous les suffrages. Nous avons vaincu cependant, parce qu'après le discours foudroyant de Robespierre, dont il semble que les talents grandissent avec les dangers de la République, et l'impression profonde qu'il avait laissée dans les âmes, il était impossible d'oser élever la voix contre Danton, sans donner, pour ainsi dire quittance publique des deniers de Pitt. Robespierre, les oisifs que la curiosité avait amenés hier à la séance des Jacobins, et qui ne cherchaient qu'un orateur et un spectacle, en sont sortis ne regrettant plus ces grands acteurs de la tribune, Barnave et Mirabeau, dont tu fais oublier souvent le talent de la parole.

    (*Le Vieux Cordelier*, n° 1.)

On vient de voir comment avait été interprétée l'absence de Danton, nous allons enfin en savoir la vraie raison, car voici à ce propos une attestation bien précieuse, elle fut présentée le 3 décembre aux Jacobins.

Le citoyen Bercy Sirault écrit d'Arcis-sur-Aube le 18 :

Frères et amis,

J'ai lu dans le dernier numéro, intitulé *Journal de la Montagne*, que Danton était accusé d'avoir émigré, et que pour, cet effet, il avait supposé une maladie. Je ne connais point Danton, et je crois même ne lui avoir jamais parlé, mais je suis son voisin, et de ma croisée je pouvais voir ce qui se passait chez lui ; en conséquence, je puis attester qu'il a passé à Arcis le temps qu'il fut absent de son poste ; que de plus toutes les fois qu'il a paru à sa croisée ou sur sa porte ce fut toujours en bonnet de nuit et vêtu de manière à ne pas laisser de doute sur sa convalescence. Ami de la vérité j'ai cru devoir en instruire la société, non pas pour disculper Danton parmi ses concitoyens dont il est connu, car je suis bien persuadé qu'ils étaient éloignés de croire à de pareilles calomnies, mais c'est afin de faire connaître avec plus d'éclat de quoi sont capables ces êtres qui, ne sachant plus quel rôle jouer, cherchent à perdre les patriotes dans l'esprit public ; ils sont assez stupides pour ne pas voir qu'ils se casseront encore le nez, car le peuple sait toujours distinguer les véritables défenseurs de ses droits.

Je suis avec fraternité, votre concitoyen en République une et indivisible,

BERCY SIRAULT.

Nous savons comme le citoyen Bercy que le républicain Danton n'a pas besoin d'être disculpé. Tous les patriotes le connaissent, et ils ne furent jamais les dupes des petits moyens des scélérats qui veulent nous diviser ; mais nous insérons cette lettre par les mêmes motifs qui ont engagé le citoyen Bercy à l'écrire.

ARISTIDE VALCOUR.

(*Journal de la Montagne*, n° 34 du 2° volume.)

A propos des mesures à prendre contre les suspects :

DANTON. — Il faut nous convaincre d'une vérité politique, c'est que parmi les personnes arrêtées, il en est de trois classes ; les unes qui méritent la mort, un grand nombre dont la République doit s'assurer, et quelques-unes sans doute qu'on peut relaxer sans danger pour elle. Mais il vaudrait mieux, au lieu d'affaiblir le ressort révolutionnaire, lui donner plus de nerf et de vigueur. Avant que nous en venions à des mesures combinées, je demande un décret révolutionnaire que je crois instant. J'ai eu, pendant ma *convalescence* la preuve que des aristocrates, des nobles extrêmement riches, qui ont leurs fils chez l'étranger, se trouvent seulement arrêtés comme suspects, et jouissent d'une fortune qu'il est juste de faire servir à la défense de la liberté qu'ils ont compromise.

Je demande que vous décrétiez que tout individu qui a des fils émigrés, et qui ne prouvera pas qu'il a été ardent patriote, et qu'il a fait tout au monde pour empêcher leur émigration, ne soit plus que pensionnaire de l'État, et que tous ses biens soient acquis à la République.

La proposition de Danton est décrétée.

(*Moniteur* du 9 décembre 93.)

Dans la discussion sur l'instruction publique un député lit un projet contenant que les pères et les mères *pourront*, à leur choix, envoyer leurs enfants aux écoles primaires. Charlier demande qu'au lieu de *pourront*, il soit mis *seront tenus*. Thibaudeau s'oppose à cet amendement, et s'appuie principalement sur les droits de la nature.

DANTON.—Il est temps de rétablir ce grand principe qu'on semble méconnaître : que les enfants appartiennent à la République avant d'appartenir à leurs parents. Personne plus que moi ne respecte la nature. Mais l'intérêt social exige que là seulement doivent se réunir les affections. Qui me répondra que les enfants travaillés par l'égoïsme des pères, ne deviennent dangereux pour la République. Nous avons assez fait pour les affections, nous devons dire aux parents : nous ne vous arrachons pas vos enfants ; mais vous ne pourrez les soustraire à l'influence nationale.

Et que doit donc nous importer la raison d'un individu devant la raison nationale? Qui de nous ignore les dangers que peut produire cet isolement perpétuel? C'est dans les écoles nationales que l'enfant doit sucer le lait républicain. La République est une et indivisible. L'instruction publique doit aussi se rapporter à ce centre d'unité. A qui d'ailleurs accorderions-nous cette faculté de s'isoler. C'est au riche seul. Et que dira le pauvre, contre lequel peut-être on élèvera des serpents? J'appuie donc l'amendement proposé. (*Vifs applaudissements.*)

(*Moniteur* du 14 décembre 93.)

On pourrait affirmer que son assiduité aux séances avant son départ pour Arcis, son activité dès son retour, témoignent suffisamment de la légitimité de son absence.

Club des Jacobins.

Nioche est dénoncé pour s'être mal conduit à Lyon, pour avoir adhéré à la suspension de la municipalité patriote.

DANTON.—Pour isoler la mission de Nioche de toute sa conduite antérieure, je vais prendre Nioche au moment de son arrivée à Lyon. Dès son arrivée Nioche donna la mesure de ce qu'il voulait faire, en répandant avec Gauthier la terreur parmi les aristocrates, au moyen des mesures vigoureuses qu'ils prirent.

Le dévouement même des patriotes, dévouement beau sans doute, mais qui heureusement ne fut pas suivi des malheurs que l'on redoutait, ne fut couronné de succès que grâces à la conduite de Nioche.

Les aristocrates l'ont calomnié, persécuté. Qu'est-ce que cela prouve, sinon son patriotisme?

Il n'a pas été blessé, dites-vous ; fallait-il qu'il fut tué pour être votre ami? Je le répète, il a pour lui les faits et les intentions. Si quelqu'un pouvait encore douter de ces dernières; s'il était permis de balancer encore sur l'opinion qu'on doit se former de lui, il faudrait appeler d'autres représentants du peuple, former une Convention ; les patriotes deviendraient tous..... mais cela n'arrivera pas..... (Non, non, *s'écrient à la fois tous les membres de la société.*)

(*Moniteur* du 22 décembre 93.)

Club des Jacobins.

Milhaut fait remarquer que les contre-révolutionnaires s'affublent du bonnet rouge pour tromper la bonne foi des patriotes, il demande en conséquence que le bureau de la société ne soit plus astreint à le porter. Hébert demande en outre que cette mesure soit étendue à toutes les autorités constituées.

Danton appuie la motion d'Hébert, en faisant remarquer qu'il est nécessaire que le comité de salut public établisse une correspondance immédiate avec les sociétés patriotiques, et que cette correspondance ne pourrait avoir lieu, si la liste de ces sociétés ne parvenait pas à la connaissance du comité.

(*Moniteur* du 22 décembre 93.)

Les sociétés patriotiques constituaient une puissance contre laquelle les comités ne pouvaient rien ; cette motion tendait à les remettre sous la dépendance du comité de salut public, c'est à dire du pouvoir exécutif. En toutes circonstances Danton nous semble s'être toujours proposé le même but : la plus grande concentration possible de la force gouvernementale. Personne n'a été plus gouvernementaliste que lui à cette époque, parce qu'aucun n'a eu moins de vues personnelles ; mais personne aussi n'a eu plus d'ennemis.

On demandait qu'un rapport fut fait sur le général Dampierre qu'on voulait retirer du Panthéon, parce qu'on avait cru reconnaître qu'il avait trahi la République.

DANTON. —La Convention nationale ne désorganisera pas le tombeau de Dampierre sans connaissance de cause. Ce général eut le malheur de naître d'une caste justement proscrite ; mais il est de notoriété publique, qu'il a vécu dans les principes de l'égalité pratique. Il a vécu avec ses laboureurs en ami, en frère ; voici un trait qui le fera connaître. Un malheureux tombe dans une rivière au milieu de l'hiver, Dampierre se jette à la nage et lui sauve la vie.

Il jouissait dans son département de l'estime de tous les citoyens ; je ne veux conclure de là rien de positif ; mais cela suffit au moins pour vous prouver qu'il faut examiner. Certes, si Dampierre eut voulu trahir sa patrie, il l'aurait fait lors de la défection de Dumouriez ; mais vous savez qu'alors il rallia une partie de nos troupes qu'un traître voulait livrer à l'ennemi. Dampierre enfin est mort les armes à la main ; ne le jugez qu'après avoir examiné froidement sa conduite. Lorsque la Convention lui décerna les honneurs du Panthéon, je m'y opposai parce que je ne voulais pas que la Convention accordât un semblable honneur sans connaître les faits qui devaient la déterminer. Je demande que la Convention charge son comité d'instruction publique de lui faire un rapport à ce sujet. La proposition est adoptée.

(*Moniteur* du 22 décembre 93.)

Un marchand de vin avait été soupçonné d'accaparement, on reconnut qu'il n'était pas coupable ; la Convention à l'unanimité déclara qu'il fallait surseoir au décret lancé contre lui.

DANTON. — On s'honore quand on sauve un innocent ; je vole signifier moi-même le décret que la Convention vient de rendre. *(Il sort.)*

La salle retentit d'applaudissements.

Plusieurs autres membres sortent avec Danton, et s'empressent d'aller arrêter l'exécution du jugement du tribunal.

(*Moniteur* du 23 décembre 93.)

Club des Jacobins.

Philippeaux avait fait une brochure dans laquelle il accusait le comité de salut public ; on l'accusait en conséquence dans la société ; la séance était très tumultueuse.

DANTON. — Je demande la parole pour une motion d'ordre. Il est du devoir de la société d'entendre dans le silence notre collègue Philippeaux. Quant à moi, je n'ai point d'opinion formée sur cette affaire ; je désire acquérir une conviction.

Un grand procès se discute ; il se discutera de même à la convention. Pour être à portée de prononcer sainement dans cette affaire, nous avons besoin d'écouter attentivement, et je réclame le plus grand calme.

La société ne veut rayer personne par provision, mais peut-être cette affaire se lie à une multitude d'autres qu'il faut enfin éclaircir : je n'ai aucune opinion formée sur Philippeaux ni sur d'autres ; je lui ai dit à lui-même : il faut que tu prouves ton accusation ou que tu portes ta tête sur un échafaud.

Peut-être n'y a-t-il ici de coupables que les événements : dans tous les cas je demande que tous ceux qui ont à parler dans cette affaire soient entendus. Il n'y a qu'un malheur à redouter, c'est que nos ennemis ne profitent de nos discussions ; qu'ils en profitent le moins possible, et conservons tout le sang-froid qui nous est nécessaire.

Philippeaux accuse Levasseur de n'avoir tant d'acharnement contre lui, que parce que lui Philippeaux a fait rapporter un décret rendu d'enthousiasme par la convention sur la résiliation des baux ; rapport de décret qui avait fait perdre à Levasseur 500 livres de rentes. (*Violents murmures :* point de personnalité, *s'écrie-t-on de toutes parts.*)

DANTON. — Les Romains discutaient publiquement les grandes affaires de l'État et la conduite des individus. Mais ils oubliaient bientôt les querelles particulières, lorsque l'ennemi était aux portes de Rome ; alors ils ne combattaient plus entre eux que de courage et de générosité pour repousser les hordes qui les attaquaient. L'ennemi est aussi à nos portes, et nous nous déchirons les uns les autres. Toutes nos altercations tuent-elles un Prussien ?... (*Vifs applaudissements.*) Je demande, pour terminer ce procès, qu'il soit nommé une commission de cinq membres qui entendront les accusés et les accusateurs.

(*Moniteur* du 26 décembre 93.)

Tenons note de ce que Danton vient de dire sur Levasseur; car Levasseur a fait aussi des mémoires, et, sans plus de preuves que les autres, il a appuyé certaines accusations. Ce ne sont guère que les parties qui se sont faites juges de Danton.

Convention nationale.

Une députation des soldats qui ont combattu contre les Vendéens se présente à la tribune ; un d'eux raconte les hauts faits de ses compagnons d'armes. Merlin de Thionville demande pour ce brave le grade d'adjudant-général. Un député fait remarquer que ce décret devrait être précédé d'un rapport du comité de salut public.

DANTON. — Je ne pense pas qu'il soit hors des pouvoirs de la convention d'accorder la faveur que Merlin réclame ; mais je pense qu'il est de la sagesse de ne faire aucune promotion militaire sans avoir entendu le comité de salut public ; et quoique je sois persuadé que le militaire qui est devant vous mérite les éloges qu'il vient de recevoir, ce qui serait bon aujourd'hui donnerait lieu demain à une imitation moins heureuse ; de là naîtraient les abus. Ainsi, je demande le renvoi au comité de salut public, qui certainement partagera les sentiments que nous venons d'éprouver pour un digne défenseur de la république.

(*Moniteur* du 30 décembre 93.)

Voilà encore un exemple de plus que Danton était toujours maître de son enthousiasme, et ne laissait jamais un pouvoir empiéter sur l'autre. C'est sans doute le poste le plus utile à garder, mais c'est le plus difficile assurément; car on a pour ennemis tous ceux qu'on réfrène; aussi allons-nous bientôt entendre tous les partis crier haro.

Convention nationale.

Bourdon de l'Oise demande qu'il soit enjoint à la municipalité de Paris de faire des recherches sur les volontaires qui résident dans cette ville, au lieu d'aller aux frontières.

DANTON. — Il y a à Paris des citoyens qui viennent pour des objets qui intéressent leurs communes, et qu'il serait dangereux d'en écarter : il faut prendre un juste milieu. Je demande que tout citoyen envoyé à Paris par ses concitoyens, pour un objet quelconque, soit obligé de se faire enregistrer au comité de sûreté générale, qui en rendra compte à l'assemblée toutes les décades. En adoptant cette mesure, vous ne priverez point le peuple de faire ses réclamations à la convention nationale.

Cette proposition est adoptée.

(*Moniteur* du 30 décembre 93.)

CHAPITRE IX

Revenons sur une remarque déjà faite, elle est importante ; ce livre est une plaidoirie devant la postérité, vrai jury des grandes causes ; nous ne saurions trop reproduire les arguments.

Si l'on a lu attentivement les deux chapitres qui précèdent, on s'est dit sans doute que jamais Danton ne s'était montré plus énergique dans ses discours et dans les mesures qu'il proposa. Cela devait être, car jamais non plus le danger n'avait été plus immédiat ; ce n'était plus seulement contre l'étranger qu'il fallait armer les patriotes, mais contre les royalistes qui s'étaient levés de tous côtés ; la guerre civile ensanglantait la France ; l'insurrection contre-révolutionnaire s'étendait de Marseille à Dunkerque. Si jamais la violence des moyens dut prévenir l'audace de la révolte, c'était sans doute dans ce moment terrible. On en a fait autant de crimes à Danton. Mais tous ceux qui se sont élevés contre la création du comité de salut public et celle du tribunal révolutionnaire, par exemple, se sont-ils demandé pourquoi les massacres de septembre ne se sont pas renouvelés, quand les réputés septembriseurs siégeaient, après le 31 mai, en maîtres absolus sur la Montagne. C'est que, par les deux mesures précitées, Danton les avait armés contre eux-mêmes ; il les avait fait juges pour qu'ils ne fussent pas massacreurs ou instigateurs de massacres, persuadé que la responsabilité personnelle est un frein. Or, quel historien lui en a su

gré? Et ce que nous disons de ces deux mesures pourrait se dire
de toutes; elles ont leur raison d'être, leur excuse dans les circonstances qui les ont commandées. Or, qui en a tenu compte?
Et pourtant Danton ne s'est pas lassé de répéter qu'elles étaient
révolutionnaires, c'est à dire provisoires, comme pour prévenir
la postérité qu'il ne restait aucun moyen d'en agir autrement, si
l'on voulait le triomphe de la liberté, le salut du pays.

Il y a plus, d'autres ont nié ces faits si positifs, ces discours
consignés au *Moniteur* et dans les journaux de la société des
Jacobins, et l'on regarde aujourd'hui comme un fait avéré en
histoire qu'à partir du 31 mai Danton peu à peu inclina à l'indulgence, perdit son énergie révolutionnaire, finalement ne fut
plus lui-même; et, comme il faut donner à tout une raison
d'être, on dit : c'est à partir de son mariage en juin 93 que
Danton oublia la patrie dans les bras de sa jeune femme; lui
aussi s'écria : à demain les affaires; et pour donner plus de
poids à cette affirmation on l'appuya d'une citation prise dans je
ne sais quelles chroniques scandaleuses du temps : « Que
voulez-vous que fasse un homme qui chaque nuit s'acharne à
l'amour? »

Je n'ai vu cette citation dans aucun des cent volumes que j'ai
parcourus, mais je veux qu'elle soit consignée quelque part, et
je dis : doit-elle contre-balancer dans votre conviction les
pièces officielles tirées de sources connues, les discours prononcés devant des milliers d'auditeurs, les opinions émises
dans les tribunes publiques, opinions qui contredisent l'anecdote et prouvent par le fait que Danton fut au dernier jour ce
qu'il avait été au début de sa carrière politique. Ce n'est pas lui
qui inclina à l'indulgence, c'est ce qui l'entourait qui traversa
la justice.

Si, à partir de décembre 93, nous le voyons prendre peu de
part dans les débats de personnalités qui vont s'engager à l'Assemblée, dans les comités, aux Jacobins, c'est qu'encore une
fois ces luttes individuelles lui répugnent, et plus que jamais
car il sait qu'au fond tous sont républicains; voulez-vous qu'il
sacrifie d'Églantine à Hébert, Robespierre à Camille, et réciproquement? Il se taira, et son silence sera aussi éloquent que
sa parole; et en cela, il ne changera pas, son opinion à ce sujet

a déjà été formellement exprimée, il n'a que faire de se répéter. Pour nous le Danton de 94 n'a pas dégénéré de celui de 92 ; en des circonstances différentes son attitude est tout autre, mais son principe politique est le même. Il va se taire, et c'est justement ce qui prouve qu'il est sans ambition, sans parti, de telle sorte que nos lecteurs pourront se dire : on ne le vit jamais plus éloquent, plus énergique, plus terrible que quand la patrie était en plus grand danger ; le péril est-il passé, il semble que Danton disparaisse. Il était né pour le salut de la France ; au moment où il mourut la France avait triomphé de ses ennemis, sa mission était remplie.

Mais plutôt que de chercher dans son passé politique la logique de cette abstention volontaire du grand tribun, on a préféré extraire des Peltiers de l'époque une calomnie adroitement aiguisée, et cela avec d'autant plus d'empressement qu'elle concordait avec le portrait vigoureux et pittoresque qu'on avait esquissé du colosse. Il semble qu'on ne puisse représenter au vrai un Danton, sans le faire excentrique en tout ; le siècle raffole des extrêmes. Que pour complaire au goût du moment, pour donner un échantillon de son talent de fantaisiste on dénature un grand caractère, on fasse mentir à son passé un grand citoyen qui n'a jamais dévié de ses principes, voilà ce qui est condamnable au premier chef.

Mais nous avons encore quelques discours à citer, je veux dire des preuves à fournir, poursuivons notre tâche ; pour le lecteur intelligent l'histoire a le pas sur la chronique.

Club des Jacobins.

Il s'agissait de l'accusation portée contre Camille Desmoulins pour son *vieux Cordelier*. A ce propos la discussion s'était envenimée au point que le temps se perdait en invectives réciproques.

DANTON. — Toujours des entraves, toujours des incidents et des questions particulières quand il s'agit d'une affaire générale et qui intéresse la chose publique. Collot a présenté la question sous son véritable point de vue. Pourquoi a-t-on interverti l'ordre qui régnait dans cette discussion ? Les patriotes doivent-ils se servir des mains du patriotisme pour tourmenter les patriotes? Tu te plains, Hébert, mais rappelle-toi les principes : Que tu aies tort, que tu aies raison, c'est ce que le temps fera connaître au public. Mais occupons-nous de l'objet pour lequel nous sommes assemblés aujourd'hui, éclairons le peuple, et laissons à la guillotine de l'opinion quelque chose à faire; sacrifions nos débats particuliers, et ne voyons que la chose publique. Les patriotes doivent savoir niveler leurs sentiments, équilibrer leurs opinions pour écraser d'abord leurs ennemis. N'en doutez pas, citoyens, ils sont cachés derrière le rideau, profitent de nos mouvements, et font agir les ressorts du patriotisme en sens contraire de la révolution. Subordonnons nos haines particulières à l'intérêt général, et n'accordons aux aristocrates que la priorité du poignard.

    (*Moniteur* du 8 janvier 93.)

Évidemment la pensée qui domine dans ce discours est celle-ci : vous êtes tous républicains, donc votre principe et votre but sont les mêmes. Nous différons sur les moyens pratiques, mais ces différences d'opinions doivent-elles nous rendre ennemis les uns des autres? Unissons-nous dans notre principe, car nous ne vaincrons que par l'unité. Est-ce là ce qu'on appelle incliner au modérantisme?

En parlant de Danton à cette époque à peu près, Vilate s'exprime ainsi :

Lacroix et Legendre, à leur retour des départements, avaient été obligés d'attendre dans les anti-chambres du comité de salut public. Ce retard ne devait guère s'accorder avec leurs idées d'égalité.

Danton, né paresseux avait négligé d'entrer dans le gouvernement des affaires, il avait fait des absences... Il se croyait fort comme Hercule... Il ne tarda pas à s'apercevoir de ses fautes, de ses négligences. Danton osa se plaindre à la Convention du despotisme des comités sur elle-même. Il est temps, disait-il, que la Convention reprenne l'attitude imposante qu'elle tient du peuple, et qu'elle n'aurait pas dû perdre devant quelques-uns de ses membres : je ne fais ici qu'émettre la préface de mon opinion politique. Les Cordeliers s'étaient portés aux Jacobins. Camille Desmoulins jeta dans le public son *vieux Cordelier :* le parti fut bientôt formé; il ne laissait pas que d'être redoutable par son adresse à réclamer vivement contre les mesures de terreur et de despotisme, sous lesquelles toute la France consternée gémissait dans un morne silence.

Camille Desmoulins est attaqué aux Jacobins. On tourmente, on vexe sa famille. Danton prononce le mot d'ultra-révolutionnaire. Robespierre toujours observateur inquiet sur la direction des événements, affecte tout à la fois de défendre Danton et d'improuver ses opinions. Il précipite Desmoulins, en prenant superbement envers lui les dehors de la pitié.....

    (Vilate, p. 25.)

Club des Jacobins.

A propos de la repartie que Robespierre adressa à Camille, quand celui-ci eut fait la fameuse réponse : « brûler n'est pas répondre, » Danton prit la parole :

Camille ne doit pas s'effrayer des leçons un peu sévères que l'amitié de Robespierre vient de lui faire. Citoyens, que la justice et le sangfroid président toujours à vos décisions. En jugeant Desmoulins, prenez garde de porter un coup funeste à la liberté de la presse.
(*Moniteur* du 10 janvier.)

Comme il voudrait tourner en questions de principe toutes ces querelles de personnes. Après le vote de janvier 93, était-il possible de douter que la majorité, qui avait demandé la mort du roi, ne fût républicaine? Dès lors le but du vrai patriote ne devait-il pas être de maintenir la concorde entre les gens d'un même parti? Étudiez Danton, vous verrez que là tendirent tous ses efforts à partir de cette date, même sous le règne des Girondins, car ceux-ci n'étaient que des démocrates aigris par des déceptions d'amour-propre.

Il croyait si peu à l'impossibilité des mesures qu'il avait proposées, que lui-même en demandait la modification quand il ne les croyait plus bonnes.

Le comité des finances avait répondu à Forestier qu'on ne pouvait lui donner les comptes du ministère de la guerre, dont les besoins sans cesse renaissants ne permettaient pas d'attendre un décret pour lui remettre les fonds qu'il demandait. Cambon avait reparti : « tu seras bien fin si tu peux percer les ténèbres qui environnent ce ministère; car il y a plus d'un an que je cherche à y reconnaître quelque chose, et je n'y vois pas encore clair. »

DANTON. — La Convention nationale a déjà prouvé qu'après avoir, de concert avec le peuple, conquis la liberté, elle saurait la régir et la conserver. Citoyens, un abus vient de vous être dénoncé; je pense que le ministre de la guerre, ne doit plus puiser dans le trésor national, mais je vous engage à ne rien précipiter; nous avons vaincu par la force nationale et avec le comité de salut public; décrétez le principe et renvoyez les détails à votre comité de salut public, afin de ne point ralentir le cours de vos succès. Je pense aussi que tout membre qui médite sur les moyens de donner une grande

force au gouvernement provisoire que vous avez décrété, doit porter le
résultat de ses réflexions au comité de salut public. Ce qui épouvante l'Europe c'est de voir la manivelle de ce gouvernement entre les mains de ce
comité, qui est l'Assemblée elle-même. Je demande qu'en décrétant le principe, les propositions de Bourdon soient renvoyées au comité de salut public,
pour en faire un rapport; je demande qu'il fasse également un rapport sur
les moyens de perfectionner le gouvernement provisoire. Je suis convaincu
qu'un conseil délibérant est mauvais, qu'il vous faut un directeur de la
guerre responsable, un directeur de l'intérieur responsable, etc., et que le
comité du salut public doit diriger l'action du gouvernement dont la Convention nationale l'a chargée.

La proposition de Danton est adoptée.

(*Moniteur* du 8 janvier 94.)

Convention nationale.

Amar était venu, au nom du comité de salut public, faire son
rapport sur l'arrestation de Fabre d'Églantine.

DANTON. — La situation politique de la nation et de la Convention nationale est telle que toutes les vérités peuvent lui être dévoilés sans danger.
Le comité de sûreté générale a bien agi en mettant sous la main de la loi un
homme présumé coupable; mais comme la Convention n'a pas de travaux
qui prolongent ses séances, pourquoi ne se chargerait-elle pas de la recherche
des coupables? Rendons justice au peuple; pourquoi les accusés ne seraient-
ils pas traduits à la barre pour s'expliquer, après que le comité de sûreté
générale aura pris les mesures convenables pour qu'aucun coupable
n'échappe, qu'aucun fil de l'intrigue ne se perde? Un décret d'accusation a
été proposé d'après un principe que j'avoue; *mais pouvez-vous vouloir inter-
dire aux accusés la faculté d'être entendus?* Sans doute il peut se trouver des
occasions où le peuple soit pressé de punir, où chacun ait le droit de poignarder un scélérat qui veut perdre la liberté. Brissot et consorts ne pouvaient
être entendus; ils étaient déjà condamnés; la liberté était menacée de trop
près; mais lorsqu'on vous dévoile des turpitudes, un agiotage, des corrup-
tions; lorsqu'on tient les principaux fils de toute l'intrigue, lorsqu'on vous
dénonce un faux qui peut être désavoué et attribué à une main étrangère,
pourquoi n'entendrions-nous pas ceux qu'on accuse?

Je demande que la Convention confirme l'arrestation de Fabre d'Églantines,
que le comité de sûreté générale prenne toutes les mesures qui seront nécessaires, et qu'ensuite les prévenus soient traduits à la barre, afin qu'ils soient
jugés devant tout le peuple, et qu'il connaisse ceux qui méritent encore son
estime. Ma proposition n'est pas contraire à celle du comité, je demande
qu'elle soit adoptée.

Vadier et Billaut-Varennes combattent la proposition; celui-ci déclare que
l'affaire de Fabre se rattache à une autre.

DANTON.—Aussitôt qu'une conspiration est découverte, le soupçon ne doit plus planer sur tel ou tel individu, le glaive de la loi doit frapper les coupables. Il faut qu'un rapport général soit fait à la Convention, afin de lui faire connaître toutes les ramifications de cette horrible conspiration ; car si Vadier ne nous eût annoncé que celle qui vient d'être découverte se liait à celle dénoncée par Chabot, la République et nous l'eussions ignoré. Je demande que les comités réunis de salut public et de sûreté générale consacrent une partie de leurs veilles à réunir tous les fils de ce complot, et qu'ils fassent leur rapport aussitôt qu'ils le pourront sans compromettre les intérêts de la patrie..... Mon intention n'a pas été d'accuser le comité, je lui rends justice.

(*Moniteur* du 15 janvier 94). .

Y a-t-il là une reculade, comme on l'a soutenu ? Évidemment non. On présente d'abord Fabre d'Églantine comme coupable d'escroquerie : eh bien, dit Danton, que la Convention l'entende.

Un membre du comité ajoute qu'il y a plus qu'un faux dans l'affaire de Fabre, qu'il y a conspiration : dans ce cas, réplique Danton, la chose est plus grave, que le comité nous en fasse un rapport.

Il faut avoir besoin de faire plier les faits à un système arrêté d'avance, pour trouver autre chose dans les deux allocutions précitées.

Ne pouvant empêcher les partis de s'accuser réciproquement, il voudrait au moins qu'ils ne se fissent pas juges, c'est pourquoi il en appelle à la Convention dans un moment où les circonstances ne sont pas si pressantes qu'elle ne puisse prendre le temps de décider sur le sort de ses membres.

Convention nationale.

De jeunes élèves de la patrie étaient venus demander à la Convention une députation pour assister à une fête civique en l'honneur des martyrs de la liberté. Ils avaient chanté un chant patriotique, et la loi en avait demandé l'insertion au Bulletin.

DANTON. — Le Bulletin de la Convention n'est point du tout destiné à porter des vers dans la République, mais de bonnes lois rédigées en bonne prose. Un décret, d'ailleurs, ordonne l'examen préliminaire du comité d'instruction publique pour tout ce qui peut concerner les arts et l'éducation. Je demande donc le renvoi au comité.

Dubouchet insiste, sur ce que de tels chants produisent un effet prodigieux.

DANTON. — Il ne faut pas invoquer des principes que nous reconnaissons tous, pour en tirer des conséquences fausses. Sans doute les hymnes patriotiques sont propres à enflammer, à électriser l'énergie républicaine ; mais qui de vous est en état de prononcer sur la chanson qu'on a chantée à la barre? En avez-vous bien entendu et le sens et les mots? Pouvez-vous m'en instruire, car moi je n'ai pu en juger. Pourquoi donc empêcher la Convention de se mettre en mesure pour juger avec connaissance de cause ! Le vrai moyen est le renvoi au comité d'instruction publique. Qui plus que moi sent la néoessité d'encourager les arts et les jeunes talents! Nous n'avons point fondé une République de Visigoths ; après l'avoir solidement instruite, il faudra bien s'occuper de la décorer ; mais dans les petites choses comme dans les grandes, la Convention ne doit jamais prendre de détermination indiscrète et inconsidérée. J'insiste pour le renvoi.

Le renvoi est décrété.

(*Moniteur* du 16 janvier 94.)

On pouvait croire dans l'affaire de Fabre qu'il voulait sauver un ami ; ici il s'agit d'un député qu'il connaît à peine, il demande l'application des mêmes mesures : que le comité fasse un rapport, que la Convention décide s'il y a crime, et que le tribunal juge.

Bourdon demande que la Convention chasse de la représentation nationale Dentzel, convaincu de n'être qu'un aristocrate.

DANTON. — A ne consulter que la justice nationale, la proposition de Bourdon doit être adoptée; les faits qu'il a articulés contre Dentzel sont graves; s'il est coupable, comme j'incline à le croire, la Convention ne se bornera pas à le chasser de son sein; mais elle le traduira au tribunal révolutionnaire. Mais suivons une marche sage qui nous mette à l'abri des erreurs.

Je demande que les comités de salut public et de sûreté générale se saisissent de l'accusation, et fassent arrêter l'individu s'ils le jugent convenable.

(*Moniteur* du 18 janvier 94.)

N'oublions pas lors de son jugement en avril, que ce qu'il demande pour lui, il l'avait demandé pour d'autres à une époque où il ne pouvait soupçonner qu'il put être mis en cause, dans un moment où il ne s'en doutait pas puisque, de l'aveu de tous, il est mort pour avoir eu trop de confiance dans sa sécurité.

Convention nationale.

Danton observe que les lois rendues par l'Assemblée ne permettent pas d'élever le moindre doute sur le point de fait que l'on veut mettre en question, à savoir que la possession d'état suffit aux enfants pour leur donner le droit de réclamer la succession de leur auteur, et que les juges ne peuvent refuser de prononcer, à moins qu'ils ne soient des contre-révolutionnaires. Il demande l'ordre du jour sur le projet du comité, et le renvoi de la pétition au comité de sûreté générale, qui poursuivra ceux qui ont pu élever une pareille question.

(*Moniteur* du 19 janvier 94.)

Convention nationale.

Couturier demande, par article additionnel, que tous les titulaires d'offices qui auront reproduit leurs titres, après les avoir déjà retirés, soient déclarés déchus de tout droit à liquidation.

DANTON.—Rien n'est plus juste que la proposition de Couturier. Sans doute il faut qu'ils soient déchus, ceux qui, par défiance ou par haine de la révolution, n'ont pas voulu attendre leur sort de la loyauté française ; sans doute on pourrait les regarder comme suspects et très suspects. J'appuie donc l'article additionnel.

RAMEL.—Le 26 mai 92, le corps législatif décréta que la rente apanagère des frères du ci-devant roi soit saisissable ; il faut savoir si les créanciers auront encore hypothèque sur cette rente d'un million.

DANTON.—Suivant le proverbe : Morte la bête, mort le venin ; il me semble que sitôt que ces animaux-là n'existent plus, on ne doit plus parler de rente apanagère.

(*Moniteur* du 23 janvier 94.)

Convention nationale.

Camille Desmoulins était venu réclamer contre des commissaires de section qui avaient fait une descente chez son beaupère et avaient saisi une partie de sa bibliothèque.

DANTON.—Je m'oppose à l'espèce de distinction, de privilège qui semblerait

accordé au beau-père de Desmoulins. Je veux que la Convention ne s'occupe
que d'affaires générales. Si l'on veut un rapport pour ce citoyen, il en faut
aussi pour tous les autres. Je m'élève contre la priorité de date qu'on cherche
à lui donner à leur préjudice. Il s'agit d'ailleurs de savoir si le comité de
sûreté générale n'est pas tellement surchargé d'affaires qu'il trouve à peine
le temps de s'occuper de réclamations particulières.

Une révolution ne peut se faire géométriquement. Les bons citoyens qui
souffrent pour la liberté, doivent se consoler par ce grand et sublime motif.
Personne n'a plus que moi demandé les comités révolutionnaires ; c'est sur
ma proposition qu'ils ont été établis. Vous avez voulu créer une espèce de
dictature patriotique des citoyens les plus dévoués à la liberté, sur ceux qui
se sont rendus suspects. Ils ont été élevés dans un moment où le fédéralisme
prédominait. Il a fallu, il faut encore les maintenir dans toute leur force ;
mais prenons garde aux deux écueils contre lesquels nous pourrions nous
briser. Si nous faisions trop pour la justice, nous donnerions peut-être dans
le modérantisme, et prêterions des armes à nos ennemis. Il faut que la justice soit rendue de manière à ne point atténuer la sévérité de nos mesures.

Lorsqu'une révolution marche vers son terme quoiqu'elle ne soit pas
encore consolidée, lorsque la République obtient des triomphes, que ses
ennemis sont battus, il se trouve une foule de patriotes tardifs et de fraîche
date ; il s'élève des luttes de passions, des préventions, des haines particulières, et souvent les vrais, les constants patriotes sont écrasés par ces nouveaux venus. Mais enfin là où les résultats sont pour la liberté par des
mesures générales, gardons-nous de les accuser. Il vaudrait mieux outrer
la liberté et la révolution, que de donner à nos ennemis la moindre espérance de rétroaction. N'est-elle pas bien puissante cette nation? N'a-t-elle
pas le droit comme la force d'ajouter à ses mesures contre les aristocrates,
et de dissiper les erreurs élevées contre les ennemis de la patrie ? Au moment
où la Convention peut, sans inconvénient pour la chose publique, faire justice à un citoyen, elle violerait ses droits, si elle ne s'empressait de le faire.

La réclamation de mon collègue est juste en elle-même, mais elle ferait
naître un décret indigne de nous. Si nous devions accorder une priorité, elle
appartiendrait aux citoyens qui ne trouvent pas dans leur fortune et dans
leurs connaissances avec des membres de la Convention, des espérances et
des ressources au milieu de leur malheur ; ce serait aux malheureux, aux
nécessiteux qu'il faudrait d'abord tendre les mains. Je demande que la Convention médite les moyens de rendre justice à toutes les victimes des
mesures et arrestations arbitraires, sans nuire à l'action du gouvernement
révolutionnaire. Je me garderai bien d'en prescrire ici les moyens. Je
demande le renvoi de cette question à la méditation du comité de sûreté
générale, qui se concertera avec le comité de salut public ; qu'il soit fait un
rapport à la Convention, et qu'il soit suivi d'une discussion large et approfondie ; car toutes les discussions de la Convention ont eu pour résultat le
triomphe de la raison et de la liberté.

La Convention n'a eu de succès que parce qu'elle a été peuple ; elle restera peuple; elle cherchera et suivra sans cesse l'opinion publique; c'est cette opinion qui doit décréter toutes les lois que vous proclamez. En approfondissant ces grandes questions, vous obtiendrez, je l'espère, des résultats qui satisferont la justice et l'humanité. (*On applaudit.*)

Cette proposition est renvoyée aux comités de salut public et de sûreté générale.

(*Moniteur* du 25 janvier 94.)

Est-il tombé dans un modérantisme produit par l'énervement érotique, celui qui vient de dire en janvier 94 : « Il faut maintenir les comités dans toute leur force, car si nous faisions trop pour la justice, nous donnerions peut-être dans le modérantisme, et nous prêterions des armes à nos ennemis? »

Convention nationale.

Bourdon dénonce un abus de pouvoir du ministre de la guerre Bouchotte.

DANTON. — La Convention doit être conséquente avec ses principes, et s'en tenir au gouvernement révolutionnaire provisoire qu'elle a décrété. Si le fait dénoncé est constant, il doit donner lieu à un décret d'accusation. Mais il faut l'éclaircir. Pour moi, il me semble impossible qu'un ministre ait pu sciemment dépouiller un citoyen du grade que la Convention lui a extraordinairement accordé pour une action extraordinaire. Il y a sans doute erreur de fait. Il est absurde, quand vous avez un comité de salut public chargé de surveiller toute l'action du gouvernement, de vouloir prendre sur cette affaire une décision précipitée. Il faut lui renvoyer la dénonciation, pour faire un rapport séance tenante. Voilà mon opinion.

Je vois que, pour ce qui regarde les membres de la Convention, soit pour ce qui concerne les ministres, soit à l'égard des individus, nous nous abandonnons à nos propres passions. L'énergie fonde les Républiques; la sagesse et la conciliation les rendent immortelles. On finirait bientôt par voir naître des partis. Il n'en faut qu'un, celui de la raison; la raison veut que le fait soit éclairci; la raison veut qu'un ministre ne soit pas regardé comme un coupable, parce qu'il est accusé d'un fait qui implique contradiction. Je demande donc le renvoi au comité de salut public pour faire un rapport séance tenante.

(*Moniteur* du 31 janvier 94.)

Est-ce logique? Et dans un moment où tous agissaient par passion, pouvait-on faire preuve de plus d'impartialité? Et pourtant hier il s'agissait de son ami le plus intime. Les historiens n'ont pas tenu compte de tous ces faits particuliers, préoccupés qu'ils étaient par la lutte des grands partis ; et, voyant que Danton ne s'y mêlait pas, ils ont trouvé plus court de déclarer qu'il était devenu indifférent et pour lui-même et pour la chose publique.

Convention nationale.

Un membre de l'Assemblée demande que le prince de Talmont, depuis longtemps détenu à la Conciergerie, soit jugé.

DANTON. — Le tribunal révolutionnaire doit accorder la priorité à cette espèce de conspirateur ; je demande que la Convention décrète que le ci-devant prince de Talmont sera jugé avant tout autre accusé.

(*Moniteur* du 31 janvier 94.)

Convention nationale.

Raffron demande que Chasles, en mission à Lille, soit immédiatement transporté à Paris, fût-ce en litière, s'il était vrai qu'il fût malade, et dût-il mourir en chemin.

DANTON. — Il ne faut pas que la Convention rende un décret insignifiant. Il faut charger les comités de salut public et de sûreté générale de prendre toutes les mesures nécessaires pour l'exécution du décret qui rappelle Chasles. Sans doute sa conduite a provoqué des dispositions sévères, car je le regarde comme constitué en retard et même en désobéissance. Cependant il peut se faire qu'il ne soit pas transportable ; il peut être malade, il peut le devenir ; le terme que vous lui prescriviez serait donc ridicule. Vous devez vous fier à vos comités et croire qu'ils ne lui feront pas grâce.

(*Moniteur* du 1ᵉʳ février 94.)

Toutes ces réclamations contre les décisions trop promptes ne tendent qu'à ne pas laisser l'Assemblée se compromettre par de fausses mesures.

Convention nationale.

Un sans-culotte a été nommé à un emploi public ; il ne peut le remplir faute de cautionnement.

DANTON. — Je ne sais si la question du cautionnement est encore décidée. Quant à moi, je la combats ; et, s'il existe une loi contraire, j'en demande l'abrogation. Il n'est pas un bon esprit qui ne regarde comme absurde la théorie des cautionnements. Si les fonctionnaires sont comptables de deniers, ce n'est point une responsabilité matérielle qu'il faut exiger d'eux, mais une responsabilité morale. C'est encore une rouille de l'ancien régime à faire disparaître. Lorsque la loi n'appelle aux fonctions publiques que les vertus et les talents, il n'y a point lieu à des cautionnements pécuniaires.

Le principe est décrété.

(*Moniteur* du 4 février 94.)

Quand un homme public a fait la profession de foi qui va suivre, et qu'il n'est pas permis d'en nier un seul article, il peut mourir, il est acquis à l'immortalité comme grand citoyen.

Nous comprendrions qu'on l'accusât de modérantisme, si les circonstances qui ont appelé les mesures révolutionnaires qu'il a lui-même proposées étaient identiques. Mais, en février 94, les ennemis intérieurs n'étaient-ils pas écrasés? la Vendée vaincue? Toulon, Marseille et Lyon reconquis? Les ennemis du dehors rejetés au delà des frontières? Les faits parlent ; et puisque ces mesures étaient de circonstance, les circonstances changeant les mesures aussi doivent se modifier. Et remarquez que Danton ne demande pas que la Convention se désarme, mais qu'elle pose l'arme au pied ; il veut que la justice dépose son glaive, arrache son bandeau et reprenne sa balance.

Lecointre demande que la Convention ne rende pas la liberté aux citoyens Vincent et Ronsin, jusqu'à ce que son comité de sûreté générale lui ait fait un rapport détaillé.

DANTON. — Ce devrait être un principe incontestable parmi les patriotes que, par provision, on ne traitât pas comme suspects des vétérans révolutionnaires qui, de l'aveu public, ont rendu des services constants à la liberté. Je sais que le caractère violent et impétueux de Vincent et de Ronsin ont pu leur donner des torts particuliers vis-à-vis de tel et tel individu ; mais, de même que dans toutes les grandes affaires, je conserverai l'inaltérabilité de mon opinion, et que j'accuserai mon meilleur ami si ma conscience me dit qu'il est coupable, de même je veux aujourd'hui défendre Ronsin et Vincent contre des préventions que je pourrais reprocher à quelques-uns de mes collègues, et contre des faits énoncés postérieurement à l'arrestation des deux détenus, ou bien antérieurement, mais alors peu soigneusement conservés dans les circonstances dont on les a environnés. Car enfin, sur ces derniers, vous venez d'entendre l'explication de Levasseur ; quant aux autres, quelles probabilités les accompagnent? combien de signataires en attestent la vérité? qui les garantit à celui qui a signé la dénonciation? Lui-même est-il témoin et témoin oculaire? Si aucun des signataires n'a été le témoin de ce qu'il a avancé, s'il n'a que de simples soupçons, je répète qu'il est très dangereux et très impolitique d'assigner comme suspect un homme qui a rendu de grands services à la révolution.

Je suppose que Ronsin et Vincent s'abandonnant aussi à des préventions individuelles, voulussent voir dans les erreurs où Philippeaux a pu tomber le plan formé d'une contre-révolution ; immuable, comme je le suis, je déclare que je n'examinerais que les faits, et que je laisserais de côté le caractère qu'on aurait voulu leur donner.

Ainsi donc quand je considère que rien, en effet, n'est parvenu au comité de sûreté générale contre Vincent et Ronsin, que d'un autre côté je vois une dénonciation signée d'un seul individu, qui peut-être ne déclare qu'un ouï-dire, je rentre alors dans mes fonctions de législateur ; je me rappelle le principe que je posais tout à l'heure, qui est qu'il faut être bien sûr des faits pour prêter des intentions contre-révolutionnaires à des amis ardents de la liberté, ou pour donner à leurs erreurs un caractère de gravité qu'on ne supporterait pas pour les siennes propres. Je dis alors qu'il faut être aussi prompt à démêler les intentions évidentes d'un aristocrate qu'à rechercher le véritable délit d'un patriote ; je dis ce que je disais à Fabre lui-même lorsqu'il arracha à la Convention le décret d'arrestation contre Vincent et Ronsin: vous prétendez que la Convention a été grande lorsqu'elle a rendu ce décret, et moi je soutiens qu'elle a eu seulement une bonne intention et qu'il la fallait bien éclairer.

Ainsi je défends Ronsin et Vincent contre des préventions, de même que je défendrai Fabre et mes autres collègues, tant qu'on n'aura pas porté dans mon âme une conviction contraire à celle que j'en ai. L'exubérance de chaleur qui nous a mis à la hauteur des circonstances, et qui nous a donné la force de déterminer les événements et de les faire tourner aux profits de la liberté, ne doit pas devenir profitable aux ennemis de la liberté! Mon plus cruel ennemi, s'il avait été utile à la république, trouverait en moi un défenseur ardent quand il serait arrêté, parce que je me défierai d'autant plus de mes préventions qu'il aurait été plus patriote.

Je crois Philippeaux profondément convaincu de ce qu'il avance, sans que pour cela je partage son opinion ; mais, ne voyant pas de danger pour la liberté dans l'élargissement de deux citoyens qui, comme lui et comme nous, veulent la république, je suis convaincu qu'il ne s'y opposera pas ; qu'il se contentera d'épier leur conduite et de saisir les occasions de prouver ce qu'il avance ; à plus forte raison la convention ne voyant pas de danger dans la mesure que lui propose le comité de sûreté générale, doit se hâter de l'adopter.

Si, quand il fallait être électrisé autant qu'il était possible pour opérer et maintenir la révolution ; si, quand il a fallu surpasser en chaleur et en énergie tout ce que l'histoire rapporte de tous les peuples de la terre ; si alors j'avais vu un seul moment de douceur, même envers les patriotes, j'aurais dit : notre énergie baisse, notre chaleur diminue. Ici, je vois que la Convention a toujours été ferme, inexorable envers ceux qui ont été opposés à l'établissement de la liberté ; elle doit être aujourd'hui bienveillante envers ceux qui l'ont servie, et ne pas se départir de ce système qu'elle ne soit convaincue qu'il blesse la justice. Je crois qu'il importe à tous que l'avis du comité soit adopté ; préparez-vous à être plus que jamais impassibles envers vos vieux ennemis, difficiles à accuser vos anciens amis. Voilà, je le déclare, ma profession de foi, et j'invite mes collègues à la faire dans leur cœur. Je jure de me dépouiller éternellement de toute passion, lorsque j'aurai à prononcer sur les opinions, sur les écrits, sur les actions de ceux qui ont servi la cause du peuple et de la liberté. J'ajoute qu'il ne faut pas oublier qu'un premier tort conduit toujours à un plus grand. Faisons d'avance cesser ce genre de division que nos ennemis, sans doute, cherchent à jeter au milieu de nous ; que l'acte de justice que vous allez faire soit un germe d'espérance jeté dans le cœur des citoyens qui, comme Vincent et Ronsin, ont souffert un instant pour la cause commune, et nous verrons naître pour la liberté des jours aussi brillants et aussi purs que vous lui en avez déjà donné de victorieux. (*On applaudit.*)

La mise en liberté de Ronsin et de Vincent est décrétée.

(*Moniteur* du 4 février 94.)

Convention nationale.

Le président venait de prononcer l'abolition de l'esclavage, au milieu des applaudissements et des cris mille fois répétés de vive la République ! vive la Convention ! vive la Montagne !

DANTON. — Représentants du peuple français, jusqu'ici nous n'avions décrété la liberté qu'en égoïstes et pour nous seuls. Mais aujourd'hui nous proclamons à la face de l'univers, et les générations futures trouveront leur gloire dans ce décret ; nous proclamons la liberté universelle. Hier, lorsque le président donna le baiser fraternel aux députés de couleur, je vis le moment où la Convention devait décréter la liberté de nos frères. La séance était trop nombreuse. La Convention vient de faire son devoir. Mais après avoir accordé le bienfait de la liberté, il faut que nous en soyons pour ainsi dire les modérateurs. Renvoyons au comités de salut public et des colonies, pour combiner les moyens de rendre ce décret utile à l'humanité, sans aucun danger pour elle.

Nous avions déshonoré notre gloire en tronquant nos travaux. Les grands principes développés par le vertueux Las Casas avaient été méconnus. Nous travaillons pour les générations futures, lançons la liberté dans les colonies, c'est aujourd'hui que l'Anglais est mort. (*On applaudit.*) En jetant la liberté dans le Nouveau Monde, elle y portera des fruits abondants, elle y poussera des racines profondes. En vain Pitt et ses complices voudront par des considérations politiques écarter la jouissance de ce bienfait, ils vont être entraînés dans le néant, la France va reprendre le rang et l'influence que lui assurent

son énergie, son sol et sa population. Nous jouirons nous-mêmes de notre
générosité, mais nous ne l'étendrons point au delà des bornes de la sagesse.
Nous abattrons les tyrans comme nous avons écrasé les hommes perfides qui
voulaient faire rétrograder la révolution. Ne perdons point notre énergie,
lançons nos frégates, soyons sûrs des bénédictions de l'univers et de la postérité, et décrétons le renvoi des mesures à l'examen du comité.

(*Moniteur* du 5 janvier 94.)

C'était bien le cri de la France qu'il jetait à la veille de sa
mort, de cette France qui n'a pas plus tôt conquis la liberté pour
elle-même, que déjà elle croit n'avoir rien fait, si elle ne la
conquiert pour tous. Qu'il y a loin de cette déclaration de la
République universelle aux mesquines discussions de partis qui
préoccupent trop l'Assemblée. Cette motion n'avait-elle pas
encore cet enseignement pour but?

Quelle différence entre la destinée de l'homme public qui veut
la justice pour tous, et le sort de celui qui ne la demande que
pour son parti. Celui-ci est toujours sûr de trouver des amis
dans ceux qu'il a défendus; l'autre, poursuivant l'injuste partout
où il se trouve, semble l'ennemi de tous, car l'injustice est
partout; aussi se voit-il abandonné au moindre échec. Ce fut la
destinée de Danton. Hier il dénonçait les aristocrates, aujour-
d'hui il demande qu'on épure les comités des faux patriotes à
bonnets rouges. De quel parti est-il donc, devaient se demander
les Jacobins partisans exclusifs de la forme?

Saint-Just, au nom du comité de salut public, lit un rapport
sur les détentions, sur les moyens les plus courts de reconnaître
et de délivrer l'innocence et le patriotisme opprimés, comme
de punir les coupables. Ce rapport se terminait par le décret
suivant :

« Le comité de sûreté générale est investi du pouvoir de
mettre en liberté les patriotes détenus : toute personne qui
réclamera sa liberté, rendra compte de sa conduite depuis le
1er mai 1789. »

DANTON. — Je demande à présenter un article additionnel. De même qu'il
faut, d'après les principes du rapporteur, que chaque homme qui réclamera
sa liberté justifie de sa conduite depuis 1789, je pense qu'il faudrait que
chaque comité révolutionnaire envoyât au comité de sûreté générale le
tableau des membres qui le composent, ainsi que de leurs travaux révolutionnaires. C'est ainsi que vous centraliserez le bien; c'est ainsi que le comité

de sûreté générale pourra épurer ces comités des faux patriotes à bonnets rouges ; c'est ainsi que les instruments révolutionnaires deviendront encore plus utiles, et que la terreur restant constamment à l'ordre du jour contre les ennemis de la révolution, les patriotes pourront être sûrs de la paix et de la liberté. Je demande le renvoi de ma proposition au comité de salut public.

Le renvoi est décrété.

(*Moniteur* du 27 février 94.)

Convention nationale.

FAYAU. — La Convention a décrété que, parmi les détenus, ceux qui voudraient obtenir leur liberté, seraient obligés de fournir des preuves de leur civisme depuis 1789. Il me semble que ce décret ne suffit pas, parce que plusieurs de ces détenus, désespérant de pouvoir fournir ces preuves, et pour priver la République des biens que doit lui procurer leur détention, se dessaisiront de ce qu'ils possèdent entre les mains des personnes qu'ils voudront choisir. Il faut que la Convention déclare nulle toutes les transactions, donations ou ventes qui auront été faites par eux depuis l'époque de leur détention.

DANTON. — Je demande le renvoi au comité de salut public parce qu'il est possible que l'on soit obligé de déclarer nulles, les transactions faites antérieurement. Vous manqueriez votre but, en fixant ainsi l'époque de la nullité... Il n'y a point de danger à décréter le principe dans toute sa latitude ; mais pour ne rien précipiter, j'insiste pour le renvoi au comité de salut public.

La Convention décrète le renvoi.

(*Moniteur* du 1ᵉʳ mars 94.)

Convention nationale.

Saint-Just, au nom du comité de salut public, demande que les biens provenant des ennemis de la Révolution soit affectés aux citoyens qui l'ont servie et sont restés dans l'indigence.

DANTON. — Sans doute nous désirons tous voir mettre à exécution le vaste plan que vient de vous soumettre le comité de salut public, sans doute le moment n'est pas éloigné où l'on ne rencontrera plus un seul infortuné dans toute l'étendue du territoire de la République; mais comme c'est par la jouissance qu'on attache l'homme à la patrie, je crois qu'il serait bon de faire promptement un essai des grandes vues du comité.

Citoyens, il existe dans la République beaucoup de citoyens qui ont été mutilés en défendant la cause du peuple, ne croyez-vous pas utile de leur accorder des terres aux environs de Paris, et de leur donner des bestiaux, afin de mettre en activité, sous les yeux mêmes de la Convention, cette colonie de patriotes qui ont souffert pour la patrie. Alors, citoyens, tout soldat de la République se dira : si je suis mutilé, si je perds un membre en défendant les droits du peuple, je sais le sort qui m'attend ; déjà plusieurs de mes frères jouissent des services qu'ils ont rendus ; j'irai grossir leur nombre et bénirai sans cesse les fondateurs de la République. Je demande que le comité de salut public combine l'idée que je viens de soumettre à l'Assemblée, afin que nous ayons la satisfaction de voir bientôt ceux de nos frères qui ont bien mérité de la patrie en la défendant, manger ensemble et sous nos yeux à la gamelle patriotique.

La proposition est renvoyée au comité.

(*Moniteur* du 4 mars 94.)

Après la victoire, la récompense aux combattants. Les économistes se récrieront sans doute au nom de la solution scientifique qu'ils élaborent. Hommes sublimes, accordez vos flûtes ; mais en attendant, laissons les Dantons de l'avenir aller au plus pressé.

Convention nationale.

Levasseur avait demandé qu'on mît en dépôt, entre les mains des fermiers et des cultivateurs, des étalons des différentes espèces d'animaux les plus utiles.

DANTON. — Je demande le renvoi des idées de Levasseur. Mais je ne pense pas, comme Merlin, que la République ne doive mettre en réserve aucune élite d'animaux pour la prospérité des campagnes. C'est quand une grande nation consomme beaucoup qu'elle doit prendre des précautions pour conserver et faire reproduire les espèces qu'elle consomme. Les anciennes républiques appliquaient ces principes même à la population, et après une guerre longue et meurtrière, les législateurs d'Athènes, qui s'y connaissaient aussi, pour réparer la perte que l'État avait fait de ses concitoyens, ordonnèrent à ceux qui restaient d'avoir plusieurs femmes. (*On rit et on applaudit.*) Sans vouloir faire l'application d'une telle mesure, et pourtant sans en faire un objet de plaisanterie, je dis que, puisqu'on entre dans notre plan, lorsque la liberté aura triomphé, de distribuer les dépouilles des ennemis du dedans et du dehors à ceux qui auront vaincu pour la liberté ; c'est dans cet esprit qu'il faut discuter les vues présentées par Levasseur. Soit donc que la République accorde des primes à ceux qui élèveront ces élites d'animaux, soit que ces animaux soient élevés pour le compte de la République, les comités de commerce et d'agriculture doivent méditer et approfondir ces idées, et en faire un rapport à la Convention.

Le renvoi aux comités est décrété.

(*Moniteur* du 5 mars 94.)

Convention nationale.

A propos des propriétaires qui demandaient des indemnités pour les pertes qu'ils avaient éprouvées dans la guerre de la Vendée :

DANTON.—Pour distribuer avec sagesse et avec justice les secours que vous avez décrétés, il faut d'abord poser deux bases incontestables : la première c'est qu'il ne faut pas qu'un riche propriétaire prétende une indemnité proportionnée aux pertes qu'il aura faite ; la seconde, c'est que les services rendus à la patrie doivent seuls déterminer la mesure des indemnités que la République accordera à ses défenseurs. Je demande donc que les bases que je viens de poser soient reconnues, et qu'un homme propriétaire qui n'aura pas pris les armes pour défendre la République, ne puisse prétendre à aucune indemnité ; accordez des indemnités en raison des services, et non en raison des propriétés.

Le principe de la proposition est décrété.

(*Moniteur* du 5 mars 94.)

Convention nationale.

Levasseur demande qu'on défende aux particuliers de venir faire à la barre des dénonciations contre les représentants ; il faut les renvoyer, dit-il, aux comités de salut public.

DANTON. — La proposition de Levasseur pourrait entraîner des conséquences qui violeraient la liberté d'exprimer sa pensée sur tous les mandataires du peuple. Chaque citoyen doit pouvoir dire publiquement son opinion sur les législateurs et tous les fonctionnaires publics. *C'est entre nous qu'il faut éviter les débats ridicules,* mais du reste liberté toute entière. Je demande la question préalable sur l'article additionnel, et le renvoi de la rédaction du décret au comité de salut public.

La proposition est décrétée.

(*Moniteur* du 15 mars 94.)

A-t-il modifié ses principes depuis la déclaration faite dans un arrêté du club des Cordeliers en 1789 ? Il n'y a qu'à rapprocher ces deux citations pour prononcer avec connaissance de cause.

Convention nationale.

Après la lecture d'une pétition, un orateur de section chante quelques couplets d'une chanson patriotique dont il est l'auteur.

DANTON l'interrompt.—La salle et la barre de la Convention sont destinées à recevoir l'émission solennelle et sérieuse du vœu des citoyens ; nul ne peut se permettre de les changer en tréteaux. Je porte dans mon caractère une bonne portion de gaieté française, et je la conserverai, je l'espère. Je pense, par exemple, que nous devons donner le bal à nos ennemis, mais qu'ici nous devons froidement et avec dignité et calme, nous entretenir des grands intérêts de la patrie, les discuter, sonner la charge contre tous les tyrans, indiquer et frapper les traîtres, et battre la générale contre tous les imposteurs. Je rends justice au civisme des pétitionnaires, mais je demande que dorénavant on n'entende plus à la barre que la raison en prose.
Cette proposition est adoptée
(*Moniteur* du 17 mars.)

Ce n'est pas la première fois qu'il s'élevait contre ces bagatelles patriotiques. Nouveaux mécontents, nouveaux ennemis.

Club des Jacobins.

DANTON. — J'observe que l'intérêt national dictant seul les délibérations de la société, il faut non seulement statuer le plus promptement possible sur les membres purs qui doivent la composer, mais surtout recevoir d'abord ceux qui, étant chargés de fonctions importantes, ont plus besoin que d'autres de se nourrir des séances de la société, afin d'en alimenter l'esprit public et d'augmenter leurs propres lumières. Je pense au reste qu'on doit être plus sévère à l'égard des députés suppléants que pour les autres, attendu que les suppléants sont tous de la nomination des Brissotins.
(*Moniteur* du 21 mars.)

Donnons une sérieuse attention à ce discours, c'est un dernier appel à l'union de tous.
On avait demandé que Bouchotte fut traduit en jugement.

DANTON. — La représentation nationale appuyée de la force du peuple, déjouera tous les complots. Celui qui devait ces jours derniers perdre la liberté, est déjà presqu'en totalité anéanti. Le peuple et la Convention veulent que tous les coupables soient punis de mort. Mais la Convention doit prendre une marche digne d'elle. Prenez garde qu'en marchant par saccade on ne confonde le vrai patriote avec ceux qui s'étaient couverts du masque du patriotisme pour assassiner le peuple. Le décret dont on vient de lire la rédaction n'est rien ; il s'agit de dire au comité de salut public : examinez le complot dans toutes ses ramifications ; scrutez la conduite de tous les fonctionnaires publics ; voyez si leur mollesse ou leur négligence a concouru, même malgré eux, à favoriser les conspirateurs. Un homme qui affectait l'empire de la guerre se trouve au nombre des coupables. Eh bien, le ministre est, à mon opinion, dans le cas d'être accusé de s'être au moins laissé paralyser. Le comité de salut public veille jour et nuit ; que les membres de la Convention s'unissent tous ; que les révolutionnaires qui ont les premiers parlé de République, face à face avec Lafayette, apportent ici leur tête et leurs bras pour servir la patrie. Nous sommes tous responsables au peuple de sa liberté. Français, ne vous effrayez pas, la liberté doit bouillonner jusqu'à ce que l'écume soit sortie. (*On applaudit.*)

Nos comités sont l'avant-garde politique ; les armées doivent vaincre quand l'avant-garde est en surveillance. Jamais la République ne fut, à mon sens, plus grande. Voici le nouveau temps marqué pour cette sublime révolution. Il fallait vaincre ceux qui singeaient le patriotisme pour tuer la liberté ; nous les avons vaincus.

Je demande que le comité de salut public se concerte avec celui de sûreté générale, pour examiner la conduite de tous les fonctionnaires. Il faut que chacun de nous se prononce. J'ai demandé le premier le gouvernement révolutionnaire. On rejeta d'abord mon idée, on l'a adoptée ensuite ; ce gouvernement révolutionnaire a sauvé la République ; ce gouvernement c'est vous. Union, vigilance, méditation parmi les membres de la Convention.

(*Moniteur* du 20 mars 94.)

Encore quelques paroles, ce sont les dernières que va prononcer le plus grand tribun de la Convention. Celles qu'on va lire surtout doivent être retenues religieusement, elles renferment le secret de la mort de Danton. Hier il conjurait les membres de l'Assemblée de rester unis pour vaincre, aujourd'hui il va déclarer qu'il préférerait mourir plutôt que de voir le faisceau se rompre à cause de lui ; demain il mourra.

Pache vient au nom de la Commune protester de son dévouement à la Convention. Le président de l'Assemblée, Rhull, lui reproche d'être venu un peu tard faire cette protestation que néanmoins il se plaît à regarder comme sincère. Quelques membres demandent que la réponse du président soit imprimée dans le Bulletin.

DANTON. — Je demande la parole sur cette proposition. La représentation nationale doit toujours avoir une marche digne d'elle. Elle ne doit pas avilir un corps entier, et frapper d'une prévention collective, une administration collective, parce que quelques individus de ce corps peuvent être coupables. Si nous ne réglons pas nos mouvements, nous pouvons confondre des patriotes énergiques avec des scélérats qui n'avaient que le masque de patriotisme. Je suis convaincu que la grande majorité du conseil général de la Commune de Paris est digne de toute la confiance du peuple et de ses représentants; qu'elle est composée d'excellents patriotes, d'ardents révolutionnaires.

J'aime à saisir cette occasion pour lui faire individuellement hommage de mon estime. Le conseil général est venu vous déclarer qu'il fait cause commune avec vous. Le président de la Convention a senti vivement sa dignité; la réponse qu'il a faite est, par le sens qu'elle renferme et par l'intention dans laquelle elle est rédigée, digne de la majesté du peuple que nous représentons. L'accent patriarchal et le ton solennel dont il l'a prononcée, donnaient à ses paroles un caractère plus auguste encore. Cependant ne devons-nous pas craindre, dans ce moment, que les malveillants n'abusent des expressions de Rhull, dont l'intention ne nous est point suspecte, et qui ne veut sûrement pas que des citoyens qui viennent se mettre dans les rangs sous les drapeaux du peuple et de la liberté, remportent de notre sein la moindre amertume? Au nom de la patrie, ne laissons aucune prise à la dissension. Si jamais, quand nous serons vainqueurs, et déjà la victoire nous est assurée, *si jamais des passions particulières pouvaient prévaloir sur l'amour de la patrie, si elles tentaient de creuser un nouvel abîme pour la liberté, je voudrais m'y précipiter tout le premier.* Mais loin de nous tout ressentiment.....

Le temps est venu où l'on ne jugera plus que les actions. Les masques tombent, les masques ne séduiront plus. On ne confondra plus ceux qui veulent égorger les patriotes avec les véritables magistrats du peuple, qui sont peuple eux-mêmes. N'y eût-il parmi tous les magistrats, qu'un seul homme qui eût fait son devoir, il faudrait tout souffrir plutôt que de lui faire boire le calice d'amertume; mais ici on ne doute pas du patriotisme de la plus grande majorité de la commune. Le président lui a fait une réponse où règne une sévère justice; mais elle peut être mal interprétée. Épargnons à la commune la douleur de croire qu'elle a été censurée avec aigreur.

LE PRÉSIDENT. — Je vais répondre à la tribune; viens, mon cher collègue, occupe toi-même le fauteuil.

DANTON.—Président, ne demande pas que je monte au fauteuil, tu l'occupes dignement. (*On applaudit.*) Ma pensée est pure, si mes expressions l'ont mal rendue, pardonne-moi une inconséquence involontaire; je te pardonnerais moi-même une pareille erreur. Vois en moi un frère qui a exprimé librement son opinion.

Rhull descend de la tribune, et se jette dans les bras de Danton.

Cette scène excite le plus vif enthousiasme dans l'Assemblée.

Les propositions relatives à l'impression des discours n'ont pas de suite.

(*Moniteur* du 21 mars 94.)

CHAPITRE X

Voilà donc la cause entendue ; toutes les pièces du procès ont été produites ; nous connaissons tous les actes de la vie de Danton ; nous avons pu méditer toutes ses paroles, comparer entre eux les uns et les autres ; maintenant donc chacun est apte à prononcer, et, dans son for intérieur, déjà chacun a dû le faire. Nous nous sommes abstenu de juger en dernier ressort ; ç'aurait été perdre de vue le but de ce livre. Qu'importe au public notre opinion personnelle ; ce qu'il veut, c'est décider par lui-même ; le seul devoir qui nous fut imposé dès lors, c'était de ne cacher aucun fait, de ne détourner aucun rapport, de ne tronquer aucune assertion, enfin de n'altérer les textes sur aucune considération. Nous défions la malveillance même d'avoir rien de tel à nous reprocher.

Nous devions faire cette observation avant d'ouvrir au public l'entrée du tribunal devant lequel Danton va être traduit, afin qu'il soit rassuré sur sa compétence, afin qu'il sache bien qu'il ne s'agit pas seulement ici de juger l'accusé de germinal, mais de juger ses juges.

Oui, nous allons assister à un spectacle bien triste, bien propre à faire réfléchir l'homme politique. Danton sera traduit au tribunal révolutionnaire, condamné, exécuté, sans que pas un homme du peuple, pas un patriote, pas un de ses collègues ose se lever et le défendre ! Je me trompe, un seul se lèvera ; c'est Legendre ; mais bientôt, effrayé de son audace, il se ras-

siéra timide et demandant grâce, comme pour témoigner plus
hautement de l'ingratitude et de la lâcheté de tous.

Pensée décourageante! Disons plutôt : grave enseignement
que complète la mort volontaire du tribun et qui nous montre
où doit s'arrêter le sacrifice.

Danton fut arrêté dans la nuit du 31 mars en même temps que
Camille et Lacroix ; on le conduisit dans la prison de Luxembourg. Voici en quels termes Levasseur rend compte de ce coup
d'État.

> Deux jours après le supplice des Hébertistes que Danton avait si puis-
> samment concouru à déterminer, ce même Danton fut arrêté pendant la
> nuit... La Convention fut consternée en apprenant cette nouvelle. Déjà l'on
> savait que Danton et Robespierre étaient brouillés à jamais, mais on croyait
> Danton trop fort de ses services et de l'immense majorité de ses collègues
> pour n'être pas à l'abri des vengeances de son ennemi... On croyait surtout
> que le comité de salut public comprenait combien Danton et Camille, tant
> par leur talent que par l'influence de leur patriotisme bien connu, étaient
> nécessaires au triomphe de la cause de la liberté. Vain espoir ! Les membres
> influents du comité, Robespierre et Saint-Just, ne savaient point reculer
> devant l'application de leurs théories ; combattre une de leurs idées, c'était
> se déclarer leur ennemi, et avec eux la lutte ne pouvait se terminer que par
> la mort...
> Il y avait de l'audace dans l'attaque dirigée contre Danton ; ce n'était pas
> là un de ces ennemis vulgaires qu'on renverse sans combat. Averti à l'avance
> de la haine de Robespierre, s'il avait voulu écouter ses amis et devancer le
> coup qu'on se préparait à lui porter, il eut suffi d'une de ses véhémentes
> harangues pour armer en sa faveur la Convention tout entière. Bien certaine-
> ment ses amis y étaient en grande majorité.
> (*Mémoires* de Levasseur, 3ᵉ vol., chap. 3.)

Ici nous regrettons que, pour plus d'authenticité, il ne nous
ait été permis de citer aucun historien moderne ; nous aurions
copié en entier le dix-septième livre de la révolution française,
par M. Michelet. C'est le récit le plus complet, le plus animé, le
plus vrai qu'on puisse lire ; nous engageons instamment nos
lecteurs de ne pas laisser échapper l'occasion de se convaincre
de ce que peut un beau génie au service d'un grand cœur. Hélas !
pourquoi faut-il qu'en même temps nous les mettions en garde
contre de graves erreurs répandues çà et là dans les livres précédents, contre des opinions bien légèrement admises, contre
des réflexions qui ne se concilient pas toujours. Pourquoi

faut-il que le don d'une brillante imagination lui ait été fait par la nature comme un présent perfide ; au lieu du titre d'historien qu'il lui serait si facile d'acquérir, faudra-t-il que la postérité lui décerne celui de poète de l'histoire ?

Le bruit de l'arrestation de Danton se répandit bientôt dans tout Paris ; on resta consterné, l'audace même du coup en assurait le succès. On attendait en silence quel parti prendrait l'Assemblée ; Legendre monte à la tribune.

Citoyens, quatre membres de cette assemblée sont arrêtés de cette nuit. Je sais que Danton en est un ; j'ignore les noms des autres. Qu'importe leurs noms, s'ils sont coupables ? Mais, citoyens, je viens demander que les membres arrêtés soient traduits à la barre où vous les entendrez et où ils seront accusés ou absous par vous.

Citoyens, je ne suis que le fruit du génie de la liberté. Je suis uniquement son ouvrage, et je ne développerai qu'avec une grande simplicité la proposition que je vous fais. Mon éducation n'est point l'ouvrage des hommes ; elle n'est que l'ouvrage de la nature. N'attendez de moi que l'explosion d'un sentiment.

Citoyens, je le déclare, je crois Danton aussi pur que moi, et je ne pense pas que qui que ce soit me puisse reprocher un acte qui blesse la probité la plus scrupuleuse...... (*Des murmures interrompent l'orateur.*)

CLAUZEL. — Président, maintiens la liberté des opinions.

LE PRÉSIDENT. — Oui, je la maintiendrai. Nous resterions tous ici pour sauver la liberté. (*On applaudit.*)

LEGENDRE.— Je n'apostropherai aucun membre des comités de salut public et de sûreté générale ; mais j'ai le droit de craindre que des haines particulières et des passions individuelles n'arrachent à la liberté des hommes qui lui ont rendu les plus grands, les plus utiles services. Il m'appartient de dire cela de l'homme qui, en 1792, fit lever la France entière par les mesures énergiques dont il se servit pour ébranler le peuple, de l'homme qui fit décréter la peine de mort contre quiconque ne donnerait pas ses armes ou n'irait pas en frapper l'ennemi.

L'ennemi était alors aux portes de Paris, Danton vint et ses idées sauvèrent la patrie.

J'avoue que je ne puis le croire coupable, et ici je veux rappeler le serment que nous nous fîmes en 90, qui engagea celui de nous deux qui verrait l'autre survivre à son attachement pour la cause du peuple à le poignarder sur-le-champ, et dont j'aime à me ressouvenir aujourd'hui. Je le répète, je crois Danton aussi pur que moi : il est dans les fers depuis cette nuit. On a craint sans doute que ses réponses ne détruisissent les accusations dirigées contre lui. Je demande, en conséquence, qu'avant que vous entendiez aucun rapport les détenus soient mandés et entendus.

FAYAU combat cette proposition sur ce qu'elle serait un privilége.

ROBESPIERRE. — A ce trouble depuis longtemps inconnu qui règne dans
cette assemblée, aux agitations qu'ont produites les premières paroles de
celui qui a parlé avant le dernier opinant, il est aisé de s'apercevoir, en effet,
qu'il s'agit ici d'un grand intérêt; qu'il s'agit de savoir si quelques hommes
aujourd'hui doivent l'emporter sur la patrie. Quel est donc ce changement
qui paraît se manifester dans les principes des membres de cette assemblée,
de ceux surtout qui siégent dans un côté qui s'honore d'avoir été l'asile des
plus intrépides défenseurs de la liberté. Pourquoi une doctrine, qui paraissait naguère criminelle et méprisable, est-elle reproduite aujourd'hui? Pourquoi cette motion, rejetée quand elle fut proposée par Danton pour Bazire,
Chabot et Fabre d'Eglantine, a-t-elle été accueillie tout à l'heure par une
portion des membres de cette assemblée? Pourquoi? Parce qu'il s'agit aujour-
d'hui de savoir si l'intérêt de quelques hypocrites ambitieux doit l'emporter
sur l'intérêt du peuple français. (Applaudissements.)

Eh quoi! n'avons-nous donc fait tant de sacrifices héroïques, au nombre
desquels il faut compter ces actes d'une sévérité douloureuse, n'avons-nous
fait ces sacrifices que pour retourner sous le joug de quelques intrigants qui
prétendaient dominer?

Que m'importent à moi les beaux discours, les éloges qu'on se donne à soi-
même et à ses amis? Une trop longue et trop pénible expérience nous a
appris le cas que nous devions faire de semblables formules oratoires. On ne
demande plus ce qu'un homme et ses amis se vantent d'avoir fait à telle
époque, dans telle circonstance particulière de la révolution; on demande ce
qu'ils ont fait dans tout le cours de leur carrière politique. (On applaudit.)

Legendre paraît ignorer les noms de ceux qui sont arrêtés : toute la
Convention les sait. Son ami Lacroix est du nombre de ces détenus. Pourquoi
feint-il de l'ignorer? Parce qu'il sait bien qu'on ne peut, sans impudeur,
défendre Lacroix. Il a parlé de Danton parce qu'il croit sans doute qu'à ce
nom est attaché un privilége. Non, nous n'en voulons point de priviléges;
non, nous n'en voulons point d'idoles. (On applaudit à plusieurs reprises.)

Nous verrons dans ce jour si la Convention saura briser une prétendue
idole pourrie depuis longtemps, ou si dans sa chute elle écrasera la Convention et le peuple français. Ce qu'on a dit de Danton ne pouvait-il pas s'appliquer à Brissot, à Pétion, à Chabot, à Hébert même et à tant d'autres qui ont
rempli la France du bruit fastueux de leur patriotisme trompeur. Quel privilége aurait-il donc? En quoi Danton est-il supérieur à ses collègues, à
Chabot, à Fabre d'Eglantine, son ami et son confident, dont il a été l'ardent
défenseur? En quoi est-il supérieur à ses concitoyens? Est-ce parce que quelques individus trompés et d'autres qui ne l'étaient pas se sont groupés autour
de lui pour marcher à sa suite à la fortune et au pouvoir? Plus il a trompé
les patriotes qui avaient confiance en lui, plus il doit éprouver la sévérité des
amis de la liberté.

Citoyens, c'est ici le moment de dire la vérité. Je ne reconnais à tout ce
qu'on a dit que le présage sinistre de la ruine de la liberté et de la décadence
des principes. Quels sont, en effet, ces hommes qui sacrifient à des liaisons

personnelles, à la crainte peut-être, les intérêts de la patrie? Qui, au moment où l'égalité triomphe, osent tenter de l'anéantir dans cette enceinte? On veut vous faire craindre les abus du pouvoir, de ce pouvoir national que vous avez exercé et qui ne réside que dans quelques hommes seulement. Qu'avez-vous fait que vous n'ayez fait librement, qui n'ait sauvé la république, qui n'ait été approuvé par la France entière? On veut vous faire craindre que le peuple périsse victime des comités qui ont obtenu la confiance publique, qui sont émanés de la Convention nationale et qu'on veut en séparer ; car tous ceux qui défendent sa dignité sont voués à la calomnie. On craint que les détenus ne soient opprimés; on se défie donc de la justice nationale, des hommes qui ont obtenu la confiance de la Convention nationale; on se défie de la Convention qui leur a donné cette confiance, de l'opinion publique qui l'a sanctionnée. Je dis que quiconque tremble en ce moment est coupable; car jamais l'innocence ne redoute la surveillance publique. (*On applaudit.*)

Je dois ajouter ici qu'un devoir particulier m'est imposé de défendre toute la pureté des principes contre les efforts de l'intrigue. Et à moi aussi on a voulu inspirer des terreurs; on a voulu me faire croire qu'en approchant de Danton le danger pourrait arriver jusqu'à moi ; on me l'a présenté comme un homme auquel je devais m'accoler, comme un bouclier qui pourrait me défendre, comme un rempart qui, une fois renversé, me laisserait exposé aux traits de mes ennemis. On m'a écrit, les amis de Danton m'ont fait parvenir des lettres, m'ont obsédé de leurs discours ; ils ont cru que le souvenir d'une ancienne liaison, qu'une foi antique dans de fausses vertus me détermineraient à ralentir mon zèle et ma passion pour la liberté. Eh bien ! je déclare qu'aucun de ces motifs n'a effleuré mon âme de la plus légère impression. Je déclare que, s'il était vrai que les dangers de Danton dussent devenir les miens, que s'ils avaient fait faire à l'aristocratie un pas de plus pour m'atteindre, je ne regarderais pas cette circonstance comme une calamité publique. Que m'importent les dangers? Ma vie est à la patrie, mon cœur est exempt de crainte; et si je mourais, ce serait sans reproche et sans ignominie. (*On applaudit à plusieurs reprises.*)

Je n'ai vu dans les flatteries qui m'ont été faites, dans les caresses de ceux qui environnaient Danton, que des signes certains de la terreur qu'ils avaient conçue, avant même qu'ils fussent menacés.

Et moi aussi, j'ai été l'ami de Pétion ; dès qu'il s'est démasqué, je l'ai abandonné ; j'ai eu aussi des liaisons avec Roland ; il a trahi, je l'ai abandonné. Danton veut prendre leur place, et il n'est plus à mes yeux qu'un ennemi de la patrie. *(Applaudissements.)*

C'est ici sans doute qu'il nous faut quelque courage, et quelque grandeur d'âme. Les âmes vulgaires ou les hommes coupables craignent toujours de voir tomber leurs semblables, parce que n'ayant plus devant eux une barrière de coupables, ils restent plus exposés au jour de la vérité ; mais s'il existe des âmes vulgaires, il en est d'héroïques dans cette Assemblée, puisqu'elle dirige les destinées de la terre, et qu'elle anéantit toutes les fac-

Le nombre des coupables n'est pas si grand ; le patriotisme, la Convention nationale ont su distinguer l'erreur du crime, et la faiblesse des conspirations. On voit bien que l'opinion publique, que la Convention marchent droit aux chefs de parti, et qu'elles ne frappent pas sans discernement.

Il n'est pas si nombreux le nombre des coupables ; j'en atteste l'humanité, la presque unanimité avec laquelle vous avez voté depuis plusieurs mois pour les principes. Ceux qu'on méprise le plus ne sont pas les plus coupables, ce sont ceux qu'on prône, et dont on fait des idoles pour en faire des dominateurs. Quelques membres de cette Assemblée, nous le savons, ont reçu des prisonniers des instructions portant qu'il fallait demander à la Convention quand finirait la tyrannie des comités de salut public et de sûreté générale ; qu'il fallait demander à ces comités s'ils voulaient anéantir successivement la Convention nationale. Ces comités ne tiennent que de la patrie leurs pouvoirs qui sont un immense fardeau, dont d'autres peut-être n'auraient pas voulu se charger. Oui, demandez-nous compte de notre administration, nous répondrons par des faits, nous vous montrerons les factions abattues ; nous vous prouverons que nous n'en avons flatté aucune, que nous les avons écrasées toutes pour établir sur leurs ruines la représentation nationale.

Quoi ! on voudrait faire croire que nous voulons écraser la représentation, nous qui lui avons fait un rempart de nos corps ! nous qui avons étouffé ses plus dangereux ennemis ! on voudrait que nous laissassions exister une faction aussi dangereuse que celle qui vient d'être anéantie, et qui a le même but, celui d'avilir la représentation, de la dissoudre.

Au reste, la discussion qui vient de s'engager est un danger pour la patrie ; déjà elle est une atteinte coupable portée à la liberté ; car c'est avoir outragé la liberté que d'avoir mis en question s'il fallait donner à un citoyen plus de faveur qu'à un autre ; tenter de rompre ici cette égalité, c'est censurer indirectement les décrets salutaires que vous avez portés en plusieurs circonstances, les jugements que vous avez rendus contre les conspirateurs ; c'est défendre aussi indirectement ces conspirateurs qu'on veut soustraire au glaive de la justice, parce qu'on a, avec eux, un intérêt commun ; c'est rompre l'égalité. Il est donc de la dignité de la représentation nationale de maintenir ces principes. Je demande la question préalable sur la proposition de Legendre.

LEGENDRE. — Robespierre me connaît bien mal, s'il me croit capable de sacrifier un individu à la liberté. Citoyens, est-il un d'entre vous qui me croie complice d'une mauvaise action. J'aime mon pays, et je déclare que mon sang, que ma vie lui appartiennent. Si j'ai fait la proposition que le préopinant a combattue, c'est qu'il ne m'est pas démontré encore que les détenus soient coupables, comme cela peut être démontré à ceux qui ont les preuves sous les yeux ; au reste, je n'entends défendre ici aucun individu.

Barrère soutient comme Robespierre que les représentants livrés au tribunal révolutionnaire par les comités, ne doivent pas avoir le privilége de venir se défendre devant l'Assemblée nationale.

La proposition de Legendre n'a pas de suite.

Le rapporteur obtient la parole; un profond silence règne dans l'Assemblée. Saint-Just parle au nom des comités de salut public et de sûreté générale (1).

La révolution est dans le peuple et non pas dans la renommée de quelques personnages. Cette idée vraie est la source de la justice et de l'égalité dans un État libre. Elle est la garantie du peuple contre les hommes artificieux qui s'érigent en quelque sorte en patriciens, par leur audace et leur impunité.

Il y a quelque chose de terrible dans l'amour sacré de la patrie; il est tellement exclusif qu'il immole tout sans pitié, sans frayeur, sans respect humain, à l'intérêt public. Il précipite Manlius; il immole les affections privées; il entraîne Régulus à Carthage; il jette un Romain dans un abîme et met Marat au Panthéon, victime de son dévouement.

Vos comités de salut public et de sûreté générale, pleins de ce sentiment, m'ont chargé de vous demander justice contre des hommes qui conspirent en ce moment avec les rois ligués contre la République.

Puisse cet exemple être le dernier que vous donnerez de votre inflexibilité envers vous-mêmes. Il faut quelque courage pour vous parler encore de sévérité, après tant de sévérité. L'aristocratie dit : il vaut s'entre-détruire. Mais l'aristocratie ment à son propre cœur ; c'est elle que nous détruisons.

Je viens vous dénoncer les derniers partisans du royalisme; j'achèverai de vous dépeindre la conjuration, et vous désignerai les derniers complices. Beaucoup de gens ont assez d'esprit pour faire le bien; peu de gens ont un cœur propre à le vouloir opiniâtrement. Qu'on ne s'étonne plus de la chute de tant de tréteaux.

L'orateur suit pas à pas la faction d'Orléans soutenu surtout par Dumouriez, c'est la faction royaliste, puis celle d'Hébert payée par l'étranger pour corrompre la République par la subversion de toutes les idées de religion, de morale. Mais venant à celle qu'il s'agit d'immoler cette fois, il ajoute :

Les mêmes hommes qui s'étaient efforcés dès le commencement de la révolution, de la borner à un changement de dynastie, se retrouvent encore à la tête de ces factions dont le but était de vous immoler.

C'est ici que la patience échappe au juste courroux de la vérité. Quoi!

(1) Ce discours très étendu, renferme toutes les inculpations faites aux divers accusés; nous avons dû en détacher exclusivement celles qui se rapportent à Danton. On peut lire ce discours entier au *Moniteur* du xii germinal, an ii.

quand toute l'Europe, excepté nous qui sommes aveugles, est convaincue
que Lacroix et Danton ont stipulé pour la royauté; quoi! quand les renseignements pris sur Fabre d'Églantine, le complice de Danton, ne laissent plus
de doute sur sa trahison; lorsque l'ambassadeur du peuple français en
Suisse nous mande la consternation des émigrés, depuis la mise en jugement
de Fabre, ami de Danton, nos yeux refuseraient encore de s'ouvrir!.....
Danton tu répondras à la justice inévitable, inflexible. Voyons ta conduite
passée, et montrons que depuis le premier jour, complice de tous les attentats, tu fus toujours contraire au parti de la liberté, et que tu conspirais
avec Mirabeau, avec Dumouriez, avec Hébert, avec Hérault-Séchelles.
   Danton, tu as servi la tyrannie; tu fus, il est vrai, opposé à Lafayette;
mais Mirabeau, d'Orléans, Dumouriez lui furent opposés de même. Oserais-tu
nier d'avoir été vendu aux trois hommes les plus violents conspirateurs
contre la liberté? Ce fut par la protection de Mirabeau que tu fus nommé administrateur au département de Paris, dans le temps où l'Assemblée électorale
était décidément royaliste. Tous les amis de Mirabeau se vantaient hautement qu'ils t'avaient fermé la bouche. Aussi, tant qu'a vécu ce personnage
affreux, tu es resté muet. Dans ce temps-là tu reprochas à un patriote rigide
dans un repas, qu'il compromettait la bonne cause en s'écartant du chemin
où marchaient Barnave et Lameth, qui abandonnaient le parti populaire.
   Dans les premiers éclairs de la révolution tu montras à la cour un front
menaçant; tu parlais contre elle avec véhémence. Mirabeau, qui méditait un
changement de dynastie, sentit le prix de ton audace. Il te saisit; tu t'écartas dès lors des principes sévères, et l'on n'entendit plus parler de toi jusqu'au massacre du Champ-de-Mars. Alors tu appuyas aux Jacobins la motion
de Laclos, qui fut un prétexte funeste et payé par la cour, pour déployer le
drapeau rouge et essayer la tyrannie. Les patriotes qui n'étaient pas initiés
dans ce complot, avaient combattu inutilement ton opinion sanguinaire. Tu
contribuas à rédiger avec Brissot la pétition du Champ-de-Mars, et vous
échappâtes à la fureur de Lafayette qui fit massacrer 2,000 patriotes. Brissot
erra depuis paisiblement dans Paris, et toi tu fus couler d'heureux jours à
Arcis-sur-Aube, si toutefois celui qui conspirait contre la patrie pouvait être
heureux.
   Le calme de ta retraite à Arcis-sur-Aube se conçoit-il? Toi, l'un des auteurs
de la pétition, tandis que ceux qui l'avaient signée, avaient été les uns
chargés de fer, les autres massacrés. Brissot et toi étiez donc des objets de
reconnaissance pour la tyrannie, puisque vous n'étiez pas pour elle des objets
de haine et de terreur.
   Que dirai-je de ton lâche et constant abandon de la chose publique au
milieu des crises, où tu prenais toujours le parti de la retraite?
   Mirabeau mort, tu conspiras avec les Lameth et tu les soutins. Tu restas
neutre pendant l'Assemblée législative, et tu t'es tû dans la lutte pénible des
Jacobins avec Brissot et la faction de la Gironde. Tu appuyas d'abord leur
opinion sur la guerre. Pressé ensuite par les reproches des meilleurs
citoyens, tu déclaras que tu observais les deux partis, et tu te renfermas

dans le silence. Lié avec Brissot au Champ-de-Mars, tu partageas ensuite sa tranquillité et ses opinions liberticides ; alors livré entièrement au parti vainqueur, tu dis de ceux qui s'y refusaient, que puisqu'ils restaient seuls de leur avis sur la guerre, et que puisqu'ils se voulaient perdre, tes amis et toi deviez les abandonner à leur sort. Legendre entendit ce propos et le rendit.

Quand tu vis l'orage du 10 août se préparer, tu te retiras encore à Arcis-sur-Aube ; déserteur des périls qui entouraient la liberté, les patriotes n'espéraient plus te revoir ; cependant pressé par la honte, par les reproches ; et quand tu sus que la chute de la tyrannie était bien préparée et inévitable, tu revins à Paris le 9 août ; tu voulus te coucher dans cette nuit sinistre ; tu fut traîné par les amis ardents de la liberté dans la section où les Marseillais étaient assemblés ; tu y parlas, mais tout était fait, l'insurrection était déjà en mouvement.

Dans ce moment que faisait Fabre ton complice et ton ami? Tu l'as dit toi-même, il parlementait avec la cour pour la tromper. Mais la cour pouvait-elle se fier à Fabre, sans un gage certain de son dévouement, et sans des actes très évidents de la haine pour le parti populaire. Quiconque est l'ami d'un homme qui a parlementé avec la cour est coupable de lâcheté. L'esprit a des erreurs, les erreurs de la conscience sont des crimes.

Mais qu'as-tu fait depuis pour nous prouver que Fabre ton complice et toi, aviez tout fait pour tromper la cour? Votre conduite depuis a été celle des conjurés. Quand tu étais ministre, il s'agit d'envoyer un ambassadeur à Londres pour resserrer l'alliance des deux peuples. Noël, journaliste contre-révolutionnaire, fut offert par Lebrun. Tu ne t'y opposas point. On te le reprocha comme une faiblesse, tu répondis : Je sais que Noël ne vaut rien, mais je le fais accompagner par un de mes parents. Quelle a été la suite de cette ambassade criminelle? La guerre et la liaison avec Dumouriez et Brissot.

Ce fut toi qui fis nommer Fabre et d'Orléans par l'assemblée électorale, où tu vantas le premier comme un homme très adroit, et où tu dis que la présence du second au milieu des représentants du peuple leur donnerait plus d'importance aux yeux de l'Europe.

Chabot parla en faveur de Fabre et d'Orléans ; tu enrichis Fabre pendant ton ministère ; Fabre alors professa hautement le fédéralisme, et disait qu'on diviserait la France en quatre parties.

Roland, partisan de Capet, voulut passer la Loire pour chercher la Vendée ; toi, tu restas à Paris où était d'Orléans et que menaçait Dumouriez. Tu fis sauver Duport au milieu d'une émeute concertée à Melun par tes émissaires pour fouiller une voiture d'armes.

Le parti de Brissot accusa Marat, tu te déclaras son ennemi ; tu l'isolas de la Montagne dans les dangers qu'elle courait ; tu te fis publiquement un mérite de n'avoir jamais dénoncé publiquement Gensonné, Guadet et Brissot ; tu leur tendais sans cesse l'olivier, gage de ton alliance avec eux contre le peuple et les républicains sévères.

La Gironde te fit une guerre feinte pour te forcer à te prononcer. Elle te demanda des comptes, elle t'accusa d'ambition. Ton hypocrisie prévoyante concilia tout, et sut se maintenir au milieu des partis, toujours prêt à dissimuler avec le plus fort, sans insulter le plus faible. Dans les débats orageux on s'indignait de ton absence et de ton silence ; toi, tu parlais de la campagne, des délices de la solitude et de la paresse. Mais tu savais sortir de ton engourdissement pour défendre Dumouriez, Westermann, sa créature vantée, et les généraux ses complices.

Tu envoyas Fabre en embassade près de Dumouriez pendant cet hiver, sous le prétexte, disais-tu, de le reconcilier avec Kellermann. Les traîtres n'étaient que trop unis pour notre malheur. Dans toutes leurs lettres à la Convention, dans leurs discours à la barre, ils se traitaient d'amis, et tu étais le leur. Le résultat de l'ambassade de Fabre fut le salut de l'armée prussienne à des conditions secrètes que ta conduite expliqua depuis. Dumouriez louait Fabre-Fond, frère de Fabre-d'Églantine. Peut-on douter de votre concert criminel pour renverser la République. Tu savais amortir le courroux des patriotes ; tu faisais envisager nos malheurs comme résultats de la faiblesse de nos armées, et tu détournais l'attention de la perfidie des généraux, pour s'occuper de nouvelles levées d'hommes. Tu t'associas dans tes crimes Lacroix, conspirateur décrié depuis longtemps, avec l'âme impure duquel on ne peut être uni que par le nœud qui associe des conjurés.

Lacroix fut de tout temps plus que suspect, hypocrite et perfide... il tint la même conduite que toi avec Dumouriez ; votre agitation était la même pour cacher les mêmes forfaits... Mais pourquoi rappeler tant d'horreurs, lorsque votre complicité manifeste avec d'Orléans et Dumouriez dans la Belgique, suffit à la justice pour vous frapper ?

Danton, tu eus, après le 10 août, une conférence avec Dumouriez où vous vous jurâtes une amitié à toute épreuve, et où vous unîtes votre fortune. Tu as justifié depuis cet affreux concordat, et tu es encore son ami au moment où je parle.

C'est toi qui, au retour de la Belgique, osas parler des vices et des crimes de Dumouriez avec la même admiration qu'on eut parlé des vertus de Caton. Tu t'es efforcé de corrompre la morale publique, en te rendant dans plusieurs occasions, l'apologiste des hommes corrompus, tes complices. C'est toi qui, le premier, dans un cercle de patriotes que tu voulais surprendre, proposas le bannissement de Capet ! proposition que tu n'osas plus soutenir à ton retour, parce qu'elle était abattue, et qu'elle t'eut perdu.....

Quelle conduite tins-tu dans le comité de défense générale ? Tu y recevais les compliments de Guadet et Brissot, et tu les leur rendais. Tu disais à Brissot : Vous avez de l'esprit, mais vous avez des prétentions. Voilà ton indignation contre les ennemis de la patrie ! Tu consentis à ce qu'on ne fît point part à la Convention de l'indépendance et de la trahison de Dumouriez ; et tu te trouvas dans des conciliabules avec Vimpfen et d'Orléans.

Dans le même temps tu te déclaras pour des principes modérés, et les formes robustes semblaient déguiser la faiblesse de tes conseils ; tu disais que des maximes sévères, feraient trop d'ennemis à la République. Conciliateur banal, tous tes efforts à la tribune commençaient comme le tonnerre, et tu finissais par faire transiger la vérité et le mensonge. Quelle proposition vigoureuse as-tu jamais faite contre Brissot et son parti dans la représentation nationale où je t'accuse. A ton retour de la Belgique, tu provoquas la levée en masse des patriotes de Paris pour marcher aux frontières. Si cela fut alors arrivé, qui aurait résisté à l'aristocratie qui avait tenté plusieurs soulèvements? Brissot ne désirait point autre chose, et les patriotes mis en campagne n'auraient-ils pas été sacrifiés? Ainsi se trouvait accompli le vœu de tous les tyrans du monde pour la destruction de Paris et de la liberté. Tu provoquas une insurrection dans Paris; elle était concertée avec Dumouriez; tu annonças même que s'il fallait de l'argent pour la faire, tu avais la main dans les caisses de la Belgique. Dumouriez voulait une révolte dans Paris pour avoir le prétexte de marcher contre cette ville de la liberté, sous un titre moins défavorable que celui de rebelle et de royaliste.

Toi qui restas à Arcis-sur-Aube avant le 9 août, opposant la paresse à l'insurrection nécessaire, tu avais trouvé ta chaleur au mois de mars pour servir Dumouriez, et lui fournir un prétexte honorable de marcher sur Paris. Desfieux, reconnu royaliste et du parti de l'étranger, donna le signal de cette fausse insurrection; le 10 mars un attroupement se porta aux Cordeliers, de là à la Commune; on lui demanda de se mettre à sa tête, il s'y refusa. Fabre alors s'agitait beaucoup; le mouvement, dit-il à un député, a été aussi loin qu'il le fallait. Le but de Dumouriez se trouva rempli; il fit de ce mouvement la base de son manifeste séditieux et des lettres insolentes qu'il écrivit à la Convention.

Desfieux, tout en déclamant contre Brissot, reçut de Lebrun, complice de Brissot, une somme d'argent pour envoyer dans le Midi des adresses véhémentes où la Gironde était improuvée, mais qui tendaient à justifier la révolte projetée des fédéralistes. Desfieux fit arrêter ses propres commis à Bordeaux, d'où l'adresse fut envoyée à la Convention nationale; ce qui donna lieu à Gensonné de dénoncer la Montagne, et à Guadet de déclamer contre Paris.

Desfieux déposa depuis en faveur de Brissot au tribunal révolutionnaire. Mais, Danton, quelle contradiction entre cette mesure extrême et dangereuse que tu proposas et la modération qui te fit demander une amnistie pour tous les coupables, qui te fit excuser Dumouriez, et te fit, dans le comité de défense générale, appuyer la proposition faite par Guadet d'envoyer Gensonné vers ce général? Pouvais-tu être aveugle à ce point sur l'intérêt public? Oserait-on te reprocher de manquer de discernement?

Tu t'accommodais à tout. Brissot et ses complices sortaient toujours contents d'avec toi. A la tribune, quand ton silence était accusé, tu leur donnais des avis salutaires pour qu'ils dissimulassent davantage. Tu les menaçais sans indignation, mais avec une bonté paternelle; et tu leur donnais plutôt des conseils pour corrompre la liberté, pour se sauver, pour mieux nous tromper, que tu n'en donnais au parti républicain pour les perdre. La haine, disais-tu, est insupportable à mon cœur, et tu nous avais dit, je n'aime point

Marat. Mais n'es-tu pas criminel et responsable de n'avoir point haï les ennemis de la patrie? Est-ce par ses penchants privés qu'un homme public détermine son indifférence ou sa haine, ou par l'amour de la patrie que n'a jamais senti ton cœur. Tu fis le conciliateur, comme Sixte-Quint fit le simple pour arriver au but où il tendait. Éclate maintenant devant la justice du peuple, toi qui n'éclatas jamais lorsqu'on attaqua la patrie! Nous t'avions cru de bonne foi lorsque nous accusâmes le parti de Brissot; mais depuis, des flots de lumière sont tombés sur ta politique. Tu es l'ami de Fabre; tu l'as défendu, tu n'es pas homme à te compromettre : tu n'as donc pu que te défendre toi-même dans ton complice... Tu abandonnas le parti républicain au commencement de notre cession, et depuis as-tu fait autre chose que nuancer d'hypocrisie les délibérations?

Fabre et toi, fûtes les apologistes de d'Orléans, que vous vous efforçâtes de faire passer pour un homme simple et très malheureux. Vous répétâtes souvent ce propos. Vous étiez sur la montagne le point de contact et de répercussion de la conjuration de Dumouriez, Brissot et d'Orléans. Lacroix te seconda parfaitement dans toutes ces occasions.

Tu vis avec horreur la révolution du 31 mai. Hérault, Lacroix et toi demandâtes la tête d'Henriot qui avait servi la liberté, et vous lui fîtes un crime du mouvement qu'il avait fait pour échapper à un acte d'oppression de votre part. Ici, Danton, tu déployas ton hypocrisie : n'ayant pu consommer ton projet, tu dissimulas ta fureur; tu regardas Henriot en riant et tu lui dis : n'aie pas peur, va toujours ton train : voulant lui faire entendre que tu avais eu l'air de le blâmer par bienséance, mais qu'au fond tu étais de son avis. Un moment après tu l'abordas à la Buvette, et tu lui présentas un verre d'un air caressant, en lui disant : point de rancune. Cependant le lendemain tu le calomnias de la manière la plus atroce, et tu lui reprochas d'avoir voulu l'assassiner. Hérault et Lacroix t'appuyèrent; mais n'as-tu pas envoyé depuis un ambassadeur à Wimpfen et à Pétion dans le Calvados? Ne t'es-tu pas opposé à la punition des députés de la Gironde? N'avais-tu pas défendu Steugel qui avait fait égorger les avant-postes de l'armée à Aix-la-Chapelle? Ainsi, défenseur de tous les criminels, tu n'en a jamais fait autant pour un patriote. Tu as accusé Roland, mais plutôt comme un imbécile acrimonieux que comme un traître; tu ne trouvais à la femme que des prétentions au bel esprit. Tu as jeté ton manteau sur tous les attentats pour les voiler et les déguiser.

Tes amis ont tout fait pour toi; ils placent ton nom dans tous les journaux étrangers et dans les rapports journaliers du ministre de l'intérieur, les rapports dont je parle, envoyés tous les soirs par le ministre de l'intérieur, te présentent comme l'homme dont tout Paris s'entretient : tes moindres réflexions y sont rendues célèbres. Nous avons reconnu depuis longtemps que tes amis ou toi rédigez ces rapports.

Danton, tu fus donc le complice de Mirabeau, de d'Orléans, de Dumouriez, de Brissot. Les lettres de l'ambassadeur d'Espagne à Venise, au duc d'Alcudia, disent qu'on te soupçonnait à Paris, et Lacroix d'avoir eu des conférences au Temple avec la reine. L'étranger est toujours très instruit sur les crimes commis en sa faveur : ce fait est connu de Luillier et peut s'éclaircir dans la procédure.

L'ambassadeur d'Espagne dit dans la même lettre, écrite au mois de juin dernier : Ce qui nous fait trembler est le renouvellement du comité de salut public. Tu en étais, Lacroix, tu en étais, Danton.

Mauvais citoyen, tu as conspiré : faux ami, tu disais, il y a deux jours, du mal de Desmoulins, instrument que tu as perdu, et tu lui prêtais des vices honteux ; méchant homme, tu as comparé l'opinion publique à une femme de mauvaise vie, tu as dit que l'honneur était ridicule ; que la gloire et la postérité étaient une sottise. Ces maximes devaient te concilier l'aristocratie ; elles étaient celles de Catilina. Si Fabre est innocent, si d'Orléans, si Dumouriez furent innocents, tu l'es sans doute. J'en ai trop dit, tu répondras à la justice.....

Achevons de dépeindre ces hommes qui, n'osant se déclarer, ont conspiré sous la poussière ; ils eurent toutes les qualités des conspirateurs de tous les temps ; ils se louaient mutuellement et disaient l'un de l'autre tout ce qui pouvait tromper les jugements. Les amis du profond Brissot avaient dit de lui qu'il était un inconséquent, un étourdi même. Fabre avait dit de Danton qu'il était insouciant, que son tempérament l'entraînait à la campagne, aux bains, aux choses innocentes. Danton disait de Fabre que sa tête était un imbroglio, un répertoire de choses comiques, et le présentait comme ridicule parce que ce n'est presque qu'à ce prix qu'il pouvait ne pas passer pour un traître, par le simple aperçu de sa manière tortueuse de se conduire. Danton riait avec Ducos, faisait le distrait avec d'Orléans et le familier avec Marat qu'il détestait, mais qu'il craignait...

Il est encore quelques rapprochements à faire de la conduite de ces hommes en différents temps. Danton fut un lion contre Lafayette, l'ennemi de d'Orléans ; Danton fut plein d'indulgence pour Dumouriez, l'ami de d'Orléans. Danton proposait, il y a trois ans, aux Jacobins la loi de Valérius qui ordonnait aux Romains de tuer sur l'heure ceux qui parleraient de Tarquin ; Danton ne trouva plus ni d'éloquence, ni de sévérité contre Dumouriez qui trahissait ouvertement la patrie et voulait faire un roi.

Danton, comme je l'ai dit, opina d'abord pour le bannissement du tyran, et pour sa mort ensuite. Il avertit souvent certains membres du comité de salut public qu'il fallait beaucoup de courage pour y rester, parce que l'autorité qu'on lui confiait était dangereuse pour lui-même. Ce fut Danton qui proposa les 50,000,000 ; ce fut Hérault qui l'appuya ; ce fut Danton qui proposa qu'on érigeât le comité de salut public en comité de gouvernement ; c'était donc un piége qu'il lui tendait.

Danton ayant été expulsé du comité, dit à quelqu'un : je ne me fâche point, je n'ai pas de rancune, mais j'ai de la mémoire. Que dirai-je des prétentions de ceux qui se prétendirent exclusivement les vieux Cordeliers ? Ils étaient précisément Danton, Fabre, Desmoulins et le ministre, auteur des rapports sur Paris, où Danton, Fabre, Camille et Philippeaux sont loués, où tout est dirigé dans leur sens et dans le sens d'Hébert? Que dirai-je de l'aveu fait par Danton qu'il avait dirigé les derniers écrits de Desmoulins et de Philippeaux?

Vous êtes tous complices du même attentat; tous vous avez tenté le renversement du gouvernement révolutionnaire et de la représentation; tous vous avez provoqué son renouvellement au 10 août dernier; tous vous avez travaillé pour l'étranger qui jamais ne voulut autre chose que le renouvellement de la Convention qui eut entraîné la perte de la république.

Je suis convaincu que cette faction des indulgents est liée à toutes les autres, qu'elle fut hypocrite dans tous les temps; vendue d'abord à la nouvelle dynastie, ensuite à toutes les factions. Cette faction a abandonné Marat, et s'est ensuite parée de sa réputation: elle a tout fait pour détruire la république en amollissant toutes les idées de la liberté; elle eut plus de finesse que les autres, elle attaqua le gouvernement avec plus d'hypocrisie et ne fut que plus criminelle...

L'été dernier, Hérault dit que Luillier, procureur général du département de Paris, avait confié qu'il existait un parti en faveur du jeune Capet, et que si le gouvernement pouvait perdre faveur, et le parti arriver au degré d'influence nécessaire, ce serait Danton qui montrerait au peuple cet enfant.

Dans ce même temps Danton dîna souvent rue Grande-Batelière avec des Anglais; il dînait avec Guzman, Espagnol, trois fois par semaine, et avec l'infâme Saint-Amarante, le fils de Sartine, et Lacroix; c'est là que se sont fait quelques-uns des repas à cent écus par tête...

Citoyens, ces factions méditent chaque jour votre perte, tous les fripons se rallient à elles; elles s'attendent depuis quelques jours à être démasquées; Danton, Lacroix disent : préparons-nous à nous défendre...

Un innocent parle-t-il de se défendre? A-t-il des tressaillements de terreur avant qu'on ait parlé de lui? Les comités ont prudemment gardé le silence, et l'opinion et le peuple accusaient avant moi ceux que j'accuse; ils s'accusaient, ils se déguisaient eux-mêmes, avant que nous ayons parlé d'eux; ils se préparaient à demander si nous voulions détruire la représentation nationale, parce que nous les accusons.

Quand les restes de la faction d'Orléans, dévoués aujourd'hui à tous les attentats contre la patrie, n'existeront plus, vous n'aurez plus d'exemple à donner, vous serez paisibles; l'intrigue n'abordera plus cette enceinte sacrée; vous vous livrerez à la législation et au gouvernement; vous sonderez ses profondeurs, et vous déroberez les feux du ciel pour animer la république tiède encore, et enflammer l'amour de la patrie et de la justice.

Nous avons cru ne devoir plus temporiser avec les coupables, puisque nous avons annoncé que nous détruirions toutes les factions; elles pourraient se ranimer et prendre de nouvelles forces, l'Europe semble ne plus compter que sur elles. Il était donc instant de les détruire, afin qu'il ne restât dans la république que le peuple et vous, et le gouvernement dont vous êtes le centre inviolable.

Voici le projet de décret :

La Convention nationale, après avoir entendu le rapport des comités de sûreté générale et de salut public, décrète d'accusation Camille Desmoulins, Hérault, Danton, Philippeaux, Lacroix, prévenus de complicité avec d'Orléans et Dumouriez, avec Fabre d'Eglantine et les ennemis de la république, d'avoir trempé dans la conspiration tendante à rétablir la monarchie, à détruire la représentation nationale et le gouvernement républicain. En conséquence elle ordonne leur mise en jugement avec Fabre d'Eglantine.

Ce décret est adopté à l'unanimité et au milieu des plus vifs applaudissements.

(*Moniteur* du 2 avril 1794, vieux style.)

Levasseur rend ainsi compte de cette fameuse séance :

La séance qui suivit l'arrestation de Danton, prouva toute l'influence de ce célèbre orateur sur l'Assemblée. Depuis longtemps peu de discussions s'élevaient dans le sein de la Convention; l'ancien enthousiasme de ses membres semblait engourdi ; cette fois la tristesse était peinte sur tous les visages, l'agitation régnait sur tous les bans ; tout semblait annoncer un réveil subit. A l'ouverture de la séance, Delmas, ami de Danton, demanda que les comités de gouvernement fussent mandés dans le sein de l'Assemblée, et sa motion fut adoptée avec empressement. Legendre lui succéda à la tribune, Legendre l'ami intime des députés incarcérés. Mais combien il ressemblait peu à ce qu'il avait été jadis ; au lieu de l'orateur fougueux qui avait lutté contre Lanjuinais dans la séance du 31 mai, on ne vit en lui qu'un avocat timide, craignant presque autant de se compromettre que de perdre la cause de ses amis. Interrompu à ses premières paroles, il fut bientôt rassuré par l'appui de la majorité; le président Tallien l'encouragea encore par une allocution dirigée indirectement contre le comité de salut public, autant que contre les interrupteurs; Legendre alors plaida moins froidement la cause de Danton ; il conclut en demandant que les accusés fussent entendus à la barre..... La réponse de Robespierre est le premier discours où il ait pris un ton d'autorité et d'arrogance qui pourrait faire croire qu'après avoir abattu toutes les factions, il sentit tourner sa tête et aspira à la dictature populaire de Marius. Cette phrase : *ceux qui tremblent aujourd'hui sont coupables,* suffit pour caractériser la sinistre éloquence qu'il déploya, toute la Convention trembla, et toute la Convention voulut dissimuler sa terreur pour ne pas devenir suspecte au comité qu'elle pouvait renverser d'un seul mot. Legendre descendit jusqu'à des excuses ; Delmas se tut et Tallien qui était presque allé jusqu'à une déclaration de guerre, laissa tomber la discussion sans user de sa position comme président pour lui donner une tournure favorable aux représentants sacrifiés.

Le rapport de Saint-Just ne se fit pas attendre. Jamais sa parole rude et sèche n'avait produit un tel effet : jamais aussi son âpre énergie ne s'était prononcée à un tel point.

(Citation du commencement du rapport.)

Après cet exorde, Saint-Just essaya de prouver que Danton conspirait en faveur du duc d'Orléans, et qu'il avait été complice de Demouriez et des Girondins ; personne ne pouvait admettre une pareille supposition. Il ne s'agissait évidemment que d'une guerre de parti dans laquelle le comité de salut public n'employait les armes de la patrie que pour frapper ses ennemis personnels. La Convention accepta cependant en silence le décret d'accusation ; et, dès lors, au lieu de ses délégués les membres du comité devinrent ses maîtres.

(*Mémoires* de Levasseur, chap III, du 3ᵉ volume.)

Nous n'avons à répondre ici à aucune des accusations formulées par Saint-Just, elles ont été réfutées dans le cours de notre ouvrage. Nous n'avons pas d'avantage à récriminer contre l'accusateur public ou contre l'Assemblée, c'est l'affaire de l'historien à qui nous ne devions que des documents. Si l'on en croit Levasseur, Delmas aurait hasardé quelques mots de défense, le *Moniteur* n'en fait pas mention ; suivant d'autres, des marques d'improbation auraient accueilli Robespierre, la feuille officielle se tait prudemment sur cette circonstance ; il paraît même que les observations du président Tallien sont tronquées. Mais n'oublions pas que toutes ces allégations ont été faites après coup, peut-être pour couvrir la lâcheté de tous ; je me défie des réclamations trop tardives. Ce qui bien certainement ressort de tout cela, c'est que jamais terreur plus profonde ne pesa sur tout une population ; et, dans ce cas, esclaves et maîtres, tous sont jugés.

Saint-Just a parlé d'une lettre révélatrice de l'ambassadeur d'Espagne à Venise, adressée au duc d'Alcudia, ministre du roi d'Espagne à Madrid. Cette lettre se trouve fort heureusement dans les papiers saisis chez Robespierre à sa mort, et publiés à la suite du rapport présenté à l'Assemblée par Courtois de l'Aube dans la séance du 16 ventôse, an III. Nous allons la copier textuellement, on jugera de son importance.

Votre excellence aura appris que le 3 juillet on a séparé le jeune roi de France de la reine, les chefs maratistes qui sont en grand nombre dans le comité de salut public, prirent ce parti à l'insu de ce même comité, lequel n'ayant eu connaissance de cette mesure prise par les maratistes qu'après qu'elle fut exécutée, n'osa pas s'y opposer.

Les royalistes croient que ce plan a été imaginé afin d'accréditer davantage les intrigues de cette princesse-qui, à chaque instant, l'exposent à se perdre, malgré les conseils qu'on lui a fait donner, et qu'il est très difficile aujourd'hui de lui continuer, à cause de l'âpreté et de la manière resserrée avec lesquelles sa majesté est traitée, occasionnées par ce que je vais vous dire.

La Commune prétend qu'il y a à Paris un agent du prince de Cobourg qui a des intelligences avec la reine, que Danton et Lacroix qui étaient du parti de la Montagne se sont faits Girondins, et qu'ils ont eu des conférences avec sa majesté; que cet agent de Cobourg est cousin du général Ferraris; et qu'il va et vient à Paris, faisant toujours ses voyages à pied pour mieux se cacher, et que le 7 il partit dans la nuit, emportant des lettres de la reine, lesquelles pour arriver jusqu'à lui ont dû passer par les mains du commissionnaire du Temple, auquel sa majesté avait cru devoir se fier. Ce misérable les porta à la Commune qui les lut et en prit copie; c'est avec ces pièces que la Commune veut elle-même dénoncer la reine au tribunal révolutionnaire; elle a donné un acte contenant dix-sept chefs d'accusation.

Cette situation critique suffit seule pour faire trembler; cependant le 11 on apprit la nouvelle de la suppression du comité de sûreté publique et son renouvellement; neuf des principaux chefs maratistes y sont entrés, Marat lui-même en est président et Robespierre le secrétaire. La fortune publique est en partie entre les mains de ces neuf. J'ai un espion complétement royaliste, mais bien masqué en maratiste. Nous devons bien présumer quel sera le parti que ces scélérats prendront, les connaissant pour ce qu'ils valent. D'y penser seulement cela fait horreur. J'écrivais à votre excellence le 17 du courant qu'il était venu à Paris un courrier portant des nouvelles de la prise de Nantes par l'armée de *Gaston*; les dernières nouvelles de Paris, en date du 13, la révoquent en doute, et l'on craint que les royalistes n'aient donné un avis trop précipité, ayant compté sur leur position, et sur ce que le combat qui se donnait aux environs de la ville leur était favorable. *Antraigues* croit que les nouvelles sont sûres, et moi aussi qui les donne pour certaines à votre excellence, d'après ce que l'on m'écrit; cependant nous suspendons un peu notre jugement pour que votre excellence ne nous accuse pas de contradiction et de légèreté.

Custine a été bien battu le 5 et le 8. On ignorait les détails de cette affaire à Paris, ou du moins la Commune les cachait : elle paraissait fort triste.

Le même jour survint encore l'avis que Wimpffen avait envoyé son avant-garde jusqu'à Caen, et aux environs de Falaise en Normandie; qu'elle y prit beaucoup de chevaux de remonte destinés pour les hussards patriotes, sans que le maire de Caen, qui en fut témoin, eut pu s'y opposer.

Le comité qui s'assemblait à Bagatelle, a arrêté qu'il fallait prendre tous les moyens possibles pour amener le peuple à ce qu'il consente que la Convention prenne ses vacances, comme le Parlement d'Angleterre, et que le comité de salut public, le pouvoir exécutif, le département et la Commune restent à Paris, pour conduire toutes sortes d'affaires. La Commune s'y est fortement opposée, et le projet n'a pas été suivi.

Je ne sais comment se conduisent les généraux qui les servent; tantôt ils les mandent à la barre de la Convention, et leur demandent compte de leur conduite, puis les mettent en état d'accusation pour quelqu'échec essuyé par leurs armées. *Biron, Custine, Westermann* et *Sandos* se trouvent dans ce cas; ils ont ordre de se présenter à la barre, et probablement, ils n'obéiront pas.

L'on n'est pas encore certain de la réunion des Marseillais avec les Lyonnais; en général, ces troupes inclinent au républicanisme; mais, comme la majeure partie de leurs chefs sont royalistes, l'on ne craint pas le soldat qui se laissera persuader par ses supérieurs, et fera ce que ceux-ci voudront.

Les Bretons sont les plus purs royalistes.

J'ai déjà rendu compte à Votre Excellence de la liberté que je pris, croyant réussir, d'instruire les inquisiteurs d'État du voyage de Sémonville : cet homme, ni ses compagnons n'ont pas encore paru. Il a dû leur être enjoint, dans quelques autres villes de l'État de rétrograder, d'après les ordres rigoureux qui avaient été donnés à cet effet aux divers podestats. Je viens d'être instruit qu'il porte avec lui pour deux millions de diamants qui furent volés au garde-meuble de la couronne. Le général Salis qui en est informé, et qui a beaucoup d'influence dans la Valteline, en a donné avis à plusieurs de ses affidés, en leur indiquant certains défilés où ils pourront rencontrer ce mauvais sujet, et lui enlever ses papiers et ses diamants.

L'archiduc de Milan fait, de son côté, tout ce qu'il peut pour faire réussir ce projet.

Sainte-Croix a écrit de Constantinople à la Convention quelle est la situation dans cette capitale; c'est de quoi j'ai déjà instruit Votre Excellence, ainsi que de la guerre vigoureuse que lui font les ministres d'Autriche et de Russie, afin que personne ne le protége. Il a cependant trouvé à qui s'attacher, et c'est le ministre d'Angleterre, son intime ami, jacobin par inclination qui fait tout son possible pour brouiller la Porte avec Vienne et Pétersbourg.

Que Dieu accorde à Votre Excellence de longues années.

Très excellent seigneur, de Votre Excellence le très respectueux serviteur.

Signé : Clément de Campoz.

Venise, 31 juillet 1793.

A Son Excellence le duc d'Alcadia.

(Extraite du numéro 50 du rapport de Courtois de l'Aube.)

En 1841, l'éditeur France a fait imprimer un manuscrit de Robespierre, contenant l'esquisse du rapport présenté par Saint-Just à la Convention. Quelques extraits suffiront pour faire voir la part que Maximilien a prise à cette affaire; cette curieuse révélation est d'une importance historique bien autre que l'assertion de Charlotte Robespierre.

Danton vécut avec Lafayette et avec les Lameth; il eut à Mirabeau une obligation bien remarquable : celui-ci lui fit rembourser sa charge d'avocat au conseil ; on assure même que le prix lui en a été payé deux fois. Le fait du remboursement est facile à prouver. (C'est par la protection de Mirabeau que Danton fut nommé administrateur du département de Paris, en 1790, dans le temps où l'assemblée électorale était décidément royaliste.)

Les amis de Mirabeau se vantaient hautement d'avoir fermé la bouche à Danton ; et, tant qu'a vécu ce personnage, Danton resta muet.

Je me rappelle une anecdote à laquelle j'attachais dans le temps trop peu d'importance : dans les premiers mois de la révolution, me trouvant à dîner avec Danton, Danton me reprocha de gâter la bonne cause, en m'écartant de la ligne où marchaient Barnave et Lameth, qui alors commençaient à dévier des principes populaires.

Danton tâchait d'imiter le talent de Fabre ! mais sans succès, comme le prouvent les efforts impuissants et ridicules qu'il fit pour pleurer, d'abord à la tribune des Jacobins, ensuite chez moi.

Il y a un trait qui prouve une âme ingrate et noire : il avait hautement préconisé les dernières productions de Desmoulins : il avait osé aux Jacobins, réclamer en leur faveur la liberté de la presse, lorsque je proposais pour elles les honneurs de la brûlure. Dans la dernière visite dont je parle, il me parla de Desmoulins avec mépris : il attribua ses écarts à un vice privé et honteux, mais absolument étranger à la révolution. Laignelot était témoin. La contenance de Laignelot m'a paru équivoque : il a gardé obstinément le silence. Cet homme a pour principe de briser lui-même les instruments dont il s'est servi, quand ils sont décrédités ; il n'a jamais défendu un seul patriote, jamais attaqué un seul conspirateur ; mais il a fait le panégyrique de Fabre à l'assemblée électorale dernière ; il a prétendu que les liaisons de Fabre avec les aristocrates, et ses longues éclipses sur l'horison révolutionnaire étaient un espionnage concerté entre eux pour connaître les projets de l'aristocratie.

Pendant son court ministère, il a fait présent à Fabre, qu'il avait choisi pour son secrétaire du sceau et pour son secrétaire intime, des sommes considérables puisées dans le trésor public. Il a lui-même avancé 10,000 francs. Je l'ai entendu avouer les escroqueries et les vols de Fabre, tels que des souliers appartenant à l'armée, dont il avait chez lui magasin.

Il ne donna point asile à Adrien Duport comme il est dit dans le rapport ; mais Adrien Duport qui, le 10 août, concertait avec la cour le massacre du peuple, ayant été arrêté et détenu assez longtemps dans les prisons de Melun, fut mis en liberté par ordre du ministre de la justice, Danton... Danton rejeta hautement toutes les propositions que je lui fis d'écraser la conspiration et d'empêcher Brissot de renouer ses trames, sous le prétexte qu'il ne fallait s'occuper que de la guerre.

Au mois de septembre, il envoya Fabre en ambassade auprès de Dumouriez. Il prétendit que l'objet de sa mission était de réconcilier Dumouriez et Kellermann qu'il supposait brouillés. Or, Dumouriez et Kellermann n'écrivaient jamais à la Convention nationale sans parler de leur intime amitié. Dumou-

riez, lorsqu'il parut à la barre, appela Kellermann son intime ami ; et le
résultat de cette union fut le salut du roi de Prusse et de son armée. Or,
quel conciliateur que Fabre pour deux généraux orgueilleux qui prétendaient
faire les destinées de la France.

C'est en vain que dès lors on se plaignait à Danton et à Fabre de la faction
girondine ; ils soutenaient qu'il n'y avait point là de faction, et que tout était
le résultat de la vanité et des animosités personnelles. Dans le même temps,
chez Pétion, où j'eus une explication sur les projets de Brissot, Fabre et
Danton se réunirent à Pétion pour attester l'innocence de leurs vues.

Quand je montrais à Danton le système de calomnie de Roland et des Brissotins, développé dans tous les papiers publics, Danton me répondait : Que
m'importe ! l'opinion publique est une putain, la postérité une sottise. Le
mot de vertu faisait rire Danton : il n'y avait pas de vertu plus solide, disait-
il plaisamment, que celle qu'il déployait toutes les nuits avec sa femme.
Comment un homme à qui toute idée morale était étrangère, pouvait-il
être le défenseur de la liberté? Une autre maxime de Danton était qu'il fallait se servir des fripons : aussi était-il entouré des intrigants les plus
impurs. Il professait pour le vice une tolérance qui devait lui donner autant
de partisans qu'il y a d'hommes corrompus dans le monde. C'était sans doute
le secret de sa politique qu'il révéla lui-même par un mot remarquable : ce
qui rend notre cause faible, disait-il à un vrai patriote, en feignant de partager mes principes, c'est que la sévérité de nos principes effarouche beaucoup
de monde.

Il ne faut pas oublier les thés de Robert, où d'Orléans faisait lui-même le
punch, où Fabre, Danton et Wimpfen assistaient. C'était là qu'on cherchait à
attirer le plus grand nombre des députés de la Montagne qu'il était possible,
pour les séduire ou pour les compromettre.

Dans le temps de l'assemblée électorale, je m'opposai de toutes mes forces
à la nomination de d'Orléans; je voulus en vain persuader mon opinion à
Danton : il me répondit que la nomination d'un prince du sang rendrait la
Convention nationale plus imposante aux yeux des rois de l'Europe, surtout
s'il était nommé le dernier de la députation. Je répliquai qu'elle serait donc
bien plus imposante encore s'il n'était nommé que le dernier suppléant ; je
ne persuadai point : la doctrine de Fabre d'Eglantine était la même que celle
du maître ou du disciple, je ne sais trop lequel...

Analysez maintenant toute la conduite politique de Danton : vous verrez
que la réputation de civisme qu'on lui a faite était l'ouvrage de l'intrigue et
qu'il n'y a pas une mesure liberticide qu'il n'ait adoptée.

On le voit dans les premiers jours de la révolution montrer à la cour un
front menaçant et parler avec véhémence dans le club des Cordeliers ; mais
bientôt il se lie avec les Lameth et transige avec eux ; il se laisse séduire par
Mirabeau et se montre aux yeux observateurs l'ennemi des principes sévères.
On n'entend plus parler de Danton jusqu'à l'époque des massacres du Champ-
de-Mars ; il avait beaucoup appuyé aux Jacobins la motion de La Clos qui fut
le prétexte de ce désastre et à laquelle je m'opposai. Il fut nommé le rédac-

teur de la pétition avec Brissot. Deux mille patriotes sans armes furent assassinés par les satellites de Lafayette. D'autres furent jetés dans les fers. Danton se retira à Arcis-sur-Aube, son pays, où il resta plusieurs mois, et il y vécut tranquille. On a remarqué, comme un indice de la complicité de Brissot, que, depuis la journée du Champ-de-Mars, il avait continué de se promener paisiblement dans Paris ; mais la tranquillité dont Danton jouissait à Arcis-sur-Aube était-elle moins étonnante ? Si l'on ne suppose pas un concordat tacite entre lui et Lafayette était-il plus difficile de l'atteindre là qu'à Paris, s'il eut été alors pour les tyrans un objet de haine ou de terreur ?

Les patriotes se souvinrent longtemps de ce lâche abandon de la cause publique ; on remarqua ensuite que, dans toutes les crises, il prenait le parti de la retraite.

Tant que dura l'Assemblée législative il se tut. Il demeure neutre dans la lutte pénible des Jacobins entre Brissot et entre la faction girondine. Il appuya d'abord leur opinion sur la déclaration de guerre. Ensuite, pressé par le reproche des patriotes dont il ne voulait pas perdre la confiance usurpée, il eut l'air de dire un mot pour ma défense, et annonça qu'il observait attentivement les deux partis et se renferma dans le silence. C'est dans ce temps-là que, me voyant seul, en butte aux calomnies et aux persécutions de cette faction toute-puissante, il dit à ses amis : « Puisqu'il veut se perdre, qu'il se perde ! nous ne devons point partager son sort. » Legendre lui-même me rapporta ce propos qu'il avait entendu. Tandis que la cour conspirait contre le peuple, et les patriotes contre la cour, dans les longues agitations qui préparèrent la journée du 10 août, Danton était à Arcis-sur-Aube : les patriotes désespéraient de le revoir. Cependant, pressé par leurs reproches, il fut contraint de se montrer et arriva la veille du 10 août ; mais, dans cette nuit fatale, il voulait se coucher, si ceux qui l'entouraient ne l'avaient forcé de se rendre à sa section où une portion du bataillon de Marseille était assemblée. Il y parla avec énergie ; l'insurrection était déjà décidée et inévitable. Pendant ce temps-là Fabre parlementait avec la cour. Danton et lui ont prétendu qu'il n'était là que pour tromper la cour. J'ai tracé quelques faits de son court ministère.

Quelle a été sa conduite durant la Convention ? Marat fut accusé par les chefs de la faction du côté droit. Il commença par déclarer qu'il n'aimait point Marat, et par protester qu'il était isolé et qu'il se séparait de ceux de ses collègues que la calomnie poursuivait ; et il fit son propre éloge ou sa propre apologie.

Robespierre fut accusé : il ne dit pas un seul mot, si ce n'est pour s'isoler de lui.

La Montagne fut accusée chaque jour ; il garda le silence. Il fut attaqué lui-même, il pardonna ; il se montra sans cesse aux conspirateurs comme un conciliateur tolérant ; il se fit un mérite publiquement de n'avoir jamais dénoncé ni Brissot, ni Guadet, ni Gensonné, ni aucun ennemi de la liberté ! Il lui tendait sans cesse la palme de l'olivier et le gage d'une alliance contre les républicains sévères. La seule fois qu'il parla avec énergie, ce fut la Montagne qui l'y força ; et il ne parla que de lui-même. Lorsque Ducos lui reprocha de n'avoir pas rendu ses comptes, il menaça le côté droit de la foudre populaire comme d'un instrument dont il pouvait disposer, et termina son discours par des propositions de paix. Pendant le cours des orageux débats de la liberté et de la tyrannie, les patriotes de la Montagne s'indignaient de son absence ; ses amis et lui en cherchaient l'excuse dans sa paresse, dans son embonpoint, dans son tempérament. Il savait bien sortir de son engourdissement lorsqu'il s'agissait de défendre Dumouriez et les généraux, ses complices, de faire l'éloge de Beurnonville que les intrigues de Fabre avaient porté au ministère.

Lorsque quelque trahison nouvelle dans l'armée donnait aux patriotes le prétexte de provoquer quelques mesures rigoureuses contre les conspirateurs du dedans et contre les traîtres de la Convention, il avait soin de les faire oublier ou de les altérer, en tournant exclusivement l'attention de l'assemblée vers des nouvelles levées d'hommes.

Il ne voulait pas la mort du tyran ; il voulait qu'on se contentât de le bannir, comme Dumouriez qui était venu à Paris avec Westermann, le messager de Dumouriez auprès de Gensonné, et tous les généraux ses complices, pour égorger les patriotes et sauver Louis XVI. La force de l'opinion publique détermina la sienne, et il vota contre son premier avis, ainsi que Lacroix, conspirateur décrié, avec lequel il ne put s'unir dans la Belgique que par le crime. Ce qui le prouve le plus, c'est le bizarre motif qu'il donna à cette union : ce motif était la conversion de Lacroix qu'il prétendait avoir déterminé à voter la mort du tyran. Comment aurait-il fait les fonctions de missionnaire auprès d'un pécheur aussi endurci, pour l'attirer à une doctrine qu'il réprouvait lui-même.

Il a vu avec douleur la révolution du 31 mai ; il a cherché à la faire avorter ou à la tourner contre la liberté en demandant la tête du général Henriot, sous prétexte qu'il avait gêné la liberté des membres de la Convention par une consigne, nécessaire pour parvenir au but de l'insurrection, qui était l'arrestation des conspirateurs.

Ensuite, pendant l'indigne procession qui eut lieu dans les Tuileries, Hérault, Lacroix et lui voulurent faire arrêter Henriot, et lui firent ensuite un crime du mouvement qu'il fit pour se soustraire à un acte d'oppression qui devait assurer le triomphe de la tyrannie. C'est ainsi que Danton déploya toute sa perfidie. N'ayant pu consommer son crime, il regarda Henriot en riant et lui dit : « N'aie pas peur ; va toujours ton train ! » Voulant lui faire entendre qu'il avait eu l'air de le blâmer par bienséance et par politique, mais qu'au fond il était de son avis. Un moment après, il aborda le général à la buvette, et lui présenta un verre d'un air caressant, en lui disant : « Vainquons et point de rancune ! » Cependant le lendemain, irrité sans doute du dénoûment heureux de l'insurrection, il osa le calomnier de la manière la plus atroce à la tribune, et dit entre autres choses qu'on avait voulu l'assassiner, lui et quelques-uns de ses collègues. Hérault et Lacroix ne cessèrent de propager la même calomnie contre le général que l'on voulait immoler.

J'ai entendu Lacroix et Danton dire : « Il faudra que Brissot passe une heure sur les planches à cause de son faux passe-port.... »

Danton fit tous ses efforts pour sauver Brissot et ses complices. Il s'opposa à leur punition; il voulait qu'on envoyât des otages à Bordeaux. Il envoya un ambassadeur à Wimpffen dans le Calvados.

Danton et Lacroix voulaient dissoudre la Convention nationale et établir la Constitution du 24 juin 1793.

Danton m'a dit un jour : « Il est fâcheux qu'on ne puisse pas proposer de céder nos colonies aux Américains : ce serait un moyen de faire alliance avec eux. » Danton et Lacroix ont depuis fait passer un décret dont le résultat vraisemblable était la perte de nos colonies.

Leurs vues furent de tout temps semblables à celles des Brissotins. Le 8 mars, on voulait exciter une fausse insurrection, pour donner à Dumouriez le prétexte qu'il cherchait de marcher sur Paris, non avec le rôle défavorable de rebelle et de royaliste, mais avec l'air d'un vengeur de la Convention. Desfieux en donna le signal aux Jacobins : un attroupement se porta au club des Cordeliers, de là à la commune. Fabre s'agitait beaucoup dans le même temps, pour exciter ce mouvement, dont les Brissotins tirèrent un si grand avantage. On m'a assuré que Danton avait été chez Pache, qu'il avait proposé d'insurger, en disant que, s'il fallait de l'argent, il mettrait la main dans la caisse de la Belgique.

Danton voulait une amnistie pour tous les coupables ; il s'en est expliqué ouvertement, il voulait donc la contre-révolution. Il voulait la dissolution de la Convention, ensuite la destruction du gouvernement : il voulait donc la contre-révolution.

(Projet rédigé par Robespierre, du rapport fait à la Convention nationale par St-Just. — Manuscrit inédit publié sur les autographes, par France. — Paris, 1841. Extraits du premier fragment).

Danton, en qualité de président du journal : *le Vieux Cordelier*, a corrigé les épreuves de ses numéros; il y a fait des changements de son aveu. On reconnaît son influence et sa main dans ceux de Philippeaux et même dans ceux de Bourdon. Les dîners, les conciliabules où ils présidaient, étaient destinés à propager ces principes et à préparer le triomphe de l'intrigue. C'est dans le même temps qu'on accueillait à la barre les veuves des conspirateurs lyonnais, qu'on faisait décréter des pensions pour celles des contre-révolutionnaires immolés par le glaive de la justice, que l'on arrachait des conspirateurs à la peine de leurs crimes par des décrets surpris, que l'on cherchait à rallier à soi les riches et l'aristocratie. Que pouvaient faire de plus des conspirateurs dans les circonstances...?

(*Ibidem*, deuxième fragment.)

Les amis de Danton disaient de lui qu'il était insouciant, que son tempérament était contraire à la haine et à l'ambition.

Danton disait de Fabre que sa tête était un imbroglio, un répertoire de comédie ; et le représentait comme ridicule pour qu'il ne passât pas pour conjuré.

Danton parlait de chasse, de bain, de plaisir à ceux dont il craignait l'œil.

Fabre dénonça Ronsin et Vincent. Danton les défendit ; il défend tout le monde.

(*Ibidem,* fragment de Saint–Just.)

La même brochure donne le *fac simile* suivant :

Le Comité de Salut Public invite le citoyen Dumas, vice–président du tribunal criminel, à se rendre au lieu de ses séances demain à midi.

Paris, le 12 germinal l'an 2 de la République.

ROBESPIERRE.

CHAPITRE XI

Le public n'était pas moins inquiet de savoir ce qu'on penserait au club deš Jacobins qu'à la Convention, du coup d'État de Robespierre.

Séance des Jacobins du 11 Germinal.

(Présidence de Legendre.)

Après la lecture de la correspondance, Renaudin demande que Saint-Just soit invité à donner à la société la communication d'un rapport intéressant qu'il a présenté ce matin à la Convention.

On annonce que Saint-Just vient d'envoyer chercher ce rapport à l'imprimerie. Pendant ce temps Couthon va rendre compte de ce qui s'est passé à l'Assemblée.

Couthon.—Enfin l'horizon politique s'éclaircit, le ciel devient serein, et les amis de la République respirent. La Convention va, comme les armées, au pas de charge. Nous avons dit au peuple, à la Convention, aux comités de salut public et de sûreté générale, et aux véritables Jacobins, que nous péririons plutôt que de souffrir que le peuple fut gouverné par la tyrannie ou par le crime. Nous vous avions annoncé depuis quelques jours qu'il fallait attaquer une nouvelle faction ; ce n'est peut-être pas la dernière. La Convention a tenu sa parole ; les chefs de la faction qu'elle a enchaînés aujourd'hui, étaient des hommes qui ont paru mériter quelquefois la confiance du peuple ; ce sont Danton, Lacroix, Camille Desmoulins ; ces hommes se donnaient la qualification de Vieux Cordeliers, ils n'étaient que de vieux conspirateurs...

Des mouvements se sont manifestés avant d'entendre les comités de salut public et de sûreté générale. Legendre qui doit se reprocher de s'être trop approché de l'impur Lacroix, Legendre dont je ne veux pas attaquer les principes, a fait une proposition dont le but perfide était d'établir un privilége en faveur des députés arrêtés. Elle tendait à les appeler à la barre ou dans le sein de la Convention pour entendre les inculpations qui leur sont faites et y répondre sur le champ. Il est certain que les principes s'opposaient à cette admission qui a été refusée à d'autres. Les représentants sont comme les autres citoyens, ils doivent être cités devant les tribunaux, et jugés comme eux.

Sous le rapport de la simple violation d'un principe qui doit être sacré dans tous les temps, la proposition de Legendre était au moins très déplacée; elle avait un but contraire au salut de la liberté; l'intention machiaveliste des conspirateurs avait été aperçue depuis quelques jours; on les entendait dire qu'ils n'étaient pas tranquilles, car les traîtres ne le sont jamais; on les voyait disputer sans cesse avec leur conscience et dire entre eux : il faut nous préparer à une grande résistance et savoir si les comités de salut public et de sûreté générale veulent détruire les membres de la Convention les uns après les autres. Leur but, après leur arrestation, était d'être entendus de la Convention, de calomnier les patriotes les plus purs, et d'établir une lutte scandaleuse qui aurait peut-être amené l'avilissement de la Convention, ou quelque chose de plus. Robespierre s'est trouvé là au moment où la proposition a été faite. Il a parlé avec son énergie ordinaire; il a détruit de fond en comble la proposition, et à peine lui a-t-on fait l'honneur de l'écarter par la question préalable. Saint-Just a fait alors son rapport. Il en est résulté que depuis les premiers temps de la Révolution, Lacroix et Danton étaient les chefs que le ci-devant d'Orléans avait choisis. Ces hommes ont servi tous les partis, excepté celui du peuple. La Convention indignée du récit des faits multipliés à la charge des conspirateurs, a décrété d'accusation Lacroix, Danton, Hérault, Desmoulins et Philippeaux.

Cette circonstance est une nouvelle raison pour les véritables amis de la liberté, de se rallier plus que jamais. Ce ne sont pas les derniers que nous ayons à combattre; mais nous exterminerons tous les scélérats, parce que nous sommes soutenus de toute la puissance du peuple qui veut la liberté.

Le système des scélérats que nous poursuivons est de répandre dans l'opinion publique de la défiance sur les plus zélés défenseurs de la liberté; on débite avec affectation que les comités de salut public et de sûreté générale sont coalisés pour s'emparer de l'autorité. Les comités ne répondent pas à de pareilles injures qu'ils méprisent; ils ne font pas de promesses, mais c'est à leurs actions que vous les connaîtrez; ils sont toujours les mêmes; ils poursuivront les conspirateurs, soit que nous les ayons vus à côté de nous depuis la Révolution, soit qu'ils aient été éloignés.

Je dois ici invoquer l'opinion publique : peuple, compte sur tes représentants; ils sont prêts à faire tous les sacrifices. Ils ont besoin de toute ta puissance, mais sois tranquille, la liberté sera triomphante malgré tous les malveillants

Nous ne craignons ni l'examen du passé, ni celui de l'avenir; qu'on examine nos fortunes, notre existence première; on verra que nous avons toujours été Sans-Culottes, nous le serons jusqu'à la fin, parce qu'il est impossible qu'un député qui augmente de fortune, ne soit pas un conspirateur. Notre bonheur est dans celui du peuple. Que la liberté s'établisse; que le peuple soit heureux et nous serons satisfaits. Les représentants ne demandant après leur travaux, qu'à retourner sous le chaume et à mourir sous les yeux de la nature, entre les bras de leurs parents et de leurs amis.

Tels sont les sentiments de chacun d'eux; mais, je le répète, ils ont besoin de l'appui du peuple et des Jacobins, ce nom de Jacobins, l'effroi des tyrans, nous est nécessaire. La Convention ne serait forte qu'à demi, si elle n'était pas composée de Jacobins.

Citoyens, la conjuration dévoilée aujourd'hui a des ramifications étendues. Il faut que les patriotes qui, à l'occasion de la conjuration d'Hébert, ont rendu de grands services à la liberté en faisant arrêter les malveillants, les arrêtent encore dans les places publiques, dans les cafés, dans les hôtels garnis. Les gens de bien connaissent les fripons à la mine; il n'est pas permis à un citoyen de se permettre d'arrêter et de conduire des individus dans les maisons d'arrêt; mais il a droit de traduire devant les magistrats, ceux qui lui paraissent suspects. Le zèle et la surveillance sont nécessaires en ce moment plus que jamais; les amis, les partisans de Lacroix vont s'agiter en tous sens. C'est aux bons citoyens à les faire arrêter, et aux lois à les punir. La République doit se purger des crimes qui l'infectent. La justice et la vertu en sont les bases; sans elles, il est impossible qu'elle subsiste; avec elles, elle est impérissable.

(Ce discours est fréquemment interrompu par de *vifs applaudissements*.)

LEGENDRE. — Je demande à justifier la proposition que j'ai faite ce matin à la Convention. Je déclare que depuis que je connais Danton, je l'ai toujours regardé comme un patriote pur, et que c'est dans cette idée que j'ai pris la parole. Si j'ai commis une erreur, je proteste qu'elle est involontaire. Quant à Lacroix je l'ai fréquenté dans le département de la Seine-Inférieure; j'ai toujours cru qu'il avait de bonnes intentions, mais jamais je ne l'ai autant estimé que Danton. Au reste, je m'en rapporte au jugement du tribunal révolutionnaire; et je déclare que je serais le premier dénonciateur de celui qui voudrait entraver l'exécution du décret rendu aujourd'hui par la Convention; j'invite en outre tous ceux qui auraient à me reprocher des intrigues, à se présenter pour m'accuser.

Saint-Just communique le rapport qu'il a fait à la Convention. Il est accueilli par des applaudissements unanimes et multipliés.

La séance est levée à 10 heures.

(*Moniteur* du 5 avril 94.)

Avant d'être lu à la Convention, le rapport de Saint-Just avait été soumis à l'acceptation des trois comités de législation, de sûreté et de salut public.

Il n'est pas inutile de connaître les signataires de l'ordre d'arrêter, j'allais dire de condamner.

Au comité de législation : Merlin de Douai, Cambacérès, Treilhard, Berlier.

Au comité de sûreté : Vadier, Lebas, Louis, Jagot, Voullaud, Dubarrau, Élie Lacoste, Amar, Moïse Bayle, Lavicomterie, David, Héron.

Au comité de salut public : Billaud, Carnot, Collot, Barrère, Saint-Just, Prieur, Couthon, Robespierre.

Le 2 avril, Herman, président du tribunal révolutionnaire et Fouquier-Tinville, accusateur public, tirèrent au sort les jurés; ils étaient sans témoin.

Le chef du jury fut Trinchard; puis vinrent Renaudin, Fauvetti, Topino-Lebrun, Souberbielle, Ganney, Leroy de Mont-Flobert, Sambat.

Coffinnahl rédigeait le compte rendu du tribunal révolutionnaire, et l'arrangeait toujours dans le sens du maître; nous allons donner la copie textuelle du *Bulletin du tribunal*, mais on peut regarder comme certain que les réponses des accusés et notamment de Danton, y sont tronquées, faussées, et le plus souvent omises.

Nicolas était l'imprimeur, un homme tout dévoué à Robespierre.

BULLETIN DU TRIBUNAL RÉVOLUTIONNAIRE.

Audience du 13 germinal, an II de la République française.

AFFAIRE CHABOT ET COMPLICES.

Interrogé sur son nom, surnom, âge, qualité et demeure, Danton a répondu se nommer *Georges-Jacques Danton*, *âgé de 34 ans*, *natif d'Arcis-sur-Aube*, *département de l'Aube*, *avocat*, *député à la Convention*, *domicilié à Paris*, *rue des Cordeliers*. A la demande de son domicile, Danton a d'abord répondu : *bientôt le néant, et mon nom au Panthéon.*

LE PRÉSIDENT. — Accusés, soyez attentifs à ce que vous allez entendre.

Le greffier lit le rapport d'Amar, rapport qui n'est que la répétition de celui qu'avait lu le 31 mars, devant la Convention, Saint-Just au nom du comité du salut public. Il est inutile de le reproduire.

(Numéro 16 du *Bulletin du tribunal*.)

Le numéro 20 et une partie du 21ᵉ renferment les interrogatoires des coaccusés de Danton — puis commence celui de ce dernier inculpé.

DEMANDE. — Danton, la Convention nationale vous accuse d'avoir favorisé Dumouriez, de ne l'avoir pas fait connaître tel qu'il était, d'avoir partagé ses projets liberticides, tels que de faire marcher une force armée sur Paris, pour détruire le gouvernement républicain et rétablir la royauté.

RÉPONSE. — Ma voix qui, tant de fois s'est fait entendre pour la cause du peuple, pour appuyer et défendre ses intérêts, n'aura pas de peine à repousser la calomnie.

Les lâches qui me calomnient oseraient-ils m'attaquer en face, qu'ils se montrent et je les couvrirai eux-mêmes de l'ignominie, de l'opprobre qui les caractérise ? Je l'ai dit et je le répète : *mon domicile est bientôt, dans le néant, et mon nom au Panthéon !...* Ma tête est là, elle répond de tout !... La vie m'est à charge, il me tarde d'en être délivré !...

LE PRÉSIDENT à l'accusé. — Danton, l'audace est le propre du crime, et la modération est celui de l'innocence. Sans doute la défense est de droit légitime, mais c'est une défense qui sait se renfermer dans les bornes de la décence et de la modération, qui sait tout respecter, même jusqu'à ses accusateurs. Vous êtes traduit ici par la première des autorités ; vous devez toute obéissance à ses décrets, et ne vous occuper que de vous justifier des différents chefs d'accusation dirigés contre vous ; je vous invite à vous en acquitter avec précision, et surtout à vous circonscrire dans les faits.

RÉPONSE. — L'audace individuelle est sans doute réprimable et jamais elle ne put m'être reprochée ; mais l'audace nationale dont j'ai tant de fois donné l'exemple, dont j'ai servi la chose publique ; ce genre d'audace est permis, et il est même nécessaire en révolution, et c'est de cette audace que je m'honore. Lorsque je me vois si grièvement, si injustement inculpé, suis-je le maître de commander au sentiment d'indignation qui me soulève contre mes détracteurs. Est-ce d'un révolutionnaire comme moi, aussi fortement prononcé qu'il faut attendre une réponse froide? Les hommes de ma trempe sont impayables, c'est sur leurs fronts qu'est imprimé en caractères ineffaçables le sceau de la liberté, le génie républicain ; et c'est moi que l'on accuse d'avoir rampé aux pieds de vils despotes, d'avoir toujours été contraire au parti de la liberté, d'avoir conspiré avec Mirabeau et Dumouriez ! Et c'est moi que l'on somme de répondre à la justice inévitable, inflexible!... Et toi, Saint-Just, tu répondras à la postérité de la diffamation lancée contre le meilleur ami du peuple, contre son plus ardent défenseur !... En parcourant cette liste d'horreurs, je sens toute mon existence frémir.

Danton allait continuer sur le même ton, lorsque le président lui observe de nouveau qu'il manque tout à la fois à la représentation nationale au tribunal et au peuple souverain, qui a le droit incontestable de lui demander compte de ses actions.

Marat fut accusé comme vous. Il sentit la nécessité de se justifier, remplit ce devoir en bon citoyen, établit son innocence en termes respectueux, et n'en fut que plus aimé du peuple dont il n'avait cessé de stipuler les intérêts. Marat ne s'indigna pas contre ses calomniateurs; à des faits, il n'opposa point des probabilités, des vraisemblances, il répondit catégoriquement à l'accusation portée contre lui, s'appliqua à en démontrer la fausseté et y parvint. Je ne puis vous proposer de meilleur modèle, il est de votre intérêt de vous y conformer.

RÉPONSE. — Je vais donc descendre à ma justification, je vais suivre le plan de défense adopté par Saint-Just. Moi, vendu à Mirabeau, à d'Orléans, à Dumouriez! Moi, le partisan des royalistes et de la royauté. A-t-on donc oublié que j'ai été nommé administrateur, contradictoirement avec tous les contre-révolutionnaires qui m'exécraient? Des intelligences de ma part avec Mirabeau! Mais tout le monde sait que j'ai combattu Mirabeau, que j'ai contrarié tous ses projets, toutes les fois que je les ai crus funestes à la liberté. Me taisais-je sur le compte de Mirabeau lorsque je défendais Marat attaqué par cet homme altier? Ne faisais-je pas plus qu'on n'avait droit d'attendre d'un citoyen ordinaire? Ne me suis-je pas montré, lorsque l'on voulait soustraire le tyran, en le traînant à Saint-Cloud?

(Numéro 21 du *Bulletin du tribunal*.)

Danton continue :

N'ai-je point fait afficher au district des Cordeliers la nécessité de s'insurger? J'ai toute la plénitude de ma tête lorsque je provoque mes accusateurs, lorsque je demande à me mesurer avec eux... Qu'on me les produise et je les replonge dans le néant dont ils n'auraient jamais dû sortir!... Vils imposteurs, paraissez, et je vais vous arracher le masque qui vous dérobe à la vindicte publique !...

LE PRÉSIDENT. — Danton, ce n'est point par des sorties indécentes contre vos accusateurs que vous parviendrez à convaincre le jury de votre innocence. Parlez-lui un langage qu'il puisse entendre; mais n'oubliez pas que ceux qui vous accusent jouissent de l'estime publique, et n'ont rien fait qui puisse leur enlever ce témoignage précieux.

RÉPONSE. — Un accusé comme moi, qui connaît les hommes et les choses, répond devant le jury, mais ne lui parle pas; je me défends et ne calomnie pas.

Jamais l'ambition, ni la cupidité n'eurent de puissance sur moi; jamais elles ne dirigèrent mes actions; jamais ces passions ne me firent compromettre la chose publique : tout entier à ma patrie, je lui ai fait le généreux sacrifice de mon existence.

C'est dans cet esprit que j'ai combattu l'infâme Pastoret, Lafayette, Bailly et tous les conspirateurs qui voulaient s'introduire dans les postes les plus importants, pour mieux et plus facilement assassiner la liberté. Il faut que je parle de trois plats coquins qui ont perdu Robespierre. J'ai des choses essentielles à révéler; je demande à être entendu paisiblement, le salut de la patrie en fait une loi.

LE PRÉSIDENT. — Le devoir d'un accusé, son intérêt personnel veulent qu'il s'explique d'une manière claire et précise sur les faits à lui imputés ; qu'il établisse lumineusement sa justification sur chaque reproche à lui fait, et ce n'est que lorsqu'il a porté la conviction dans l'âme de ses juges, qu'il devient digne de quelque foi, et peut se permettre des dénonciations contre des hommes investis de la confiance publique ; je vous invite donc à vous renfermer dans votre défense et à n'y rien joindre d'étranger.

C'est la Convention toute entière qui vous accuse, je ne crois pas qu'il entre dans votre plan d'attaquer tous ses membres, qu'il soit même dans votre intérêt d'en faire suspecter quelques-uns, car en admettant le bien fondé de ces soupçons envers quelques individus, l'accusation portée contre vous en nombre collectif n'en serait nullement affaiblie.

RÉPONSE. — Je reviens à ma défense. Il est de notoriété publique que j'ai été nommé à la Convention en très petite minorité par les bons citoyens, et que j'étais odieux aux mauvais.

Lorsque Mirabeau voulut s'en aller à Marseille, je pressentis ses desseins perfides, je les dévoilai, et le forçai de demeurer au fauteuil, et c'est ainsi qu'il était parvenu à me saisir, à m'ouvrir la bouche ou à me la fermer ! C'est une chose bien étrange que l'aveuglement de la Convention nationale, jusqu'à ce jour sur mon compte, c'est une chose vraiment miraculeuse que son illumination subite !

LE PRÉSIDENT. — L'ironie à laquelle vous avez recours ne détruit pas le reproche à vous fait de vous être couvert en public du masque du patriotisme, pour tromper vos collègues et favoriser secrètement la royauté. Rien de plus ordinaire que la plaisanterie, les jeux de mots aux accusés qui se sentent pressés, et accablés de leurs propres faits, sans pouvoir les détruire.

RÉPONSE. — Je me souviens effectivement d'avoir provoqué le rétablissement de la royauté, la résurrection de toute la puissance monarchique, d'avoir protégé la fuite du tyran, en m'opposant de toutes mes forces à son voyage de Saint-Cloud, et faisant hérisser de piques et de baïonnettes son passage, en enchaînant en quelque sorte ses coursiers fougueux ; si c'est là se déclarer le partisan de la royauté, s'en montrer l'ami, si à ces traits on peut reconnaître l'homme favorisant la tyrannie, dans cette hypothèse j'avoue être coupable de ces crimes. J'ai dit à un patriote rigide, dans un repas, qu'il compromettait la bonne cause en s'écartant du chemin où marchaient Barnave et Lameth, qui abandonnaient le parti populaire.

Je soutiens le fait de toute fausseté, et je défie à qui que ce soit de me le prouver. A l'égard de mes motions relatives au Champ-de-Mars, j'offre de prouver que la pétition à laquelle j'ai concouru, ne contenait que des intentions pures, que, comme l'un des auteurs de cette pétition, je devais être assassiné comme les autres, et que des meurtriers furent envoyés chez moi pour m'immoler à la rage des contre-révolutionnaires. Étais-je donc un objet de reconnaissance pour la tyrannie, lorsque les agents de mes cruels persécuteurs, n'ayant pu m'assassiner dans ma demeure d'Arcis-sur-Aube, cherchaient à me porter le coup le plus sensible, pour un homme d'honneur, en obtenant contre moi un décret de prise de corps, et essayant de le mettre à exécution dans le corps électoral.

LE PRÉSIDENT. — Ne vous êtes-vous pas émigré au 17 juillet 89? N'êtes-vous pas passé en Angleterre?

RÉPONSE. — Mes beaux-frères allaient en ce pays pour affaire de commerce, et je profitai de l'occasion; peut-on m'en faire un crime?

Le despotisme était encore dans toute sa prépondérance; et alors, il n'était encore permis que de soupirer en secret pour le règne de la liberté. Je m'exilai donc, je me bannis, et je jurai de ne rentrer en France que quand la liberté y serait admise.

LE PRÉSIDENT. — Marat, dont vous prétendez avoir été le défenseur, le protecteur, ne se conduisait pas ainsi, lorsqu'il s'agissait de poser les fondements de la liberté; lorsqu'elle était à son berceau et environnée du plus grand danger, il n'hésitait pas à le partager.

RÉPONSE. — Et moi, je soutiens que Marat est passé deux fois en Angleterre, et que Ducos et Fonfrède lui doivent leur salut.

Dans le temps où la puissance royale était encore la plus redoutable, je proposai la loi de Valérius Publicola, qui permettait de tuer un homme sur la responsabilité de sa tête. J'ai dénoncé Louvet; j'ai défendu les sociétés populaires au péril de ma vie, et même dans un moment où les patriotes étaient en très petit nombre.

L'ex-ministre Lebrun étant au fauteuil, a été par moi démasqué; appelé contre lui, j'ai démontré sa complicité avec Brissot.

On m'accuse de m'être retiré à Arcis-sur-Aube, au moment où la journée du 10 août était prévue, où le combat des hommes libres devait s'engager avec les esclaves.

A cette inculpation je réponds avoir déclaré à cette époque que le peuple français serait victorieux ou que je serais mort; je demande à produire pour témoin de ce fait le citoyen Payen; il me faut, ai-je ajouté, des lauriers ou la mort.

Où sont donc tous ces hommes qui ont eu besoin de presser Danton pour l'engager à se montrer dans cette journée? Où sont donc tous ces êtres privilégiés dont il a emprunté l'énergie?

Depuis deux jours le tribunal connaît Danton, demain il espère s'endormir dans le sein de la gloire, jamais il n'a demandé grâce, et on le verra voler à l'échafaud avec la sérénité ordinaire au calme de la conscience.

Pétion, sortant de la commune, vint aux Cordeliers, il nous dit que le tocsin devait sonner à minuit, et que le lendemain devait être le tombeau de la tyrannie; il nous dit que l'attaque des royalistes était concertée pour la nuit, mais qu'il avait arrangé les choses de manière que tout se ferait en plein jour et serait terminé à midi, et que la victoire était assurée pour les patriotes.

Quant à moi, dit Danton, je n'ai quitté ma section qu'après avoir recommandé de m'avertir, s'il arrivait quelque chose de nouveau.

Je suis resté pendant douze heures de suite à ma section, et y suis retourné le lendemain, à 9 heures. Voilà le repos honteux auquel je me livrai, suivant le rapporteur. A la municipalité, on m'a entendu demander la mort de Mandat. Mais suivons Saint-Just dans ses accusations. Fabre, parlementant avec la cour, était l'ami de Danton. Et, sans doute, on en donnera pour preuve le courage avec lequel Fabre essuya le feu de file qui se faisait sur les Français.

Un courtisan disait que les patriotes étaient perdus. Que fait Danton? Tout pour prouver son attachement à la Révolution.

On se demande quelle est l'utilité de l'arrivée de Danton à la Législature?

Et je réponds qu'elle est importante au salut public, et que plusieurs de mes actions le prouvent. J'ai droit d'opposer mes services lorsqu'ils sont contestés, lorsque je me demande ce que j'ai fait pour la Révolution.

Pendant mon ministère, il s'agit d'envoyer un ambassadeur à Londres pour resserrer l'alliance des deux peuples. Noël, journaliste contre-révolutionnaire, est proposé par Lebrun, et je ne m'y oppose pas. A ce reproche je réponds que je n'étais pas ministre des affaires étrangères. On m'a présenté les expéditions : je n'étais pas le despote du conseil. Roland protégeait Noël; l'ex-marquis Chauvelin disait que Noël était un trembleur, et qu'ils se balanceraient l'un l'autre avec Merger, jeune homme de dix-huit ans, qui était mon parent.

J'ai présenté à la Convention nationale Fabre comme un homme adroit. J'ai annoncé Fabre comme l'auteur du Philinte et réunissant des talents. J'ai dit qu'un prince du sang, comme d'Orléans, placé au milieu des représentants du peuple, leur donnerait plus d'importance aux yeux de l'Europe.

Le fait est faux : il n'a d'importance que celle qu'on a voulu lui donner. Je vais rétablir ce fait dans son intégrité. Robespierre disait : demandez à Danton pourquoi il a fait nommer d'Orléans : il serait plaisant de le voir figurer dans la Convention comme suppléant.

Un juré observe que d'Orléans était désigné comme devant être nommé le vingt-quatrième suppléant, et qu'il le fut effectivement dans cet ordre de rang.

On m'a déposé cinquante millions, je l'avoue; j'offre d'en rendre un fidèle compte : c'était pour donner de l'impulsion à la Révolution.

Le témoin Cambon déclare avoir connaissance qu'il a été donné 400,000 liv. à Danton pour dépenses secrètes et autres, et qu'il a remis 130,000 liv. en numéraire.

RÉPONSE. — Je n'ai dépensé, à bureau ouvert, que 200,000 liv. Ces fonds ont été les leviers avec lesquels j'ai électrisé les départements. J'ai donné 6,000 liv. à Billaud-Varennes, et m'en suis rapporté à lui.

J'ai laissé à Fabre la disponibilité de toutes les sommes dont un secrétaire peut avoir besoin pour déployer toute son âme; et en cela je n'ai rien fait que de licite.

On m'accuse d'avoir donné des ordres pour sauver Duport à la faveur d'une émeute concertée à Melun, par mes émissaires, pour fouiller une voiture d'armes.

DANTON. 23

Je réponds que le fait est de toute fausseté, et que j'ai donné les ordres les plus précis pour arrêter Dupont, et j'invoque, à cet égard, Panis et Duplain.

Ce fait pourrait regarder Marat plutôt que moi, puisqu'il a produit une pièce ayant pour objet de sauver Dupont, qui a voulu m'assassiner avec Lameth : le jugement criminel des relaxations existe ; mais je n'ai pas voulu suivre cette affaire, parce que je n'avais pas la preuve acquise de l'assassinat prémédité contre moi.

Marat avait une acrimonie de caractère qui, quelquefois, le rendait sourd à mes observations, il ne voulut pas m'écouter sur l'opinion que je lui donnais de ces deux individus : Duport et Lameth.

On m'accuse encore d'être d'intelligence avec Guadet, Brissot, Barbaroux et toute la faction proscrite. Je réponds que le fait est bien contradictoire avec l'animosité que me témoignaient ces individus ; car Barbaroux demandait la tête de Danton, de Robespierre et de Marat.

Sur les faits relatifs à mes prétendues intelligences avec Dumouriez, je réponds ne l'avoir vu qu'une seule fois, au sujet d'un particulier avec lequel il était brouillé, et de 17,000,000 dont je lui dem andais compte.

Il est vrai que Dumouriez essaya de me ranger de son parti, qu'il chercha à flatter mon ambition en me proposant le ministère, mais je lui déclarais ne vouloir occuper de pareilles places, qu'au bruit du canon.

On me reproche encore d'avoir eu des entretiens particuliers avec Dumouriez, de lui avoir juré une amitié éternelle, et ce, au moment de ses trahisons. A ces faits ma réponse est facile. Dumouriez avait la vanité de se faire passer pour général ; lors de sa victoire remportée à Sainte Menehould, je n'étais pas d'avis qu'il repassât la Marne, et c'est à ce sujet que je lui envoyais Fabre en ambassade, avec recommandation expresse de caresser l'amour-propre de cet orgueilleux. Je dis donc à Fabre de persuader à Dumouriez qu'il serait généralissime, et à Kellermann qu'il serait nommé maréchal de France.

On me parle aussi de Westermann, mais je n'ai rien eu de commun avec lui ; je sais qu'à la journée du 10 août, Westermann sortit des Tuileries, tout couvert du sang des royalistes, et moi je disais qu'avec 17,000 hommes, disposés comme j'en aurais donné le plan, on aurait pu sauver la patrie.

(Numéro 22 du *Bulletin du tribunal révolutionnaire.*)

DANTON. — Les jurés doivent se souvenir de cette séance des Jacobins, où Westermann fut embrassé si chaudement par les patriotes.

UN JURÉ. — Pourriez-vous dire la raison pour laquelle Dumouriez ne poursuivit pas les Prussiens, lors de leur retraite.

RÉPONSE. — Je ne me mêlais de la guerre que sous des rapports politiques ; les opérations militaires m'étaient totalement étrangères. Au surplus, j'avais chargé Billaud-Varennes de surveiller Dumouriez ; c'est lui qu'il faut interroger sur cette matière. Il doit un compte particulier des observations dont il était chargé.

LE JURÉ. — Comment se fait-il que Billaud-Varennes n'ait pas pénétré les projets de Dumouriez, qu'il n'ait pas pressenti ses trahisons et ne les ait pas dévoilées ?

RÉPONSE. — Lorsque l'événement a prononcé, il est bien facile de juger ; il n'en est pas de même tant que le voile de l'avenir existe ; mais d'ailleurs, Billaud-Varennes a fait à la Convention son rapport sur Dumouriez et ses agents.

Billaud m'a paru fort embarrassé sur le compte de ce Dumouriez. Il n'avait pas une opinion bien déterminée sur ce fourbe adroit qui avait l'assentiment de tous les représentants : « Dumouriez, me disait Billaud, nous sert-il fidèlement, ou est-ce un traître ? Je n'ose le décider. »

Quant à moi, dit Danton, cet homme m'était suspect à certains égards ; aussi me suis-je fait un devoir de le dénoncer.

Danton parlait depuis longtemps avec cette véhémence, cette énergie qu'il a tant de fois employée dans les assemblées. En parcourant la série des accusations qui lui étaient personnelles, il avait peine à se défendre de certains mouvements de fureur qui l'animaient ; sa voix altérée indiquait assez qu'il avait besoin de repos. Cette position pénible fut sentie de tous les juges, qui l'invitèrent à suspendre ses moyens de justification, pour les reprendre avec plus de calme et de tranquillité.

Danton se rendit à l'invitation et se tut. (Numéro 23 du *Bulletin du tribunal révolutionnaire.*)

Suit l'interrogatoire de quelques-uns des autres accusés ; ceux-ci se récriant, l'accusateur public leur dit :

Il est temps de faire cesser cette lutte tout à la fois scandaleuse et pour le tribunal, et pour tout ceux qui vous entendent ; je vais écrire à la Convention pour connaître son vœu, il sera bien exactement suivi.

(Numéro 24 du *Bulletin du tribunal.*)

Dans la séance de la Convention du 15 germinal, Saint-Just au nom du comité de salut public et de sûreté général, monte à la tribune et dit :

L'accusateur public du tribunal révolutionnaire a mandé que la révolte des coupables avait fait suspendre les débats de la justice jusqu'à ce que la Convention ait pris des mesures. Vous avez échappé au danger le plus grand qui jamais ait menacé la liberté ; maintenant tous les complices sont découverts, et la révolte des criminels aux pieds de la justice même, intimidés par la loi, explique le secret de leur conscience ; leur désespoir, leur fureur annonce que la bonhomie qu'ils faisaient paraître, était le piége le plus hypocrite qui ait été tendu à la Révolution.

Quel innocent s'est jamais révolté devant la loi ? Il ne faut pas d'autres preuves de leurs attentats que leur audace. Quoi ! ceux que nous avons accusés d'être les complices de Dumouriez et de d'Orléans, ceux qui n'ont fait une révolution qu'en faveur d'une dynastie nouvelle; ceux-là qui ont conspiré pour le malheur et l'esclavage du peuple, mettent le comble à leur infamie !

S'il est ici des hommes véritablement amis de la liberté, si l'énergie qui convient à des hommes qui ont entrepris d'affranchir leur pays, est dans leur cœur, vous verrez qu'il n'y a plus de conspirateurs cachés à punir, mais des conspirateurs à front découvert, qui, comptant sur l'aristocratie avec laquelle ils ont marché depuis plusieurs années, appellent sur le peuple la vengeance du crime.

Non, la liberté ne reculera pas devant ses ennemis : leur coalition est découverte. Dillon, qui ordonne à son armée de marcher sur Paris, a déclaré que la femme de Desmoulins avait touché de l'argent pour exciter un mouvement pour assassiner les patriotes et le tribunal révolutionnaire. Nous vous remercions de nous avoir placés au poste de l'honneur; comme vous, nous couvrirons la patrie de nos corps.

Mourir n'est rien pourvu que la Révolution triomphe; voilà le jour de gloire, voilà le jour où le Sénat romain lutta contre Catilina, voilà le jour de consolider pour jamais la liberté publique. Vos comités vous répondent d'une surveillance héroïque. Qui peut vous refuser sa vénération dans ce moment terrible, où vous combattez pour la dernière fois contre la faction qui fut indulgente pour vos ennemis, et qui aujourd'hui retrouve sa fureur pour combattre la liberté?

Vos comités estiment peu la vie, ils font cas de l'honneur. Peuple, tu triompheras, mais puisse cette expérience te faire aimer la Révolution par les périls auxquels elle expose tes amis.

Il était sans exemple que la justice eût été insultée ; et si elle le fut, ce n'a jamais été que par des émigrés insensés, prophétisant la tyrannie. Eh bien, les nouveaux conspirateurs ont récusé la conscience publique. Que faut-il de plus pour achever de nous convaincre de leurs attentats? Les malheureux, ils avouent leurs crimes en résistant aux lois. Il n'y a que les criminels que l'équité terrible épouvante. Combien étaient-ils dangereux tous ceux qui sous des formes simples cachaient leurs complots et leur audace. En ce moment on conspire dans les prisons en leur faveur; en ce moment l'aristocratie se remue : la lettre qu'on va vous lire vous démontrera vos dangers.

Est-ce par privilége que les accusés se montrent insolents? Qu'on rappelle donc le tyran, Custine et Brissot du tombeau, car ils n'ont point joui du privilége épouvantable d'insulter leurs juges. Dans le péril de la patrie, dans le degré de majesté où vous a placés le peuple, marquez la distance qui vous sépare des coupables. C'est dans ces vues que le comité vous propose le décret suivant :

« La Convention nationale, après avoir entendu le rapport de ses comités de salut public et de sûreté générale, décrète que le tribunal révolutionnaire continuera l'instruction relative à la conjuration de Lacroix, Danton et autres, que le président emploiera tous les moyens que la loi lui donne pour faire respecter son autorité et celle du tribunal révolutionnaire, et pour réprimer toute tentative de la part des accusés pour troubler la tranquillité publique, et entraver la marche de la justice ;

« Décrète que tout prévenu de conspiration, qui résistera ou insultera la justice nationale, sera mis hors des débats sur-le-champ. »

BILLAUT-VARENNES. — Avant de rendre ce décret, je demande que la Convention entende la lecture de la lettre que les comités ont reçue de l'administration de la police ; on verra quel péril menace la liberté, et quelle intimité règne entre les conspirateurs traduits au tribunal et ceux des prisons ; cette lecture contient le récit de leurs attentats.

Un secrétaire fait lecture de cette lettre, elle est ainsi conçue :

Commune de Paris, cejourd'hui 15 germinal.

Nous, administrateurs du département de police, sur une lettre à nous écrite par le concierge de la maison d'arrêt du Luxembourg, nous nous sommes à l'instant transportés en ladite maison d'arrêt, et avons fait comparaître devant nous le citoyen Laflotte, ci-devant ministre de la République à Florence, détenu en ladite maison depuis environ six jours, lequel nous a déclaré qu'hier, entre 6 et 7 heures du soir, étant dans la chambre du citoyen Arthur Dillon, que lui déclarant a dit ne connaître que depuis sa détention, ledit Dillon, après l'avoir tiré à part, lui avait demandé s'il avait eu connaissance de ce qui avait eu lieu cejourd'hui au tribunal révolutionnaire ; que sur une réponse négative de la part dudit Laflotte, ledit Dillon lui avait dit que les accusés Danton, Lacroix, Hérault, avaient déclaré ne vouloir parler qu'en présence des membres de la Convention, Robespierre, Barrère, Saint-Just et autres, que le peuple avait applaudi ; que le jury embarrassé avait écrit une lettre à la Convention qui était passée à l'ordre du jour ; qu'à la lecture dudit décret, le peuple avait donné de fortes marques d'improbation, qui s'étaient répandues jusque sur le pont (bruit que ledit Dillon avait eu soin de répandre dans la prison) ; que sa crainte était que les comités de salut public et de sûreté générale ne fissent égorger les prisonniers détenus à la Conciergerie, et que le même sort ne fût réservé aux détenus des autres maisons d'arrêt ; qu'il fallait résister à l'oppression ; que les hommes de tête et de cœur devaient se réunir ; que ledit Dillon dit encore qu'il voulait la République, mais la République libre.

Dillon ajouta qu'il avait un projet concerté avec Simon, député de la Convention, et qui était détenu dans ladite maison d'arrêt, homme de tête froide et de cœur chaud, qu'il voulait le communiquer à lui déclarant ; que lui déclarant, sentant l'importance dont il pourrait être de découvrir le projet pour la chose publique, prit le parti de dissimuler et d'entrer dans ses vues ; que ledit Dillon lui dit qu'il viendrait le trouver chez lui, qu'il amènerait Simon, qu'il ferait en sorte aussi d'amener Thouret, député détenu ; il donna alors à un porte-clefs, que lui déclarant croit se nommer Lambert, une lettre ; sur l'observation du porte-clefs, le dit Dillon coupa la signature, qu'il lui dit alors que ladite lettre était pour la femme de Desmoulins ; qu'elle mettait à sa disposition mille écus, à l'effet de pouvoir envoyer du monde autour du tribunal révolutionnaire ; après quoi, il sortit de la chambre ; que lui déclarant se rendit dans la sienne et que, réfléchissant sur l'importance dont pouvait être la découverte de leur projet, il se décida à avoir l'air de partager leurs idées pour mieux connaître leur plan.

Vers huit heures et demie arrivèrent, en effet, Dillon et Simon, après lui avoir tous les deux confirmé les nouvelles que Dillon lui avait précédemment dites, ils cherchèrent à émouvoir en lui toutes les passions qui pouvaient le porter à adopter leurs projets, tantôt en éveillant les mécontentements qu'ils lui supposaient de sa détention ; tantôt en lui faisant voir la gloire à laquelle il pouvait participer, en travaillant à rétablir la liberté qu'ils disaient perdue, tantôt enfin en cherchant à exciter son ambition par l'espérance des places auxquelles il devait être porté. Enfin quand ils crurent s'être assurés de sa personne, quand ils s'imaginèrent l'avoir associé à leurs infâmes complots, ils lui détaillèrent et discutèrent devant lui les différents projets.

Ne cherchant qu'à gagner du temps et à connaître ses complices, lui déclarant accéda à tout ; quand il se fut persuadé qu'ils étaient les seuls dépositaires de leur secret ; quand ils lui eurent donné parole de ne point le révéler avant d'avoir appris les nouvelles du lendemain, il les congédia contents de s'être acquis une créature. Il était 9 heures du soir, les guichets étaient fermés ; et il ne pouvait faire sa déposition sans donner l'alarme à la prison ; il eut la présence d'esprit, pour ne point donner suspicion à Dillon, de rentrer encore dans sa chambre et de rester jusqu'à onze heures à une partie de whist. Il veilla toute la nuit et à la pointe du jour il descendit au guichet, dont il se fit ouvrir la porte, et accourut dire au citoyen Coubert, qui a la confiance du concierge, ce qui s'était passé la veille, afin qu'il en fît son rapport au concierge pour s'assurer des conspirateurs.

Quant au projet discuté par Simon et Dillon dans sa chambre, il se réserve, sous le bon plaisir des comités de salut public et de sûreté générale, d'aller lui-même en faire le rapport, croyant que la prudence l'exige ainsi.

Lecture faite au citoyen Laflotte, il a dit que la présente déclaration contient vérité et a signé avec nous ; ajoutant encore le déclarant que, sur l'escalier du sieur Benoît, concierge, ayant rencontré le citoyen Laminière, aussi détenu, celui-ci lui avait dit que le citoyen Arthur Dillon était descendu dans les autres chambres, vers les 8 heures ; qu'il lui avait aussi fait part de ces nouvelles et de ses craintes, que ledit Laminière avait traitées de chimères, et que ledit déclarant lui avait dit qu'il allait voir à en conférer avec lesdits citoyens Simon, Thouret, et lui déclarant a signé.

ALEXANDRE LAFLOTTE.

Sur quoi nous, administrateurs de police, disons qu'il sera à l'instant référé aux comités de sûreté générale et de salut public, pour par eux être ordonné ce qu'il appartiendra.

WITCHENILE, administrateur de police.

Le décret présenté par Saint-Just est adopté à l'unanimité.

ROBESPIERRE. — Je demande que cette lettre et le rapport de Saint-Just soient envoyés au tribunal révolutionnaire, et qu'il lui soit enjoint de les lire à l'audience.

Ces propositions sont adoptées.

(Moniteur du 5 avril 94.)

Pendant que le rapport de Saint-Just et la dénonciation de Laflotte se lisaient à la Convention, l'interrogatoire se poursuivait au tribunal révolutionnaire.

L'ACCUSATEUR PUBLIC. — Danton, vous êtes accusé d'avoir blâmé Henriot dans la journée du 31 mai ; de l'avoir accusé de vouloir vous assassiner et d'avoir demandé la tête de ce patriote qui servait si bien la liberté ; et en cela vous étiez d'accord avec Hérault et Lacroix ; vous lui faisiez un crime du mouvement qu'il avait fait pour échapper à un acte d'oppression de votre part ; comme vous présagiez la perte de Paris.

DANTON. — C'est une monstrueuse calomnie dirigée contre moi ; je ne fus point l'ennemi de la révolution du 31 mai, ni de pensées, ni d'actions, et je combattis fortement les opinions d'Isnard ; je m'élevai fortement contre les présages ; je dis : y a-t-il cinquante membres comme nous, cela suffirait pour exterminer les conspirateurs.

(N° 24 du *Bulletin du tribunal.)*

L'ACCUSATEUR PUBLIC. — N'ayant pu consommer votre projet, vous dissimulâtes votre fureur, vous regardâtes Henriot, et lui dîtes d'un ton hypocrite : N'aies pas peur, vas toujours ton train.

DANTON. — Bien longtemps avant l'insurrection, elle avait été prévue par moi, et nous ne nous sommes présentés devant la force armée que pour constater que la Convention n'était pas esclave. Je somme de nouveau les témoins qui pourraient m'accuser, comme j'invoque l'audition de ceux propres à m'absoudre... Je n'ai point demandé l'arrestation d'Henriot, et je fus un de ses plus fermes appuis.

(N° 25 du *Bulletin du tribunal.)*

A l'ouverture de la troisième séance, Danton et Lacroix ont renouvelé leurs indécences, et ont demandé, en termes peu respectueux, l'audition de leurs témoins : on voyait que leur but était de soulever l'auditoire, et d'exciter quelque mouvement propre à les sauver.

L'accusateur public, pour arrêter les suites de ces sorties scandaleuses, a invité le greffier à faire lecture du décret tout récemment rendu par l'Assemblée nationale, qui mettait hors des débats tout accusé qui ne saurait pas respecter le tribunal ; il a déclaré bien formellement aux accusés Lacroix et Danton, qu'ils avaient une foule de témoins à produire contre eux, et qui tous tendaient à les confondre ; mais qu'en se conformant aux ordres de la Convention, il s'abstiendrait de faire entendre tous ces témoins, et qu'eux accusés ne devaient point compter de faire entendre les leurs ; qu'ils ne seraient jugés que sur des preuves écrites, et n'avaient à se défendre que contre ce genre de preuves.

Il a également rendu compte des tentatives faites par Dillon, dans les prisons, pour soulever les détenus contre toutes les autorités constituées, et de sommes répandues dans le public pour sauver les accusés. Les débats ont ensuite été repris.

Après plusieurs interrogatoires adressés aux frères Frey, Danton et Lacroix demandaient à continuer leur défense, lorsque l'accusateur public, conformément au décret qui veut que le jury soit interrogé, s'il est suffisamment éclairé, quand une affaire a duré plus de trois jours, a invité les jurés à faire leur déclaration à cet égard.

Ils ont demandé à se retirer dans leurs chambres pour délibérer.

Alors les accusés et principalement Lacroix et Danton ont crié à l'injustice et à la tyrannie : nous allons être jugés sans être entendus, ont-ils dit. Point de délibération, ont-ils ajouté, nous avons assez vécu pour nous endormir dans le sein de la gloire ; que l'on nous conduise à l'échafaud.

Ces sorties indécentes ont déterminé le tribunal à faire retirer les accusés ; le jury de retour s'est déclaré suffisamment instruit ; les questions ont été posées, et, d'après la question unanime du jury, il est intervenu le jugement suivant :

« D'après la déclaration du jury portant :

« Qu'il a existé une conspiration tendante à rétablir la monar chie, a détruire la représentation nationale et le gouvernement républicain ;

« Que Danton est convaincu d'avoir trempé dans cette conspiration.

« Le tribunal faisant droit sur le réquisitoire de l'accusateur public, condamne le dit Danton à la peine de mort, conformément à la loi du 23 ventôse dernier; déclare les biens dudit condamné acquis à la République conformément à l'article 2 du titre 2 de la loi du 10 mars 1793.

« Ordonne qu'à la diligence de l'accusateur public, le présent jugement sera mis à exécution dans les 24 heures, sur la place de la Révolution, à Paris, imprimé et affiché dans toute la République. » (Numéro 26 du *Bulletin du tribunal révolutionnaire*.)

Les réflexions de Levasseur sur ce jugement semblent résumer celui des patriotes attérés.

Danton et Camille Desmoulins furent confondus sur les bancs du tribunal révolutionnaire avec les Chabot, les Bazire et les Fabre d'Églantine quoiqu'il n'y ait aucune connexité entre les faits qu'on leur imputait ; il était tellement faux qu'ils fussent amis politiques, que Camille Desmoulins s'écria avec indignation : « Ne peut-on pas nous sacrifier seuls! Quel rapport y a-t-il entre nous et des fripons ! » Au reste ces patriotes voués à la mort par d'autres patriotes, moururent comme des héros. Au tribunal révolutionnaire, d'accusés ils devinrent accusateurs; leur défense fut tellement énergique que le comité de salut publique en conçut quelques craintes ; il demanda et la Convention déchue décréta, que tout accusé révolté contre ses juges pourrait être mis hors des débats, expression inventée pour couvrir la lâcheté avec laquelle on interdisait à des accusés, même le droit de la défense.

(*Mémoire de Levasseur*, t. III, chap. III.)

Note historique donnée par Fréron, lors de la reprise de son journal :

D'après le registre du tribunal révolutionnaire, le nombre des guillotinés de Paris se monte à 2665. Jusqu'au moment de la mort de Camille, de Philippeaux et de Danton, il n'y en avait eu, depuis l'établissement du tribunal que 375 ; de sorte qu'en moins de 4 mois, (depuis le 11 germinal, jour de l'arrestation de ces grandes victimes, jusqu'au 9 thermidor) il y en a eu près de 2,300 ; ce qui prouve jusqu'à l'évidence qu'on n'attendait que la mort de ces patriotes, traités d'indulgents et de modérés par Saint-Just dans son rapport, et dont on redoutait le talent, l'énergie et l'humanité, pour se baigner dans le sang à loisir, et pour assassiner sans obstacle.

(*Orateur du peuple*, n° 75, 25 pluviôse.)

Le *Moniteur* rend aussi compte de l'exécution des condamnés :

Après trois jours de débats, Danton, Fabre, Lacroix, Philippeaux, Desmoulins, Chabot, Bazire, Delaunay, Hérault, Westermann, Gusman, Espagnac, les deux frères Frey et Diédéricksen, ont été condamnés à la peine de mort. Ils ont subi leur jugement le même jour à cinq heures et demie, à la place de la Révolution.
(*Moniteur* du 6 avril 94.)

Ordre général du jour.

Les 1re, 2me et 3me légions tiendront chacune une réserve de 200 hommes prêts à se porter dans les lieux où la tranquillité publique serait menacée. Les 4me, 5me et 6me n'auront que leurs réserves ordinaires, à moins que des circonstances extraordinaires ne nécessitent une augmentation de force.

Mes frères d'armes, maintenez votre zèle et votre activité ; ayez sans cesse un œil attentif près des prisons et des établissements publics ; que notre union et notre amour pour la patrie fassent trembler ceux qui oseraient attenter aux jours de la République naissante.

Signé : Henriot.
Commandant-général.
(*Journal de la Montagne*, 141, 2me vol.)

Sur la charrette Danton promenait un regard calme et plein de mépris sur la troupe immonde qui les entourait, il dit à Camille : Reste donc tranquille et laisse là cette vile canaille.

Matton aîné, parent de Cam. Desmoulins.

(Extrait du volume de correspondance de Desmoulins, t. 2me des *Œuvres*. Paris, Ébrard, 1838.)

Danton mourut avec un courage et une fermeté héroïque, sa gaieté ne l'abandonna point ; il consolait Lacroix que l'idée de sa femme et de ses enfants jetait dans une douleur extrême ; il consolait Camille qui ne pouvait se faire à l'idée d'aller à la mort comme conspirateur ; il plaisantait Fabre d'Eglantines, qui était enveloppé d'une mélancolie dont on ne pouvait le distraire. La multitude ne vit pas leur supplice avec plaisir, et le silence du peuple sur ce crime des comités fut peut-être cause, qu'en frappant chaque jour tant de victimes, ils n'osèrent plus frapper aussi subitement d'autres membres de l'assemblée.

(*Histoire de la Révolution, par deux amis de la liberté*, tome 12, 3me partie, 3me époque.)

On serait tenté d'admettre une sorte de fatalité qui préside aux destinées de quelques hommes, quand on voit deux colosses de la puissance physique et morale, Danton et Lacroix *escamotés* pour ainsi dire par un embryon politique et lâche, nommé Robespierre ; il est vrai qu'il n'a rien moins fallu que le tour de gibecière de Vadier... Mais le peintre David n'aurait-il point à se reprocher aussi d'avoir trempé ses mains dans le sang de l'innocent? Ne serait-ce pas lui par hasard qui aurait dit le matin du jour de ce fameux jugement, à Tapinos–Lebrun, Sambot et Trinchard, jurés du tribunal révolutionnaire, qui lui avouaient franchement qu'il n'y avait rien à la charge des accusés et qu'il leur répugnait de se prononcer contre des compatriotes : — Comment, vous êtes assez lâches pour reculer? Vous êtes des modérés. Est-ce que l'opinion publique ne les a pas déjà condamnés? Si vous hésitez encore, je cours vous dénoncer... Homme de sang tu l'as bien mérité ce mot qui t'échappa en présence de plusieurs artistes connus : que si tu aimais le sang, c'est que la nature t'avait fait naître pour l'aimer. Poursuis, âme atroce, poursuis tes projets homicides ; va, cours attendre, au coin du café de la Régence, la fatale charrette qui conduira au supplice tes anciens amis Desmoulins et Danton, jouis de leur moment suprême, trace, d'après leurs traits flétris par la douleur, les caricatures les plus indécentes ; insulte encore à ce dernier en l'indiquant du doigt, et en criant de toutes tes forces : Le voilà le scélérat ! C'est ce scélérat qui est le grand juge !

(Extrait du rapport de Courtois, imprimé par ordre de la Convention nationale. Paris, imprimerie nationale, floréal, an iv. — Cité au 12ᵉ volume de l'*Histoire de la Révolution, par deux amis de la liberté*.)

Si, lors du jugement de Danton et Delacroix, on ne dévoila pas leur complicité dans deux fabriques de faux assignats, c'est que le comité de sûreté générale voulait préserver quelques-uns de leurs complices. Ce délit si vil et si bas fut dénoncé par Miazinski avant sa mort ; il écrivit à la Convention qu'il avait de grands secrets à révéler ; des commissaires furent envoyés, et Miazinski déclara ces fabriques de faux assignats et des faits de trahison contre quelques autres. On rapporta à la Convention que Miazinski était ivre de punch, qu'il n'avait pas l'usage de ses sens ; mais Miazinski, irrité de la légèreté de la visite des commissaires, écrivit et sa lettre fait la base de ces renseignements ; il en résulte que Lacroix et Danton avaient élevé et soutenu deux fabriques de faux assignats, sous la direction du nommé La Pallière, leur confident et l'intime de Delacroix ; lequel La Pallière a été en arrestation, et sortit après le 9 thermidor, par l'intrigue de Bourdon de l'Oise. L'une de ces fabriques était à Liége, dans la ville même ; l'autre au château de Mérode, près d'Aix-la-Chapelle.

Il ne faut pas oublier la confidence que fit Danton, quelques instants avant de partir pour son exécution : « Qu'importe, dit-il, si je meurs? J'ai bien dépensé, bien ribotté, bien caressé les filles ; allons dormir! » Telles furent les dernières paroles de cet homme, que l'on dit si pur et si délicat.

(*Mémoires de Senart*, publiés par A. Dumesnil, chapitre 12.)

CHAPITRE XII

La Commune de Paris avait besoin d'être rassurée ; ce n'était plus en 94 la rivale de la Convention ; les comités la tenaient sous leur puissance.

Payan. — Puisque le conseil général n'a pour l'instant à traiter aucun objet d'intérêt, il sera sans doute satisfait d'entendre quelques détails sur ce qui s'est passé au tribunal révolutionnaire.

Neuf députés qui, après avoir joui de la confiance du peuple l'ont perdue, vont bientôt tomber sous le glaive de la loi. Danton, qui depuis longtemps s'opposait à la marche du gouvernement révolutionnaire, et qui s'est retiré du comité de salut public ; Camille Desmoulins qui s'est efforcé de ressusciter le modérantisme, et qui ne peut manquer d'être coupable puisqu'il a su plaire aux aristocrates : Fabre d'Églantines qui occupe le fauteuil mérite bien de présider ces scélérats ; il est connu dès son enfance pour son peu de délicatesse ; Chabot, Bazire et quelques autres, qui ont essayé de déshonorer la Convention. On y voit aussi figurer le ci-devant abbé d'Espagnac, connu par ses vols et ses infamies ; il a mérité cette réputation puisqu'il était prêtre et financier ; un certain Gusman, Espagnol, qui s'est glissé dans une section, il avait acquis la confiance en soulageant les indigents ; cela doit nous apprendre combien nous devons nous méfier des étrangers, et surtout de ceux qui se veulent mêler de nos affaires. N'avons-nous pas assez de nos propres forces ? Ce ne sont pas les aristocrates qui sont les plus à craindre, ce sont ceux qui cherchent à nous faire prendre de fausses mesures. Loin de nous les étrangers.

Ces scélérats ont montré une audace, une insolence qui prouve leur lâcheté ; s'ils eussent été patriotes, ils eussent montré du calme et de la dignité, parce qu'autant le tribunal est sévère contre les coupables, autant il est juste envers les innocents. Ils ont parlé avec impudence, et le peuple a frémi d'indignation, en voyant que ces conspirateurs osaient braver les organes de la loi qu'eux-mêmes avaient nommés. (*On applaudit.*)

(*Moniteur* du 7 avril 94.)

Le *Moniteur* rend ainsi compte du procès. Jamais il n'avait été plus servile ; il en fait lui-même l'aveu à Robespierre dans une lettre trouvée plus tard dans les papiers de ce dernier.

Le 16 germinal (5 avril), à huit heures du soir, le Palais-Royal a été environné ; on dit que plusieurs complices des derniers conjurés ont été arrêtés.

On est encore étonné de l'audace qu'ont montrée tous les conspirateurs que la loi vient de frapper. Pendant le cours de la procédure, ils paraissaient compter sur un soulèvement du peuple, pour lequel l'argent devait être distribué, ainsi que sur un mouvement que leurs complices fomentaient dans les prisons.

Lorsque leurs espérances furent tout à coup déçues par la déclaration de la conviction du jury, on ne fut pas peu surpris de les entendre réclamer à grands cris la parole, et offrir à leurs juges une justification tardive, que la loi ne permettait plus de recevoir, eux qui jusqu'alors ne leur avaient répondu que par des outrages et les plus grossières invectives.

Forcés, après leur jugement, de simuler une assurance qu'une sorte d'espoir dans la force de leur parti leur avait d'abord inspirée, ils ont montré moins de courage que d'audace. Leurs sarcasmes, leurs rires ironiques et forcés, exprimaient leur mépris pour le peuple, qu'ils avaient feint de servir, et pour la représentation nationale contre laquelle ils avaient conspiré.

Ils parurent se plaindre de ce qu'aucune preuve écrite n'eut été produite dans la procédure, comme s'il fallait que des conspirations fussent tramées par des actes notariés, pour que la justice nationale eut le droit de punir.

Les cris unanimes de vive la République, qui se sont fait entendre au moment de l'exécution, ont prouvé que la conviction du grand jury national, l'arrêt de mort que prononce la volonté du peuple contre tous les conspirateurs, est indépendant de ces astucieuses et vaines chicanes.

Au reste, s'il est vrai de dire que cette conviction morale est plus lente à se propager sur une grande multitude d'hommes, que celle qui résulte d'un fait simple et positif, nous n'avons plus à craindre que cette difficulté, arrête un seul patriote de la France dans le jugement qu'il doit porter sur ces conjurés. Des témoignages irrécusables, des preuves matérielles vont être publiés sur cette affaire. Déjà la société des Jacobins, toujours ardente à concourir à l'instruction publique, vient de consacrer ses séances à l'audition des dépositions qui n'ont pu être faite au tribunal que pendant le cours de l'instruction préliminaire.

Garnier de Saintes, Arthur et plusieurs autres membres ont déposé les faits les plus graves et les plus positifs sur Danton, Lacroix, etc., etc. Des preuves authentiques, les rapprochements les plus frappants se trouvent accumulés dans ces dépositions que nous nous empresserons de faire connaître.

L'ex-général Dillon et Thouret, ex-constituant, doivent être mis incessamment en jugement.

La veuve de Camille Desmoulins a été conduite à Sainte-Pélagie.

(*Moniteur* du 8 avril 94.)

Il fallait rassurer la Convention ; Vadier et Couthon se chargèrent de la tâche à tour de rôle ; l'Assemblée était, elle aussi, dominée par les comités.

VADIER, président du comité de sûreté générale.—Au moment où la justice et la probité sont à l'ordre du jour, j'éprouve le besoin d'épancher mon cœur dans le sein de mes vertueux collègues et du peuple qui m'entend. Hier, j'ai été témoin, sans être vu, des débats scandaleux qui ont eu lieu au tribunal révolutionnaire. J'y ai vu les conspirateurs conspirer en face de la justice ; j'y ai entendu les propos les plus atroces ; j'ai entendu dire à ces criminels : Rien n'est plus glorieux que de conspirer contre un gouvernement qui conspire. Danton dit que ses ennemis, les comités de salut public et de sûreté générale, et la Convention elle-même seraient déchirés par morceaux dans peu de jours. Quoi ! Danton, le seul homme que j'aie craint pour la liberté, dont les formes robustes, l'éloquence colossale et la figure hideuse effrayaient l'image de la liberté, accuse la Convention ! Quoiqu'il en dise, la Convention est composée en presque totalité d'hommes vertueux. J'ai vu, citoyens, les conspirateurs lancer des boulettes aux juges et aux jurés, et les insulter avec une audace qu'on a peine à croire.

Dans ce même moment Dillon et Simon notre collègue, conspirent dans leur prison. Ils avaient organisé une cohorte de scélérats qui devaient sortir du Luxembourg avec un mot d'ordre, s'emparer des avenues du comité de salut public et de sûreté générale, tomber sur les membres qui les composent, et les immoler à leur fureur. Et ces hommes respirent encore ! Mais le peuple est là pour soutenir l'énergie de la Convention, et l'aider à déjouer tous les complots ; il ne souffrira pas que la liberté soit anéantie. Quant à moi, je vous déclare que si je connaissais un traître parmi les membres qui composent ces deux comités, j'aurais le courage, quoique la vieillesse ait glacé mon énergie, de le poignarder de ma main, et toute arme me serait bonne. (*Les plus vifs applaudissements se font entendre dans la salle et dans les tribunes.*) Soyez tranquilles, citoyens, pour la Convention, pour le peuple, pour la liberté. Montrons-nous tous tels que nous sommes. Que chaque membre de la Convention rende compte au peuple de sa vie politique et privée. (*On applaudit à plusieurs reprises.*) Que chacun de nous présente au peuple l'état de sa fortune. (*Les applaudissements recommencent.*)

L'Assemblée entière demande à aller aux voix sur cette proposition.

COUTHON. — Oui, citoyens, rendons tous un compte moral de notre con-

duite politique; faisons connaître au peuple ce que nous avons été avant la
révolution, et ce que nous sommes devenus; quelle a été notre profession,
quelle a été notre fortune; si nous l'avons augmentée et par quels moyens,
ou si nous ne sommes devenus plus riches qu'en vertu. (*Vifs applaudissements.*) Que chacun de nous fasse imprimer ce compte moral et qu'il dise :
c'est la vérité que je vous présente, si je vous trompe seulement d'une syllabe, j'appelle la vengeance nationale sur ma tête. (*La salle retentit des plus
vifs applaudissements. — Tous les membres se lèvent par un mouvement spontané,
et votent par acclamation pour la proposition de Couthon.*)

Il est beau, il est sublime de voir la Convention se lever tout entière pour
adopter ma proposition. Cependant comme on pourrait avoir besoin d'une
rédaction réfléchie, je demande que vous vous borniez à décréter le principe :
que chaque député présentera, dans le délai d'un mois au plus tard, le compte
moral de sa conduite publique et de l'état de sa fortune, et que vous envoyiez
ma proposition au comité de salut public, avec ordre de vous en présenter
la rédaction dans la séance de demain.

Cette proposition est adoptée au milieu des plus vifs applaudissements.

VADIER. — Je dois ajouter à ce que j'ai déjà dit, pour consoler les patriotes,
que le nombre des conjurés est petit ; que le peuple en masse aime la liberté ;
que la très grande majorité de la Convention est composée d'hommes
intègres. Qu'ils apprennent ces vérités, ces hommes atroces qui font retentir
partout les sifflements de la calomnie. Les complices des conspirateurs
disaient hier : aujourd'hui vingt députés vont à l'échafaud, demain autant,
après demain encore autant, et bientôt la Convention sera dissoute. Voilà les
atrocités que publient les contre-révolutionnaires.

Cambon, dont la probité nous est connue, était devenu, suivant eux, de
témoin accusé, et occupait le fauteuil. Périssent les scélérats qui calomnient
ainsi la Convention ! (*Vifs applaudissements.*) Périssent les monstres amis de
la tyrannie et ennemis de la liberté. La Convention, fidèle au peuple qu'elle
représente, écrasera tous les contre-révolutionnaires. (*Les applaudissements
recommencent.*) Citoyens, soyons unis, nous sauverons la liberté, nous sauverons la République. (*On applaudit.*)

COUTHON. — Ce que vous a dit Vadier m'engage à vous entretenir avec un
peu plus de détails de la nouvelle conspiration qui s'était formée dans les
prisons, par suite de celle dont les chefs ont été livrés à la justice. Simon (du
Mont-Blanc), Thouret, l'ex-constituant, et Arthur Dillon dirigeaient un complot ténébreux conçu dans le séjour du crime. Dans la nuit d'hier, les portes
des prisons devaient être ouvertes à ces monstres par les soins d'un concierge qu'ils avaient gagné. Tous les prisonniers et leurs complices du dehors
devaient se réunir sous le commandement de Dillon, et se porter d'abord au
comité de salut public, dont ils savaient bien que les membres étaient en per-
manence continuelle, pour égorger, avec le sangfroid du crime, ces membres.
Ils devaient ensuite délivrer les conjurés, immoler les juges du tribunal
révolutionnaire, s'emparer des avenues de la Convention et des Jacobins,
massacrer tous les députés et les patriotes les plus ardents, se porter

ensuite au Temple, en extraire l'enfant Capet et le remettre entre les mains de cet infâme Danton, dont le peuple et nous avons été si longtemps dupes, pour que ce fût Danton qui le présentât au peuple, et proclamât la tyrannie qu'il a affecté de combattre avec une hypocrisie si perfide.

Comment s'est-il défendu ce scélérat et ses complices? Ils se sont défendus par des diffamations contre la représentation nationale, par des injures contre la justice, en traitant le comité de salut public d'autorité tyrannique, et en rappelant, comme les Buzot, Brissot et Pétion, et toutes les factions qui ont passé, les idées effrayantes de dictature, de décemvirat, etc., etc. Nous, des dictateurs, des décemvirs ! Nous qui abhorrons toute puissance qui s'éloigne du principe sacré de la puissance du peuple, nous qui avons juré de poursuivre, d'exterminer jusqu'au dernier ennemi de la Constitution populaire ! Citoyens, la réponse du comité de salut public à ces accusations aussi folles qu'atroces, se trouve dans les sentiments fiers et républicains de tous les membres qui le composent, et dans cette sentence terrible consignée dans la déclaration des droits : Que tout individu qui usurperait la souveraineté du peuple, serait mis à mort à l'instant par les hommes libres. Je demande que la Convention nationale proclame de nouveau dans son sein, en présence du peuple, cette maxime redoutable pour les despotes et consolatrice pour les amis de la liberté et de l'égalité.

(A peine l'orateur avait-il fini, que la Convention nationale tout entière se lève, et fait, au milieu des plus vifs applaudissements des tribunes, la proclamation demandée par Couthon.)

N..... — Il ne faut pas que les traits de lumière qui viennent de frapper l'assemblée soient perdus pour les départements. Je demande que les discours de Vadier et de Couthon soient imprimés et insérés dans les bulletins.

Cette proposition est adoptée.

(Moniteur du 7 avril 94.)

Vadier a pris à l'affaire une part plus directe encore, nous verrons bientôt laquelle.

Les rôles sont changés ; c'était d'abord Robespierre qui justifiait la condamnation devant l'assemblée, et Couthon aux Jacobins ; après l'exécution ce fut le contraire ; ainsi le mot d'ordre fut donné partout.

Séance des Jacobins.

ROBESPIERRE. — Puisque l'on convient qu'il s'est passé un événement intéressant pour la liberté, que les opérations sublimes de la Convention viennent encore de sauver la patrie, si elle persévère dans ses opérations, si elle continue de distinguer l'innocence d'avec l'aristocratie, si enfin elle se montre aussi soigneuse de protéger l'une que de frapper l'autre ; puisque l'on convient de tous ces faits, je demande que la conjuration soit à l'ordre du jour, que si quelque bon citoyen peut développer les circonstances affreuses qui dérivent des principes de cette conspiration, s'il peut vous faire part des détails importants qui n'ont pas été connus jusqu'à présent, qu'il monte à la tribune et qu'il fasse connaître toute la profonde scélératesse des conspirateurs, qui voulaient nous entraîner dans le précipice où seuls ils ont tombé.

C'est de cette manière que nous porterons des coups terribles ; c'est ainsi que nous écraserons les ennemis de la liberté.... Épouvantons l'aristocratie, de manière, non seulement qu'elle ne puisse plus nous attaquer, mais qu'elle n'ose pas même essayer de nous tromper. D'un autre côté, protégeons l'innocence, et ravissons à la tyrannie l'affreux espoir de détruire les patriotes. (*De vifs applaudissements se font entendre.*)

La proposition de Robespierre est adoptée.

ARTHUR. — J'ai été appelé pour déposer au tribunal révolutionnaire des faits importants à la charge des conjurés. Le jury s'étant trouvé suffisamment instruit, je n'ai pu être entendu. D'après la motion de Robespierre, je viens déposer dans votre sein ce que je devais dire devant le tribunal. En 1790, Danton fut porté par le district des Cordeliers à la place de notable de la commune de Paris ; il fut rejeté par l'aristocratie ; mais Mirabeau, qui influençait l'assemblée, le fit nommer au département. Depuis cette époque Danton ne fit plus parler de lui, mais il reparut sur la scène politique à la mort de son protecteur. Cette conduite prouve qu'il ne parlait en public que pour obtenir des places. Danton fut nommé commissaire dans la Belgique ; à son retour il fit un éloge pompeux de Dumouriez, que l'on savait être venu à Paris pour sauver Capet. Il proposa de faire dans Paris une insurrection pour sauver la Belgique, et alors la Belgique était évacuée. Il avait formé le projet de faire assassiner les citoyens de Paris par les aristocrates. Il vint à la mairie et dit au maire : Il faut qu'il y ait une insurrection ; j'ai de l'argent à ma disposition, j'en donnerai, s'il le faut ; il est indispensable que le peuple marche et que la Convention soit purgée.

Il est évident que Danton voulait fournir à Dumouriez un prétexte pour marcher sur Paris. Si l'on avait touché aux membres de la Convention, Dumouriez aurait dit à ses soldats : Je vous conjure, au nom de tous les départements, de marcher et de punir la ville de Paris qui a violé la représentation nationale. L'insurrection n'a pas eu lieu et Dumouriez a été obligé de dire aux soldats, que c'était au nom du roi qu'il marchait sur Paris. Les soldats ont reconnu le piége, et nous avons été sauvés. L'argent que Danton possédait fut offert à Santerre, mais il ne fut pas distribué assez promptement pour faire naître un mouvement.

Le 10 mars, Défieux et le commandant des Marseillais voulurent faire une insurrection, ils allèrent à la Commune où se trouvaient alors une foule de citoyens. On annonça qu'il était question de tirer le canon d'alarme, de sonner le tocsin. La Commune montra beaucoup de fermeté, elle déclara qu'il y aurait peine de mort contre ceux qui voudraient tirer le canon d'alarme, sonner le tocsin, fermer les barrières, etc. Une députation arriva en même temps, et la fermeté qu'elle déploya lui en imposa tellement que

Fournier l'Américain n'osa pas lire la pétition dans laquelle il devait demander une insurrection.

L'orateur termine en disant qu'ayant rencontré le nommé Duplain, au
moment où Danton venait de partir pour Arcis-sur-Aube, Duplain lui dit que
Danton était de très mauvaise humeur, qu'il regardait les mesures que l'on
prenait comme contre-révolutionnaires, qu'en conduisant Marie-Antoinette
à l'échafaud, on détruisait l'espoir de traiter avec les puissances étrangères;
que Custines avait été jugé trop légèrement, et que cette conduite envers nos
meilleurs généraux, nous mettrait dans l'impossibilité de vaincre.

Levasseur rappelle l'audace avec laquelle Lacroix vint rendre compte à la
Convention de la conduite qu'il avait tenue dans la Belgique, et de l'effron-
terie avec laquelle il soutint qu'il n'avait commis aucune dilapidation. Il
instruit la société que le district de Béthune écrivit lors de l'évacuation de la
Belgique, qu'il avait arrêté deux voitures chargées de caisses remplies
d'effets, et que les voituriers qui n'avaient pas de passeports, avaient déclaré
que ces caisses appartenaient à Danton et à Lacroix.

Ces deux individus ayant eu connaissance de cette pièce, il se la firent
remettre par un commis du comité de correspondance, et le comité de salut
public n'en fut point instruit. Ils vinrent ensuite à la Convention se plaindre
de ce que le district de Béthune avait arrêté leurs malles, et, par ce strata-
gème trompeur ils obligèrent ce district à relâcher les voitures.

Un autre citoyen annonce que dans le temps de la nomination de Lafayette
à la place de commandant de la garde nationale parisienne, Danton déclara
que cette nomination n'était que provisoire, et qu'il faudrait bientôt nommer
le ci-devant duc d'Orléans.

VADIER. —Je demande la parole pour faire connaître un fait relatif à un
individu, qui avait paru jusqu'ici patriote. M'étant trouvé dernièrement dans
l'anti-salle du tribunal révolutionnaire, je vis Dufourny avec lequel je m'en-
tretins de l'affaire de Danton et des conjurés. Dufourny me dit qu'il n'avait
aucune preuve à alléguer contre la conduite passée de Danton. J'ai été
étrangement surpris de voir Dufourny douter des crimes de Danton, après
son fameux voyage à Londres, après tous les faits consignés dans le rapport
de Saint-Just. Je déclare que depuis longtemps j'observais Dufourny et que
je ne savais que penser de son assiduité opiniâtre au comité de sûreté
générale.

ROBESPIERRE. —La journée du 31 mai a sans contredit sauvé la patrie; c'est
pour cela que Danton voulut se venger d'Henriot qui avait écarté les dangers
qui environnaient la Convention; c'est pour cela que Danton, Hérault,
Lacroix voulurent le faire arrêter, afin de faire tourner l'insurrection contre
le peuple.

(*Moniteur* du 9 avril 94.)

C'était la première fois qu'on faisait appeler les témoins après
condamnation du prévenu.

Voici encore une dénonciation fort précieuse, car elle révèle ce que pensaient les Cordeliers ; mais pourquoi impliquer Danton dans leurs projets? Il n'y eut un parti Danton que sous la monarchie; à dater de la République le président des Cordeliers ne cherche à exercer aucune influence partielle.

Un des concierges de la prison du Luxembourg a fait au comité de salut public le rapport suivant, qui révèle le projet des Cordeliers :

L'affaire des Cordeliers, m'a dit le docteur Seiffert, un des détenus, l'affaire des Cordeliers n'est pas étouffée, comme on le croit; ils veulent l'organisation de la Constitution ; ils sont fatigués du despotisme du comité de salut public et de sûreté générale. Vincent me l'a dit ici pendant qu'il était détenu; ils anéantirait le gouvernement révolutionnaire, qui remplit les prisons des meilleurs patriotes; et j'ai reçu avis aujourd'hui qu'il y avait une liste formée de tout ce qu'il y avait de patriotes dans les prisons.

Je témoignai au docteur que j'avais de Danton tout autre opinion, et que je le croyais de concert avec le comité de salut public. Il me parla longtemps pour me démontrer que j'étais dans l'erreur.

(*Moniteur* du 30 avril 94.)

Revenant sur ce qu'il avait déjà dit, Levasseur se résume ainsi :

Quant à Danton, les fautes qu'on pouvait lui reprocher n'avaient rien de politique, rien surtout de contre-révolutionnaire... J'ai assez mis en scène ses actes et ses discours pour n'avoir point besoin de le peindre; il s'est peint lui-même dans chacune de ses énergiques harangues. Les seules fautes que l'on ait à lui reprocher tiennent à l'homme privé; l'homme politique a toujours été à l'abri de toute atteinte : je l'ai déjà dit, la probité de Danton n'était point intacte; je vais ici en donner une seule preuve. Je reçus au comité de correspondance une lettre des administrateurs du district de Béthune qui nous annonçait le passage de *trois voitures chargées d'effets venant de la Belgique, et adressées à Danton et à Lacroix.* L'administration les avait arrêtées, parce que les voituriers n'avaient ni lettres de voiture ni passeport. Je renvoyai cette lettre au comité de défense générale, sans la lire à la tribune, ainsi que j'y étais autorisé par un décret, dans la crainte de faire naître une discussion scandaleuse. Je me doutais dès lors que ces voitures recélaient le résultat des malversations de nos deux collègues ; j'en acquis la preuve dans la suite; quelques jours avant le décret d'accusation porté contre Danton, Saint-Just vint me demander la lettre dont j'ai parlé, et dont il avait appris l'existence à Béthune même; nous nous transportâmes pour en chercher les traces au bureau de l'ancien comité de défense générale. Nous trouvâmes bien la date du reçu et le numéro de la pièce, mais la pièce elle-même avait disparu. Le secrétaire Petit interrogé, nous apprit qu'il l'avait remise au citoyen Danton, qui l'avait demandée pour la communiquer

au président, sous promesse de la rapporter. Le président Guiton-Morveaux
se rappelle bien le même fait, mais il n'avait point vu la lettre en question;
Danton lui avait seulement demandé un laisser-passer pour ses malles et
celles de Lacroix, arrêtées, disait-il, à Bethune —Ces bons administrateurs,
ajoutait-il, croient sans doute que les représentants voyagent comme les
garçons perruquiers avec leur bagage dans un chausson! Guiton-Morveaux
avait donné sans hésiter le laisser-passer. Ainsi avaient été dérobées à nos
yeux, les traces d'une de ces malversations qui, pour n'avoir pas été aussi
fréquentes qu'on affecte de le dire, ne se sont pas moins quelquefois rencon-
trées dans le cours de nos orages.

C'est avec douleur que j'ai raconté un fait à charge contre l'un de ceux de
mes anciens collègues dont la mémoire m'est le plus chère; contre un homme
qui a si bien défendu la noble cause à laquelle j'ai consacré ma vie, mais
j'ai fait vœu de dire la vérité, et ici surtout il était important de la dire tout
entière; ami politique de tous les amis de la liberté, je n'ai été d'aucune faction, je n'étais pas plus partisan de Danton que de Robespierre, et je veux
être juste envers tous les deux. C'est au moment où je rapporte la catastrophe qui a privé la Montagne de son plus éloquent appui, au moment où je
dois imputer la mort de Danton au comité comme une faute, à Robespierre
comme un crime, au moment où je me prononce pour Danton contre ses
ennemis, que je dois rapporter les faits qui accusent Danton et excusent
ceux qui l'ont frappé. L'impartialité m'en fait un devoir et, quoiqu'avec
peine, je sais le remplir. Quoi qu'il en soit de la conduite du comité de salut
public dans cette affaire, une chose du moins reste démontrée, c'est que la
Convention ressentit vivement le vide que laissait Danton au sommet de la
Montagne.

(*Mémoires* de Levasseur, t. III, chap. IV.)

Ici l'accusation a d'autant plus d'importance qu'elle paraît être
arrachée à la sincérité d'un ami. Notre dernier chapitre la réfu-
tera comme toutes les autres.

Les révélations de la sœur de Robespierre acquerraient trop
d'importance si nous ne les citions pas; voici en quels termes
elle s'exprime sur les rapports intimes entre Maximilien et
Danton.

Un des plus forts griefs que l'on mit en avant contre mon frère, fut d'avoir
sacrifié Danton. Je ne sais pas si cette accusation est fondée, mais ce que je
sais c'est que mon frère aimait beaucoup Camille Desmoulins, avec qui il
avait fait ses études, et que, lorsqu'il apprit son arrestation et son incarcération au Luxembourg il se rendit dans cette prison avec l'intention de sup-
plier Camille de revenir aux véritables principes révolutionnaires, qu'il
avait abandonnés pour faire alliance avec les aristocrates. Camille ne voulut
point le voir, et mon frère, qui probablement aurait pris sa défense et l'aurait peut-être sauvé, s'il avait pu le déterminer à abjurer ses hérésies politi-

ques, l'abandonna à la terrible justice du tribunal révolutionnaire. Or, Danton et Camille étaient trop intimement liés pour qu'il en sauvât un sans sauver l'autre ; si donc Camille ne l'avait point repoussé au moment où il lui tendait les bras, Camille et Danton n'eussent point péri.

Danton et Maximilien avaient marché longtemps de concert; le seul amour de la patrie avait pu rapprocher l'un de l'autre ces deux hommes ; car tout en eux différait, mœurs, habitudes, manières, tempérament, esprit, éloquence. Danton avait un tempérament insatiable de jouissances ; ses mœurs étaient dissolues, il était ce qu'on appelle un bourreau d'argent ; ses fameux dîners à 300 francs par tête sont assez connus ; mon frère aîné au contraire était chaste et sobre ; ses goûts et ses plaisirs étaient simples. Danton avait dilapidé les fonds de l'État pour subvenir à ses dépenses énormes, Robespierre était tellement économe des deniers publics qu'il ne toucha jamais intégralement la subvention à laquelle il avait droit comme membre de la Convention. Le premier dans ses manières ne conservait pas toute la dignité qui convient aux représentants d'un grand peuple ; sa toilette était en désordre. La tenue de Robespierre était parfaite ; il était grave sans fierté; sa mise sans être recherchée était d'une propreté extrême. Danton avait un esprit fougueux, une éloquence désordonnée qui produisait sur le moment le plus grand effet ; mon frère avait un esprit sage et posé qui envisageait et pesait froidement les choses. Ce qu'il y avait de remarquable dans ses discours c'étaient moins les grands éclats de voix et les figures extraordinaires qu'une logique vigoureuse et impitoyable ; l'impression ne diminuant en rien leur valeur intrinsèque, tandis que ceux de Danton perdaient toujours à être lus.

Sans être aussi intimement lié avec Danton qu'il l'avait été avec Pétion, Robespierre eut avec le premier des relations de bonne amitié. Je fus plusieurs fois témoin de leurs entrevues. Ils s'entretenaient avec une grande effusion de cœur ; leurs conversations roulaient presque toujours sur la chose publique. Avant la condamnation de Louis XVI, l'issue du procès les occupait beaucoup ; ils se concertaient pour que le monarque qui avait trahi la France avec autant de perfidie ne pût jouir de l'impunité, et reçut le châtiment de ses crimes. Après le 21 janvier, et lorsque l'audace des Girondins fut devenue intolérable, ils tournèrent toutes leurs batteries contre eux, je les entendais dire que si l'on n'en finissait pas promptement avec la faction de la Gironde la révolution avorterait. Dans la suite et lorsque l'immolation des Girondins était consommée, ils se brouillèrent sur la manière de constituer la République. On conçoit que si deux hommes comme Robespierre et Danton avaient été d'accord pour détruire, ils ne pouvaient guère être d'accord pour réédifier. Leurs idées en morale étaient diamétralement opposées ; or, leurs idées et leur politique devaient de toute nécessité être également en désaccord. Voilà la véritable cause de la rupture de mon frère aîné et de Danton.

Il faut ajouter à cette première cause, l'opposition très hostile que Danton faisait au gouvernement révolutionnaire. Il n'était pas une mesure du comité de salut public ou du comité de sûreté générale qu'il ne critiquât amèrement, quand il ne l'attaquait pas avec son énergie accoutumée, énergie qui, d'hostile qu'elle était naguère aux aristocrates, leur était devenue pour ainsi dire favorable, puisqu'elle était dirigée contre un gouvernement que l'aristocratie battait en brèche de toutes les manières.

(*Mémoires* de Charlotte Robespierre, édités par Laponneraye, Paris, 1840.)

L'heure est venue de donner les esquisses que les contemporains de Danton ont faites du Montagnard.

Danton avait toujours de l'abandon et souvent de la bonhomie. Sa figure, féroce à la tribune, était hors de là calme et quelquefois riante. Ses principes étaient incendiaires, ses discours violents, jusqu'à la fureur ; mais il avait dans la vie privée un caractère facile, une morale très relâchée et le propos cynique. Il aimait le plaisir et méprisait la vie. Il avait de l'âme, son éloquence était volcanique, en tout il était taillé pour être un tribun populaire. C'était le Mirabeau de cette époque.

S'il eut fallu choisir entre lui et Robespierre, j'aurais préféré Danton. Quand il fut menacé, je me sentis en outre attiré vers lui par ce penchant qui m'a toujours entraîné vers le faible ou l'opprimé. Je remarquais qu'il était très refroidi, il n'était plus aussi assidu aux séances, et il y parlait beaucoup moins. On eut dit qu'il se détachait peu à peu de la politique, comme un malade abjure le monde en voyant approcher la mort. Je lui dis un jour : « Ton insouciance m'étonne, je ne conçois rien à ton apathie. Tu ne vois donc pas que Robespierre conspire ta perte? Ne feras-tu rien pour le prévenir? » — « Si je croyais, me répliqua-t-il avec un mouvement de lèvres qui chez lui exprimait à la fois le dédain et la colère, qu'il en eut seulement la pensée, je lui mangerais les entrailles. »

(*Mémoires sur la Convention*, par Thibaudeau, chap. V.)

N'est-il pas regrettable qu'avec *ce penchant qui entraînait toujours Thibaudeau vers l'opprimé*, n'ait pas osé souffler mot à la fameuse séance du 1er avril? L'entraînement, en conscience, n'était pas irrésistible.

Le plus remarquable de cette liste de proscripteurs, successivement proscrits par Robespierre, fut Danton, bien supérieur à son rival qu'il méprisa trop. C'était un tribun grossier sans doute et incapable d'imposer à la multitude, de la détourner du mal, ou de la mener au bien par la persuasion et le respect ; mais il flattait ses passions avec un vrai talent et une voix de stentor : jouant d'autant mieux ce rôle secondaire, qu'il était susceptible d'émotions, sourd aux remords et indifférent aux opinions. Notre connaissance s'était faite, dès les premières semaines de la Révolution, au district des Cordeliers, où j'avais été attiré. Après le 6 octobre, il reçut de l'argent de M. de Montmorin, qu'il fit en conséquence assassiner au 2 septembre (le ministre qui avait eu l'imprudence de faire savoir à Danton que le reçu de cet argent était brûlé, fut massacré en prison. Note). C'est à l'occasion de ce secret, où j'étais initié, et dont je profitais pour me plaindre des indécences jacobines contre le roi et la reine, qu'il me dit : « Général, je vous connais et vous ne me connaissez pas ; je suis plus monarchiste que vous. » Ce fut sans doute pour le service de la cour que le soir du 21 juin il demanda ma tête, moi présent, sachant bien que je ne trahissais pas son ancienne confidence, et qu'il prépara au club la motion d'André, dont j'ignorais alors les rapports intimes avec la cour pour la séparation de l'assemblée. J'ai su depuis, par la personne à qui Madame Élisabeth le confia dans le temps, qu'à l'époque du 10 août, il avait encore reçu une somme considérable pour tourner en faveur du roi l'émeute annoncée ; il s'en lava dans le sang des prisonniers qui venaient défendre le château ; mais il fit demander par la Commune la translation de la famille royale à la tour du Temple. « Ce sera moi, répondit-il à un ami du roi, qui le sauverai ou qui le tuerai. » J'ignore à quelle corruption il cédait lorsqu'il dénonça à la Convention l'aristocratie du commerce. Engourdi de paresse et de débauches, il se réveilla au tribunal révolutionnaire. Un décret le mit hors des débats, et il subit son sort avec un courage cynique.

(*Mémoires* de Lafayette, t. 4, p. 329.).

Danton *incapable d'imposer à la multitude !*

Danton, qui avait sacrifié Brissot à Robespierre, fut dupe de cette impolitique méchanceté. On ne crut point à la clémence dantonienne : le septembriseur fut acculé et atterré comme un sot. Il dut porter à l'échafaud la rage concentrée de sa défaite qui lui fut prédite par plusieurs.

(Mercier, *le nouveau Paris*, t. 2, p. 4.)

Necker ne paraît pas être de l'opinion de Lafayette sur la puissance d'entraînement du tribun ; lequel des deux est meilleur juge ? Tout ce qui précède a dû répondre.

Robespierre avait eu pour collègue de révolution un homme d'un caractère prononcé, d'une éloquence impétueuse et qui s'était mis en avant des premiers dans toutes les occasions où il fallait entraîner à des mesures décisives les Jacobins, les sections de Paris et la Convention nationale. Il allait à l'assaut mieux que Robespierre, mais il était commandé par diverses passions et Robespierre n'obéissait qu'à une seule ; ainsi l'activité politique de l'un était susceptible de distraction, tandis que l'ambition de l'autre ne dormait jamais. On les vit rarement en opposition dans la Convention nationale ; mais une simple rivalité de réputation était auprès de Robespierre un tort irrémissible. Danton, l'homme dont je parle, ne l'ignorait pas, car on cite de lui ce mot : « Tout ira bien tant qu'on dira Robespierre et Danton. Malheur à moi si l'on disait jamais Danton et Robespierre. » Son jour arriva, il fut livré au tribunal révolutionnaire et mis à mort. (Tome 3ᵉ, section I.)

(*Histoire de la Révolution française*, par Necker, 4 vol. in-18, 1821.)

La fille de Necker a dit son mot aussi; le mot a fait fortune.

Mais Robespierre devint ambitieux lorsqu'il eut triomphé de son rival en démagogie Danton, le Mirabeau de la populace. Ce dernier était plus spirituel que Robespierre, plus accessible à la pitié; mais on le soupçonnait avec raison de pouvoir être corrompu par l'argent, et cette faiblesse finit toujours par perdre les démagogues; car le peuple ne peut souffrir ceux qui s'enrichissent; c'est un genre d'austérité dont rien ne saurait l'engager à se départir.

Danton était un factieux, Robespierre un hypocrite; Danton voulait du plaisir, Robespierre seulement du pouvoir.

(Mᵐᵉ de Stael, *Considérations sur la Révolution française*, tome 2, p. 141.)

Toute la France s'était-elle donc faite populace, qu'à trois reprises Danton la souleva tout entière?

Danton et Robespierre étaient liés par les nœuds d'une amitié apparente : ils estimaient leurs talents. L'histoire, sans doute, les présentera comme rivaux, cherchant à se supplanter. L'ambition est la passion dominante des grands caractères. Mais quels que soient les crimes dont la vérité ou l'imposture la porte à flétrir leur mémoire; toutefois, il faut rejeter cette fabuleuse conspiration, inventée sur leur compte ces jours derniers, de s'être concertés dans le projet de placer sur le trône le fils du dernier des tyrans, avec deux chambres comme en Angleterre.

(Villate; *causes secrètes de la Révolution du 9 thermidor*, p. 24.)

Il y a encore une lâcheté plus répugnante à voir que celle du silence, sans doute parce qu'elle est plus en relief; c'est la lâcheté d'un homme qui a osé prendre un moment votre défense, et qui, vous voyant perdu, non seulement vous abandonne, mais cherche à racheter un bon mouvement par un désaveu. Legendre va nous donner ce triste spectacle; il sauva sa vie, mais il flétrit à jamais sa mémoire; et pourtant l'histoire lui devra cette justice de dire qu'il fut un des plus ardents et sincères républicains.

Une lettre de Fouquier-Tinville annonce que Dillon va être mis en accusation; il demande à être autorisé à traduire aussi Simon devant le tribunal.

LEGENDRE. — Je demande le décret d'accusation contre Simon. Une lettre anonyme qui m'a été envoyée ne me laisse point de doute que les coupables qui ont péri sur l'échafaud, n'eussent des complices dans la prison du Luxembourg pour exciter un mouvement. J'ai remis au comité de salut public cette lettre, dans laquelle des hommes qui se disaient patriotes, et flattant mon amour-propre et mon ambition, m'invitaient à porter le premier coup à la

Convention, à m'armer de deux pistolets, et à assassiner dans le sein de la Convention Robespierre et Saint-Just.

D'après cette lettre, les destinés de la France étaient remises dans mes mains, j'étais le seul homme capable de la sauver. Je ne me suis pas laissé séduire par ces belles paroles, mais j'ai regardé le comité de salut public comme le seul capable de garantir la liberté du naufrage. (*On applaudit.*) Je demande le décret d'accusation contre Simon.

BOURDON, de l'Oise. — Je déclare que ce matin, il m'a été remis une lettre semblable par un huissier; elle devait sans doute me parvenir plus tôt. On m'invitait d'aller au Palais de Justice y exciter le peuple, et faire égorger le tribunal.

Simon est décrété d'accusation et renvoyé au tribunal révolutionnaire.

(*Moniteur* du 9 avril 94.)

Club des Jacobins.

Legendre y fait la déposition qu'il avait faite le matin à l'Assemblée ; sans guère plus de détails : « On me faisait entendre qu'il y avait un parti pris qui viendrait à mon secours, dès que le coup de pistolet serait lâché. J'ai reçu une lettre pareille d'Orléans... Il est possible que je me sois trompé en politique, mais en probité l'homme de bien ne se trompe jamais ; il sera toujours impossible de me faire tremper dans l'odieux complot de détruire la Convention et les comités. »

(*Moniteur* du 11 avril 94.)

Club des Jacobins.

LEGENDRE. — J'étais avant la découverte du complot l'intime ami de Danton, j'aurais répondu de ses principes et de sa conduite sur ma tête. Mais aujourd'hui je suis convaincu de son crime, je suis persuadé qu'il voulait plonger le peuple dans une erreur profonde ; peut-être y serais-je tombé moi-même sans aucune défiance.

(*Moniteur* du 14 avril 94.)

Pitié !

C'est le même Vadier qui disait aussi en parlant de Danton : nous viderons bientôt ce turbot farci.

Camille Desmoulins dans ses notes sur le rapport de Saint-Just.

(*Correspondance des œuvres* de Desmoulins, t. II, Paris, Ebrard, 1838.)

Dans sa troisième lettre écrite de sa prison à Lucille, Camille disait : « je meurs victime de mon amitié pour Danton. »

(*Ibidem.*)

Robespierre dans son fameux discours sur la morale publique, discours dans lequel il prépare la fête de l'Être suprême, revient ainsi sur le compte de Danton :

> Danton qui eut été le plus dangereux ennemi de la patrie, s'il n'en avait été le plus lâche; Danton ménageant tous les crimes, lié à tous les complots, promettant aux scélérats sa protection, aux patriotes sa fidélité; habile à expliquer ses trahisons par des prétextes du bien public ; à justifier ses vices par ses défauts prétendus, faisait inculper par ses amis, d'une manière insignifiante ou favorable, les conspirateurs près de consommer la ruine de la République, pour avoir occasion de la défendre lui-même; transigeait avec Brissot, correspondait avec Ronsin, encourageait Hébert, et s'arrangeait à tout événement pour profiter également de leur chute ou de leurs succès, pour rallier tous les ennemis de la liberté contre le gouvernement républicain.
>
> (*Moniteur* du 8 mai 94.)

On sait qu'après le 9 thermidor, il y eut réaction contre Robespierre; cela devait être puisqu'il était tombé.

Lecointre de Versailles monte à la tribune et entreprend de démontrer à la Convention nationale et par pièces authentiques et par témoins que Billaud-Varennes , Collot-d'Herbois et Barrère, membres du comité de salut public; Vadier, Amar, Vouland et David, membres du comité de sûreté générale, sont répréhensibles. Il les charge de vingt-six accusations; parmi lesquelles deux se rapportent plus spécialement à l'affaire Danton.

« 13° De n'avoir pas donné connaissance à la Convention nationale de la lettre écrite par Fouquier, dans laquelle il exposait à la Convention que les accusés demandaient à faire entendre seize députés, dont les dépositions prouveraient la fausseté des faits qu'on leur imputait, et qu'ils en appelaient au peuple, en cas de refus, et d'avoir substitué à cette lettre un rapport mensonger, duquel les comités ont fait résulter que les accusés s'étaient mis en rébellion contre la loi, ce qui a déterminé le décret qui déclare que tout prévenu de conspiration qui résistera ou insultera à la justice du tribunal, sera mis hors des débats et jugé sur-le-champ.

« 14° D'avoir (Amar et Vouland), en apportant eux-mêmes le décret et en le remettant à Fouquier, dit : « Voilà de quoi vous mettre à votre aise, et mettre à la raison tous ces mutins-là. »

Billaud-Varenne répond. — On a parlé de Danton; eh! qui ne voit qu'on veut sacrifier les meilleurs patriotes sur la tombe de ce conspirateur. Si le supplice de Danton est un crime, je m'en accuse : j'ai dit que si cet homme existait la liberté était perdue; s'il était dans cette enceinte, il serait un point de ralliement pour tous les contre-révolutionnaires. Danton était le complice de Robespierre, car la veille où Robespierre consentit à l'abandonner, ils avaient été ensemble à une campagne à quatre lieues de Paris, et étaient revenus dans la même voiture. Je vous demande si c'est pour de pareils hommes que la Convention doit voter en ce moment. Je déclare que si les intrigants, les voleurs pouvaient avoir le dessus, je m'assassinerais.

Sur la proposition de Thuriot, la Convention déclare que les sept inculpés se sont toujours comportés conformément au vœu national et à celui de la Convention.

Le lendemain sur la motion de Roux de la Haute-Marne, la Convention revient sur sa déclaration. On reprend la discussion.

Vadier. — Citoyens, on m'a accusé d'un fait qui a causé dans mon âme un fort mouvement d'horreur; si je m'en étais rendu coupable, je mériterais mille fois la mort. Le voici : Lecointre a dit que j'étais du nombre de quelques-uns de mes collègues qui avaient influencé les jurés dans le jugement de Danton et autres. Le jour où Danton fut condamné, je fus au tribunal avec mes collègues Thirion et Dupin. Nous fûmes introduits dans une petite pièce d'où nous pouvions entendre les débats sans être aperçus des accusés. Je n'aurais pas même été ce jour-là au tribunal, si je n'avais appris que les accusés inculpaient le comité de sûreté générale, et que je serais peut-être entendu comme témoin.

Lecointre est sommé de relire ses accusations l'une après l'autre, et successivement de faire connaître les pièces à l'appui. Après la lecture de la 13ᵐᵉ inculpation, l'accusateur ajoute :

Ce qui vient à l'appui de cet article nous a été fourni par Fouquier-Tinville; nous avons trouvé copie de la lettre qu'il écrivait à la Convention. Voici comment s'explique Fouquier: « L'on semble me reprocher le jugement de Danton, Lacroix et autres; cependant j'avais écrit à la Convention nationale pour la prévenir que les accusés demandaient à faire entendre seize de leurs collègues (Lecointre les nomme) et en cas de refus, *qu'ils en appelaient au peuple lui-même.* Je ne devais pas m'attendre que par un rapport infidèle on changerait le sens et les expressions de ma lettre, et que Saint-Just, dans un rapport mensonger, déclarerait à la Convention que les accusés *étaient en rébellion complète;* ce qui a déterminé le décret qui les a mis hors des débats,

dans le cas où ils résisteraient ou insulteraient à la justice du tribunal. »
(*Murmures.*) Je suis ici l'organe des pièces.

N... — Tu es l'organe de Fouquier-Tinville.

LECOINTRE. — Le rapport de Saint-Just a été fait au nom du comité de salut public, qui ne l'a pas désavoué.

PLUSIEURS VOIX. — L'article suivant.

Lecointre relit sa 14ᵉ inculpation et il ajoute : La pièce qui vient à l'appui est un écrit non signé. (*Murmures très violents.*) Je vais vous dire quels sont les témoins qu'il faut entendre pour affirmer ce fait, que je tiens de Fabricius. Il me l'a dit en présence de plusieurs de mes collègues de la commission et du président du tribunal révolutionnaire, qui me l'a lui-même certifié, en me disant que le nombre de personnes attachées à ce tribunal me l'attesteraient. Fabricius indiquera les témoins qu'il faut entendre.

Lecointre passe à l'article 16 qui a encore trait à l'affaire Danton ; il accuse Amar, Vouland, David et Vadier, lorsque des jurés étaient à la chambre des délibérations, et que le bruit se répandait dans le tribunal que la majorité était pour l'absolution des accusés, d'avoir passé par la Buvette, dans une petite chambre voisine de celle des jurés, et d'avoir engagé Hermann à les déterminer par toutes sortes de voies, à condamner à mort ; ce que celui-ci, en entrant dans la chambre du conseil, a exécuté, en parlant contre les accusés, et en excitant ceux des jurés qui avaient voté pour la mort à menacer les autres du ressentiment des comités.

PLUSIEURS VOIX. — Les pièces !

LECOINTRE. — Les témoins en déposeront.

BRÉARD. — Ce qui vient de vous être lu est encore dans l'écrit de Fabricius.

VADIER. — J'invoque le témoignage de ceux de mes collègues qui étaient avec nous dans cette journée, ils peuvent dire si j'ai parlé au président, aux juges ou aux jurés.

THIRION. — Le jour où la Convention prononça que les accusés qui résisteraient ou insulteraient à la justice du tribunal, seraient mis hors des débats, j'étais dans le tribunal à côté de Vadier et de plusieurs de mes collègues ; Vadier ne pouvait pas plus voir ce qui se passait que moi, il ne pouvait qu'entendre : je montai sur une chaise ; c'est alors que Danton m'aperçut et m'interpella de demander à la Convention que des témoins fussent entendus. Vadier resta avec moi jusqu'à la fin de la séance, et il n'a pas pu contribuer à faire condamner les accusés.

AMAR. — Je déclare à la Convention et à la France entière, que les faits qui me sont imputés ainsi qu'à Vouland, sont autant de calomnies atroces. Nous étions Vouland et moi au tribunal, derrière les juges et les jurés, dans une espace très étroit et très resserré, au moment où l'on apporta le décret dont on parle; conséquemmènt ce n'est pas nous qui l'avions apporté. Il est également faux de dire que Vouland ou moi ayons voulu influencer le président ou les jurés; car aucun de nous ne leur parla, et nous ne vîmes même pas Fabricius.

DUHEM. — Fabricius était le chien courant de Danton.

VOULAND. — Je déclare aussi que je n'ai pas porté ce décret dont il est question. Dans la nuit qui précéda le jour où il fut rendu, on apporta au comité de sûreté générale une déclaration du nommé Laflotte qui parut intéressante, et faite pour jeter de la lumière dans la procédure. Les comités me chargèrent de la porter au tribunal, j'y fus avec Amar; je la remis à Hermann qui me dit que les jurés s'étaient assemblés et qu'il ne pouvait pas entrer dans leur chambre. Je lui remis la pièce et je ne le vis plus. Je n'ai rien que la dénégation à opposer à un homme qui a souffert une longue détention dont il accuse le comité mal à propos.

AMAR. — Tallien vient de me faire observer que j'ai commis une erreur. J'étais au comité des procès-verbaux, lorsqu'on vint y expédier le décret. Il est vrai que je le portai au tribunal, mais il est faux que je menaçai les juges.

GARNIER DE SAINTES. — C'est le comble de la scélératesse que de produire des lettres anonymes contre des représentants du peuple qui ont bien mérité de la patrie et qui la sauveront encore; car la Convention ne craint ni les dangers ni la mort.

La Convention décrète, après avoir examiné chacune de ces accusations, qu'elles doivent être réputées calomnieuses.

(*Moniteur* du 2 septembre 1794.)

Dans un volume intitulé : *Les crimes des sept membres des anciens comités de salut public et de sûreté générale*, Laurent Lecointre revient plus en détail sur cette affaire.

On y trouve d'abord en réponse à l'accusation faite à Fouquier-Tinville, copie textuelle de la lettre, disparue depuis, que le procureur adressait à la Convention, lors du jugement de Danton.

15 germinal.

Un orage horrible gronde depuis l'instant que la séance est commencée : des voix effroyables réclament la comparution et l'audition des députés : Simon, Gossuin, Legendre, Fréron, Panis, Lindot, Collon, Merlin de Douay, Courtois, Laignelat, Robert Lindet, Robin, Goupillon de Montaigu, Lecointre de Versailles, Brival et Merlin de Thionville.

Les accusés en appelaient au peuple entier du refus qui serait fait de citer ces témoins. Il est impossible de vous tracer l'état d'agitation des esprits ; malgré la fermeté du tribunal, il est instant que vous veuillez bien nous indiquer notre règle de conduite ; et le seul moyen serait un décret à ce que nous prévoyons.

Signé : FOUQUIER.

On lit encore dans le livre de Lecointre les détails suivants qui se rapportent à la 14e accusation.

Bourdon de l'Oise, après la déclaration du dénonciateur ajoutait :

Remarquez que les preuves que l'on vous apporte sont toutes de Fouquier-Tinville, ou bien des lettres anonymes.

LECOINTRE. — J'observe que la preuve la plus complète de l'influence coupable des meneurs des deux comités sur le tribunal révolutionnaire, est consignée dans la pièce suivante. Cette pièce n'était point signée lorsque je l'ai citée à la tribune ; mais Fabricius ayant appris le reproche qui m'en avait été fait, est venu le lendemain chez moi pour la signer. Voici, dit-il, ce qui se pratiquait avant la mort du tyran (Robespierre). Le tribunal étant divisé en quatre sections de jurés, qui devaient être tirés au sort, cet ordre était changé pour telle affaire que Fouquier dirigeait à son gré, d'après les ordres qu'il recevait des comités, avec lesquels il communiquait tous les soirs. Les jurés tous les matins se rendaient au cabinet de l'accusateur public avec les juges de service ; et là il était question de l'affaire du jour ; on leur désignait les personnes qu'on appelait coupables, et en sortant on leur a entendu dire souvent : feu de file, ce qui voulait dire, la mort. Toutes les nuits Fouquier se rendait au comité de salut public, et il se passait très peu de jours que des membres du comité de sûreté générale ne vinssent au parquet, où ils s'enfermaient avec Fouquier. Vers les commencements de germinal, les greffiers furent exclus de la chambre du conseil, où leur présence était indispensable. Lors de l'affaire de Danton il y eut un tirage de jurés pour composer la section qui devait juger cette affaire. Ce tirage fut fait par Fleuriot et Fouquier, dans la chambre du conseil, en présence de plusieurs juges.... Le lendemain du jugement, l'accusateur public demanda au greffier une liste de tous les jurés. Lorsqu'il eut cette liste, il marqua en marge plusieurs noms avec un F., ce qui voulait dire faible ; et sur l'observation que lui fit le greffier que, dans la section de la veille il en avait marqué un d'un F., il répondit que c'était un raisonneur ; qu'on ne voulait point de gens qui raisonnassent ; et qu'il fallait que cela marche ; que c'était l'intention du comité du salut public.

Signé : PARIS, dit FABRICIUS.

Suivent, dans le *Mémoire* de Lecointre, deux lettres qui ne sont pas relatives à l'affaire Danton, mais qui montrent la manière dont Vadier imposait à Fouquier la volonté du comité, et qui, sous ce rapport, confirment l'accusation. Le reste de cet intéressant plaidoyer n'a pas trait au sujet en question dans notre livre.

(Extrait du livre intitulé : *Les crimes des sept membres des anciens comités de salut public et de sûreté générale*, par Laurent Lecointre, député de Seine-et-Oise, page 110 et suivantes.)

Dans la fameuse séance du 9 thermidor, c'est Garnier de l'Aube qui, voyant la langue de Robespierre s'épaissir et sa voix s'éteindre, lui cria : « Malheureux, ne vois-tu pas que le sang de Danton t'étouffe? Il te sort par la bouche. »

(*Histoire de la Révolution, par deux amis de la liberté*. Tome 12, 3ᵉ partie, 3ᵉ époque.)

La citation que nous allons faire extraite de Levasseur, nous semble renfermer la substance de toutes les opinions modernes sur Danton. Nous devions en donner le texte avant de répondre pour la dernière fois.

Le Mirabeau de 93, ce Danton que nous avions vu marcher avec tant d'éclat à notre tête; ce Danton qui avait associé son nom à tous nos succès, à tous nos actes énergiques, était tombé dans une inconcevable torpeur; fatigué des grands combats de la Révolution, il avait, par son inaction même, beaucoup nui à la cause de la République. On attribuait son silence au mécontentement; et la marche de ses amis, depuis sa retraite, donnait du poids à cette explication de cette étrange conduite..... Tous les hommes qui supportaient avec peine le joug du comité de salut public et la prolongation du malaise révolutionnaire, tournaient avec espoir leurs yeux vers Danton, qu'ils regardaient comme seul propre à arrêter le torrent déchaîné en partie par son éloquence; mais Danton se sentait peu propre au rôle qu'on lui destinait; fort au moment de la lutte, il était faible lorsqu'il s'agissait de profiter de la victoire. Toute sa puissance était dans son éloquence, mais les premiers éléments de l'organisation sociale lui étaient inconnus, et sa tête tournait lorsqu'il songeait au pas immense qui restait à faire pour sortir du chaos et revenir à un mode régulier d'organisation; cependant avec ses puissantes facultés, Danton eut pu faire le plus grand bien, si sa conduite, comme homme privé, n'eut pas éloigné de lui les plus purs montagnards. Il serait absurde de penser qu'un tel homme n'était pas dévoué à la Révolution; nous l'aimions tous comme tribun, et nous ne pouvions l'estimer comme homme ; aussi, excepté Camille Desmoulins, la plupart des individus qui se groupaient autour de lui étaient-ils des ambitieux avides qui espéraient se servir de la Révolution pour acquérir de la fortune et du pouvoir. Il faut rendre cette justice à Danton qu'il valait beaucoup mieux que sa clientèle. Ses mains n'étaient pas pures d'exactions; il avait profité de sa position pour s'enrichir aux dépens de la République, ou plutôt pour dissiper l'argent qui lui était confié; mais il répugnait à toute trahison politique, à tout manège ambitieux. Homme de plaisir, il s'était laissé entraîner à ce genre de fautes qui souillent un chef politique; mais il n'avait jamais combiné une perfidie ou voté dans le sein de la Convention par des vues personnelles; il avait même dans ce genre un désintéressement qui allait jusqu'au sacrifice de la vie; chose étrange, quoique vraie, dans le déprédateur de la Belgique. Quand les circonstances devinrent plus fortes que lui, rien ne put le faire sortir de son inaction. Sa vanité lui faisait penser qu'il pouvait être encore une puissance, mais dès que le but lui était échappé, il dédaignait les victoires de tribune, dont il ne concevait plus l'utilité. Ses amis ne purent jamais parvenir à stimuler son ambition; il répondait à ceux qui essayaient de lui démontrer que son silence le conduirait à l'échafaud : « Il faudrait donc encore verser du sang ? Il y en a assez comme ça; j'en ai répandu quand je l'ai cru utile; aujourd'hui j'aime mieux être guillotiné que guillotineur. » Et convaincu qu'il était de sa perte prochaine, il ne voulait pas même s'y dérober par la fuite; ce mot énergique : « on n'emporte pas son pays à la semelle de ses souliers, » est connu de tout le monde; étrange contradiction dans cet homme qu'effrayait l'ombre de la trahison et de la lâcheté, et qui n'avait pas craint pourtant de forfaire à la probité, en consacrant à d'ignobles orgies les trésors de la République.

(*Mémoires* de Réné Levasseur, tome 2, chap. 22.)

CHAPITRE XIII

Nous n'avons dû faire que très peu de réflexions sur le procès, les citations en disaient assez pour quiconque sait lire. Les accusateurs ont beaucoup affirmé, aucune pièce n'a été produite, les témoins n'ont même pas été entendus. Le peu de paroles que Danton a pu prononcer pour sa défense ont suffi pour dissiper les doutes. On affirmait, il a nié; puisque l'accusation n'apportait pas de preuve, il n'était tenu qu'à protester, c'est ce qu'il fit, c'est ce qu'il aurait fait jusqu'au bout, si les juges ne lui avaient pas interdit la parole. Or, toutes les fois que la défense n'est pas libre, le juge est jugé. D'ailleurs dans nos chapitres précédents nous avions répondu à toutes les inculpations, nous n'avions plus à y revenir.

Il en est une pourtant sur laquelle nous avons promis de nous arrêter plus longuement, parce qu'on la reproduit sans cesse; parce qu'ennemis jurés, amis faux ou sincères semblent être tous d'accord en ce point; parce que les historiens modernes, un seul excepté, n'ont peut-être pas eu les pièces qui pouvaient les éclairer suffisamment. « Danton, est-il dit, avait de grands besoins parce que c'était un grand homme; or, pour les satisfaire, il lui fallait beaucoup d'argent; il en a reçu de toutes mains; sa mission en Belgique ressemble à celle d'un proconsul; il en a rapporté des caisses d'argenterie et d'effets précieux; c'était en 1789 un avocat sans cause, il est mort possédant des biens de tous les côtés, maître d'une très belle fortune ; les faits parlent d'eux-mêmes, il n'y a rien à répondre à cela. » Il n'est personne, en effet, qui n'accepte sans révision une conclusion aussi logique. Désordre et génie, c'est la devise du siècle; on est toujours sûr de ressembler aux grands hommes par un côté ; et Dieu sait si ce sont les prétendants qui manquent. Désordre et génie, c'est le mot d'ordre de toutes les orgies, de toutes les turpitudes. Or dès qu'un historien vient l'appuyer d'un exemple, il n'est personne qui n'applaudisse. C'est ce qui est arrivé pour Danton dès qu'on l'a présenté comme un viveur. C'est par ce côté justement qu'il a plu. « Les puritains! fi donc, ce sont autant de crétins et de fourbes ; le puritanisme n'est pas nature! A nous l'or, les femmes et le vin, car nous sommes tous des Dantons. »

Vous imaginez-vous quelles peuvent être les conséquences d'une telle doctrine, surtout en politique? Voilà pourtant à quoi les historiens n'ont pas réfléchi, et pour le succès de leurs œuvres ils n'ont pas hésité à compromettre la cause qu'ils semblaient défendre, à perdre la réputation d'un homme.

Mais, nous dira-t-on, pour ne pas compromettre la cause, n'auriez-vous pas fait un Danton de fantaisie; et ne serait-ce pas vous qui calomnieriez les auteurs modernes? Je réponds : les principes politiques se défendent eux-mêmes, peu importe la conduite des hommes qui les proclament. Quand Danton aurait été perdu de débauches, la Révolution française n'en aurait pas moins été légitime dans ses moyens et dans son but. Mais s'il est prouvé que la rigidité de ces principes mêmes a comprimé un naturel porté à tous les excès, n'est-ce pas en proclamer le plus beau triomphe, que de faire assister le lecteur à une lutte où l'homme moral a dompté toutes les puissances de la chair, toutes les passions surexcitées par un tempérament de feu.

Or, nous tenons en main les preuves authentiques, notariées, visibles que Danton est mort ne possédant de fortune que ce qu'il avait apporté de biens en 1789, au moment où il entra sur la scène politique. Ce sont ces preuves que nous allons donner. Nous savons bien que les historiens qui l'accusent de s'être probablement vendu, et d'avoir bien réellement volé en Belgique, ne l'en considèrent pas moins comme un grand génie ; mais pour nous l'homme de génie n'est rien, s'il n'a pas en même temps un grand caractère; car le génie est le don de la nature; le caractère au contraire est le fruit des efforts qu'à faits l'individu sur lui-même pour dompter ses penchants vicieux; c'est par cette victoire que l'homme est quelque chose, a réellement une valeur personnelle; de tout le reste la nature seule doit être louée. Et, si c'est au nom d'un principe politique que cet homme s'est vaincu lui-même, je l'en exalte d'autant plus que sa gloire assure en même temps la supériorité morale de la cause qu'il a embrassée.

Venons au fait.

La famille a bien voulu nous confier un manuscrit adressé à monsieur Danton, neveu du conventionnel, inspecteur général de l'Université. Ce manuscrit est paraphé à chaque page afin qu'on n'y puisse rien ajouter, retrancher ou changer; il est intitulé : *Copie d'un mémoire écrit en* 1846 *par les deux fils de Danton le conventionnel, pour détruire les accusations de vénalité portées contre leur père.* Ce précieux document commence par cette touchante déclaration : « Rien au monde ne nous est plus cher que la mémoire de notre père. Elle a été, elle est encore tous les jours calomniée, outragée d'une manière affreuse : aussi notre désir le plus ardent a-t-il toujours été de voir l'histoire lui rendre justice. »

Cet écrit nous donnera les détails des biens que Danton acheta à Arcis-sur-Aube en 1791, avec l'argent qui provenait du remboursement de sa charge d'avocat; puis nous compterons ce que les fils recouvrèrent lorsque la République décréta que les biens de leur père leur seraient rendus; et rapprochant les deux totaux, nous verrons ce que Danton avait recueilli de sa prétendue vénalité, de ses nombreuses dilapidations.

Mais avant tout, revenons sur l'avocat, sur la valeur réelle de sa charge, sur ce qu'elle a pu être vendue, car c'est justement à cette époque, 1791, que, suivant Lafayette, la cour acheta le président du district des Cordeliers, en lui donnant 100,000 fr. d'une charge qui n'en valait que 10,000. L'achat des biens à Arcis coïnciderait si à propos avec la prétendue générosité du monarque, qu'on ne manquerait pas d'ajouter foi à la calomnie du perfide général. Les fils de Danton qui probablement n'avaient pas lu les mémoires de Lafayette, n'ont pas répondu à l'objec-

tion; nous allons le faire; ils partent dans leur réfutation de
février 1791, époque du rachat des charges; nous allons partir
de 1789, avant même l'ouverture des États-Généraux.

C'est une chance qu'on serait tenté d'appeler providentielle,
que celle qui me fit découvrir justement la réponse à toutes ces
insinuations relatives à la vénalité de Danton. Il s'agissait de
savoir, en effet, combien valait avant 1789 les charges d'avocat
au conseil du roi, si elles furent rachetées en 1791, et combien
la nation dût rembourser. Si je ne trouvais pas cela, la mémoire
de Danton était à jamais flétrie, c'était un homme vendu,
Lafayette le prouvait, le manuscrit des fils ne signifiait plus
rien; la perfidie avait ingénieusement combiné les difficultés de
retrouver à trente années de distance les pièces probantes. Que
la mémoire du calomniateur n'en soit que plus honnie, car je
les tiens en main.

J'avais consulté un grand nombre d'hommes spéciaux; les
uns m'avaient répondu que ces charges ne se vendaient pas;
d'autres, qu'elles se vendaient. — Combien? — Aucun ne le
savait. On m'indiquait un livre de Camus, refait par M. Dupin,
sur la profession d'avocat; M. le bibliothécaire de la cour de cassation me le mit en main. Soit lassitude, soit faute de connaissances en ces matières, je ne trouvais pas ce que je désirais.
J'étais désespéré; et pourtant, me disais-je, il ne s'est pas vendu,
j'en suis sûr, je le sens.

J'étais recommandé auprès de M. Denevers, bibliothécaire de
la cour de cassation, par un des plus illustres magistrats de
cette cour, il prit sans doute quelqu'intérêt à mon désappointe-
ment, car il me dit : adressez-vous à M. Bausse; il prépare un
excellent ouvrage sur l'époque qui vous occupe, et il vous donnera sans doute des documents certains; mais auparavant allez
trouver M. Farjon, greffier à la cour, car je ne sais pas l'adresse
de M. Bausse. C'était une lueur d'espoir, il me fallait la réalité.

Je m'adresse donc à M. Farjon qui m'accueille avec la plus
chaude bienveillance : « Je ne pourrai pas vous donner au juste
votre solution, me dit-il.... Ah! mais, attendez donc. J'ai lu
quelque chose qui a trait à ce que vous demandez. Dans quel
ouvrage? — Un instant, et je suis à vous. » Pauvre Danton! Je

n'aurai jamais le bonheur de trouver les preuves, et pourtant tu es innocent !

M. Farjon revient : « Bravo, j'ai votre affaire ; une plume, de l'encre, asseyez-vous dans mon cabinet et copiez. Il me laisse seul ; je n'osais espérer encore. Je lis : *Pétition à l'Assemblée nationale pour les avocats au conseil du roi, par M. de Mirbeck. Février* 1791. *Paris, imprimerie de N. H. Nyon, rue Mignon Saint-André-des-Arts. Brochure in-8°,* 19 *pages.* J'étais ébloui. Je dévorais des yeux, je comprenais à peine.

On m'avait appris déjà que les avocats aux conseils du roi, répondait à ce que nous appelons aujourd'hui avocats en cassation, ou bien avocats au conseil d'État.

Je sus en outre par la brochure que le ressort des avocats aux conseils embrassait tout l'empire français ; qu'ils étaient au nombre de 73. Ce qui ne laissait pas de donner de l'importance aux titulaires, mais cela ne suffisait pas ; ce n'était pas encore précisément là mon affaire.

Mais il était écrit que pour récompense de ma foi je devais trouver ; j'eus ce bonheur : lisez ce qui suit, c'était la réponse textuelle à mes demandes ; les avocats postulants disaient à l'Assemblée constituante, dans la précieuse brochure :

« Il est un point fixe, une vérité mathématique, prouvée par tous les con-
« trats modernes, c'est que le titre nud de chaque office valait, avant la
« Révolution, 60,000 *livres*, sans la clientelle et les recouvrements.

« Ceux qui ont été vendus 70, 80, 90, 100,000 *livres* et au-delà n'ont été
« portés à ce prix que d'après l'estimation de la clientelle, qui en augmentait
« la valeur en raison de son importance et des recouvrements à faire aux
« profits des acquéreurs, en sorte que la valeur réelle, intrinsèque et la plus
« modérée, que l'on peut prendre pour base de l'évaluation de chaque office,
« est de 60,000 *livres*.

« A l'égard de l'indemnité vous la réglerez, Messieurs , suivant votre
« équité. »

Lafayette a donc menti. Et voilà pourquoi en 91 il n'a pas dénoncé la vénalité de Danton, quand celui-ci le mettait au défi ; voilà pourquoi l'infâme calomniateur a attendu vingt-cinq à trente ans pour le faire ; il croyait qu'on ne pourrait plus remonter aux sources, il avait compté sans la justice providentielle.

Comprend-on maintenant pourquoi c'est justement en 91 que Danton achète du bien à Arcis ? Un avocat qui achète une telle charge avec l'argent de la dot de sa femme, vous paraît-il un misérable qui n'a pas seulement de quoi manger, comme l'a prétendu la citoyenne Roland?

Et voulez-vous savoir où se trouvait incluse cette brochure? Dans un ouvrage qui n'avait pas du tout trait au sujet en question, intitulé : *Jugements du tribunal de cassation*. Un conseiller en avait fait don à la bibliothèque, et, sans doute pour ne pas perdre la brochure, il l'avait fait relier en tête du premier volume des *Jugements*. Ainsi il faut justement que j'aie rencontré une personne l'ayant lue par hasard et se la rappelant, un magistrat sentant toute l'importance de mes recherches, partageant sans doute mes craintes, en un mot, un homme de cœur et d'intelligence! Ne vous disais-je pas bien qu'un homme comme Danton ne se vend pas? Comment avez-vous trouvé l'attraction? demandait-on à Newton. En y pensant toujours, mon problème n'a pas autant d'importance, sans doute, mais sa solution sauve l'honneur d'un homme, et cela suffisait pour que je m'en occupasse depuis six mois. Je l'ai trouvée.

Après ces détails essentiels pour que chacun puisse remonter à la source de nos documents, passons au manuscrit des fils du grand conventionnel.

Ils se demandent d'abord avec quel argent il a acheté sa charge d'avocat aux conseils.

1º Avec l'argent provenant de son patrimoine;

2º Avec ses économies depuis 7 ans d'exercice de sa charge d'avocat au Parlement;

3º Avec une dot probable.

Si vous dites : ce sont là des suppositions, je réponds : et vos négations n'en sont-elles pas?

Mais nous n'avons pas à nous occuper de cela. Danton est en 1789 avocat aux conseils du roi, cette charge vaut, terme moyen, quatre-vingt mille francs; par une loi de février 1791, la nation rembourse ces charges, donc le voilà bien possesseur de 80,000 francs. Voyons maintenant ce qu'il achètera.

1º Le 24 mars 1791, il achète la ferme appelée Nuisement, dans le canton de Chavanges, à 7 lieues d'Arcis, ci.　48,200 liv.

2º Le 11 avril 1791, une pièce de pré contenant un arpent, quatre denrées, situé au Villieu, ci . . 　1,575 »

Report...	49,775 liv.
3° Le 12 avril 1791, une pièce de pré et saussaie, contenant 8 arpents au Linglé, ci	6,725 »
4° Le 13 avril 1791, un bien patrimonial n'ayant absolument rien de seigneurial malgré les apparences qui pourraient résulter du nom de la venderesse, Mlle Marie-Madeleine Piot de Courcelles ; bien situé à Arcis sur Aube, place du Grand Pont, le tout contenant 9 arpents, trois denrées, quatorze carreaux, ci	25,300 »
5° Le 23 octobre 1791, cinq petites pièces de bois de la contenance de 2 arpents, 2 denrées, ci. . .	2,250 »
6° Le 7 novembre 1791, une denrée, 25 carreaux de jardin pour agrandir la propriété qu'il a acquise de Mlle Piot, ci	240 »
7° Ibid., deux denrées de bois, ci	460 »
8° Le 8 novembre 1791, un jardin pour agrandir la susdite propriété, ci.	210 »
Total de toutes les acquisitions d'immeubles faites par Danton en 1791, ci.	84,960 liv.

N'oubliez pas l'époque, et vous conviendrez que le prix réel *en argent* des immeubles ci-dessus indiqués devait être bien inférieure à ce chiffre, car l'achat a dû être fait en assignats.

Or, à partir de cette époque, disent les fils, il ne fit plus aucune acquisition importante ; ce qui est prouvé par ce qu'ils recueillirent de la succession de leur père. Voici en quoi consistait cette succession :

1° La ferme de Nuisement, vendue par eux le 23 juillet 1813 ;

2° La maison d'Arcis et dépendances, agrandies par les acquisitions partielles qu'avait faites Danton ;

3° 19 arpents, 7 denrées, 41 carreaux de pré en Saussaie ;

4° 8 arpents de bois ;

5° 2 denrées, 40 carreaux de terre située dans l'enceinte d'Arcis.

Les fils déclarent *sous la foi du serment* qu'ils n'ont recueilli rien autre de la succession de leur père que quelques portraits de famille, le buste en plâtre de leur mère, quelques effets mobiliers et une rente de 100 francs.

Les livres de l'enregistrement et les matrices cadastrales peuvent fournir la preuve de ce que nous venons d'avancer.

Mais, dira-t-on : la condamnation de Danton ayant entraîné la confiscation de tous ses biens sans exception, la République a pu en vendre et en a peut-être vendu pour des sommes considérables. Les fils n'ont peut-être recueilli que ce qu'elle n'a pas vendu.

Les fils répondent :

Les meubles et les immeubles confisqués à la mort de notre père dans le département de l'Aube et non vendus furent remis en notre possession par un arrêté de l'administration de ce département, en date du 24 germinal an IV (13 avril 1796), arrêté dont nous avons une copie sous les yeux, arrêté pris en conséquence d'une pétition présentée par notre tuteur, arrêté basé sur la loi du 14 floréal an III (3 mai 1795) qui consacre le principe de la restitution des biens des condamnés par les tribunaux et commissions révolutionnaires, basé sur la loi du 21 prairial an III (9 juin 1795) qui lève le séquestre sur ces biens et en règle le mode de restitution ; enfin arrêté basé sur la loi du 13 thermidor an III (34 juillet 1795) dont il ne rappelle pas les dispositions.

L'administration du département de l'Aube, dans la même délibération, arrête que le produit des meubles et des immeubles *qui ont été vendus* et des intérêts qui ont été perçus depuis le 14 floréal an III (3 mai 1795) montait à la somme de 12,405 liv. 4 sous 4 deniers sera restituée à notre tuteur en bons au porteur admissibles au payement de domaines nationaux provenant d'émigrés seulement.

C'était le total de l'état de réclamation présenté par notre tuteur dans sa pétition, et tout le monde pensera comme nous, qu'il n'aura pas manqué de faire valoir tous nos droits.

Pourquoi le tuteur n'aurait-il pas fait de réclamations ailleurs, s'il y avait eu possessions ailleurs? Le décret rendant tous les biens aux condamnés ne faisait pas de distinction. En avril 94, si Danton avait été si riche, croit-on que ses accusateurs auraient manqué de faire sonner bien haut la somme des confiscations, puisque Danton était réputé voleur? En 1795, lors de la restitution, la République avait-elle à cacher ce qu'on avait confisqué à Danton? Il faudrait supposer que Danton eut possédé des biens à l'insu de sa famille; mais il vivait en famille, ce qui rend la chose impossible. Les fils mentent, ajoutera-t-on; eh bien, qu'on aille à Arcis, ils n'ont jamais quitté la ville; qu'on prenne des informations, il en est encore temps, les fils en conjurent ceux qui pourraient avoir des doutes.

Donc ce qu'il possédait au moment de sa mort est à peu de chose près l'équivalent de ce qu'il avait vendu sa charge. A-t-il été acheté par d'Orléans, par Louis XVI; a-t-il dilapidé en Belgique? Mais alors que sont devenues ces sommes énormes? Il ne reste qu'une réponse. Il les a mangées de son vivant. Croit-on qu'il ait été possible à cette époque de mener le train de vie qu'une telle dépense suppose? Mais il vivait en ménage; mais personne n'a jamais parlé de son luxe; mais on ne dit pas qu'il ait eu la passion du jeu; on lui reproche des repas à 300 francs; je voudrais savoir qui eut osé se porter à ces excès dans ce moment de misère générale où tout le monde était épié, surtout un homme public, surtout un Danton?

Tout cela tombe de soi; et il reste le Danton ni plus ni moins sobre que ne l'est un homme qui ne veut pas poser pour cette vertu non plus que pour toute autre; d'un homme ennemi de tout espèce de charlatanisme; qui voulait qu'on le prît pour ce qu'il était et rien de plus. Il aimait à réunir ses amis, et il ne s'en cachait guère, pourquoi l'aurait-il fait? Son tempérament le portait à avoir un grand besoin de femmes, il se remarie au bout de quatre mois de veuvage. Est-ce le fait d'un débauché? En 1791 il reçoit environ 80,000 fr. pour le remboursement d'une charge, il se hâte d'acheter une petite maison, une ferme, quelques arpents de pré, bois, saussaie; je ne vois là qu'un homme très prévoyant, plutôt économe que grand dépensier, c'est une nature de paysan, il se dit : l'argent se vole, les papiers baissent de valeur, achetons de la terre, c'est toujours là, ça ne s'envole ni ne se vole; ne me forcez pas d'y trop songer, je dirais plutôt qu'il est avare, si tout à l'heure ses propres enfants n'allaient pas nous révéler le secret de ces achats, si ces secrets n'allaient pas nous révéler le cœur du fils.

Certes nous avons relevé les textes d'assez de calomnies, pour qu'il nous soit permis aussi, et sans qu'on soit en droit de suspecter notre bonne foi, pour qu'il nous soit permis, disons-nous, de citer quelques faits à la louange de l'homme privé. Arcis tout entière peut aujourd'hui encore répondre de notre véracité; il

est encore des hommes qui ont été les témoins de ce que nous
allons affirmer. Qu'on se hâte d'aller consulter les témoins avant
que la mort ne les ait moissonnés, et nous défions qu'on nous
convainque de fausseté.

Sur le même acte passé le 15 avril 1791, par devant maître
Odin, qui en a gardé la minute, et maître Étienne son collègue,
notaires à Troyes, Danton fait donation entre-vifs pure, simple
et irrévocable à sa mère de 600 livres de rentes annuelles et
viagères, payables de six mois en six mois. En cas de décès de
sa mère, de ces 600 livres 400 seront réversibles sur Jean
Récordani son beau-père. Rentes à prendre sur la maison située
à Arcis, et qui se louait en totalité 600 livres. Quelque temps
après, la maison devient libre, il y loge sa mère, son beau-père,
M. Menuel, sa femme et leurs enfants. (M. Menuel était le mari
de sa sœur aînée.) « Nous serons tous en famille, dit-il ! »

En août 92, le parti royaliste devient plus hostile, quelque
grande catastrophe menace ; la lutte sera terrible, on peut y
succomber. Il songe qu'il n'a pas suffisamment assuré le sort
de sa mère, le 6 il se rend en personne à Arcis et par devant
maître Finot un nouvel acte est passé : « Danton voulant donner
à sa mère des preuves de sentiments de respect et de tendresse
qu'il a toujours eus pour elle, lui assure sa vie durant une
habitation convenable et commode, lui fait donation entre-vifs
pure, simple et irrévocable de l'usufruit de telles parts et por-
tions qu'elle voudra choisir dans la maison et dépendances, et
de l'usufruit de trois denrées de terrain à prendre dans tel
endroit qu'elle voudra choisir, pour jouir desdits objets à
compter du jour de la donation. Si M. Récordani survit à sa
femme, donation lui est faite de la moitié des objets dont aura
joui sa femme. » Nous savons maintenant pourquoi le *lâche*
s'était enfui à la veille du 10 août.

Ces actes ne témoignent-ils pas en même temps et de son
amour filial et de la modicité de sa fortune ?

Qu'on nous permette encore une citation. Le 17 août 94, Mar-
guerite Hariot adresse une pétition aux administrateurs du
département de Paris : Danton, dont elle était la nourrice, lui
avait assuré et constitué une rente viagère de 100 livres dont
elle devait commencer à jouir à partir du jour du décès de

Danton, celui-ci ajoutant que, de son vivant, il ne bornerait pas sa générosité à cette somme. L'acte passé par devant maître Finot, notaire à Arcis, porte la date du 11 décembre 1791.

C'était sans doute dans cette visite qu'il faisait à sa mère le 6 août 92, qu'il lui disait, en l'embrassant avec effusion : « Ma bonne mère, quand aurai-je le bonheur de venir demeurer auprès de vous pour ne plus vous quitter, et n'ayant plus à penser qu'à planter mes choux. »

Nous pourrions faire bien d'autres citations de paroles qui prouvent la bonté de son cœur, son peu d'ambition et la simplicité de ses goûts; mais nous nous sommes promis de ne rien avancer qui ne puisse être appuyé de preuves notariées. Puissent tous les partis en faire autant, et la calomnie est à jamais réduite à l'impuissance. En bien comme en mal, n'accueillons qu'avec une grande réserve tout ce qui se débite; l'humanité sera peut-être moins riche en grands hommes, mais aussi que de monstres en moins! Peut-être serons-nous alors plus près du vrai. L'homme n'est capable ni d'une aussi grande perfection, ni d'une aussi profonde scélératesse qu'on se complaît à le dire. Nous avons tous en nous les germes de l'une et de l'autre. Le but de la vraie politique est de protéger l'éclosion des premiers et d'étouffer les seconds; le but de la fausse politique est de diviser les hommes en deux classes pour faire des maîtres et des sujets, pour nier l'égalité, pour perpétuer le privilége. Donc, à l'avenir, plus d'idole, mais aussi plus de bouc émissaire.

Qu'on nous permette de répondre à une dernière objection sur ce qui précède, par les paroles textuelles des deux fils de Danton.

On ajoutera : « Est-ce que pour juger un homme la postérité devra s'en rapporter aux déclarations de la mère et des fils de cet homme? Non, sans doute, elle ne le devra pas, nous en convenons. Mais aussi pour juger ce même homme, devra-t-elle s'en rapporter aux déclamations de ses ennemis? Elle ne le devra pas davantage. Et pourtant que ferait-elle si, pour juger Danton, elle ne consultait que les mémoires de ceux qu'il a toujours combattus?

Les sans-culottes de la société populaire de Châlons-sur-Saône écrivent à la municipalité de Marseille :

« Danton devait trouver place dans votre lettre : aussi ne l'avez-vous point oublié. C'est un *voleur*, dites-vous. Oh oui ! Danton tu es bien coupable ; tu es un grand voleur, car tu as, par ton courage et ton énergie, dérobé à Guillaume et à François, Paris et toute la République. C'est toi dont la voix tonnante réveilla le lion populaire endormi, et dérobas, par cet acte d'héroïsme, à Condé et à d'Artois, les très nobles et très royales vengeances qu'ils se promettaient d'exercer sur tous les Jacobins du monde. »

(*Journal de la Montagne*, n° 2.)

Nous ne pouvions mieux terminer. Si l'on se récrie contre la dernière assertion des Républicains de Saône et Loire, on ne pourra nier du moins que Danton ait sauvé la France en 1792 et 1793. A ce seul titre, il a droit à la justice de tous, de ses ennemis politiques même.

FIN.

ssi ne l'ava
es bien
nergie, dé
st tou
ar cet
ngeances

se récri
ie et Loi:
la France
ce de tous

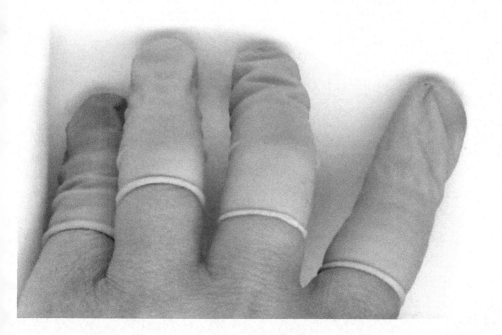

CPSIA information can be obtained
at www.ICGtesting.com
Printed in the USA
BVHW042301120819
555626BV00011BA/2186/P

9 780371 004104